Raspberry Pi Kompendium

Linux, Programmierung und Projekte

Sebastian Pohl

Bibliografische Information der Deutschen Nationalbibliothek
Die Deutsche Nationalbibliothek verzeichnet diese Publikation in der Deutschen Nationalbibliografie;
detaillierte bibliografische Informationen sind im Internet über http://dnb.d-nb.de abrufbar.

www.bmu-verlag.de
support@bmu-verlag.de

Lektorat: Ulrike Klein
Einbandgestaltung: Pro ebookcovers Angie
Druck und Bindung: Wydawnictwo Poligraf sp. zo.o. (Polen)

Taschenbuch: 978-3-96645-028-7
Hardcover: 978-3-96645-055-3
E-book: 978-3-96645-027-0

Raspberry Pi Kompendium

Inhaltsverzeichnis

Alle Programmcodes aus diesem Buch sind als PDF zum Download verfügbar. Dadurch müssen Sie sie nicht abtippen: https://bmu-verlag.de/raspberry-pi-kompendium/

Außerdem erhalten Sie die eBook Ausgabe zum Buch im PDF Format kostenlos auf unserer Website:

https://bmu-verlag.de/raspberry-pi-kompendium/
Downloadcode: siehe Kapitel 20

Kapitel 1
Einleitung

Fast jeder hat heutzutage einen kleinen Computer in der Tasche: Smartphones haben die Welt im Sturm erobert und sind omnipräsent geworden. Aus dem modernen Alltag sind sie nicht mehr wegzudenken. Unter einem modernen Computer versteht heute fast jeder ein Notebook oder auch ein Smartphone. Der Gedanke an alte, gelb-gräuliche Desktop-PCs gerät immer weiter in Vergessenheit.

Das klassische Gerät auf (oder unter) dem Schreibtisch ist aber lange noch nicht obsolet, denn für viele Aufgaben und Projekte ist es unersetzlich. Das gilt vor allem für solche Projekte, die über Freizeitbeschäftigungen hinausgehen. Nimmt man nur einmal die üblichen Office-Arbeiten als Beispiel, dann ist schon das Schreiben eines längeren Dokuments keine Aufgabe, die man auf einem handtellergroßen Touchscreen erledigen möchte.

Nun stehen einem interessierten Anwender natürlich nicht nur Notebook und Smartphone zur Verfügung. Vor allem wenn man nicht nur die üblichen Anwendungen zu Text- und Datenverarbeitung wie Word oder Excel und die Freizeitanwendungen wie Filme und Internet im Kopf hat, sondern das Interesse an der Technik vorherrscht.

Gerade experimentierfreudige Bastler stoßen bei einem normalen Desktoprechner schnell an die Grenzen, wenn es darum geht, zusätzliche Geräte, Sensoren oder andere Hardware anzuschließen, die keine genormte Massenware ist. In diesem Fall ist der Wunsch nach einem Gerät da, das ein hohes Maß an Konfigurationsoptionen und Erweiterkeit bietet. Glücklicherweise gibt es hier schon seit einiger Zeit eine kompakte Lösung, die sich sowohl für Einsteiger als auch für Profis eignet und endlose Möglichkeiten zum Experimentieren und Lernen bietet.

Die Rede ist vom Raspberry Pi. Dies ist ein Computer, der aus einer einzigen Platine besteht und nur etwa die Größe einer Kreditkarte hat. Schließt man Monitor, Tastatur und Maus an, hat man trotzdem einen kompletten Desktop-PC.

Der erschwingliche Preis und die kompakte Größe des Raspberry Pi machen ihn zum perfekten Werkzeug für alle, die gerne basteln, programmieren oder Musik machen.

Wie einfach der Einstieg hier sein kann, möchten wir in diesem Buch zeigen. Nach ein paar Hintergrundinformationen zum Raspberry Pi, den verschiedenen Modellen und der Organisation dahinter erklären wir, nach welchen Kriterien man die passende Variante für das eigene Vorhaben auswählen kann und wie man eines der zahlreichen Betriebssysteme installiert.

Nach einem Einstieg in die Bedienung des Betriebssystems Linux gibt es eine Einführung in die Programmierung mit Python, um dem Leser die Umsetzung komplexerer eigener Projekte zu erleichtern. Hierbei kann das Gelernte jeweils mit passenden Übungsaufgaben vertieft und die eigenen Lösungen mit den Musterlösungen verglichen werden.

Bevor Sie sich dann in die eigenen Projekte stürzen, geben wir Ihnen einige Projektbeispiele an die Hand, die mithilfe des Gelernten umgesetzt werden können. Wir erheben mit diesem Buch keinerlei Anspruch auf Vollständigkeit, vielmehr wollen wir Ihnen ein Grundwissen vermitteln, mit dem Sie in die Welt des Raspberry Pi starten können.

Kapitel 2
Geschichte

2.1 Ursprung und Motivation

Einige Jahre nach der Jahrtausendwende sanken die Einschreibungszahlen der Informatikstudiengänge an der Universität von Cambridge in England auf ungefähr ein Drittel der bis dahin üblichen Zahlen. Eine Gruppe um den späteren Mitgründer der Raspberry Pi Foundation, Eben Upton, nahm sich damals vor, diesem Trend entgegenzuwirken.

Die Idee war einfach: Genauso wie in den 1980er Jahren das Aufkommen der ersten Heimcomputer vielen Kindern den spielerischen Einstieg in den Umgang mit Computern und das Programmieren ermöglicht hat, sollte eine Hardwareplattform geschaffen werden, die wieder einen ähnlichen Effekt hat. Die Plattform bekam den Namen Raspberry Pi.

Als Vorlage diente der BBC Micro, ein 8-Bit „Home-Computer" aus den frühen 1980er Jahren. Der Hersteller war die BBC (British Broadcasting Corporation) und diese könnte eventuell ein guter Partner bei der Vermarktung der neuen Platform werden. Wie der BBC Micro sollte der Raspberry Pi reguläre PCs nicht ersetzen, sondern als Ergänzung dienen und die Nutzer zum Experimentieren und ersten Programmierversuchen anregen.

Die ersten Prototypen wurden 2006 noch auf Basis von Mikrocontrollern entwickelt. Da die verwendeten Atmel[1] ATmega644 Chips deutlich simpler als die später verwendeten Prozessoren waren, genügte eine einlagige Lochrasterplatine zum Aufbau. Der einfache Aufbau führte

[1] Atmel war ein amerikanischer Hersteller von Mikrocontrollern. 2016 wurde Atmel von Microchip Technology übernommen.

aber leider zu einer relativ niedrigen Leistungsfähigkeit, mit der kaum einer der am Projekt Beteiligten zufrieden war.

Abhilfe kam durch den zu dieser Zeit rasant wachsenden Smartphone-Markt, denn für die immer kompakteren und leistungsfähigeren Mobiltelefone mussten auch entsprechend kleinformatige Prozessoren entwickelt werden. Mit dem BCM2835 SoC (System on Chip) von Broadcom gab es bald eine kostengünstige und vergleichsweise sehr leistungsfähige Alternative zum Atmel Chip.

Abb. 2.1 Das SoC Paket auf einem Raspberry Pi 4 B

Diese Prozessoren boten eine höhere Leistungsfähigkeit, außerdem handelte es sich hierbei um ein sog. „System on Chip". Dadurch waren einige Änderungen notwendig. Da hier alle Komponenten und Schnittstellen aus einem Baustein kamen, ließ sich der Aufbau nicht mehr als einlagige Platine ausführen – die neuen Prototypen mussten mehrlagig angelegt werden. Zum Vergleich: Die Bauform des Atmega644 hat 44 Anschlusspins, beim BCM2835 sind es bereits über 300.

Neben den physikalischen Modifikationen musste auch auf der Softwareseite einiges an Zusatzaufwand betrieben werden. Da der neu gewählte Chip ein ARM[2] Prozessor war, musste auch ein passendes Betriebssystem geschaffen werden. Eben Upton nahm dazu Kontakt mit der RISC OS-Community auf und konnte dort unter anderem einen Broadcom-Mitarbeiter für das Projekt begeistern. Die zu dieser Zeit entwickelte Variante des RISC OS-Betriebssystems wurde später in das heute sehr populäre NOOBS-Betriebssystem integriert.

Mit neuer Hardware, einem neuen Betriebssystem und neuem Layout konnte dann ein deutlich leistungsfähigerer Prototyp entwickelt werden, von dem 2011 circa 50 Exemplare ausgegeben wurden. Bei diesen Modellen war die Platine größer als bei den späteren Verkaufsmodellen, da zusätzliche Schnittstellen zur Fehlererkennung der Hardware untergebracht wurden. Auf diesen Vorab-Boards konnte aber bereits die Leistungsfähigkeit demonstriert werden, indem verschiedene Linux-Distributionen, 3D-Computerspiele und hochauflösende Videos gezeigt wurden.

Ursprünglich hatt man ja vor allem das Ziel, den sinkenden Einschreibungszahlen entgegenzuwirken. Dazu sollten ungefähr Tausend Einheiten produziert und verkauft werden. Die Zielgruppe waren interessierte Kinder und Jugendliche, andere Absatzmärkte waren bis dahin nicht in Betracht gezogen worden.

Mit der Maker Faire[3] 2011 in New York sollte sich das allerdings schlagartig ändern.

Auf diesem Event konnte Upton sehen, wie sehr die Integration von Mikroelektronik in sehr unterschiedliche Projekte zugenommen hatte. Zu sehen waren nicht nur Projekte aus den Händen von Erwachsenen,

---

[2] ARM ist die Abkürzung für Advanced RISC Machine bzw. Acorn RISC Machine und bezeichnet eine Prozessorfamilie, die auf einer Architektur mit dem Kürzel RISC aufbaut. RISC steht für Reduced Instruction Set Computing und ist eine Alternative zur x86 / x64 Architektur, die die meisten modernen Computer und Notebooks verwenden.

[3] Die Maker Faire ist eine Veranstaltung des Make Magazins, die in verschiedenen amerikanischen Städten seit 2006 stattfindet und das Ziel hat, Kunst, Handwerk, Wissenschaftsprojekte und den DIY-Gedanken zu fördern. Seit 2013 gibt es eine Variante der Veranstaltung in Deutschland.

sondern auch Kinder, die ihre Spielzeuge mithilfe von Mikrocontrollern automatisiert hatten. Das Interesse an Projekten, die mit kompakter Rechenkraft realisieren werden sollten, war in der Maker-Szene deutlich höher als Upton es erwartet hatte.

Dieses Interesse spiegelte sich in der Nachfrage wieder. Daraufhin entschloss sich die 2009 gegründete Raspberry Pi Foundation dazu, ihr Produkt in die Massenfertigung zu bringen, anstatt wie geplant lediglich 1000 Exemplare herzustellen.

Bereits zum Verkaufsstart im Februar 2012 konnten 10 000 Exemplare verkauft werden, bis zum Ende des Jahres war die Millionenmarke fast erreicht. Im Folgejahr konnte diese Zahl nochmals mehr als verdoppelt werden, sodass zum zweijährigen Jubiläum bereits über zweieinhalb Millionen Raspberry Pi-Computer in den Modellvarianten 1 A und 1 B verkauft waren.

Ebenfalls 2014 wurden die Modelle 1 A+ und 1 B+ veröffentlicht, insgesamt wurden so bis zum Verkaufsstart des Raspberry Pi 2 im Februar 2015 über vier Millionen Einheiten abgesetzt. Zusammen mit dem Pi Zero, der ebenfalls 2015 herausgebracht wurde, stieg die Zahl auf 8 Millionen, dies war der Stand bei derVeröffentlichung des Pi 3 im Februar 2016.

Nach etwas mehr als vier Jahren wurde am 9.9.2016 dann die Zahl von zehn Millionen Verkäufen erreicht. Eine beeindruckende Zahl, doch die Wachstumsrate der Verkäufe sollte in den kommenden Jahren noch lange nicht nachlassen.

Bis zum nächsten Modell dauerte es etwas länger, genauer gesagt bis in den März 2018. Mit der Veröffentlichung des Pi 3 B+ war dann bereits die Verkaufszahl von 19 Millionen überschritten.

Im März 2019 verkündete die Raspberry Pi Foundation den Verkauf von 25 Millionen Einheiten.

In nur sieben Jahren ist aus dem Versuch, mit einer kleinen vierstelligen Zahl an kompakten Rechnern die Studierendenzahlen einer Universität in England aufzubessern, ein Projekt geworden, das die Maker und DIY-Szene weltweit nicht nur unterstützt, sondern massiv vergrößert hat. Die Raspberry-Pi-Rechner sind etwas so groß wie eine Kreditkarte.

In all ihrer Modellvielfalt tragen sie nicht nur zu Bastelprojekten bei, sondern sind für die Wissenschaft im Einsatz, finden in Kunstprojekten Verwendung, steuern Industriemaschinen oder ermöglichen Schülern den Einstieg in STEM[4]-Themengebiete.

Im Juni 2019 wurde schließlich der Raspberry Pi 4 veröffentlicht. Auf dem gleichen Preisniveau und im gleichen Formfaktor wie seine Vorgänger, bietet der Pi 4 eine deutlich höhere Leistung, die für die Zukunft weitere Einsatzmöglichkeiten eröffnen wird. Es bleibt also auch hier weiterhin spannend.

2.2 Entwicklung der unterschiedlichen Modelle

2.2.1 Raspberry Pi 1 Modell B, Februar 2012

Abb. 2.2 Raspberry Pi 1 Modell B mit Aluminiumkühlkörpern[5]

---

[4] STEM steht für Science, Math, Engineering and Technologie – übersetzt also Wissenschaft, Mathematik, Ingenieurswissenschaften und Technologie (Deutsch: MINT-Fächer).

[5] Kühlkörper wurden oft nachträglich aufgebracht, um die Lebensdauer der Komponenten zu steigern.

- 93 mm x 63,5 mm x 20 mm (L x B x H)
- CPU: Single Core BCM2835 SoC, 700 MHz
- GPU: Broadcom Dual Core Video Core, 250 MHz
- Arbeitsspeicher: 256 Mb, ab Oktober 2012: 512 Mb
- Netzwerk: 10/100 Mbit/s Ethernet
- Preisempfehlung: 35 $[6]

Im Vergleich zu seinen Nachfolgern erscheint das erste Modell noch sehr spartanisch ausgerüstet. Zu Beginn hatte es lediglich 256 Mb Arbeitsspeicher, dies wurde im Oktober 2012 mit einem Upgrade auf 512 Mb aufgestockt. Das Betriebssystem wird auf einer SD-Karte untergebracht, die seitlich deutlich über die Platine hinausragt. Da die CPU im BCM2835 lediglich 32-Bit-fähig ist, können auch nur Betriebssysteme verwendet werden, die darauf ausgelegt sind.

An internen Anschlüssen bringt der Pi 1B insgesamt 26 Pins mit, von denen 17 als GPIO[7] verwendet werden können. Darüber hinaus gibt es Schnittstellen, um über Flachbandkabel Kamera oder Display direkt mit der Platine zu verbinden.

Weitere Optionen für den Anschluss von Anzeigegeräten sind ein HDMI Typ A und ein Composite Video Port. Audiosignale werden entweder über die HDMI-Verbindung oder einen 3-poligen analogen Anschluss ausgegeben. Die maximale unterstützte Auflösung für Anzeigegeräte ist Full-HD (1920 x 1080 Pixel)

Kabellose Verbindungen wie Bluetooth oder W-Lan sind in diesem Modell noch nicht vorhanden. Externe Geräte können über zwei USB 2.0-Anschlüsse mit dem Pi verbunden werden.

Die Stromversorgung erfolgt über einen Micro-USB-Anschluss und benötigt 5 Volt bei maximal 700 Milliampere.

---

[6] Alle Preisempfehlungen sind in US Dollar angegeben und beziehen sich auf den Nettopreis. Die landesüblichen Mehrwertsteuern und andere Abgaben sind nicht mit eingerechnet.

[7] GPIO General Purpose Input/Output – Pins deren Funktion über ein Skript oder Programm von Benutzer frei gewählt werden kann.

2.2.2 Raspberry Pi 1 Modell A, Februar 2013

Abb. 2.3 Raspberry Pi 1 Modell A

- 93 mm x 63,50 mm x 17 mm (L x B x H)
- CPU: Single Core BCM2835 SoC, 700 MHz
- GPU: Broadcom Dual Core Video Core, 250 MHz
- Arbeitsspeicher: 256 Mb
- Netzwerk: nicht vorhanden
- Preisempfehlung: 25 $

Dieses Modell gleicht in den meisten Leistungsdaten seinem Vorgänger, spart jedoch ein paar Features ein: Ein USB Port und der Netzwerkanschluss wurden entfernt und der Arbeitsspeicher wieder auf 256 Mb reduziert.

Dadurch wurde ein günstigerer Preis und eine geringere Stromaufnahme von nur noch 500 mA bei 5 V erreicht.

2.2.3 Raspberry Pi 1 Modell B+, Juli 2014

Abb. 2.4 Raspberry Pi 1 Modell B+

- 93 mm x 63,5 mm x 20 mm (L x B x H)
- CPU: Single Core BCM2835 SoC, 700 MHz
- GPU: Broadcom Dual Core Video Core, 250 MHz
- Arbeitsspeicher: 512 Mb
- Netzwerk: 10/100 Mbit/s Ethernet
- Preisempfehlung: 35 $

Gegenüber dem Vorgänger wurde die Anzahl an Pins auf dem Board auf 40 erhöht, von diesen können nun 26 als GPIO verwendet werden.

Es gibt bei diesem Modell nun vier USB 2.0 Ports. Statt eines 3-poligen Audio-Anschlusses wird ein 4-poliger Anschluss verwendet.

Die Stromaufnahme wurde um ca. 100 Milliampere gesenkt und statt der großen SD-Karten werden jetzt microSD-Karten genutzt.

2.2.4 Raspberry Pi 1 Modell A+, November 2014

Abb. 2.5 Raspberry Pi 1 Modell A+

- 70,4 mm x 57,2 mm x 10 mm (L x B x H)
- CPU: Single Core BCM2835 SoC, 700 MHz
- GPU: Broadcom Dual Core Video Core, 250 MHz
- Arbeitsspeicher: 256 Mb, ab August 2016: 512 Mb
- Netzwerk: n.V.
- Preisempfehlung: 20 $

Wie auch der Pi 1B+ erhält diese Variante ein Upgrade auf 40 Pins, davon ebenfalls 26 als GPIO nutzbar. Ebenso wurde hier der Audio-Anschluss auf eine 4-polige Verbindung geändert.

Auch hier werden nun microSD-Karten verwendet.

Die Leistungsaufnahme konnte mit dieser Variante gegenüber dem Pi 1 A mehr als halbiert werden.

2.2.5 Raspberry Pi 2 Modell B, Februar 2015

Abb. 2.6 Raspberry Pi 2 Modell B mit Aluminiumkühlkörpern

- 93 mm x 63,5 mm x 20 mm (L x B x H)
- CPU: Quad Core BCM2836 SoC, 900 MHz
- GPU: Broadcom Dual Core Video Core, 250 MHz
- Arbeitsspeicher: 1024 Mb
- Netzwerk: 10/100 Mbit Ethernet
- Preisempfehlung: 35 $

Mit der zweiten Modellreihe erfolgt der Umstieg vom Single Core BCM2835 auf den Quad Core BCM2836 Chip mit einem höheren Kerntakt[8]. Erwartungsgemäß ist damit die Rechenleistung des Raspberry Pi 2 deutlich höher, sowohl bei Anwendungen, die nur einen Kern benötigen als auch bei solchen, die alle vier Kerne gleichzeitig verwenden.

[8] Der Kerntakt bestimmt, wieviele Operationen der Prozessor pro Sekunde ausführen kann.

Erkauft wird dieser Gewinn mit einer deutlich höheren Leistungsaufnahme. Im Vergleich zum direkten Vorgänger 1 B+ sind es ungefähr 200 mA mehr, insgesamt damit bis zu 800 mA. Dies macht die Auswahl eines passenden Netzteils etwas aufwändiger.

Ein Vorteil dieses Modell ist der vergleichsweise große Arbeitsspeicher, der nun nicht mehr 512 Mb umfasst, sondern auf 1024 aufgestockt wurde.

Nahezu alle Schnittstellen sind im Vergleich zum Vorgängermodell gleich geblieben und auch die Anzahl der USB Ports ist unverändert.

Kabellose Verbindungsoptionen gibt es auch in dieser Iteration noch nicht.

Ab dem Pi 2 Modell B sind nicht nur die bekannten Linux Betriebssysteme, sondern auch Windows 10 IoT Core[9] auf dem Rechner lauffähig.

2.2.6 Raspberry Pi Zero, November 2015

Abb. 2.7 Raspberry Pi Zero

- 65 mm x 31,2 mm x 5 mm (L x B x H)

[9] Windows 10 IoT ist eine Version von Windows, die für den Bereich IoT bzw. Internet of Things (Das Internet der Dinge) vorgesehen ist. Die vorgesehenen Einsatzzwecke liegen in der Heimautomation, bei Überwachungssystemen usw. Die Core Variante von Windows 10 IoT ist kostenfrei.

- CPU: Single Core BCM2835 SoC, 1000 MHz
- GPU: Broadcom Dual Core Video Core, 400 MHz
- Arbeitsspeicher: 512 Mb
- Netzwerk: n.V.
- Preisempfehlung: 5 $

Der Pi Zero ist die kompakte und kostengünstige Variante der Raspberry-Reihe. Auf das nötigste reduziert, stellt er dennoch mehr Rechenpower bereit als die 1 B/+ und 1 A/+ Varianten. Dies wird durch eine schneller getaktete CPU und GPU erreicht.

Äußerlich ist auf den ersten Blick erkennbar, dass hier nicht nur die Netzwerkschnittstelle, sondern auch die USB A Ports, die Audioschnittstelle und der Flachbandkabelverbinder für den Anschluss eines Displays weichen mussten.

Anstelle des großen HDMI-Anschlusses ist ein Mini-HDMI verbaut. Das analoge Video-Signal kann nur über Pads direkt auf der Platine erreicht werden.

Für die Stromversorgung gibt es nach wie vor einen Micro-USB Anschluss, für alle externen Geräte gibt es einen Micro-USB OTG[10] Port.

Die Anzahl der Verbindungspins ist gleich geblieben, es gibt insgesamt 40, von denen 26 als GPIO zur Verfügung stehen.

Wie auch alle bisherigen Modelle bietet der Pi Zero keinerlei kabellose Verbindungsoptionen.

---

[10] USB OTG bzw. On-The-Go ist eine Erweiterung des USB Standards die es Geräten ermöglich direkt miteinander zu kommunizieren.

2.2.7 Raspberry Pi 3 Modell B, Februar 2016

Abb. 2.8 Raspberry Pi 3 Modell B

- 93 mm x 63,5 mm x 20 mm (L x B x H)
- CPU: Quad Core BCM2837 SoC, 1200 MHz
- GPU: Broadcom Dual Core Video Core, 300 MHz (3D Core), 400 MHz (Video Core)
- Arbeitsspeicher: 1024 Mb
- Netzwerk: 10/100 Mbit Ethernet
- Funkverbindung: Bluetooth 4.1 LE, W-Lan 2.4 GHz b/g/n, 5 GHz n[11]
- Preisempfehlung: 35 $

Nur wenige Monate nach dem kleinen Pi Zero wurde die nächste Modellreihe des „großen Bruders" veröffentlicht.

[11] Die IEEE 802.11 b/g/n Standards beschreiben W-Lan Verbindungen mit unterschiedlichen maximalen Übertragungsraten im 2.4 GHz (b/g/n) und 5 GHz Bereich (n). 802.11b ermöglicht bis zu 11 Mbit/s, 802.11g erhöht das Limit auf 54 Mbit/s und 802.11n erreicht bis zu 150 Mbit/s auf 2.4 GHz sowie 433 Mbit/s auf 5 GHz.

Mit der nächsten Generation des SoC Chips, dem BCM2837, konnte die Leistung nochmals um 50 % gesteigert werden. Dank der nun 64-Bit-fähigen CPU kann auch erstmals Android als Betriebssystem installiert werden.

Die weiteren Anschlussoptionen gleichen dem Vorgänger, allerdings gibt es in dieser Variante erstmalig integrierte Funkverbindungen.

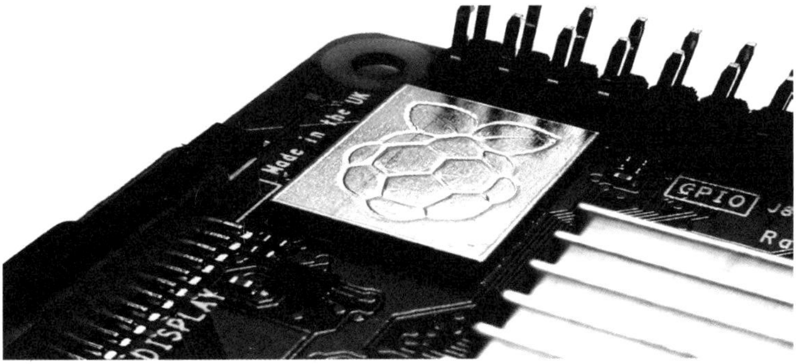

Abb. 2.9 Funkmodul mit Raspberry Logo

Ein kombinierter Chip von Broadcom stellt nicht nur Bluetooth in der Version 4.1 LE[12], sondern auch W-Lan im 2,4-und 5-GHz-Bereich nach den Standards 802.11b/g/n bereit.

Die Leistungsaufnahme ist mit 800 mA gegenüber dem Pi 2 B gleichgeblieben.

2.2.8 Raspberry Pi 2 Modell B v1.2, September 2016

- 93 mm x 63,5 mm x 20 mm (L x B x H)
- CPU: Quad Core BCM2837 SoC, 900 MHz
- GPU: Broadcom Dual Core Video Core, 250 MHz

[12] LE steht hier für Low Energie und bezeichnet einen besonders sparsamen Funkmodus für Bluetoothgeräte. Dieser Standard ist nicht mit älteren Geräten rückwärtskompatibel und ist auch in der Reichweite auf etwa 10 Meter beschränkt.

- Arbeitsspeicher: 1024 Mb
- Netzwerk: 10/100 Mbit Ethernet
- Preisempfehlung: 35 $

Die Version 1.2 ist eine kleinere Revision gegenüber dem Pi 2 B. Die Leistungsdaten sind nahezu identisch. Geändert wurde nur der SoC.

Anstelle des BCM2836 kommt nun der Nachfolger BCM2837 zum Einsatz, der den Pi 2 nun 64-Bit-fähig macht, ebenso wie auch schon den Pi 3 Modell B. Kerntakt und Arbeitsspeicher bleiben unverändert.

2.2.9 Raspberry Pi Zero W (WH), Februar 2017

Abb. 2.10 Raspberry Pi Zero W

- 65 mm x 31,2 mm x 5 mm (L x B x H)
- CPU: Single Core BCM2835 SoC, 1000 MHz
- GPU: Broadcom Dual Core Video Core, 400 MHz
- Arbeitsspeicher: 512 Mb
- Netzwerk: n.V.
- Funkverbindung: Bluetooth 4.1 LE, W-Lan 2.4 GHz b/g/n
- Preisempfehlung: 5 $

Im Frühjahr 2017 erhält dann auch der Pi Zero ein kleines Lifting. Zusätzlich zu den bereits vorhandenen Features gibt es nun auch im „kleinen" Pi ein kombiniertes Funkmodul für W-Lan und Bluetooth.

Eine zweite Variante mit der Bezeichnung WH mit aufgelötetem Pin-Header ist später ebenfalls verfügbar.

2.2.10 Raspberry Pi 3 Modell B+, März 2018

Abb. 2.11 Raspberry Pi 3 Modell B+ mit Aluminiumkühlkörpern

- 93 mm x 63,5 mm x 20 mm (L x B x H)
- CPU: Quad Core BCM2837B0 SoC, 1400 MHz
- GPU: Broadcom Dual Core Video Core, 300 MHz (3D Core), 400 MHz (Video Core)
- Arbeitsspeicher: 1024 Mb
- Netzwerk: 10/100/1000 Mbit Ethernet

- Funkverbindung: Bluetooth 4.2 LE, W-Lan 2.4 GHz/5 GHz ac[13]
- Preisempfehlung: 35 $

Mit einer Revision des SoC konnte in der Pi 3 B+-Variante der Kerntakt noch einmal gesteigert werden. Die CPU arbeitet noch effizienter und kann durch einen eingebauten Heatspreader[14] die entstehende Wärme besser abgeben.

Mit einer modernen Variante des Broadcom-Funkchips sind nun auch Bluetooth 4.2 LE und W-Lan-Verbindungen nach dem 802.11ac Standard möglich.

Die kabelgebundene Netzwerkverbindung beherrscht auch den Gigabit-Ethernet-Standard und kann bis zu 1 Gb/s übertragen.

Durch diese Neuerungen steigt die Stromaufnahme auf den bisher höchsten Wert von 1400 mA.

[13] Der IEEE 802.11 ac Standard beschreibt W-Lan Verbindungen im 5-GHz-Bereich, die bis zu 1300 MBit pro Sekunde übertragen können.

[14] Ein Heatspreader ist ein metallener Deckel für Prozessoren, mit dem die Abwärme besser verteilt und abgegeben werden kann.

2.2.11 Raspberry Pi 3 Modell A+, November 2018

Abb. 2.12 Raspberry Pi 3 Modell A+

- 73 mm x 63,5 mm x 10 mm (L x B x H)
- CPU: Quad Core BCM2711 SoC, 1400 MHz
- GPU: Broadcom Dual Core Video Core, 300 MHz (3D Core), 400 MHz (Video Core)
- Arbeitsspeicher: 512 Mb
- Netzwerk: n.V.
- Funkverbindung: Bluetooth 4.2 LE, W-Lan 2.4 GHz/5 GHz ac
- Preisempfehlung: 25 $

Nachdem die Reihe der Raspberry Pi 2 ohne die Budgetvariante A auskommen musste, gibt es Ende 2018 auch hierzu wieder eine reduzierte Variante.

Wie schon bei den Pi 1 A/+-Exemplaren wurden hier einige Features gestrichen, um die Produktionskosten zu senken: Entfernt wurden drei von vier USB 2.0 Anschlüssen und der Netzwerkanschluss. Außerdem wurde der Arbeitsspeicher von 1024 Mb auf 512 Mb reduziert.

Die Leistungsaufnahme ist etwas höher als die des Pi 3 B und kommt auf ca. 810 mA.

2.2.12 Raspberry Pi 4 Modell B, Juni 2019

Abb. 2.13 Raspberry Pi 4 Modell B

- 93 mm x 63,5 mm x 20 mm (L x B x H)
- CPU: Quad Core BCM2711 SoC, 1500 MHz
- GPU: Broadcom Dual Core Video Core, 500 MHz
- Arbeitsspeicher: 1024 Mb, 2048 Mb, 4096 Mb
- Netzwerk: 10/100/1000 Mbit Ethernet
- Funkverbindung: Bluetooth 5.0 LE, W-Lan 2.4 GHz/5GHz b/g/n/ac
- Preisempfehlung: 35 $, 45 $, 55 $

Mitte 2019 wurde vorzeitig der Pi 4 veröffentlicht, ursprünglich sollte er nicht vor 2020 erscheinen. Er enthält zahlreiche Änderungen gegenüber seinen Vorgängern.

Mit der aktuellen BCM2711-Variante des SoC wurde nicht nur erneut der Kerntakt angehoben, es wurden auch eine ganze Reihe an modernen Features auf die Raspberry Plattform gebracht.

Die auffälligsten Änderungen sind die verfügbaren Anschlüsse. Der „große" HDMI Port wurde durch zwei Micro-HDMI-Anschlüsse ersetzt und zur Stromversorgung wird nun ein USB-C Stecker genutzt.

Die vier USB-Anschlüsse sind aufgeteilt: Es gibt zwei nach dem alten USB 2.0-Standard und zwei im neuen 3.0-Format.

Aber nicht nur äußerlich hat sich einiges getan. Es ist nun möglich, zwei Displays mit jeweils bis zu 4K (3840 x 2160 Pixel) anzuschließen.

Die integrierte GPU wurde ebenfalls überarbeitet und kann nun auch modernere Befehlssätze verarbeiten, sodass grundsätzlich eine bessere Performanz zur Verfügung steht.

Gegenüber dem bereits sehr hungrigen Pi 3 B+ steigt die Leistungsaufnahme noch einmal etwas an und kann nun bis zu 1500 mA erreichen.

2.3 Weitere Varianten

Zusätzlich zu den klassischen Raspberry Pi-Modellen und den etwas neueren, kompakten Raspberry Pi Zero-Platinen gibt es noch eine weitere Reihe, die eher an industrielle und wissenschaftliche Einsatzzwecke angepasst ist.

Das sogenannten „Compute Module" ist eine kleine Platine, die stark an frühere Arbeitsspeichermodule erinnert und prinzipiell nur die absolut notwendigen Bauteile enthält.

Auch hier gab es seit 2014 verschiedene Varianten.

2.3.1 Compute Module 1, Juni 2014

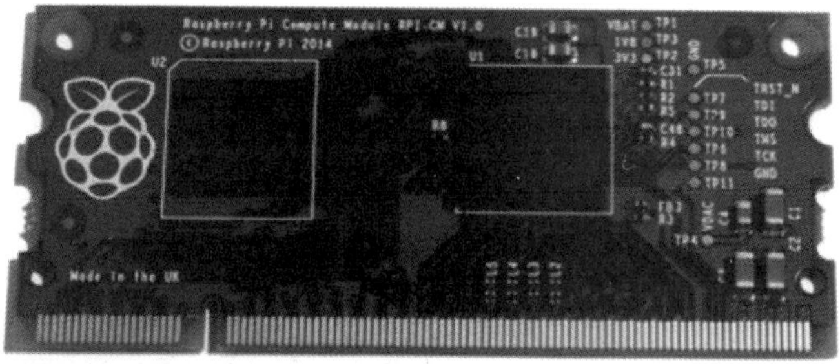

Abb. 2.14 Compute Module 1

- 67,6 mm x 30 mm x 3,7 mm (L x B x H)
- CPU: Single Core BCM2835 SoC, 700 MHz
- GPU: Broadcom Dual Core Video Core, 250 MHz
- Arbeitsspeicher: 512 Mb
- Speicher: 4 Gb
- Preisempfehlung: 30 $

An der Ausstattung erkennt man bereits, dass dieses Produkt eine andere Zielgruppe hat. Es gibt keinerlei Netzwerk- oder Funkverbindungen. Alle anderen Anschlüsse sind nur über den zum DDR2 SoDIMM kompatiblen Steckplatz zu erreichen.

Das Compute Module 1 bietet insgesamt 60 Pins, von denen 48 als GPIO verwendet werden können.

Es kann mit unterschiedlichen Spannungen zwischen 1,8 Volt und 5 Volt betrieben werden. Die Leistungsaufnahme ist abhängig von der gewählten Spannung.

2.3.2 Compute Module 3 (lite), Januar 2017

Abb. 2.15 Compute Module 3

- 67,6 mm x 31 mm x 3,7 mm (L x B x H)
- CPU: Quad Core BCM2837 SoC, 1200 MHz
- GPU: Broadcom Dual Core Video Core, 400 MHz
- Arbeitsspeicher: 1024 Mb
- Speicher: 4 Gb
- Preisempfehlung: 30 $ (25 $)

Da die Benennung der Compute Module sich immer am jeweils ähnlich ausgestatteten Raspberry Pi orientiert, folgt auf das CM 1 bereits das CM 3.

Mit dem deutlich leistungsfähigeren BCM2837 SoC mit vier Kernen und dem doppelt so großen Arbeitsspeicher ist diese Version deutlich schneller als sein Vorgänger. Ab der Variante CM3 ist das Compute Module auch 64 Bit-fähig.

Eine „lite“ Variante kam zeitgleich auf den Markt. Der einzige Unterschied ist hier der fehlende Speicher auf dem Compute Module. Der Preis konnte dadurch auf 25 $ reduziert werden.

2.3.3 Compute Module 3+ (lite), Januar 2019

- 67,6 mm x 31 mm x 3,7 mm (L x B x H)
- CPU: Quad Core BCM2837B0 SoC, 1200 MHz
- GPU: Broadcom Dual Core Video Core, 400 MHz
- Arbeitsspeicher: 1024 Mb
- Speicher: 8 Gb, 16 Gb, 32 Gb
- Preisempfehlung: 30 $, 35 $, 40 $ (25 $)

Die Plus-Variante ist auch für das CM 3 nur ein kleiner Schritt, in erster Linie wurden Komponenten ohne Änderung der Leistungsdaten auf modernere Varianten geändert.

Lediglich beim fest verbauten Speicher hat sich etwas getan, es gibt nun mehrere Optionen für die Größe (und damit auch den Preis). Auch gab es wieder eine „lite“ Variante ohne fest verbauten Speicher und mit reduziertem Preis.

2.4 Zubehör

Zusätzlich zu den verschiedenen Modellen des Raspberry Pi gibt es eine Vielzahl an Zubehörprodukten. Neben unzähligen Produkten von Drittanbietern hat aber auch die Raspberry Pi-Foundation einen kleinen Katalog an offiziellen Ausstattungsmöglichkeiten im Angebot.

2.4.1 Netzteile

Mit einer Leistungsaufnahme zwischen 100 mA und 1500 mA[15] ist die Auswahl eines geeigneten Netzteils sehr wichtig. Zwar sind alle Raspberry Pi-Modelle in der Lage, mit einer etwas schwächeren Stromversorgung auszukommen, zeigen dann aber ein kleines Warnsignal an. Sollte im Betrieb das Netzteil versagen, etwa weil es überbelastet wurde, kann der Pi aber auch unerwartet ausgehen.

Daher sollte immer ein passendes Netzteil verwendet werden, das die geforderte Leistung auch dauerhaft bereitstellen kann.

Glücklicherweise gibt es auch hier offizielle Produkte, zu jedem Modell wird ein passendes Netzteil angeboten.Alle Varianten bis einschließlich der Modellreihe 3 können mit dem Raspberry Pi Universal Power Supply versorgt werden. Es hat einen microUSB-Stecker und kann dauerhaft bis zu 2,5 Ampere (2500 mA) Leistung bei 5 Volt zur Verfügung stellen. Soll ein Pi 4 angeschlossen werden, kann dieses Netzteil ebenfalls zum Einsatz kommen, dann ist aber ein Adapter für einen USB C-Anschluss notwendig.

---

[15] 100 mA ist die minimale Leistungsaufnahme des Raspberry Pi Zero. 1500 mA ist die maximale Leistungsaufnahme des Raspberry Pi 4 Modell B.

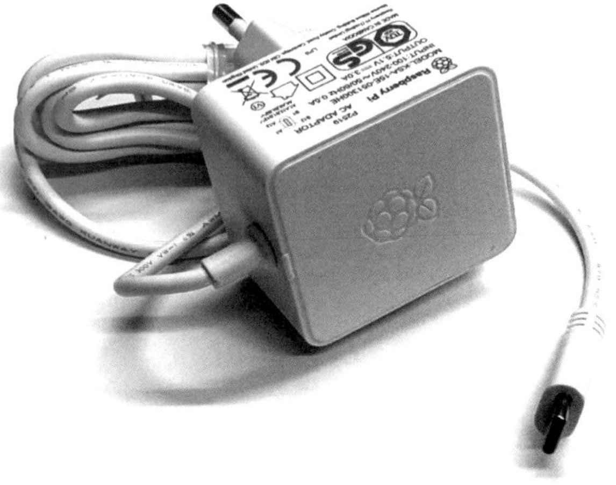

Abb. 2.16 Offizielles Netzteil für den Raspberry Pi 4 mit USB-C Anschluss

Alternativ gibt es aber auch eine Netzteilvariante, die direkt mit einem USB-C Anschluss gefertigt wurde. Diese leistet sogar bis zu 3 Ampere (3000 mA) bei 5 Volt.

2.4.2 Maus, Tastatur und Gehäuse

Da sich als Farbschema für die Raspberry Pi-Produkte eine Kombination aus weiß und rot etabliert hat, sind die sichtbaren Zubehörteile alle in diesen Farben gehalten.

Die Gehäusevarianten für die verschiedenen Modelle haben dabei in der Regel einen roten Body und einen weißen Deckel.

Abb. 2.17 Raspberry Pi 4 Gehäuse

Da nicht alle Pi-Modelle mit einer größeren Anzahl an USB Ports ausgestattet sind, hat das offizielle Keyboard einen integrierten USB Hub, an dem zum Beispiel die Maus angeschlossen werden kann.

2.4.3 Kameras

Bereits das allererste Pi-Modell hatte einen Anschluss für eine Kamera direkt auf der Platine. Allerdings dauerte es bis Mai 2013, bevor ein entsprechendes Modul als offizielles Zubehör verfügbar war. Diese Kamera hat einen fünf-Megapixel-Sensor und kann über ein Flachbandkabel angeschlossen werden.

Abb. 2.18 Raspberry Pi Kamera, Revision 1.3 mit Flachbandkabel

Die Original-Kamera hat einen Infrarotlichtfilter, der es unmöglich macht, Nachtaufnahme mit Infrarotlichtquellen zu machen. Daher wurde wenige Monate später eine NoIR[16]-Variante ohne diesen Filter auf den Markt gebracht.

2016 wurde zu beiden Kameramodellen eine zweite Version herausgebracht, die nun einen acht-Megapixel-Sensor hat.

2.4.4 Weiteres Zubehör

Zusätzlich bietet die Raspberry Pi-Foundation weitere Produkte an, die an die verschiedenen Modelle angeschlossen werden können.

Seit September 2015 gibt es ein offizielles Display. Dabei handelt es sich um eine sieben Zoll große Anzeige mit einer Auflösung von 800 x480 Pixeln und Touch-Funktionalität. Bis zu zehn Finger kann das Display gleichzeitig erkennen. Es ist kompatibel mit allen Modellen außer dem

[16] NoIR steht für „No InfraRed", also „Kein Infrarot" – das ist eine etwas unglückliche Namensgebung, da die NoIR-Variante eben genau für die Aufnahme unter Infrarotlicht konzipiert ist und daher keinen Infrarotfilter enthält.

Pi Zero und Pi Zero W, da diese keinen Flachbandkabelanschluss für Anzeigegeräte haben.

Die Auswahl eines günstigen W-Lan Adapters kann etwas komplizierter werden, da nicht alle verwendeten Chipsätze unter allen Betriebssystemen funktionieren. Um dieses Problem zu beheben, gibt es einen offiziellen W-Lan-USB Adapter, der aber seit Anfang 2018 offiziell nicht mehr produziert wird. Ein solches Produkt wird immer weniger gebraucht, da alle Modelle außer den Reihen 1 und 2 über eingebaute Funkmodule verfügen.

Darüber hinaus gibt es einige wenige HAT[17]-Module, die offiziell vertrieben werden.

Der Raspberry Pi TV HAT erweitert einen beliebiges Pi-Modell, das über den Standard-40-Pin-Anschluss verfügt, um ein DVB-T(2)[18]-Empfangsmodul.

Um den Raspberry Pi über den Netzwerkanschluss mit Strom zu versorgen, gibt es für den Pi 3 B+ und 4 B den PoE[19] HAT.

Als letztes ist hier noch der Sense HAT zu erwähnen, der den Raspberry Pi um eine Reihe von Sensoren erweitert. Auf der Platine gibt es einen Lagesensor, einen Beschleunigungsmesser, einen Magnetsensor sowie Temperatur-, Luftdruck- und Luftfeuchtigkeitsfühler. Dieses Modul wird auf der Internationalen Raumstation ISS eingesetzt, zu der es im Dezember 2015 geschickt wurde, um dort Daten zu sammeln.

[17] HAT steht für „Hardware Attached on Top“ – gemeint sind Platinen, die direkt auf den Raspberry Pi aufgesteckt werden können, um dessen Funktionalität zu erweitern. Zumeist können diese direkt mit dem Pi verschraubt werden.

[18] DVB-T ist die Abkürzung für „Digital Video Broadcasting - Terrestrial“ und steht für den Empfang von digitalen Fernsehprogrammen über eine Antenne. DVB-T2 ist der Nachfolgestandard, der 2008 beschlossen wurde.

[19] PoE bedeutet „Power over Ethernet“ und ist ein Standard, der die Stromversorgung von Netzwerkgeräten direkt über die Netzwerkverkabelung ermöglicht.

2.5 Clones und Konkurenzprodukte

Mit dem Erfolg des Raspberry Pi war es nur eine Frage der Zeit, bis auch andere Hersteller ähnliche Produkte auf den Markt bringen. So gibt es heute eine riesige Anzahl an Pi-Kopien und Konkurrenzprodukten.

Teilweise sind diese an die gleiche Zielgruppe gerichtet, andere haben aber einen sichtbar anderen Fokus.

Nicht wenige Konkurrenten versuchen, über die Namensgebung eine Nähe zum Original herzustellen. Einige der bekanntesten Nachahmer möchten wir hier kurz vorstellen.

2.5.1 Orange PI

Der Orange Pi ist wie der Raspberry Pi ein Open-Source-Computer auf einer Platine. 2016 war er als Konkurrent für die Modelle der Raspberry Pi 3-Familie veröffentlicht worden und hatte gegenüber diesen einen kleinen Performanzvorteil, da die auf seinem SoC integrierte CPU einen um 100 MHz höheren Kerntakt hat. Sie läuft nicht mit 1200 MHz, wie der Pi 3 B, sondern mit 1300 MHz. Als wichtiges Unterscheidungsmerkmal wird häufig angeführt, dass der Orange Pi in allen Ausstattungsvarianten in der Lage ist, das Android-Betriebssystem auszuführen. Das konnten zu diesem Zeitpunkt nur die neuesten Pi-Modelle.

Abb. 2.19 Orange Pi Lite Version 1.1 mit W-Lan Antenne

Auch konnte der Orange Pi wegen seiner stärkeren GPU von Anfang an Anzeigegeräte mit bis zu 4K Auflösung bedienen.

Wie der Raspberry Pi hat auch der Orange Pi einen 40 Pin-Anschluss mit 26 GPIO Pins. Die Stromversorgung erfolgt über einen Netzteilstecker mit 5 Volt.

Den Orange Pi gibt es in einigen Varianten, unter anderem in einer Zero Variante, die kompakter ist und auf einige Ausstattungsmerkmale verzichtet. Es gibt teurere Varianten, die fest verbauten Speicher auf der Platine mitbringen.

Die günstigsten Modelle liegen unter dem Preisniveau der Raspberry Pi 3-Familie.

2.5.2 Banana Pi

Bereits im März 2014 kam der Banana Pi, auf den Markt, ebenfalls unter einer Open Source[20]-Lizenz. Zu dieser Zeit gab es lediglich die Modelle Pi 1 B+ und Pi 1 A+.

Im Vergleich mit diesen beiden Pi-Modellen konnte der Banana Pi mit deutlich besseren Leistungsdaten aufwarten. Statt eines einzelnen CPU-Kerns hatte er bereits zwei Kerne zur Verfügung, die zudem auch noch mit dem um 300 MHz höheren Takt von 1000 MHz liefen. Der verbaute Arbeitsspeicher war mit 1024 Mb doppelt so groß.

Zwar verfügt der Banana Pi über weniger GPIO Pins, kann dafür aber bereits in der ersten Variante mit einem Gigabit-Ethernet-Netzwerkanschluss punkten.

Weitere Ausstattungsmerkmale wie ein SATA[21]-Anschluss, ein Mikrofon-Eingang und ein eingebauter Infrarot-Empfänger setzen ihn weiter vom Raspberry Pi ab.

[20] Open Source bezeichnet Soft- und Hardware, deren Quelltexte und Pläne öffentlich einsehbar sind. Open Source-Projekte können frei von jedem kopiert, geändert und genutzt werden.

[21] SATA – „Serial ATA Interface", ein Anschluss für Festplatten.

Alle diese Vorzüge machten den Banana Pi bei der Einführung ungefähr doppelt so teuer wie den Rapsberry Pi. Heute gibt es den Banana Pi in etlichen Varianten, darunter auch wieder eine an den Raspberry Pi Zero angelehnte kompakte Modellreihe.

2.5.3 Asus Tinker Board

Das Tinker Board ist ein 2017 erschienener Computer, der in seinen physischen Abmessungen und der Anordnung der GPIO Pins an den Raspberry Pi angelehnt ist.

Zur Veröffentlichung im April 2017 stand das Tinker Board nur dem Modell Pi 2 B v1.2 gegenüber und konnte dieses leistungstechnisch deutlich hinter sich lassen.

Ebenso wie im Pi 2 B wurde eine Vier-Kern-CPU verwendet, die hier aber mit dem doppelten Kerntakt lief. Statt 900 MHz war diese mit 1800 MHz getaktet und konnte im Turbomodus bis zu 2600 MHz erreichen. Auch die verwendete GPU war deutlich leistungsfähiger. Der Arbeitsspeicher war mit 2048 Mb doppelt so hoch wie beim direkten Pi-Vergleichsmodell.

Selbst dem später erschienen Pi 3 war das Tinker Board noch überlegen. Aber auch hier wurde der Vorsprung mit einem deutlich höheren Preis erkauft: Für den gleichen Preis konnte man fast zwei Raspberry Pi 2 kaufen.

Eine zweite Variante, das Tinker Board S wurde 2018 veröffentlicht und unterscheidet sich hauptsächlich durch den Einsatz von fest verbautem Speicher direkt auf der Platine.

2.5.4 Odroid

Hersteller derOdroid-Produktpalette ist die Firma Hardkernel. Es gab sie bereits vor dem Release des ersten Raspberry Pi und der „Open Droid“, kurz Odroid, ist heute als direkter Konkurrent des Pi platziert. Dies zeigt sich nicht zuletzt im verwendeten Formfaktor einiger Modelle, der sich stark an den Raspberry-Vorlagen orientiert.

Wie viele der anderen Konkurrenten ist auch der Odroid mit mehr Leistung ausgestattet als das zeitgleich verfügbare Pi-Modell. Die 2015 erschienene Reihen C1 und C0 haben einen deutlich höheren Kerntakt, eine schnellere Netzwerkverbindung und einen Steckplatz für Speichermodule zusätzlich zum microSD-Leser.

Die Vielzahl an Odroid Modellen macht einen genauen Vergleich allerdings schwer. Zum aktuellen Zeitpunkt (Anfang 2020) bietet der Hersteller 15 Varianten an. Bis auf wenige Ausnahmen sind allerdings auch diese alle teurer als der Raspberry Pi.

Kapitel 3
Einrichtung

3.1 Vorbereitung der Hardware

Um mit dem Raspberry Pi einen vollwertigen, einsatzfähigen Rechner zusammenzustellen, benötigt man eine Reihe von zusätzlichen Bauteilen. Wir geben hier eine Übersicht für den Aufbau eines Desktoprechners. Sobald die Grundzüge der Einrichtung einmal bekannt sind, ist der spätere Aufbau maßgeschneiderter Systeme für eigene Projekte kein Problem mehr.

Der Raspberry Pi bildet natürlich die Grundlage des Systems. Welche Variante wir hier verwenden, ist abhängig von den jeweiligen Anforderungen an die Leistungsfähigkeit. Auch auf den Modellen der ersten Baureihe lassen sich funktionierende Desktoprechner aufbauen, die Reaktionsgeschwindigkeit des Systems kann aber durchaus darunter leiden. Für die Erklärung der Einrichtung benutzen wir einen Raspberry Pi 4 Modell B in der Variante mit 4 Gigabyte (4096 Mb) Arbeitsspeicher.

Da der Pi ohne Strom nur begrenzt nützlich ist, benötigen wir ein Netzteil. Dieses sollte in der Lage sein, die benötigte Leistung zur Verfügung zu stellen. Auch wenn die bei den einzelnen Modellen genannte Leistungsaufnahme erst einmal niedrig erscheint, muss auch bedacht werden, dass jedes zusätzliche USB-Gerät und jeder verwendete GPIO Pin den Stromverbrauch in die Höhe treibt. Daher ist allgemein bei allen Modellen ein Netzteil mit mindestens 2,5 Ampere zu empfehlen. Ob man hier nun das Original-Netzteil der Raspberry Pi Foundation oder ein anderes Produkt verwendet, spielt keine Rolle. Allerdings ist bei der Auswahl Vorsicht geboten. Bevor man ein günstiges Gerät unbekannter Herkunft auswählt, sollte doch lieber eine bekannte Marke verwendet werden, um Unfälle durch defekte Netzteile zu vermeiden.

Für den geplanten Einsatzzweck als Desktoprechner benötigt der Raspberry Pi ein Display. Hier ist es jedem selbst überlassen, welches Gerät ausgewählt wird – solange sichergestellt ist, dass es an den Pi angeschlossen und von diesem mit einem Bild versorgt werden kann. Der Anschluss erfolgt üblicherweise mit einem HDMI-Kabel. Dabei muss man nur darauf achten, dass ein passendes Kabel zur Verfügung steht, da es Pi-Modelle mit einem Standard-HDMI-Anschluss, aber auch solche mit Mini HDMI Ports gibt. Außerdem gibt es Grenzen in der möglichen Bildauflösung, die der Pi erzeugen kann: Alle Varianten vor dem Pi 4 können standardmäßig nur bis zur Full-HD Auflösung ausgeben[1].

Zur Bedienung werden noch eine Maus und eine Tastatur benötigt. Aufgrund der begrenzten Anzahl an Anschlüssen mancher Modellreihen des Raspberry Pi kann zusätzlich ein USB-Hub verwendet werden, um mehr USB-Ports zu bekommen. Alternativ kann auch eine Tastatur mit eingebautem Hub verwendet werden.

Wenn es sich um ein älteres Pi-Modell handelt, kommt eventuell auch die Anschaffung eines W-Lan- oder Bluetooth-Dongles in Frage. Alternativ kann auch bei allen außer den Zero-Modellen der Kabelnetzwerkanschluss verwendet werden, um den Pi mit dem eigenen Heimnetzwerk zu verbinden. Alle neueren Varianten haben diese Funkverbindungen bereits eingebaut.

Abb. 3.1 microSD Karte im Raspberry Pi 4 B

[1] Es gibt Lösungen, mit denen auch auf einem Pi 3 eine Ausgabe eines 4K-Signals möglich ist. Dies ist aber sehr aufwändig und das Videosignal kann nur mit maximal 15 Hz ausgegeben werden.

Auf keinen Fall vergessen sollte man eine microSD-Karte. Da das komplette Betriebssystem und alle Daten der Benutzer dort liegen werden, ist es hier empfehlenswert, eine möglichst große Karte zu nehmen. Wenn man bei eigenen Projekte später abschätzen kann, dass weniger Platz benötigt wird, kann man die Karte dann natürlich entsprechend kleiner dimensioniert kaufen.

Wer nicht die blanke Platine auf dem Tisch liegen haben möchte, kann auch noch ein Gehäuse besorgen. Hier gibt es Referenzmodelle von der Raspberry Pi Foundation, aber auch unzählige Drittanbieter, die Varianten in allen Formen, Farben und Materialien anbieten. Man kann also durchaus auch rein nach ästhetischem Empfinden entscheiden. Je nach geplantem Einsatz des Pis kann es aber auch sinnvoll sein, ein angepasstes Gehäuse zu verwenden, zum Beispiel mit einem Lüfter.

Damit sind alle Zutaten vorhanden, um einen Computer auf Basis des Raspberry Pi zusammen zu bauen. Pakete, die alle notwendigen Komponenten enthalten, gibt es bereits fertig zusammengestellt von der Raspberry Pi Foundation und auch von anderen Anbietern. Letztere enthalten dann aber häufig nicht die offiziellen Zubehörteile, sondern Alternativprodukte.

Abb. 3.2 Raspberry Pi4 B im offenen Gehäuse mit angeschlossenem Netzteil, HDMI Kabel und kabellosem USB-Tastatur- und Mausempfänger

3.2 Linux Distributionen für den Raspberry Pi

Die Hardware allein ist aber nur bedingt einsetzbar, denn im Gegensatz zu den einfacher gestrickten Mikrocontrollern benötigt der Raspberry Pi ein Betriebssystem, um zu funktionieren. Das Betriebssystem ist dafür verantwortlich, die durch die Hardware zur Verfügung gestellten Ressourcen zu verwalten und den Zugriff darauf zu ermöglichen.

Der nächste Schritt ist also die Auswahl eines geeigneten Betriebssystems.

3.2.1 NOOBS und Raspbian

Der Raspberry Pi wurde ursprünglich entwickelt, um Kindern den Einstieg in die Computerwelt und das Programmieren zu ermöglichen. Daher bestand von Anfang an der Anspruch, genau diesen Einstieg zu einfach wie möglich zu gestalten.

Die Installation eines Betriebssystems ist auch heute immer noch nicht wirklich intuitiv zu verstehen. Gerade wenn es um Linux-Varianten geht, schrecken die Fülle an Befehlen und Schritten häufig bereits einen Großteil der Nutzer ab.

Eine Windows-Installation ist zwar weniger komplex als die vieler ander Betriebssysteme, kann einem unbedarften Benutzer aber trotzdem einige Fallen stellen.

Um alle diese Stolpersteine weitestgehend aus dem Weg zu räumen, hat die Raspberry Pi Foundation einen Installationsassistenten entwickelt, mit dem der Benutzer das passende Betriebssystem aus einer Liste auswählen und die Installation anstoßen kann.

Dieser Installer ist unter dem Namen NOOBS[2] bekannt und kann direkt auf der Webseite[3] der Raspberry Pi Foundation heruntergeladen

---

[2] NOOBS ist die Abkürzung für „New Out Of Box Software" und ein Wortspiel zum englischen Begriff „Noob", das sich aus „Newbie" entwickelt hat und so viel bedeutet wie „Anfänger" oder „Neuling".

[3] https://bmu-verlag.de/rk1 - hier können NOOBS oder Raspbian heruntergeladen werden.

werden. Zur Verfügung stehen zwei Varianten: Eine enhält bereits alle benötigten Daten für die Installation des speziell für den Rapberry Pi entwickelten Betriebsystems Raspian. Aber auch bei der anderen Version können diese notwendigen Dateien im Installationsprozess automatisch heruntergeladenwerden.

Haben wir ein Betriebssystem ausgewählt, zu dem keine Installationsdaten vorliegen, werden diese über eine bestehende Internetverbindung heruntergeladen. Voraussetzung dafür ist eine korrekt eingerichtete Netzwerkverbindung, die einen Zugriff auf das Internet ermöglicht.

Abb. 3.3 Das offizielle Logo der Raspbian Distribution

Die Möglichkeit, Raspbian direkt mit dem NOOBS-Installer herunterzuladen, zeigt bereits dessen Verbindung zum Raspberry Pi-System. In der Liste zur Auswahl der Betriebssysteme ist Raspbian mit dem Hinweis [RECOMMENDED], also „empfohlen" versehen.

Raspbian ist eine Portierung von Debian Linux und angepasst an die Hardware der Raspberry Pi-Familie.

Debian[4] ist eine der ältesten Linux-Distributionen und existiert bereits seit 1993. Seit September 2019 ist es in der Version 10.1 mit dem Codenamen „Buster" verfügbar.

Bis heute ist Debian häufig die Grundlage für andere Linux-Distributionen. Ein prominentes Beispiel hierfür ist Ubuntu, auf das später noch genauer eingegangen wird.

4 Der Name Debian entstand aus den Namen des Gründers **Ian** Murdock und seiner Freundin **Deb**ra Lynn.

Debian wird bis heute nach den Prinzipien des GNU[5]-Projektes entwickelt und hat es sich damit zur Aufgabe gemacht, alle Teile des Betriebssystems und der verwendeten Software für alle Benutzer offen zu gestalten. Das bedeutet, dass jeder Teil des Systems frei geteilt und auch verändert werden darf.

Unter anderem existiert von Debian auch eine Portierung für ARM-Prozessoren, wie sie in den Raspberry Pis zum Einsatz kommen, unter dem Namen ArmHF. Allerdings ist diese auf eine neuere Generation ausgerichtet und nicht für die gesamte Pi-Familie verwendbar. Daher wurde Raspbian als inoffizielle Portierung ins Leben gerufen.

Die Entwicklung von Raspbian ist so aktiv, dass es mittlerweile mehr Softwarepakete gibt, die dafür angepasst wurden, als für den offiziellen ArmHF Port von Debian.

Insgesamt ist Raspbian für Einsteiger durchaus geeignet, die Installation ist dank NOOBS leicht zu erledigen und die Konfiguration geht über grafische Menüs auch sehr einfach von der Hand. Als Debian-Ableger bietet Raspbian aber dennoch genügend Freiheiten und Optionen, um auch anspruchsvollere Nutzer zufriedenzustellen. Für den Einsatz in eigenen Projekten eignet es sich ebenfalls sehr gut. Ein Vorteil ist hier vor allem, dass es Variationen von Raspbian gibt, die lediglich das absolute Minimum an erforderlicher Software installieren und beispielsweise ohne grafische Benutzeroberfläche auskommen.

3.2.2 Ubuntu[6]

Ubuntu ist ein Wort aus der Sprache der Zulu und bedeutet übersetzt etwa „Menschlichkeit", bezeichnet häufig aber auch eine Philosophie der Gemeinschaft und des Zusammenhalts.

---

5 GNU ist eine rekursive Abkürzung für „GNU's not Unix!". Unix ist ein Betriebssystem, das bis 2005 proprietär war und erst danach freigegeben wurde.

6 Unter https://bmu-verlag.de/rk2 kann eine Ubuntu Version für den Raspberry Pi heruntergeladen werden.

Abb. 3.4 Das offizielle Ubuntu Logo

Das Ziel der auf Debian basierenden Distribution Ubuntu ist es, ein Betriebssystem zu schaffen, das von jedem benutzt werden kann und einfach zu bedienen ist. Dabei sollen alle Teile des Systems aufeinander abgestimmt sein.

Die erstmals 2004 veröffentlichte Distribution wird im halbjährlichen Takt aktualisiert und ist in der aktuellen Version eine der meistgenutzten Linux-Varianten.

Unterstützt und zum Teil auch mitentwickelt wird Ubuntu von der britischen Canonical Ltd., die einem südafrikanischen Unternehmer gehört.

Ubuntu baut auf dem gleichen Paketformat wie Debian auf und bildet auch sonst einige der internen Strukturen sehr ähnlich ab. Um eine einfachere Bedienung zu erreichen, gibt es unter Ubuntu mehr grafische Eingabemöglichkeiten für die Konfiguration und Wartung des Betriebssystems.

Seit einigen Versionen gibt es hierzu ein Software Center, das – ähnlich wie die App Stores auf Mobilgeräten – zur Verteilung von Software verwendet wird.

Als Desktopoberfläche wurde bis zur Version 17.04 Gnome verwendet, das dann durch Unity ergänzt wurde. Beides sind Systeme, die Darstellung und Grundfunktionalitäten fensterbasierter Benutzeroberflächen bereitstellen.

Darüber hinaus gibt es noch weitere Varianten, die unter den Namen Kubuntu, Xubuntu, Lubuntu sowie Ubuntu Mate und Ubuntu Studio laufen.

Alle diese Versionen unterscheiden sich hauptsächlich in der Wahl der Benutzeroberfläche. Ubuntu Studio enthält eine Vorauswahl an Software, die speziell auf die Anforderungen von Grafik- und Videobearbeitung sowie von Sound- und Musikverarbeitung ausgelegt sind. Die anderen Varianten ersetzen lediglich die Benutzeroberfläche Unity durch KDE, Xfce, LXDE oder MATE. Die einzelnen Oberflächen unterscheiden sich zumeist in verschiedenen Punkten der Bedienphilosophie und richten sich stellenweise auch an Benutzer mit unterschiedlichen Erfahrungsleveln im Umgang mit Linux.

Für Umsteiger aus dem Windows- oder Mac-Bereich sind zumeist Gnome, Unity oder LXDE eine gute Wahl. Wer noch unentschlossen ist, sollte mit einer Standardinstallation starten.

Ubuntu ist ein für Anfänger gut geeignetes Betriebssystem. Es ist von vorn herein so ausgelegt, dass jeder Benutzer damit umgehen kann – ohne die Gefahr, etwas dauerhaft zu beschädigen. Die Möglichkeit, mit steigender Erfahrung auch tiefer ins System einzugreifen, ist durchaus gegeben, ein auf das Nötigste reduziertes System ist allerdings etwas schwieriger zu erreichen als mit einem reinen Debian.

3.2.3 LibreELEC[7]

Ein Beispiel für spezialisiertere Betriebssysteme ist LibreELEC[8]. Hierbei handelt es sich um eine Abspaltung aus einem anderen Projekt mit dem Namen OpenELEC, das 2017 eingestellt wurde. Beide Projekte sind bzw. waren nicht kommerziell und als Open Source-Projekte angelegt.

---

[7] Heruntergeladen werden kann LibreELEC unter https://bmu-verlag.de/rk3

[8] LibreELEC steht für „Libre Embedded Linux Entertainment Center" und ist in Anlehnung an OpenELEC – „Open Embedded Linux Enterntainment Center"benannt worden.

Abb. 3.5 Das offizielle Logo des LibreELEC Projekts

LibreELEC ist immer noch in aktiver Entwicklung und die derzeit aktuellste Version 9.0.2 wurde im Mai 2019 veröffentlicht.

Dieses Betriebssystem wurde mit dem Ziel entwickelt, eine komplette, kompakte und schnelle Softwarelösung für ein Media-Center zu schaffen. Um die Medienabspielsoftware Kodi herum wurde ein minimales System konzipiert. Hier wird oft der Gedanke „just enough operating system" – also „gerade genug Betriebssystem" – zitiert.

Weitere Merkmale sind ein Fokus auf die einfache Bedienbarkeit – z. B. über eine Infrarotfernbedienung – und das einfache und vor allem automatische Updaten von wichtigen Systemkomponenten.

LibreELEC ist als Betriebssystem nur bedingt geeignet für Einsteiger. Die starke Fokussierung auf genau einen Einsatzzweck macht die Nutzung für andere Projekte sehr mühsam. Es ist zwar grundsätzlich möglich, auch abseits der Mediaplayer-Oberfläche mit dem System zu arbeiten, das ist allerdings weder intuitiv noch leicht.

3.2.4 Windows 10 IoT[9]

Die „Internet of Things"-Variation des Windows 10-Betriebssystems ist der einzige Ableger der Windows-Familie, von dem es eine Version zur Ausführung auf den Raspberry Pi-Geräten ab dem Raspberry Pi 2 B gibt. Diese Version heißt „Windows 10 IoT Core".

[9] Microsoft führt unter https://bmu-verlag.de/rk4 eine Webseite, auf der immer aktuelle Downloadlinks rund um Windows 10 IoT zu finden sind.

Im Gegensatz zu der deutlichen Mehrheit der Betriebssystemoptionen ist Windows 10 IoT keine quelloffene Lösung. Allerdings stellt Microsoft die Core-Variante kostenfrei zur Verfügung, sodass jeder sie auf seinen Geräten installieren kann. Eine Installation über den NOOBS Installer ist möglich.

Der Name Windows sollte hier aber nicht allzu große Hoffnungen wecken, denn im Vergleich zu einem vollwertigen Windows 10 oder sogar den anderen Windows 10 IoT-Varianten ist die Core-Variante extrem eingeschränkt in der Leistungsfähigkeit.

Die IoT-Familie entstand aus der Notwendigkeit heraus, solche Systeme abzulösen, die noch mit der mittlerweile veralteten Embedded Version von Windows XP liefen. Das sind vor allem Millionen von Geldautomaten oder Kassen weltweit.

Für diese Geräte ist es lediglich notwendig, dass genau eine Anwendung läuft. Und das ist auch die Beschränkung der Windows 10 IoT Core Version: Es kann nur eine Anwendung gleichzeitig laufen.

Damit ist diese Version zwar für fortgeschrittene Projekte mit einem klar definierten Einsatzzweck geeignet, für Einsteiger ist das Betriebssystem aber definitiv nicht gedacht.

3.2.5 Weitere spezialisierte Betriebssysteme

Es gibt einige Betriebssysteme, die für einen spezifischen Einsatzzweck entworfen wurden, ein Beispiel ist das bereits besprochene LibreELEC. Dies ist gerade für Einsteiger sehr hilfreich, da man so komplexe Systeme aufsetzen kann, deren Einrichtung normalerweise fortgeschrittene Kenntnisse des Betriebssystems, der Software und möglicherweise einer oder mehrerer Programmiersprachen erfordert.

So ist die Einrichtung eines Mediencenters mit LibreELEC in wenigen Minuten erledigt. Eine andere Option für ein funktionierendes Mediacenter ist OSMC[10].

---

[10] OSMC steht für „Open Source Media Center", der Download ist unter https://bmu-verlag.de/rk5 zu finden.

Aber spezialisierte Linux-Distributionen dienen nicht nur als Abspielgerät für Medien unterschiedlicher Art, auch andere Gruppen haben die Synergie aus Raspberry Pi und maßgeschneiderten Distributionen für sich erkannt.

RetroPie[11] ist beispielsweise für Enthusiasten alter Spielekonsolen gedacht. Es verwendet als Frontend eine Software mit dem Namen EmulationStation und bietet unzählige Emulatoren für alte Spielekonsolen unterschiedlichster Art an. Wie viele andere spezialisierte Distributionen ist auch RetroPie eine Abwandlung von Debian und kann nicht nur als eigenständiges Betriebssystem installiert, sondern auch auf jedes vorhandene Debian aufgesetzt werden. Auch hier ist natürlich wieder mehr als eine Option verfügbar und es gibt unter anderem noch RecalBox[12] als Alternative, falls RetroPie nicht gefällt.

3.2.6 64 Bit Betriebssysteme

Obwohl schon einige Raspberry Pi-Modelle mit einer 64 Bit-fähigen CPU ausgestattet ist, ist die Unterstützung auf Seiten der Betriebssysteme hierfür noch sehr dünn. Einzelne experimentierfreudige Benutzer haben sich die Mühe gemacht, auch dem Pi 3 ein 64 Bit-System aufzubinden, offizieller Support ließ dennoch lange auf sich warten.

Vermutlich hat dies in erster Linie Kompatibilitätsgründe, schließlich sind die älteren Modelle nur 32 Bit fähig. Außerdem müsste eine weitere Variante des Betriebssystems zur Verfügung gestellt und vor allem auch gepflegt werden. Letzteres ist ein nicht zu unterschätzender Aufwand, da ein erheblicher Unterschied zwischen reiner 32 Bit- und 64 Bit-Programmierung entstehen kann. Zudem besteht die Gefahr, dass 32 Bit-Programme in einer 64 Bit-Umgebung nicht mehr das gleiche Verhalten zeigen.

Aber mit der Veröffentlichung eines experimentellen 64 Bit-Kernels scheinen die ersten Schritte getan, auch wenn es noch einige Kinderkrankheiten und Probleme gibt, vor allem mit Raspberry Pi 3-Modellen.

---

[11] https://bmu-verlag.de/rk6

[12] https://bmu-verlag.de/rk7

Die im Rahmen dieses Buches gezeigten Beispiele und Installationshinweise beziehen sich alle auf die 32-Bit-Versionen. Ein Hinweis auf die notwendigen Schritte zur Aktivierung der 64-Bit-Version ist im Kapitel „Für Fortgeschrittene: Wechseln zur 64-Bit-Version“, ab Seite 164 zu finden.

3.3 Image auf eine SD Karte schreiben

Da der Raspberry Pi keinen fest verbauten Speicher hat, dient eine SD Karte als Festplattenersatz. Die einzige Ausnahme bilden die Compute Module, diese haben – außer in den lite-Varianten – einen eingebauten Speicher.

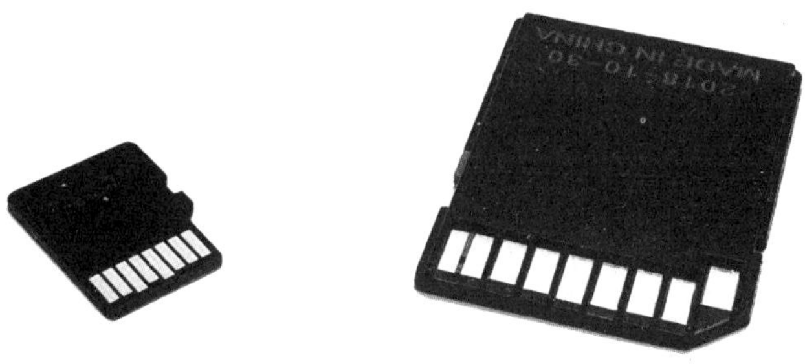

Abb. 3.6 Links eine microSD-Karte, rechts eine SD-Karte

Die Modelle Pi 1 A und Pi 1 B waren die einzigen Varianten, die mit großen SD Karten bestückt werden mussten. Alle darauffolgenden Modelle haben zu dem handlicheren microSD-Format gewechselt.

Die Kapazität sollte dabei im Auge behalten werden, da es offenbar im SoC, das in den Varianten vor dem Pi 3 A+, Pi 3 B+ und dem CM 3+ verbaut wurde, einen Fehler gab. Dieser verhindert den Start einer Karte mit mehr als 256 Gigabyte Kapazität.

Zudem wird bei der Verwendung des NOOBS-Installer geraten, eine Karte mit mindestens vier bis acht Gigabyte zu nutzen, je nachdem ob Raspbian mit heruntergeladen wird oder nicht.

Eine kleine Hürde gibt es bei der Verwendung von Karten über 64 Gigabyte mit NOOBS, da es nur mit Dateisystemen vom Typ FAT32[13] funktioniert, Datenträger über 64 Gigabyte aber häufig mit dem Nachfolger exFAT formatiert sind. Für Nutzer, denen ein Linux- oder MacOS-Rechner zur Verfügung steht, ist die Lösung einfach: Hier muss nur mit dem im Betriebssystem vorhandenen Werkzeug der Datenträger neu mit dem FAT32-Dateisystem formatiert werden.

Unter Windows wird es etwas komplizierter, da das eingebaute Werkzeug eine Formatierung mit FAT32 bei Datenträgern über 32 Gigabyte nicht einfach erlaubt. Abhilfe schafft hier ein kleines Tool mit dem Namen „FAT32 Format“[14] das kostenfrei heruntergeladen werden kann.

Generell gibt es nun zwei Möglichkeiten, eine SD-Karte für die Verwendung im Raspberry Pi vorzubereiten. Entweder reicht es, die Karte mit einem vorhandenen Rechner mit Daten zu bespielen, diese also einfach darauf zu kopieren, oder aber man nimmt ein Datenträgerabbild, das direkt auf die Karte geschrieben wird.

3.3.1 Variante 1: Einfaches Kopieren von Daten

Wie bereits erwähnt, kann der NOOBS-Installer einfach auf die Speicherkarte kopiert werden und es sind keine zusätzlichen Schritte notwendig, damit der Raspberry Pi diese Karte lesen kann.

Damit das funktioniert, benötigen wir lediglich eine Karte, die mit dem FAT32-Dateisystem formatiert ist.

---

[13] FAT32 ist eine Version des „File Allocation Table” – zu deutsch etwa „Dateizuordnungstabelle“ – Dateisystems. Ein Dateisystem ist notwendig, damit Dateien geladen, gespeichert, verändert und gelöscht werden können.

[14] https://bmu-verlag.de/rk8

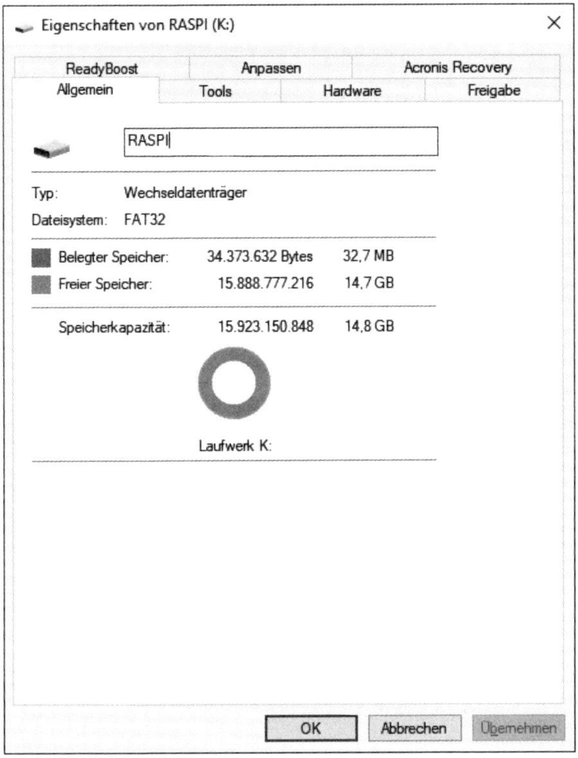

Abb. 3.7 Datenträgereigenschaften unter Windows

Unter Windows kann dies in den Eigenschaften des Datenträgers kontrolliert werden. Diese Informationen erreicht man, indem man im Explorer einen Rechtsklick auf das entsprechende Laufwerk macht und dort „Eigenschaften" aus dem Menü auswählt.

Wenn dort unter Dateisystem etwas anderes steht als „FAT32", müssen wir die Karte erst mit dem passenden Dateisystem neu formatieren. Solange die Karte nicht mehr als 32 Gigabyte Platz bietet, ist dies auch mit den in Windows integrierten Mitteln möglich. Über einen Rechtsklick auf das Laufwerk und den Punkt „Formatieren" erreichen wir den entsprechenden Dialog.

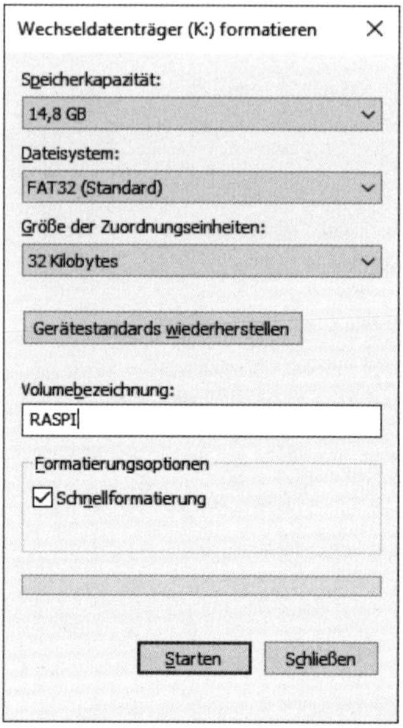

Abb. 3.8 Dialog zum Formatieren von Datenträgern

Es sollten hier alle wichtigen Optionen vorausgewählt sein. Wichtig ist, dass unter Dateisystem auch tatsächlich „FAT32" ausgewählt sein muss. Die „Schnellformatierung" kann bedenkenlos verwendet werden. Lediglich wenn vorher wichtige oder sensible Daten auf der Karte waren, sollte eventuell über eine gründlichere Formatierung nachgedacht werden.[15]

Handelt es sich um eine Speicherkarte mit einer Kapazität jenseits von 32 Gigabyte, muss auf externe Werkzeuge zurückgegriffen werden. Ein Beispiel dafür ist das bereits erwähnte „FAT32 Format"-Tool. Nach dem Herunterladen kann die Datei „guiformat.exe" mit einem Doppelklick gestartet werden.

[15] Bei einer Schnellformatierung werden nur die Einträge in der Dateizuordnungstabelle gelöscht, die angeben, wo die einzelnen Dateien im Speicher liegen. Die eigentlichen Daten sind weiterhin vorhanden und könnten wiederhergestellt werden.

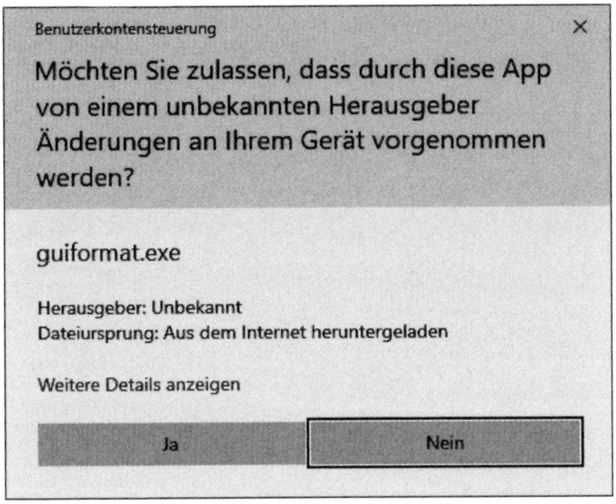

Abb. 3.9 Abfragedialog der Benutzerkontensteuerung

Da das Programm Änderungen an Dateien und Datenträgern vornehmen kann, muss es danach noch durch die Windows-Benutzerkontensteuerung legitimiert werden.

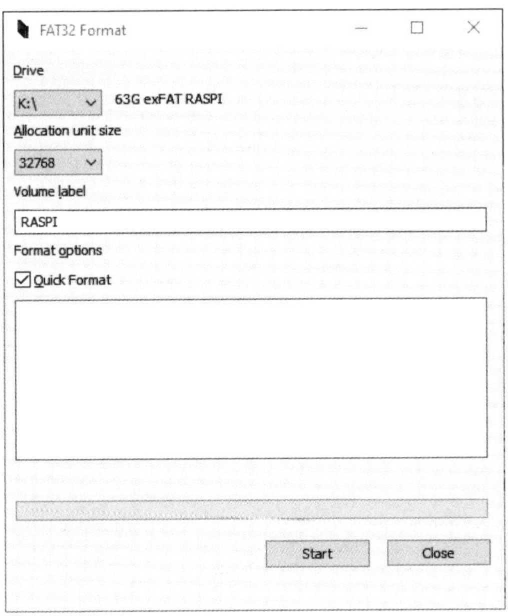

Abb. 3.10 Die Benutzeroberfläche zu Fat32 Format

Die Oberfläche ist recht minimalistisch gehalten. Die einzige Auswahlmöglichkeit ist die „Allocation unit size", die die Größe der Blöcke beschreibt, in denen Dateien auf dem Datenträger abgelegt werden. Hier schlägt das Programm aber die passende Größe automatisch vor. Auch an dieser Stelle gibt es wieder die Option für eine schnelle Formatierung – „Quick Format" –, für die die gleichen Hinweise gelten wie beim Windows-eigenen Formatierungsdialog.

Unter Linux oder MacOS gestaltet es sich einfacher, dort können auch große Karten problemlos mit Bordmitteln FAT32-formatiert werden.

Ist die Karte vorbereitet, muss nur noch der Inhalt darauf kopiert werden.

Dies bedeutet, dass die heruntergeladene Datei entpackt und der Inhalt des Ordners auf die Speicherkarte kopiert wird. Wir zeigen dies hier am Beispiel des NOOBS Installers.

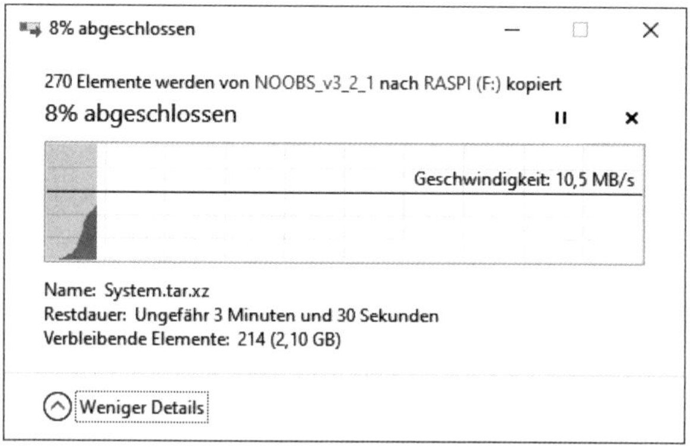

Abb. 3.11 Kopieren des NOOBS Installers auf die Speicherkarte

Es ist darauf zu achten, dass das Betriebssystem oder der Installer auch für diese Art der Installation gedacht ist.

3.3.2 Variante 2: Verwendung eines Datenträgerabbilds

Es gibt noch eine alternative Möglichkeit, eine Speicherkarte so vorzubereiten, dass der Raspberry Pi von dort gestartet werden kann, nämlich die Verwendung eines sogenannten Datenträgerabbildes. Das sind Dateien, die genau beschreiben, welche Informationen an welcher Stelle des Datenträgers hinterlegt sind.

Um ein solches „Image" auf eine Karte zu schreiben, ist es in der Regel nicht notwendig, sie passend zu formatieren, da die Informationen über das verwendete Dateisystem und die Speicherstruktur bereits im Abbild enthalten sind.

Leider lassen sich diese Abbilddateien nicht wie normale Dateien einfach hin und her kopieren. Es wird ein Werkzeug benötigt, das die enthaltenen Informationen auf einen ausgewählten Datenträger übertragen kann.

Die Raspberry Pi Foundation empfiehlt die Verwendung des Open Source-Projektes „balenaEtcher"[16]. Die dort verfügbare Setup-Datei installiert das Tool automatisch. Nach der Installation startet es automatisch oder kann über das Start-Menü aufgerufen werden. Ein besonderes Merkmal ist die Verfügbarkeit für Windows, MacOS und Linux.

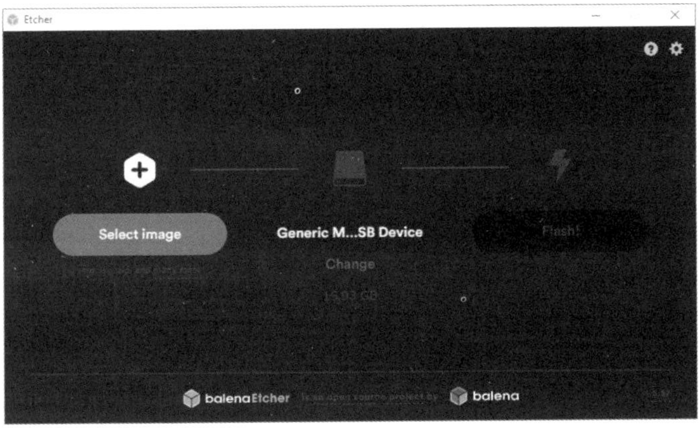

Abb. 3.12 Oberfläche von balenaEtcher nach dem Start

[16] https://bmu-verlag.de/rk9

Nach dem Start zeigt sich balenaEtcher mit einer spartanischen Oberfläche. Auf der linken Seite gibt es einen Knopf, mit dem man eine Image-Datei auswählen kann.

Ist eine Datei ausgewählt, zeigt das Programm die Größe des Abbilds an. Wenn ein passendes Ziel, in diesem Fall eine SD-Karte mit ausreichender Kapazität, ausgewählt wurde, ist der rechte Button „Flash!"verfügbar, der den Vorgang startet.

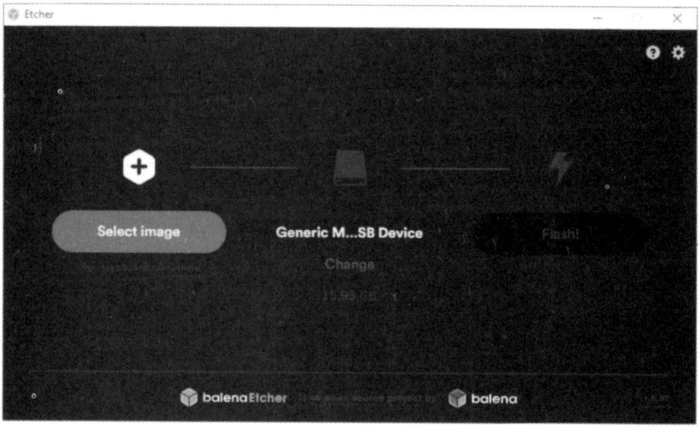

Abb. 3.13 balenaEtcher, bereit, das Abbild auf die Speicherkarte zu schreiben

Nachdem ein weiterer Dialog der Benutzerkontensteuerung bestätigt wurde, beginnt der Vorgang.

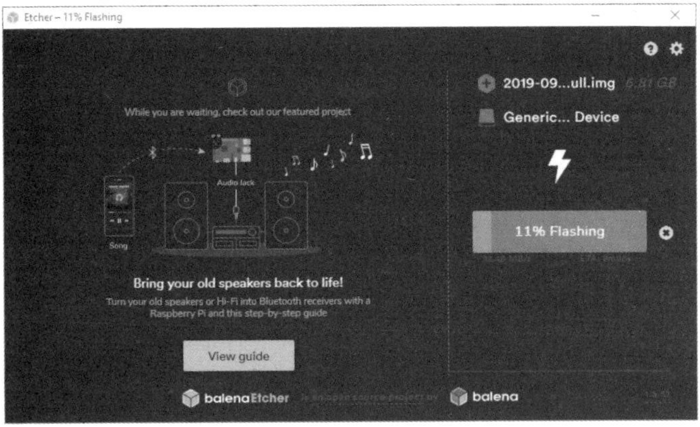

Abb. 3.14 Der Schreibvorgang im balenaEtcher wurde gestartet

Auf der rechten Seite bekommt man nun Informationen über den Vorgang selbst. Hier ist nochmal aufgeführt, welches Abbild und welches Ziellaufwerk gewählt wurden. Außerdem wird ein Fortschrittsbalken angezeigt, unter dem die Schreibgeschwindigkeit und die Restdauer eingeblendet sind.

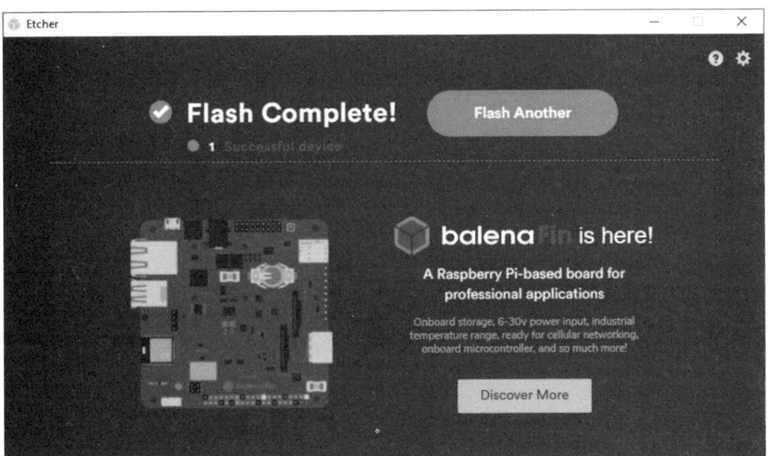

Abb. 3.15 Der Schreibvorgang ist abgeschlossen

Sobald der Vorgang abgeschlossen ist, kann die Karte ausgeworfen und in den Raspberry Pi eingelegt werden.

3.4 Installation des Betriebssystems

3.4.1 Installation über den NOOBS Assistent

Sind alle Daten auf die Speicherkarte kopiert, kann diese in den Raspberry Pi eingelegt werden. Sind Monitor, Maus, Tastatur und zuletzt Strom über den microUSB angeschlossen, startet der Rechner und zeigt nach kurzer Zeit das Auswahlmenü von NOOBS.

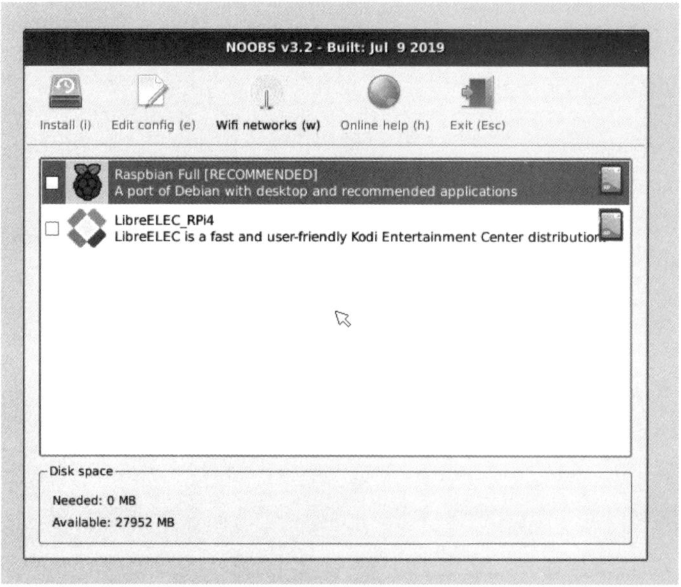

Abb. 3.16 NOOBS Auswahlmenü

Steht keine Netzwerkverbindung zur Verfügung, sind lediglich die auf der Karte vorhandenen Betriebssysteme gelistet.

Mit Netzwerkverbindung wird eine größere Liste mit Auswahlmöglichkeiten über das Netz geladen. Auf der rechten Seite wird zu jedem Eintrag markiert, ob es sich um eine Datei auf der Speicherkarte oder aus dem Internet handelt.

Am unteren Bildschirmrand können hier bereits die Sprache und das Tastenlayout ausgewählt werden.

Für Anfänger empfiehlt es sich, entweder „Raspbian Full“ oder „Raspbian“ auszuwählen. Ersteres enthält eine Reihe an nützlichen Anwendungen, die zweite Option ist lediglich das Betriebssystem mit einer grafischen Benutzeroberfläche. Die Option „Raspbian Lite“ ist nur das Grundsystem ohne grafische Oberfläche.

Bevor die Installation loslegt, wird eine Warnung eingeblendet, dass die Daten auf der SD-Karte durch die Installation komplett überschrieben werden, dies können wir mit „Ja“ bestätigen.

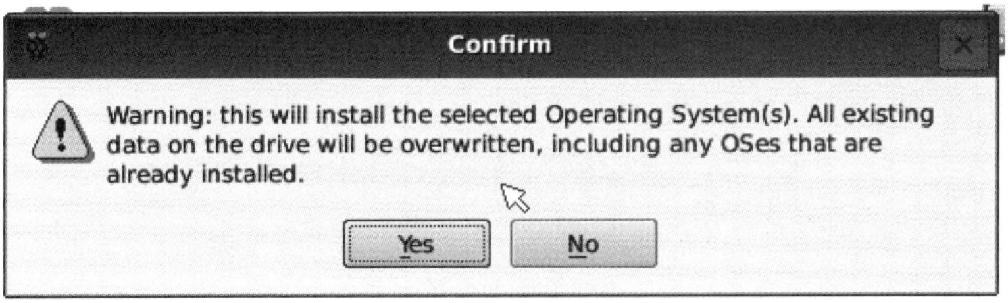

Abb. 3.17 Warnhinweis zum Datenverlust

Ein Fortschrittsbalken informiert uns über den aktuellen Fortschritt und gibt zusätzliche Informationen und Kurzanleitungen für das Betriebssystem und einzelne Programme.

Nach kurzer Wartezeit informiert das Installationsprogramm uns über den Abschluss des Vorgangs. Mit einem Druck auf den „OK“-Knopf wird das System neu gestartet.

Die Einrichtung von Raspbian ist die gleiche, unabhängig davon ob es über NOOBS oder ein Datenträgerabbild installiert wurde. Wir behandeln hier kurz das Vorgehen, um von einer entsprechend vorbereiteten Speicherkarte zu starten.

3.4.2 Installation von Rasbian aus einer Imagedatei

Nachdem das heruntergeladene Image mit den beschriebenen Schritten auf eine Speicherkarte kopiert wurde, ist die Grundinstallation sehr einfach.

Die Karte wird in den Raspberry Pi eingelegt – der Kartenschacht befindet sich auf der Unterseite der Platine. Sobald über den microUSB-Anschluss Strom zur Verfügung gestellt wird, startet der Bootvorgang.

3.4.3 Einrichtung von Raspbian

Nach einer kurzen Wartezeit wird man auf dem Desktop begrüßt.

Zuerst wählt man Ort, Spracheinstellungen und die Zeitzone aus. Sobald Deutschland ausgewählt wurde, werden auch die Sprache und Zeitzone entsprechend eingestellt. Man kann hier aber auch selbst wählen, wie die einzelnen Einstellungen kombiniert werden sollen.

Abb. 3.18 Auswahl der Spracheinstellungen und der Zeitzone

Danach werden wir aufgefordert, ein neues Passwort zu vergeben. Standardmäßig ist der Benutzer mit dem Namen „pi" angelegt, der das Passwort „raspberry" hat. Möchte man kein neues Kennwort vergeben, drückt man hier einfach auf „Next".

Im nächsten Schritt kann die Bildschirmausgabe korrigiert werden. Wenn das Hintergrundbild nicht vollflächig ist, kann man hier ein Häkchen setzen und nach dem nächsten Neustart sollte der schwarze Rand weg sein.

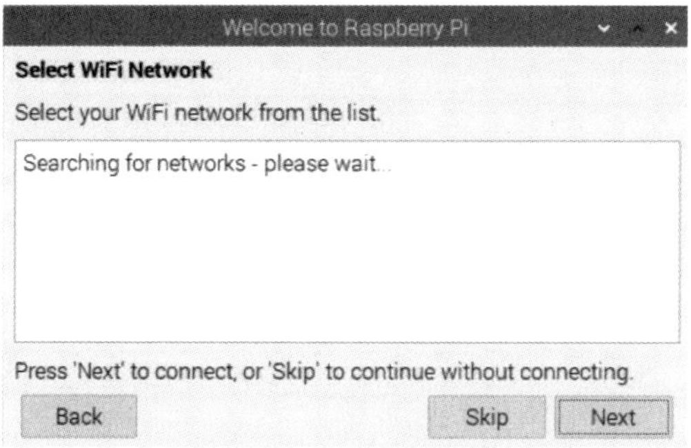

Abb. 3.19 Optionale Auswahl eines kabellosen Netzwerks

Wenn der verwendete Raspberry Pi mit W-Lan ausgestattet ist, wird nun eine Liste der verfügbaren Netzwerke angezeigt. Hier kann eines ausgewählt und das zugehörige Kennwort eingegeben werden. Kabelgebundene Netzwerkverbindungen sind in der Regel ohne weitere Konfiguration funktionsbereit.

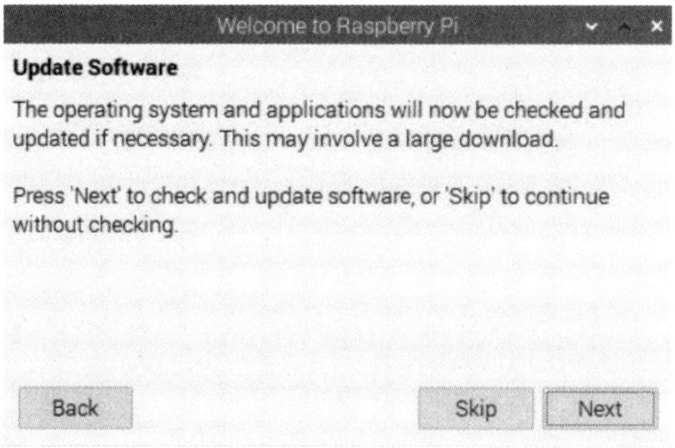

Abb. 3.20 Einspielen von Updates

Nun kann der Benutzer entscheiden, ob er das Betriebssystem nach Updates suchen lassen möchte. Auch wenn man das Datenträgerabbild frisch heruntergeladen hat, kann es sein, dass seit dem Erstellen des Images noch Updates für ein oder mehrere Pakete erschienen sind.

Dieser Schritt funktioniert nur, wenn bereits eine Netzwerkverbindung vorhanden ist. Sollte keine Verbindung möglich sein, folgt ein Hinweis und das Setup kann ohne diesen Schritt beendet werden.

Ist eine Verbindung zum Internet vorhanden, fängt das Betriebssystem an, nach Updates zu suchen und diese zu installieren. Tritt in diesem Schritt ein Fehler auf, kann es helfen, über den „Back"-Knopf zurück zu gehen und den Updateprozess noch einmal zu starten.

Mit einer kurzen Nachricht meldet das System den Abschluss des Prozesses.

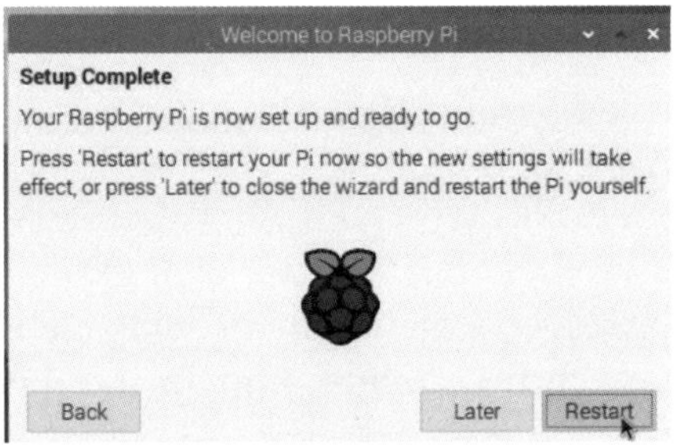

Abb. 3.21 Abschluss der Einstellungen

Im letzten Schritt kann nun der Raspberry Pi neu gestartet werden. Das ist sehr zu empfehlen, da einige Einstellungen im Setup-Prozess geändert wurden und eventuell einige Pakete im Updatevorgang aktualisiert wurden. Es gibt hier die Option, diesen Neustart später selbst durchzuführen – davon würden wir gerade Anfängern eher abraten.

Damit ist die Installation abgeschlossen und ein funktionsfähiges Raspbian Linux steht zur Verfügung.

3.5 Bedienung des Raspberry Pi

Grundsätzlich gibt es drei verschiedene Varianten, wie der Raspberry Pi bedient werden kann. Je nach gewähltem Betriebssystem stehen unterschiedliche Optionen zur Verfügung.

Zwei der Möglichkeiten stellen eine lokale Variante dar. Hierbei gehen wir davon aus, dass der Raspberry Pi an einen Monitor oder Fernseher angeschlossen ist und eine Tastatur und Maus vorhanden sind.

Durch den modularen Aufbau der Betriebssysteme ist es möglich, eine Installation auch ohne grafische Benutzeroberfläche vorzunehmen. Damit verzichtet man auf die Vorzüge bekannter Eingabeparadigmen, wie man sie von Windows oder MacOS kennt, spart aber sowohl Speicherplatz als auch Systemressourcen. Letztendlich ist ein grafisches Bediensystem ja auch nur eine Reihe an weiteren Programmen, die auf dem System laufen und sowohl die CPU als auch den Arbeitsspeicher belasten.

Gerade in Anwendungsfällen, bei denen es auf einen niedrigen Stromverbrauch oder eine möglichst geringe thermische Belastung ankommt und keine direkte Arbeit am Rechner selbst notwendig ist, kann eine Einsparung erreicht werden. Der Rechner ist dadurch auch weit weniger eingeschränkt als man vermuten würde, da es nach wie vor problemlos möglich ist, auf ihn zuzugreifen, Programme zu starten und Daten zu verwalten.

Die Schnittstelle zum Rechner ist dann eine sogenannte „Shell", sie stellt die Funktionalitäten bereit, um textbasiert mit dem System zu interagieren.

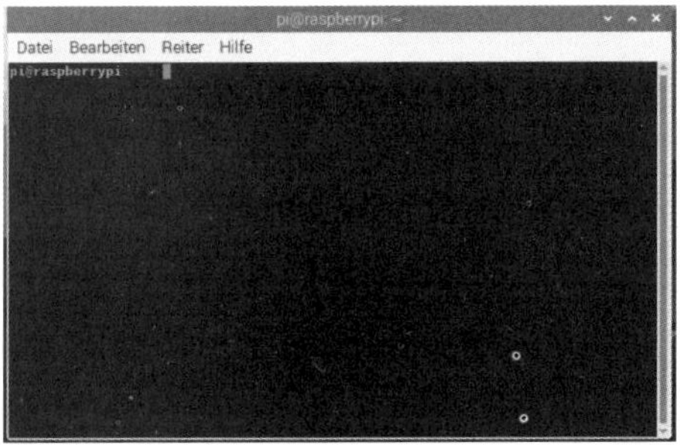

Abb. 3.22 Typische Ansicht einer Bash Shell

Dabei gibt es nicht nur eine einzige Shell, die universell in allen Linux- oder Unix-Systemen zum Einsatz kommt. Wie auch bei den grafischen Oberflächen hat man hier die Auswahl aus verschiedenen Optionen, um das Betriebssystem an die eigenen Vorlieben anzupassen. Dennoch ist heutzutage der Name „Shell“ meist mit der „Bash“[17]-Shell gleichgesetzt, da sie häufig als Standard vorinstalliert ist. Andere bekannte Vertreter sind zum Beispiel „Dash“ – die Standard-Shell der Ubuntu-Distribution – oder auch „Fish“ – eine Shell mit dem Ziel größtmöglicher Benutzerfreundlichkeit.

Hier sei noch erwähnt, dass auch eine Shell „nur“ ein weiteres Programm ist, das auf dem Rechner gestartet wird, wenn ein Benutzer sich mit seinen Benutzerdaten anmeldet. Welche Implikationen dies auf die Ausführung von Programmen hat, erklären wir im Kapitel „Prozesse“, ab Seite 130.

Oberflächlich betrachtet besteht eine Shell aus einer Reihe vordefinierter Kommandos und der Option, eigene Kommandozeilenprogramme zu schreiben, sogenannte „Shell-Skripte“[18].

Die integrierten Befehle decken dabei nahezu alle Bereiche ab, die man auch über eine grafische Benutzeroberfläche erreichen kann.

[17] „Bash“ steht für „Bourne again Shell” und bezieht sich namentlich unter anderem auf die „Bourne-Shell“, kurz „sh”. Das Projekt existiert bereits seit 1977 und wurde von Brian Fox für das GNU Projekt umgesetzt.

[18] Genauer betrachtet verschwimmt diese Aufteilung schnell, da einige der eingebauten Kommandos auch wieder aus eigenen Shell-Skripten bestehen und vom Benutzer bearbeitet werden können.

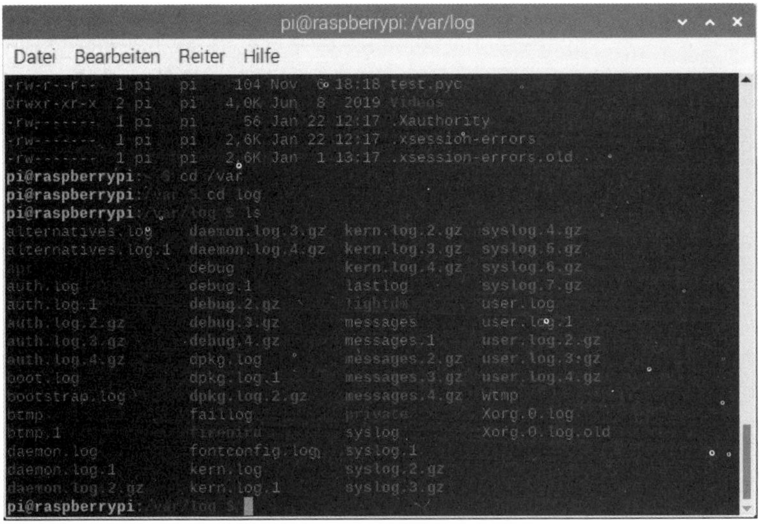

Abb. 3.23 Ansicht von Ordnerinhalten in der Bash Shell

So kann man problemlos Dateien und Ordner anlegen, bearbeiten, laden, speichern und löschen und auch in der Datenstruktur navigieren. Die Verwaltung von Benutzern und deren Berechtigungen ist auch problemlos möglich[19]. Die Existenz von Benutzern mit verschiedenen Zugriffsrechten ist eine Kernmechanik von Linux Systemen.

Aber auch die Verwaltung von Prozessen, also laufenden Programmen oder Diensten, kann auf der Kommandozeile geleistet werden. Dabei geht es nicht nur um das simple Starten und Stoppen von Anwendungen, sondern auch um komplexere Aufgaben wie die zeitlichen Planung wiederkehrender Aufgaben oder die Priorisierung laufender Prozesse.

Darüber hinaus kann auch bereits mit der Shell auf Netzwerkverbindungen zugegriffen oder andere Schnittstellen verwendet werden.

[19] Dies setzt voraus das der bearbeitende Benutzer auch die entsprechende Berechtigung zur Bearbeitung anderer Benutzer hat. Die eigenen Daten, wie z.B. Passwörter, können in der Regel problemlos ohne zusätzliche Rechte modifiziert werden.

Alles in allem gibt es kaum eine Aufgabe, die nicht auch über dieses textbasierte Interface erledigt werden kann. Weitere Details dazu gibt es im Kapitel „Arbeiten mit der Kommandozeile“, ab Seite 99.

Historisch gesehen stellen die Shell-Varianten die älteren Interaktionssysteme dar, aus der heutigen Computerwelt sind die bekannten grafischen Systeme aber nicht mehr wegzudenken.

Der klassische Heimcomputermarkt wird zwar immer noch von Windows und MacOS dominiert, viel Auswahl bei den Oberflächen hat man hier jedoch nicht. Für beide Betriebssysteme ist das Anpassen der Oberfläche nicht einfach, ein Austausch nahezu unmöglich. Häufiger finden sich Programme, die die vorhandenen Systeme um Funktionalitäten erweitern und etwa die Bedienung erleichtern oder die Produktivität erhöhen[20].

Unter Linux steht dem Benutzer hier eine große Anzahl von Auswahlmöglichkeiten zur Verfügung. Wikipedia listet in einem Vergleich der Systeme allein fast 40 verschiedene „X Window Manager“ auf[21].

Die Bezeichnung „X Window Manager“ bezieht sich darauf, dass alle diese Optionen auf dem „X Window System“[22] aufbauen. Dieses System stellt die grundlegenden Funktionen bereit, um Fenster zu zeichnen und zu bewegen. Damit das funktioniert, wird auch die Interaktion mit Eingabegeräten durch dieses System geregelt. Dabei werden keinerlei Vorgaben zum Aussehen oder der tatsächlichen funktionalen Bedienung gemacht, diese Bereiche müssen durch den jeweils verwendeten Manager entschieden werden. Schon seit 1987 ist die Software in der Version 11 verfügbar, daher wird häufig synonym der Name „X11“ verwendet.

[20] Unter Windows wird beispielsweise häufig eine Möglichkeit nachgerüstet, um auf großen Monitoren Fenster in vordefinierten Rastern einsortieren zu können. So lässt sich die verfügbare Fläche besser nutzen.

[21] https://bmu-verlag.de/rk10

[22] Das „X“ im Namen ist in Anlehnung an ein zuvor existierendes System mit dem Namen „W“ als nächster logischer Schritt gewählt.

In der Regel wird ein Window Manager mit einer gewissen Menge an Anwendungen zu einem sogenannten „Desktop Environment“ (ungefähr „Desktopumgebung“) kombiniert. Zu den bekanntesten zählen „GNOME“, „KDE“, „LXDE“ und „Xfce“.

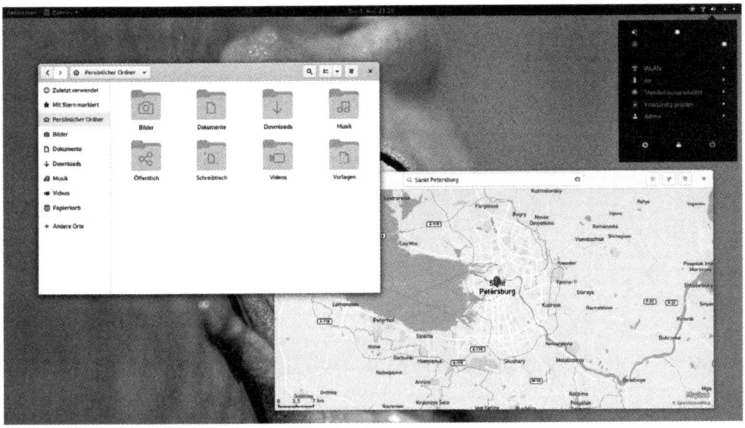

Abb. 3.24 Die GNOME Oberfläche

„GNOME“ wurde vom GNU-Projekt ins Leben gerufen und ist die Standardumgebung für viele große Distributionen wie Debian, Ubuntu, SUSE Linux und noch einige weitere. Ubuntu verwendet „GNOME“ als Grundlage und erweitert es mit „Unity“ zur aktuell verwendeten Desktopumgebung. Die erste Version wurde bereits 1999 veröffentlicht und bisher gibt es drei größere Versionen, wobei „GNOME 3“ Anfang 2020 die aktuellste Variante darstellt. Auch Variationen des Vorgängers „GNOME 2“ werden noch weiterentwickelt, vor allem für Systeme, die wenige Systemressourcen wie CPU und Arbeitsspeicher zur Verfügung haben. Der allgemeine Fokus liegt auf einer möglichst hohen Produktivität.

„GNOME“ hat mit dem Wechsel von Version „GNOME 2“ zu „GNOME 3“ auch den zugrunde liegenden Window Manager gewechselt. Ursprünglich kam „Sawfish“ zum Einsatz, gewechselt wurde dann zu „Metacity“.

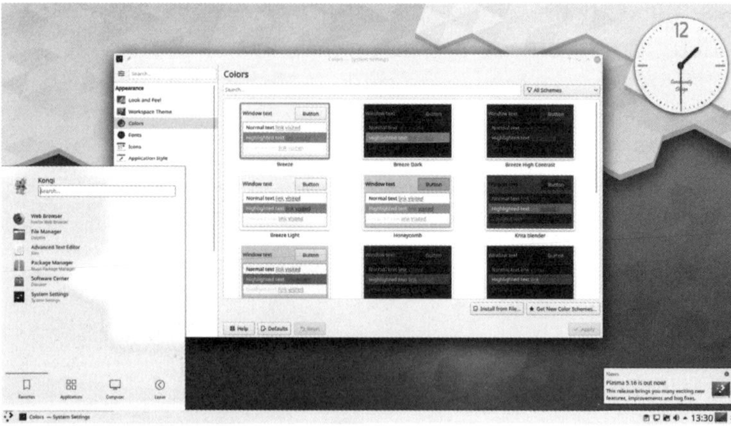

Abb. 3.25 Beispiel für einen KDE Plasma Desktop

„KDE“ ist eigentlich der Name einer großen Community für freie Software, hat sich aber als Bezeichnung für die mittlerweile als „KDE Plasma 5“ bekannte Desktopumgebung gehalten. Ursprünglich wurde diese unter dem Namen „K Desktop Environment“ entwickelt und erst mit der vierten Version in die „KDE Software Compilation“ umgetauft. Hierzu gehört auch eine ganze Reihe an Desktopanwendungen. Die Umgebung als solche läuft unter dem Namen „KDE Plasma“ und ist aktuell in der fünften Version veröffentlicht. Die erste Veröffentlichung war 1998, „KDE“ ist damit nicht wesentlich älter als „GNOME“. In Ästhetik und Bedienung war „KDE“ über lange Zeit stark an die entsprechenden Windows-Versionen angelehnt, vor allem das „Look & Feel“ von Windows XP hat sich lange gehalten. Heute ist ein Fokus auf die Multi-Formfaktor-Fähigkeit gelegt, „KDE Plasma“ gibt es in Variationen für Desktoprechner, Fernseher, Mobilgeräte und IoT Geräte oder für den Einsatz in Fahrzeugen.

Aufgebaut ist „KDE“ auf dem „KWin“ Window Manager, frühere Versionen nutzten „KWM“.

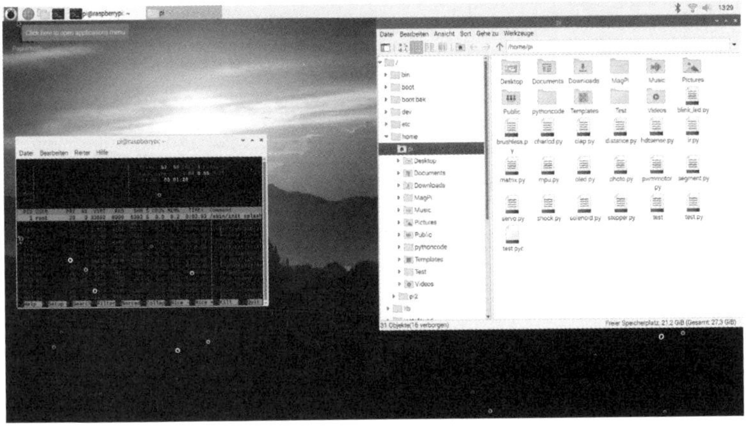

Abb. 3.26 Der LXDE Desktop von Raspbian

„LXDE“[23] ist eine alternative Umgebung für Maschinen mit begrenzter Leistung. Mit einem ersten Release 2006 gehört „LXDE“ zu den jüngeren Vertretern seiner Art. Aufgebaut ist es auf dem Window Manager „Openbox“, erlaubt aber den Austausch gegen eine Reihe von alternativen Managern[24].

Durch seinen Fokus auf ressourcensparendes Arbeiten ist „LXDE“ nahezu prädestiniert für den Einsatz auf Geräten wie dem Raspberry PI. Daher ist es auch aktuell die Desktopumgebung, die standardmäßig in Raspbian verwendet wird. Hier ist sie allerdings stark modifiziert im Einsatz und unter dem Namen „PIXEL desktop environment“ bekannt.

23 „LXDE“ steht für „Lightweight X11 Desktop Environment“

24 Beispielsweise können „Fluxbox“, „IceWM“ oder auch „Xfwm“ eingesetzt werden.

Abb. 3.27 Xfce Desktopputty

„Xfce“ verfolgt ein ähnliches Ziel wie „LXDE“: Die Umgebung soll möglichst ressourcenschonend sein und dennoch sehr responsiv in der Bedienung. Dazu kommt ein starker Fokus auf Modularität, die durch die selektive Installation weitere Ressourcen einspart – ungenutzte Teile werden nicht mitinstalliert.

Im Gegensatz zu „LXDE“ ist „Xfce“ allerdings deutlich älter, eine erste Version kam bereits 1996 heraus.

Abseits der Nutzung als Desktoprechner gibt es noch eine große Zahl an weiteren Einsatzmöglichkeiten, für die ein Raspberry Pi verwendet werden kann. Nicht selten entsteht dadurch ein Problem: Die Bedienung ist lokal nicht praktikabel oder unmöglich. Dies gilt beispielsweise, wenn der Pi an einer schwer zu erreichenden Stelle montiert ist oder wenn so selten Eingriffe am System notwendig sind, dass Peripheriegeräte nicht dauerhaft benötigt werden.

Hier kommt dann die dritte Bedienvariante zum Einsatz: Die Bedienung über eine Netzwerkverbindung. Zwar ist auch hier die Nutzung einer Desktopumgebung möglich, schließlich ist das „X11“ System so aufgebaut, dass der Informationsaustausch auch über das Netzwerk erfolgen kann. In den meisten Fällen wird dann aber auf eine grafische

Oberfläche verzichtet und stattdessen „Secure Shell", kurz „SSH" verwendet.

SSH ist ein verschlüsseltes Netzwerkprotokoll, mit dem es unter anderem möglich ist, sich über eine Netzwerkverbindung in ein Linux-System einzuloggen. Dabei ist die Sicherheit des Systems auch über eine ungesicherte Netzwerkverbindung gegeben. Daher eignet es sich auch hervorragend, um Systeme über das Internet zu bedienen. Es wurde als Nachfolger verschiedener unsicherer Methoden konzipiert, die teilweise große Sicherheitslücken aufweisen, aber manchmal auch heute noch zum Einsatz kommen. Zu den bekannteren hiervon zählt wohl „Telnet".

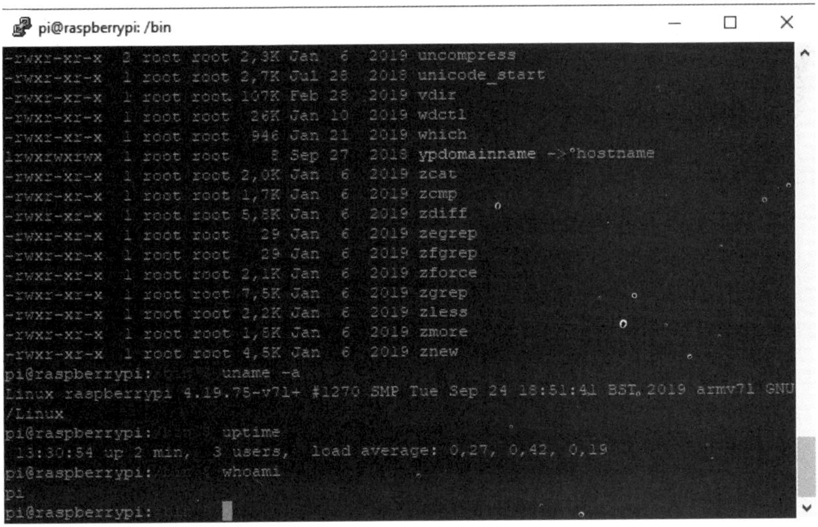

Abb. 3.28 SSH Verbindung über PUTTY unter Windows

Für Windows gibt es eine spezielle Software („PUTTY"[25]), über die eine SSH-Verbindung aufgebaut werden kann. Es ist daher relativ einfach, von einem Windows-System aus mit Linux-Systemen zu arbeiten.

SSH gibt es seit 1995, mittlerweile ist die Open Source Variante mit dem Namen „OpenSSH" sehr populär.

25 https://bmu-verlag.de/rk11

Damit sollte für jeden Einsatzzweck eine Bedienmöglichkeit zur Verfügung stehen, um allen Projekten gerecht werden zu können. Man darf dabei auch nicht vergessen, dass man bei einem offenen System wie dem Raspberry Pi immer die Möglichkeit hat, eigene Bedienelemente oder Verfahren umzusetzen, wenn das Projekt es notwendig macht.

Kapitel 4
Linux

4.1 Über Linux

Das meistgenutzte Betriebssystem ist seit Jahren Windows. Sowohl im Heimcomputerbereich als auch bei professionellen Anwendungen wie Webservern kommt es auf drei bis vier von fünf Geräten zum Einsatz.

Apples Betriebssystem, aktuell unter dem Namen „macOS Catalina“, kommt auf einen Anteil von etwa einem Siebtel aller Desktop Computer. Eine Variante für den Einsatz auf Server-Hardware bietet Apple im Moment nicht an, stattdessen gibt es mit „macOS Server“[1] ein zusätzliches Softwarepaket, das unter macOS installiert werden kann und mit dem das eigentliche Desktopbetriebssystem um Serverfunktionalitäten erweitert wird.

Auch wenn die beiden Giganten – Microsoft und Apple – diese Märkte fast vollständig unter Kontrolle haben, gibt es einen konstanten Anteil an Linux- und Linux-ähnlichen Betriebssystemen. Unter privaten Nutzern liegt dieser im niedrigen einstelligen Prozentbereich, dafür kommt er aber im professionellen Segment auf einen Marktanteil von etwa einem Achtel.

Interessant ist der Vergleich mit der Verteilung im Smartphonesektor. Hier liegt Android, das auf Linux basiert, mit einem Marktanteil von über 75 % deutlich vorne.
Außerdem läuft auf etwa einem von zwanzig Servern Unix, das mehr oder weniger direkt das Vorbild für Linux war.

---

[1] Bis 2011 war macOS Server tatsächlich als eigenständiges Betriebssystem verfügbar, wurde dann aber überführt in das erwähnte Softwarepaket. Bis zur Einstellung 2011 wurde mit der „Xserve“ Reihe auch entsprechende Serverhardware angeboten.

Bis in die 1980er Jahre wurde im universitären Bereich häufig Unix eingesetzt und auch in der Lehre verwendet, bis der Hersteller AT&T mit der Version 7 entschied, dass der Quellcode nicht mehr zur Verfügung gestellt wird. Der Informatik Professor Andrew S. Tanenbaum hat nach dieser Entscheidung mit der Entwicklung von „Minix" begonnen, welches die Funktionalität von Unix nachbilden sollte und unter einer freien Lizenz veröffentlich wurde.

Eine interessante Anekdote hierzu: 2017 wurde bekannt, das Minix seit 2009 in nahezu allen Intel Chips als Betriebssystem für die „Intel Management Engine"[2] eingesetzt wird und damit das weitverbreitetste Betriebssystem überhaupt ist. Tanenbaum selbst war dies bis dahin nicht bekannt.

Der Quelltext zu Minix wurde von Tanenbaum in seinem Buch über Design und Implementierung von Betriebssystemen abgedruckt. Dieses Buch wiederum wurde von dem damals 21 Jahre alten Studenten Linus Torvalds zur Vorbereitung der Vorlesungen über Unix an der Universität in Helsinki verwendet.

Unzufrieden mit einigen Eigenheiten und Limitierungen von Minix begann Torvalds, zuerst Teile des Betriebssystems neu zu schreiben und später dann die Grundlage für ein komplett neues zu schaffen. 1991 bat er dann in einer Newsgroup zu Minix um Feedback zu den Stärken und Schwächen von Tanenbaums Werk und begann dort wenig später, über seine Bemühungen um ein eigenes Betriebssystem zu schreiben.

---

[2] Die Intel Management Engine ist ein separater Mikrocontroller, der von Intel in Prozessoren verbaut wird, um verschiedene Kryptographie- und Sicherheitsfunktionen auszuführen. Sie hat Zugriff auf den Arbeitsspeicher und alle Schnittstellen sowie den Netzwerkverkehr.

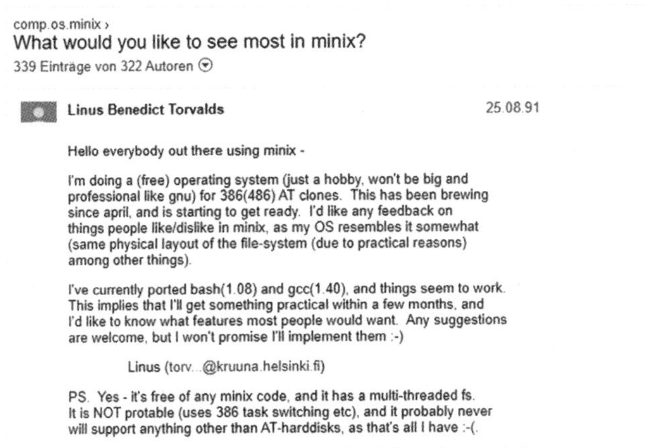

comp.os.minix ›
What would you like to see most in minix?
339 Einträge von 322 Autoren

Linus Benedict Torvalds 25.08.91

Hello everybody out there using minix -

I'm doing a (free) operating system (just a hobby, won't be big and professional like gnu) for 386(486) AT clones. This has been brewing since april, and is starting to get ready. I'd like any feedback on things people like/dislike in minix, as my OS resembles it somewhat (same physical layout of the file-system (due to practical reasons) among other things).

I've currently ported bash(1.08) and gcc(1.40), and things seem to work. This implies that I'll get something practical within a few months, and I'd like to know what features most people would want. Any suggestions are welcome, but I won't promise I'll implement them :-)

Linus (torv...@kruuna.helsinki.fi)

PS. Yes - it's free of any minix code, and it has a multi-threaded fs. It is NOT protable (uses 386 task switching etc), and it probably never will support anything other than AT-harddisks, as that's all I have :-(.

Abb. 4.1 Die erste Nachricht[3] von Linus Torvalds zu seinem Vorhaben ein alternatives Betriebssystem zu schreiben

In seiner Ankündigung bezeichnet er das Projekt noch als „kleines Hobbyprojekt" und weist auf die vielen Limitierungen und die Hardwareabhängigkeiten hin.

Abb. 4.2 Linus Torvalds 2002

[3] https://bmu-verlag.de/rk12

Der Name „Linux“ war nicht Torvalds ursprüngliche Wahl, doch seine Namensidee „Freax“ wurde von Ari Lemmke, einem Mitarbeiter der Universität ignoriert. Er hatte Torvalds Speicherplatz auf dem univesitären Server zur Verfügung gestellt und speicherte die Dateien kurzerhand in einem Ordner mit dem Namen „Linux“. Anfangs war Torvalds etwas unzufrieden mit dieser Entscheidung, da er Linux aber bereits intern als Titel für den Kern seines Betriebssystems, den sogenannten „Kernel“[4], verwendet hatte, konnte er sich dennoch damit anfreunden. Der Name entstand aus seinem Vornamen und – in Anlehnung an das Vorbild Unix/Minix – einem „x“ am Ende.

Das Betriebssystem war zuerst nur unter einer Lizenz verfügbar, die die kommerzielle Verwertung untersagt, wurde aber 1992 unter die GPL[5] gestellt, um die Entwicklung des Projektes nicht zu behindern.

Schon 1993 war die Zahl der Entwickler, die an der Programmierung des Kernels beteiligt sind, auf eine dreistellige Zahl gestiegen. Die bis heute existierenden Distributionen „Slackware“ und „Debian“ entstanden im gleichen Jahr.

Mit der 1994 veröffentlichten Version 1.0 hatte Linux bereits Netzwerkunterstützung und eine grafische Benutzeroberfläche. Andere bekannte Linux Distributionen wie „RedHat Linux“ und „SuSE Linux“ entstanden danach.

In den Folgejahren nahm die Entwicklung von Linux immer mehr Fahrt auf und viele große IT-Firmen beteiligten sich an der Entwicklung. So sind „RedHat“ und „Intel“ maßgeblich am Quellcode des heute existierenden Kernels beteiligt.

---

[4] Der „Kernel“ stellt die Schnittstelle zwischen der Hard- und Software eines Rechners bereit. Unterschieden wird zwischen einem „monolithischem Kernel“, der alle Software zur Ansteuerung der Geräte enthält, und „Microkernel“, dieser enthält ausschließlich die grundlegendsten Funktionen. Es gibt Mischformen unter dem Namen „Hybridkernel“. Linux hat einen monolithischen Kernel mit der Option, zusätzliche Module zu laden.

[5] Die „GNU General Public License“ ist eine Softwarelizenz, die es erlaubt, die Software auszuführen, zu untersuchen, zu verändern und zu kopieren. Sie ist eine der am weitesten verbreiteten Softwarelizenzen.

Die „Open Handset Alliance“[6] veröffentlicht 2008 die erste Version von „Android“, einem Betriebssystem, das auf die Nutzung in Smartphones zugeschnitten ist.

Linus Torvalds war bis Ende 2018 als prüfende Instanz an der Entwicklung beteiligt. Änderungen am Kernel wurden von ihm geprüft und freigegeben. Im September 2018 kündigte er an, vorübergehend seine Mitarbeit an der Weiterentwicklung einzustellen, um eine Auszeit zu nehmen.

Abb. 4.3 Tux, das offizielle Linux-Maskottchen

4.2 Die Desktopoberfläche

Im Kapitel „Bedienung des Raspberry Pi“ auf Seite 67 sind wir schon auf eine Auswahl an verschiedenen Linux-Distributionen und Desktopumgebungen eingegangen. Da wir den Fokus bei der Einrichtung

[6] Die „Open Handset Alliance“ ist ein Konsortium aus einer großen Anzahl an Unternehmen unter der Leitung von Google. Neben Geräteherstellern gehören auch Netzbetreiber sowie Hersteller von Software und Chips sowie Marketingunternehmen zur „OHA“. Das erste Gerät der OHA war das Modell „HTC Dream“ von 2008.

auf die maßgeschneiderte Einsteigerdistribution „Raspbian" gelegt haben, wollen wir hier die Desktopoberfläche exemplarisch an der dort verwendeten LXDE-Umgebung beschreiben. Andere Umgebungen bedienen sich zumeist sehr ähnlich, Unterschiede gibt es stellenweise bei der Benennung und Platzierung, also bei der Einordnung von Bedienelementen.

Abb. 4.4 Standard LXDE-Oberfläche nach der Raspbian Installation

Wie die meisten der verfügbaren Desktopvarianten orientiert sich auch LXDE stark an bekannten Design- und Eingabemethoden. Die Anordnung der Elemente erinnert stark an bekannte Windowsoberflächen: eine große freie Desktopfläche mit einer „Taskleiste", die hier nicht wie bei Windows standardmäßig am unteren, sondern am oberen Bildschirmrand eingeblendet ist. Diese Taskleiste hat ganz links einen Knopf mit dem Raspberry-Logo, der wie das Windows-Logo im Microsoft-Betriebssystem ein Startmenü öffnet.

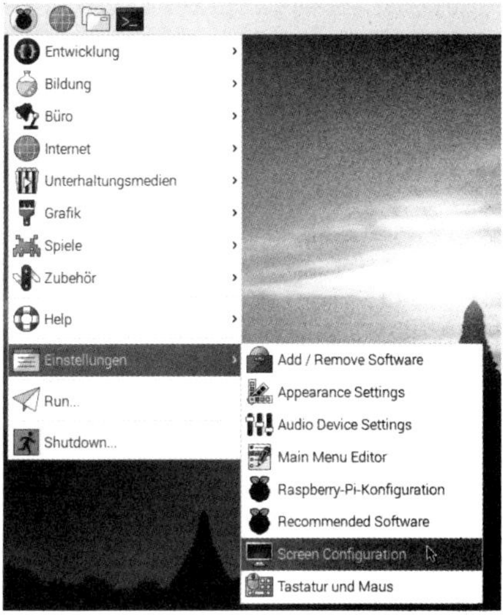

Abb. 4.5 Das „Startmenü" unter LXDE

Genau wie bei Windows öffnet ein Klick mit der linken Maustaste das Menü. Die einzelnen Kategorien klappen auf, wenn man mit dem Mauscursor darüber fährt.

Ein weiterer einzelner Klick öffnet die ausgewählte Option.

Das zeigt bereits, wie sich die Bedienphilosophie an bekannten Methoden orientiert. Ein einzelner Klick der linken Maustaste wird für das Öffnen von Menüs und das Ausführen von Programmen verwendet. Hat das angeklickte Element andere mit einem Linksklick verbundene Funktionen, wie zum Beispiel das Verschieben eines Icons oder einer Datei, dann wird es mit dem einzelnen Klick lediglich ausgewählt. Ein weiterer startet dann die Ausführung.

Wird der Linksklick gehalten, können Elemente verschoben werden, für die dies vorgesehen ist.

Die rechte Maustaste ist vorgesehen, um kontextabhängige Menüs zu öffnen.

Abb. 4.6 Kontextmenü des Desktops

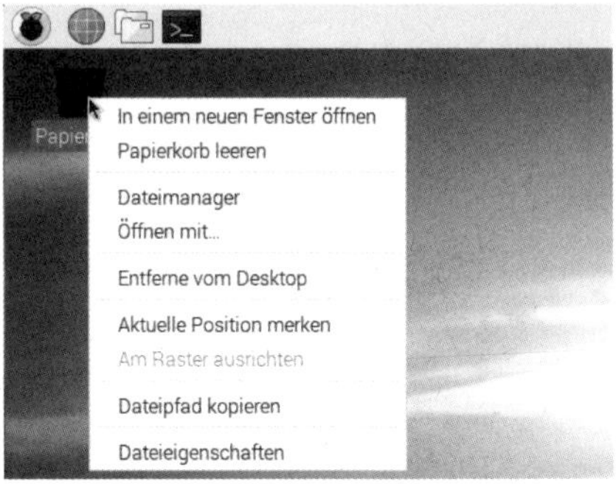

Abb. 4.7 Kontextmenü des Papierkorbs

Abbildung 4.6 und Abbildung 4.7 zeigen, wie der Inhalt des geöffneten Menüs an das angeklickte Element angepasst wird. Klickt man beispielsweise rechts auf dem Desktop, öffnet sich ein anderes Menü als bei einem Rechtsklick auf den Papierkorb.

Abbildung 4.7 zeigt noch einmal die Elemente der Taskleiste auf der linken Seite. Neben dem Raspberry-Logo gibt es eine Reihe an Schnellzugriff-Symbolen für oft genutzte Anwendungen. Voreingerichtet sind hier ein Internetbrowser (in diesem Fall „Chromium"[7]), ein Dateimanager (vergleichbar mit dem Windows-Explorer) und das Terminal. Letzteres wird im Kapitel „Arbeiten mit der Kommandozeile" ab Seite 99 näher erläutert.

Abb. 4.8 Anzeige der Verbindungen, Lautstärke sowie Uhrzeit

[7] „Chromium" ist die Open Source-Variante von Googles "Chrome"-Internetbrowser. Chromium enthält nicht alle Funktionen des proprietären Bruders, vor allem Tracking und Funktionen zur digitalen Rechteverwaltung wurden entfernt.

Am rechten Ende der Taskleiste gibt es Symbole zu den bestehenden Verbindungen sowie Lautstärke und eine Uhr.

Organisatorisch besteht die Taskleiste aus mehreren Bereichen, die alle frei vom Benutzer eingestellt oder ausgeblendet werden können.

Da jeder dieser Bereiche ein eigenes Kontextmenü hat, kann es für Neulinge beim ersten Mal etwas verwirrend sein, den richtigen Eintrag zu finden.

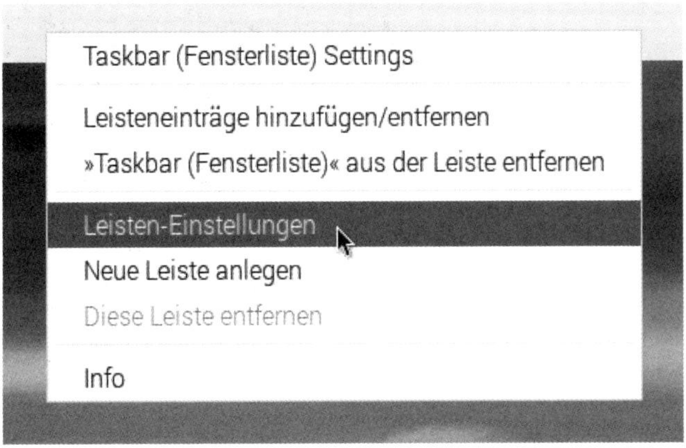

Abb. 4.9 Kontextmenü der Fensterliste

Der aktuell freie Bereich in der Mitte der Taskleiste ist für Symbole der offenen Programme vorgesehen und nennt sich „Fensterleiste“ oder im Englischen „Taskbar“. Ein Rechtsklick öffnet das Kontextmenü, das in Abbildung 4.9 zu sehen ist. Um an die gesuchten Optionen zu kommen, wird nun der Punkt „Leisten-Einstellungen“ angeklickt.

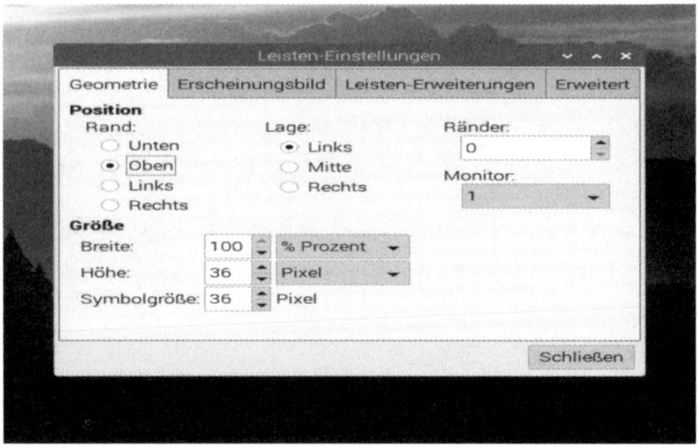

Abb. 4.10 Einstellungsoptionen der Taskleiste

Der Dialog „Leisten-Einstellungen" bietet eine Vielzahl von Einstellungsmöglichkeiten zur Personalisierung der Taskleiste. Neben den Optionen für Größe und Position lassen sich auch die Farben anpassen.

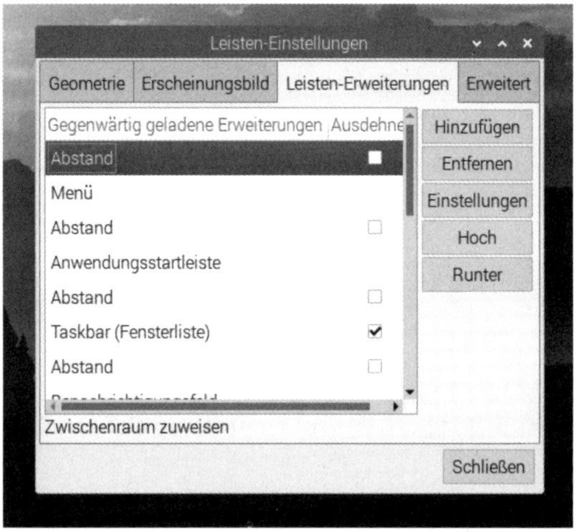

Abb. 4.11 Leisten-Erweiterungen

Unter dem Punkt „Leisten-Erweiterungen" sind alle Elemente aufgeführt, die aktuell in der Taskleiste vorhanden sind. Diese lassen sich hier beliebig anordnen, löschen oder um neue erweitern.

Wenn man die Maus- oder Tastatureinstellungen anpassen möchte, findet man im Startmenü unter dem Punkt „Einstellungen“ die Option für „Tastatur und Maus“.

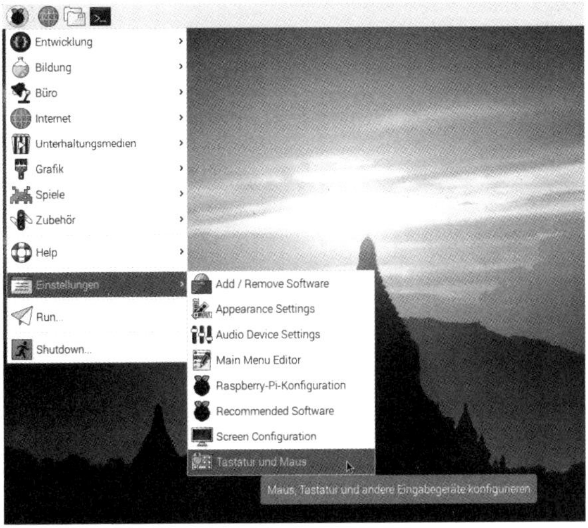

Abb. 4.12 Tastatur- und Mauseinstellungen im Startmenü

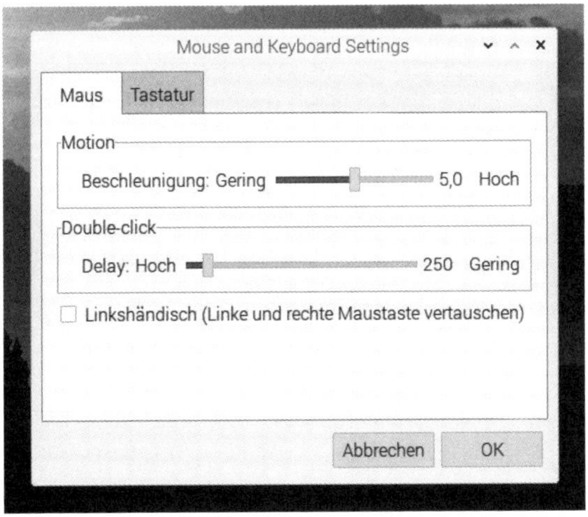

Abb. 4.13 Einstellungen der Maus

In diesem Menü lässt sich dann auch zwischen linkshändiger und rechtshändiger Mausbedienung wechseln oder ein anderes Tastaturlayout einstellen.

Zwar sind einige Optionen etwas anders aufgebaut und manch ein Menü ist an einer anderen Stelle, im Großen und Ganzen ist die Bedienung der Desktopoberfläche aber nicht bedeutend anders gestaltet, als man es von anderen Betriebssystemen gewohnt ist. Einige Stellen bieten schlicht mehr Potential für benutzerspezifische Anpassungen.

4.3 Konfiguration der Netzwerk- und Funkverbindungen

Um den Raspberry Pi kabellos mit einem Netzwerk, dem Internet oder anderen Geräten zu verbinden, stehen je nach Ausstattung verschiedene Wege zur Verfügung.

Im Fall des Raspberry Pi 4 B gibt es drei Optionen: Neben der Anbindung an ein kabelgebundenes Netzwerk mit bis zu 1000 Mbit pro Sekunde kann auf eine W-Lan-Verbindung mit theoretisch bis zu 6939 Mbit pro Sekunde zurückgegriffen werden. Für Geräteverbindungen steht Bluetooth in der Version 5.0 LE bereit.

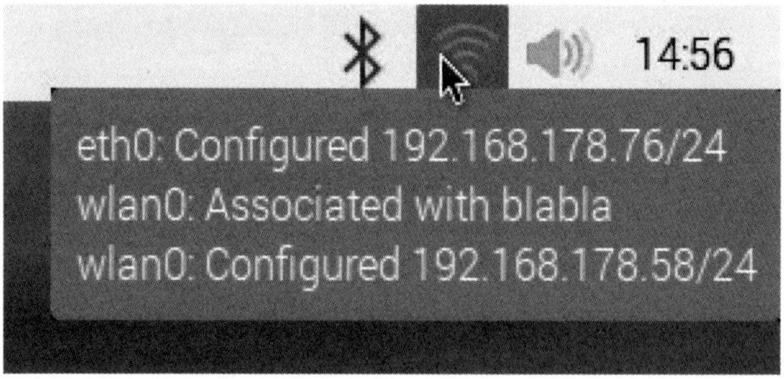

Abb. 4.14 Status der Netzwerkverbindungen

Über die Symbole in der Taskleiste können die einzelnen Verbindungsarten konfiguriert und deren Status eingesehen werden. Abbildung 4.14

zeigt beispielsweise eine aktive Kabelnetzwerkverbindung[8] und eine aktive W-Lan-Verbindung an.

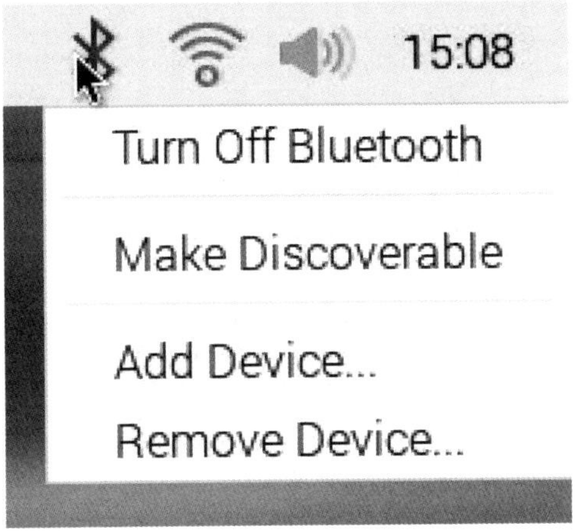

Abb. 4.15 Das Bluetooth Symbold mit Menü

Das erste Symbol zeigt den Status der Bluetooth[9]-Verbindung. Soll dieser Standard nicht genutzt werden, kann er über den Punkt „Turn Off Bluetooth" deaktiviert werden.

Um eine Verbindung über Bluetooth aufzubauen, müssen die beiden beteiligten Geräte der Verbindung zustimmen und diese aktiv aufbauen. DieZahl bluetoothfähiger Geräte wächst immer mehr neben Lautsprechern, Kopfhörern, Mäusen und Tastaturen sind dies inzwischen auch Systeme aus der Automobilbranche oder aus anderen kritischen Bereichen. Deswegen wurde hier über die Jahre immer weiter an der Si-

---

8 „etho" bezeichnet den ersten Kabelnetzwerkanschluss. Die Abkürzung kommt aus dem Wort „Ethernet" das kabelgebundene Netzwerke bezeichnet."wlano" beschreibt die erste kabellose Netzwerkverbindung. Die o erscheint hier als Index für die jeweils erste Verbindung, da im IT-Bereich häufig ab o gezählt wird.

9 Bluetooth ist ein Standard, der zur Datenübertragung zwischen Geräten auf kurze Distanzen entwickelt wurde. Benannt ist er nach dem dänischen König Harald Blauzahn, der im 10. Jahrhundert mehrere verfeindete Landteile wieder vereinen konnte.

cherheit gearbeitet. In der Regel kann eine Bluetooth-Verbindung daher nicht einseitig aufgebaut werden und bedarf der aktiven Zustimmung durch beide Benutzer. Zusätzlich sind die Geräte häufig so eingestellt, dass sie zuerst einmal nicht auf eingehende Verbindungen reagieren oder sich erst einmal für andere Geräte unsichtbar machen.

Letzteres lässt sich im Menü über den Punkt „Make Discoverable" ändern. Im aktiven Modus blinkt das Bluetooth Symbol grün, um den Benutzer darüber zu informieren. Von einem zweiten Bluetooth-Gerät aus kann nun eine Verbindung initiiert werden.

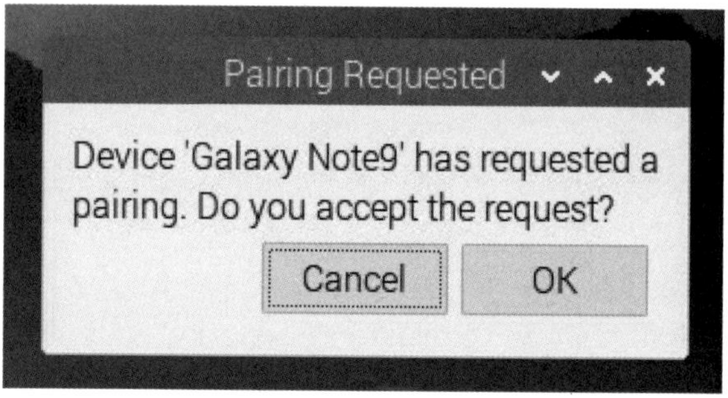

Abb. 4.16 Anfrage zum Aufbau einer Bluetooth-Verbindung

Sobald die eingehende Verbindung registriert wird, wird ein Bestätigungsdialog eingeblendet, der nach erfolgter Benutzereingabe entweder die Verbindung herstellt oder ablehnt.

Ist das zweite Gerät, mit dem eine Verbindung aufgebaut werden soll, nicht mit Bildschirm und Eingabegeräten ausgestattet, dann muss der Aufbau vom Raspberry Pi aus initiiert werden. Dies ist beispielsweise bei Lautsprechern und Kopfhörern der Fall. Der Knopf „Add Device " öffnet einen Dialog, in dem alle für eine Verbindung verfügbaren Geräte gelistet sind.

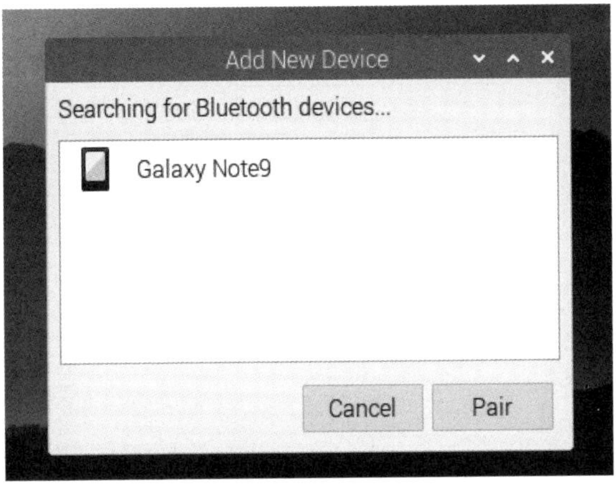

Abb. 4.17 Auflistung der verfügbaren Bluetooth Geräte

Das gewünschte Gerät taucht nur dann in der Liste auf, wenn es auch zur Verbindung bereit ist. Häufig haben diese Geräte eine eigene Taste, um diese Bereitschaft zu initiieren.

Je nach Gerät folgt als nächstes die Abfrage eines Sicherheitscodes, der entweder eingegeben oder abgeglichen werden muss.

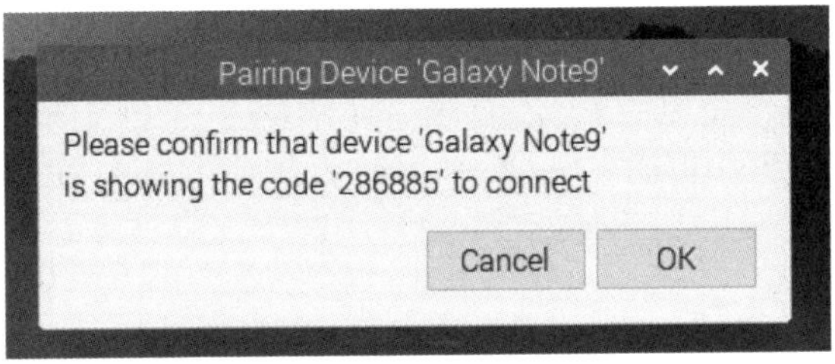

Abb. 4.18 Abfrage eines Sicherheitscodes

Dabei kann es vorkommen, dass vom Hersteller ein fester Code verwendet wird, der in der Anleitung aufgeführt ist und hier verglichen oder eingegeben werden muss.

Sind die Geräte einmal miteinander gekoppelt, können zukünftige Verbindungen zwischen genau diesen Partnern ohne erneutes Durchlaufen dieser Prozedur aufgebaut werden.

Soll ein Gerät aus der Liste der gekoppelten Geräte entfernt werden, nutzen wir den Punkt „Remove Device...“.

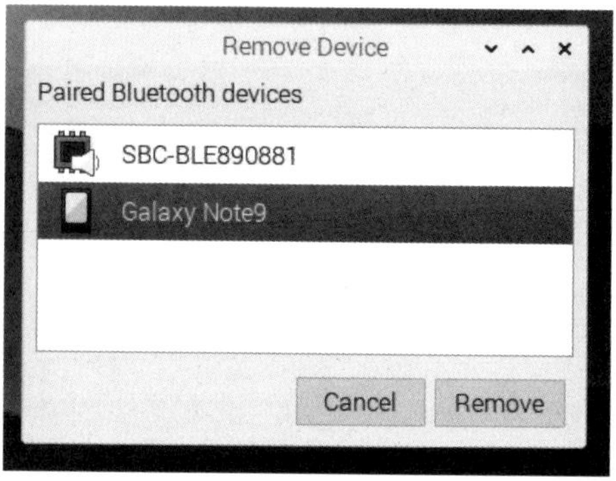

Abb. 4.19 Dialog zum Entfernen gekoppelter Bluetooth-Geräte

In der daraufhin erscheinenden Liste kann der nicht mehr benötigte Eintrag einfach ausgewählt und über den „Remove“ Knopf aus der Liste entfernt werden.

Bluetooth eignet sich zwar sehr gut, um Peripheriegeräte oder ähnliches anzubinden, für die Übertragung großer Datenmengen sollte aber eher eine W-Lan-Verbindung gewählt werden. Zum Vergleich: Die Übertragungsrate von Bluetooth liegt je nach eingesetzter Version im niedrigen einstelligen Mbit/Sekunde-Bereich. Über eine moderne W-Lan-Verbindung sind theoretisch mehrere tausend Mbit/Sekunde möglich.

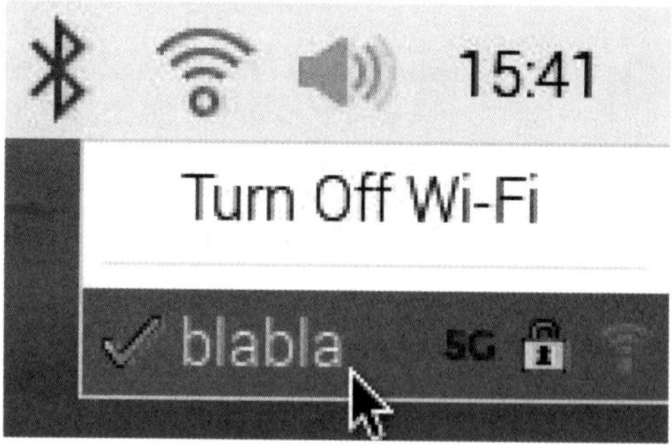

Abb. 4.20 Menü der W-Lan-Verbindung

Ein einfacher Linksklick auf das W-Lan-Symbol öffnet ein kleines Menü, in dem aus den verfügbaren W-Lan-Netzen ausgewählt oder das Funkmodul deaktiviert werden kann. Neben dem Namen des jeweiligen Netzes, der sogenannten SSID, stehen Symbole, die über verschiedene Eigenschaften informieren. Im oben gezeigten Beispiel handelt es sich um eine Verbindung im 5-Gigahertz-Bereich, die mit einem Passwort gesichert ist und eine gute Signalstärke aufweist. Der grüne Haken vorne in der Zeile zeigt an, dass eine Verbindung besteht. Zum Beenden der Verbindung kann der Name einfach angeklickt werden. Auch der Aufbau einer Verbindung geschieht über einen Linksklick.

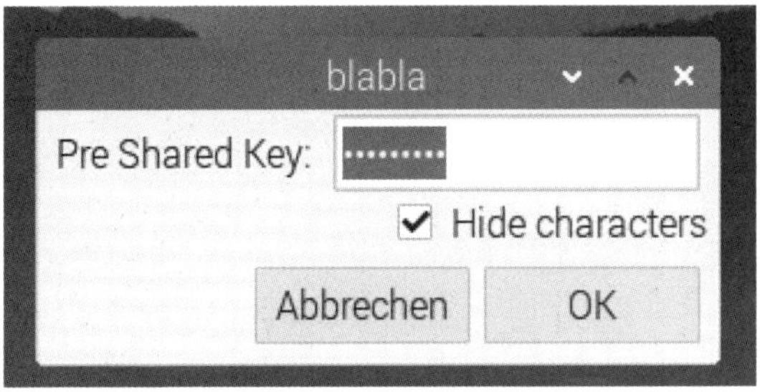

Abb. 4.21 Passworteingabe bei der W-Lan-Verbindung

Wenn es sich um ein bisher unbekanntes W-Lan-Netz handelt, wird bei dem Versuch, die Verbindung aufzubauen, das Passwort abgefragt. Wurde keines gesetzt, wird die Verbindung ohne weitere Rückfrage aufgebaut. Wie auch bei den Bluetooth-Verbindungen werden die Sicherheitsmaßnahmen nur beim ersten Verbindungsaufbau abgefragt oder wenn sich zum Beispiel das Passwort geändert hat.

Mit der rechten Maustaste und nach Auswahl des Punktes „Wireless and Wired Network Settings" öffnet sich der Einstellungsdialog für die Netzwerkschnittstellen.

Abb. 4.22 Einstellungen der ersten Kabelnetzwerk-Schnittstelle

Diese Einstellungen sind gleich aufgebaut, sowohl für die kabelgebundenen als auch die kabellosen Verbindungen.

Standardmäßig sind diese so eingestellt, dass die Geräte sich selbst konfigurieren, sobald sie mit einem entsprechenden Netzwerk verbunden sind. So gut wie alle handelsüblichen Router sind so eingerichtet, dass sie die wichtigen Informationen an neue Teilnehmer ihrer Netzwerke weitergeben.

Sollte das nicht der Fall sein, können wir das Häkchen bei „Automatically configure empty options" wegnehmen und diese Eintragungen selbst übernehmen. Was wir hierfür benötigen, sind die folgenden Informationen:

- eine IP-Adresse[10], die im Netzwerk noch nicht belegt ist und

[10] Eine IP-Adresse ist eine Nummer, die Teilnehmern eines Netzwerks, das über das Internetprotokoll (IP) aufgebaut wurde, zugewiesen wird. Diese Nummern müssen im Netzwerk eindeutig sein. IPv4 Adressen mit 32 Bit bestehen aus vier Blöcken zwischen 0 und 255, dadurch ergibt sich eine theoretische Gesamtmenge von etwas über vier Milliarden Geräten. Die neuere Fassung IPv6 speichert Adressen mit 128 Bit, sodass theoretisch bis zu 3,4 mal 10^{38} einzigartige Adressen verfügbar sind.

- eine Subnetzmaske[11].

Zusätzlich können optional noch DNS[12]-Optionen definiert werden.

Da es manchmal zu Problemen kommen kann, wenn in einem Netzwerk IPv4 und IPv6 gemischt werden, gibt es darüber hinaus die Option, IPv6 zu deaktivieren.

4.4 Grundlagen des Dateisystems

Unter Windows gehört die Arbeit mit dem Explorer zu den Standardaufgaben. Die Navigation in der Ordnerstruktur, das Anlegen, Öffnen, Kopieren und Verschieben, wird intuitiv und innerhalb kürzester Zeit erledigt.

Raspbian bietet in der Standardinstallation auch hierfür ein Äquivalent.

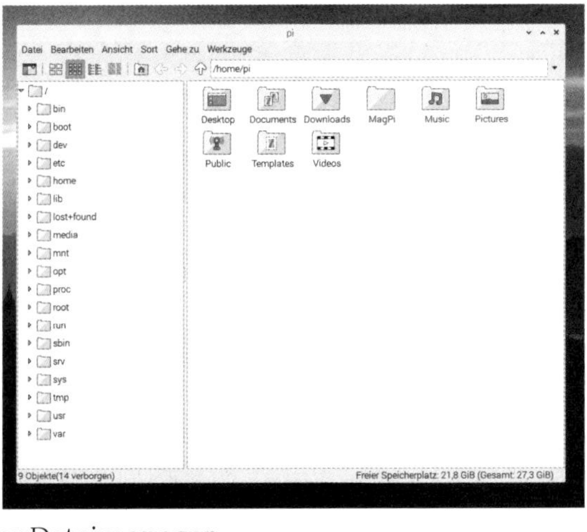

Abb. 4.23 Der Dateimanager

[11] Subnetzmasken definieren, welcher Teil der IP-Adresse für die Identifizierung des Netzwerks und welcher Teil für die Geräteidentifikation verwendet wird.

[12] Das „Domain Name System", kurz DNS, ist dafür zuständig, Namen zu IP-Adressen aufzulösen, um z. B. zu einer Domain den zugehörigen Webserver ansprechen zu können.

Aus der Taskleiste heraus kann der Dateimanager einfach gestartet werden. Ähnlich dem Windows-Explorer hat er auf der linken Seite eine Übersicht über alle Verzeichnisse und auf der rechten Seite einen größeren Bereich, der den Inhalt des aktuell gewählten Ordners anzeigt. In der Adresszeile im oberen Bereich ist auch immer ersichtlich, in welchem Ordner man sich gerade befindet.

Was sofort ins Auge fällt, ist das Fehlen von Festplattenbezeichnern, wie man sie aus anderen Betriebssystemen kennt. Wir sehen hier kein „C:\" oder andere Laufwerksbuchstaben.

Das Linux-Dateisystem ist nicht in Laufwerke unterteilt, stattdessen sind alle Inhalte in Ordnern verteilt. Die Anordnung und Namensgebung dieser Verzeichnisse ist dabei keineswegs willkürlich, daher möchten wir hier die wichtigen Systemordner kurz vorstellen.

Das Wurzelverzeichnis „/"

Die oberste (oder auch unterste, je nachdem wie man es betrachten möchte) Verzeichnisebene ist das Wurzelverzeichnis „/", auch „root" genannt. Alle Dateien und Verzeichnisse liegen unterhalb dieser Ebene.

/bin

Das Verzeichnis „/bin" enthält Binärdateien (daher der Name), also ausführbare Programme.

/boot

Alles, was zum Systemstart benötigt wird, befindet sich in diesem Ordner. Dazu zählt unter anderem der Linux-Kernel selbst.

/dev

Spätestens im Geräteverzeichnis verlassen wir die gewohnte Strukturierung von Dateien und Ordnern. In diesem Verzeichnis liegen Dateien, die Geräte repräsentieren (im englischen „devices", daher der Name).

/etc

Der Name suggeriert es schon, hier liegt alles Übrige („et cetera"). Konkret sind dies Konfigurationsdateien für laufende Programme oder

Dienste sowie Skripte, die für das Starten und Beenden gewisser Anwendungen notwendig sind.

/home

Das „Heimatverzeichnis" enthält die Daten aller Benutzer. In der Regel gibt es unterhalb von „/home" für jeden Benutzer einen Eintrag, in dem seine Daten und auch die benutzerspezifischen Einstellungsdateien für verschiedene Programme hinterlegt sind.

In Abbildung 4.23 auf Seite 95 ist an der Adresszeile zu erkennen, dass der Dateimanager den Inhalt des Verzeichnisses von Benutzer „pi" anzeigt. Dies ist der standardmäßig in Raspbian angelegte Benutzer. Der Pfad zu seinem Verzeichnis ist damit „/home/pi".

/lib

Die „Libraries", zu Deutsch „Bibliotheken" liegen in „/lib". Sie stellen Funktionalitäten des Betriebssystems bereit. Wenn der Kernel modular aufgebaut ist, können hier auch die entsprechenden Module liegen.

Sofern das Betriebssystem mit 64 Bit arbeitet, kann auch ein weiterer Ordner „/lib64" existieren, dieser enthält dann alle 64 Bit-fähigen Bibliotheken und Module.

/lost+found

Wenn bei der Überprüfung des Datenträgers beschädigte Dateien oder Dateifragmente gefunden werden, werden diese vom System in den Ordner „/lost+found" verschoben.

Sollten hier Dateien liegen, ist das schon ein Grund zur Sorge, da im normalen Betrieb keine Beschädigungen vorkommen sollten. Sind dennoch Einträge vorhanden, deutet das auf einen Hardwaredefekt oder instabile Programme hin.

/media

Ähnlich wie „/dev" Einstiegspunkte für Hardware bietet, werden Wechseldatenträger unter „/media" zugänglich gemacht.

/mnt

Wird heutzutage häufig synonym zu „/media" verwendet und stellt Zugriffspunkte für Dateisysteme auf Festplatten oder Wechseldatenträgern bereit.

/opt

Beherbergt „optionale" Programme. In der Regel sind dies Programme, die nicht über die betriebssystemeigenen Werkzeuge zur Verwaltung von Anwendungen installiert wurden.

Dieses Verzeichnis wird auch oft als Installationsort für kommerzielle-Software genutzt oder für Software, die nicht Open Source ist.

/proc

„/proc" ist ein weiteres Beispiel für die unterschiedliche Nutzung von Datei- und Ordnerstrukturen im Vergleich zu anderen Betriebssystemen.

Innerhalb dieses Verzeichnisses existieren Schnittstellen zum Kernel und zum laufenden System.

/root

Unter „/root" findet man das Heimatverzeichnis des „root"-Benutzers. Dieser Benutzer hat besondere Berechtigungen und Zugriff auf alle Systemfunktionen. Sein Verzeichnis liegt nicht zusammen mit denen der normalen Benutzer, um bei Problemen (beispielsweise mit einer dezentralen Benutzerverwaltung) zumindest dem Administrator noch Zugriff ermöglichen zu können.

/run

Die Dateien in diesem Ordner stellen laufende Prozesse/Programme dar.

/sbin

Die „system binaries", also Systemprogramme, liegen in diesem Verzeichnis. Alle Anwendungen hier erfordern die Berechtigung des „root"-Benutzers zur Ausführung.

/srv

Je nach Betriebssystemversion hat dieses Verzeichnis unterschiedliche Inhalte.

/sys

„/sys" ist eine Alternative zu „/proc".

/tmp

Hier können Anwendungen Dateien ablegen, die nur temporär benötigt werden. Das Betriebssystem ist nicht verpflichtet, diese Daten nach einem Neustart zu behalten. Für gewöhnlich werden sie bei einem Reboot entfernt.

/usr

Enthält „unix system resources", also „Unix Systemresourcen". Gemeint sind damit Programme, die von normalen Benutzern verwendet werden. Es gibt hier ein separates Unterverzeichnis, in das Benutzer eigene Programme installieren können.

/var

Unter „/var" sind variable Daten untergebracht. Ein Beispiel hierfür sind Logfiles, deren Inhalte sich kontinuierlich ändern.

4.5 Arbeiten mit der Kommandozeile

Bereits im Kapitel zur Bedienung des Raspberry Pi haben wir etwas über die Kommandozeile, die „Shell", erfahren.

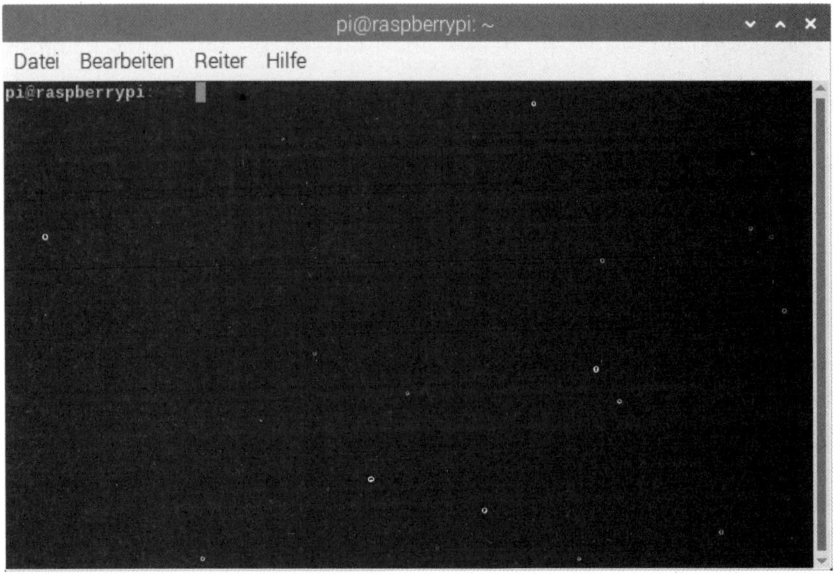

Abb. 4.24 Offenes Terminalfenster mit laufender „bash"

Genau wie der Dateimanager kann das Terminal, in dem die Shell läuft, aus der Taskleiste gestartet werden. In diesem Fenster ist in der Standardinstallation dann ein blinkender Cursor hinter der Zeile `pi@raspberrypi:~ $` zu sehen.

Diese Zeile informiert uns gleichzeitig über mehrere Dinge: Wir sind als Benutzer „pi" eingeloggt auf einem Computer mit dem Namen „raspberrypi", wir befinden uns im Heimatverzechnis[13] des Benutzers und die Shell erwartet unsere Eingabe hinter dem „$".

[13] In der angegeben Information folgt auf den Doppelpunkt der Name des aktuellen Verzeichnisses. Als Abkürzung wird hier die Tilde „~" verwendet, die in diesem Fall synonym für „/home/pi" steht.

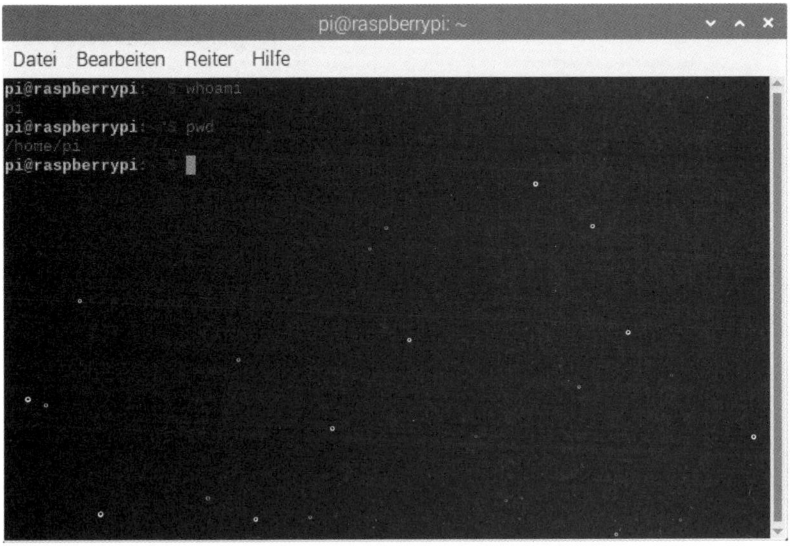

Abb. 4.25 Ausführung der Befehle whoami und pwd

Nun können wir anfangen, einfache Befehle an die Shell zu übergeben. Wir wissen es zwar bereits, aber wir können uns noch einmal versichern lassen, wer wir sind und in welchem Verzeichnis wir sind. Vergleichen wir dazu Abbildung 4.25.

Der Befehl `whoami` weist die Shell an, den aktuell eingeloggten Benutzer auszugeben. In diesem Fall erhalten wir korrekterweise pi als Antwort.

Mit der Abkürzung `pwd` möchten wir wissen, in welchem Verzeichnis wir gerade sind. `pwd` steht für „print working directory", in etwa also „Zeige das aktuelle Verzeichnis an". Das Ergebnis ist auch genau das, was wir erwarten: Mit der Ausgabe `/home/pi` bekommen wir die Bestätigung, dass wir uns im Heimatverzeichnis des Benutzers „pi" befinden.

Zu fast jedem Befehl gibt es auf der Konsole auch eine Anleitung. Das „manual" kann mit `man` aufgerufen werden. Um die Hilfe für `whoami` aufzurufen, verwendet man den Befehl `man whoami`.

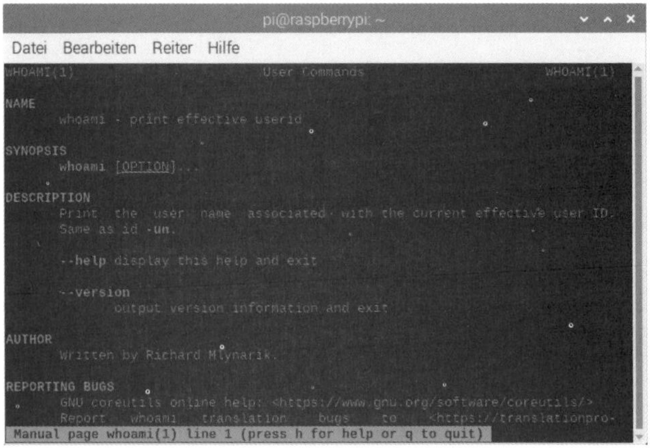

Abb. 4.26 Die „man-page" für whoami

In dieser Anleitung kann mit den Pfeiltasten auf- und abwärts gescrollt werden und über die Taste „q" verlässt man die Ansicht.

Die Möglichkeit, sich das aktuelle Verzeichnis anzeigen zu lassen, legt nahe, dass auch eine Navigation innerhalb der Ordnerstruktur auf der Konsole möglich ist.

Um sich ein genaueres Bild davon zu machen, wo man sich gerade befindet und welche Dateien dort liegen, benutzen wir den Befehl `ls`.

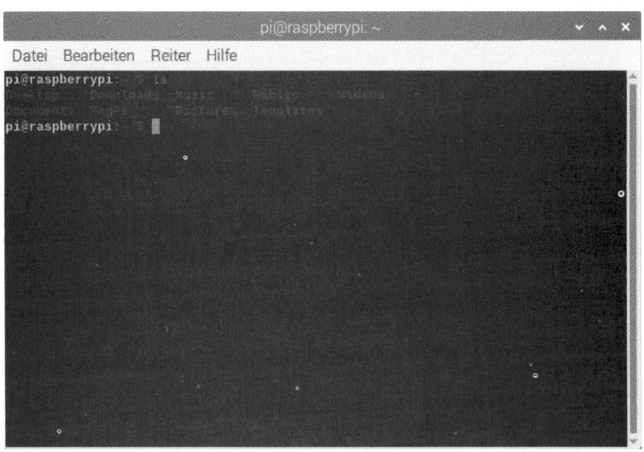

Abb. 4.27 Der Inhalt des Heimatverzeichnis

Hier scheint es lediglich wenige Unterordner zu geben. Ohne weitere Aufrufparameter zeigt `ls` in alphabetischer Reihenfolge an, was im Verzeichnis vorhanden ist.

Wie bei vielen anderen Befehlen auch, kann die Funktion von `ls` über Aufrufparameter angepasst werden. Diese Parameter sind in den jeweiligen „man-pages" erklärt. Ein sehr häufig genutzter Aufruf von `ls` ist beispielsweise `ls -lah`.

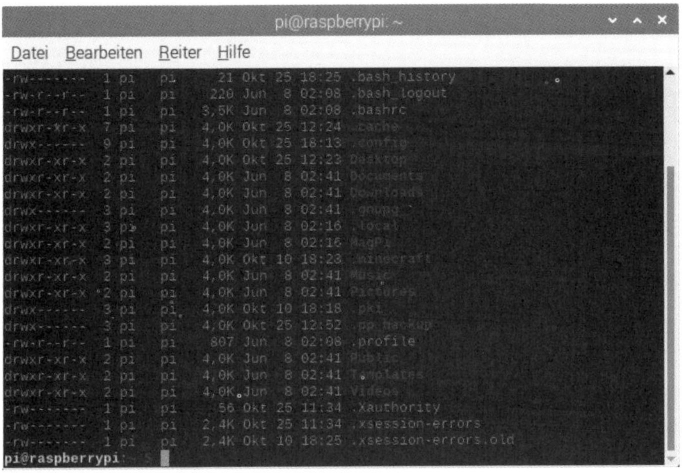

Abb. 4.28 Aufruf von ls mit Parametern

Durch die zusätzlichen Parameter ändert sich die Ausgabe von `ls` deutlich. In diesem Fall ist es sogar eine Kombination aus Parametern. Einzeln betrachtet sind das die folgenden Aufrufe:

- `ls -l` Anstatt einer zeilenweisen Ausgabe wird eine Liste ausgegeben.
- `ls -a` Normalerweise versteckt das Betriebssystem alle Dateien, die mit einem Punkt anfangen, wie zum Beispiel die Datei .bashrc. Dieser Parameter weist ls an, auch diese mit aufzulisten.
- `ls -h` Dies ändert die Größenangaben der Dateien so, dass sie einfacher gelesen werden können. Anstatt kryptischer Byte-Werte werden bekannte Größenordnungen wie Megabyte (M), Gigabyte (G) oder Kilobyte (K) angegeben.

Anstelle der kompakten Form `ls -lah` hätten wir den Befehl auch `ls -l -a -h` schreiben können. Die verschiedenen Optionen kann man sich mit man `ls` anzeigen lassen, dort steht auch, in welcher Kombination sie verwendet werden können.

Um das Verzeichnis zu wechseln, benutzen wir den Befehl `cd`, der für „change directory" steht, also „wechsele das Verzeichnis".

Zu diesem Befehl müssen wir als Parameter den Namen des Verzeichnisses angeben, in das wir wechseln wollen. `cd` alleine bringt uns in das Heimatverzeichnis des gerade angemeldeten Benutzers.

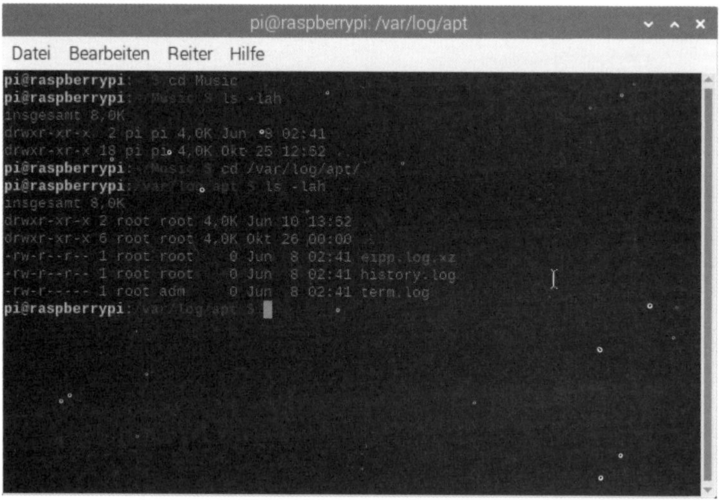

Abb. 4.29 Verzeichniswechsel auf der Konsole

In der Regel sind auf der Konsole Verzeichnisse und Dateien farblich unterschiedlich kodiert, dadurch ist eine Unterscheidung einfacher. In der Listenansicht lassen sich Ordner auch sehr gut daran erkennen, dass die Buchstabenkombination am Anfang der Zeile mit einem `d` beginnt. Auf die Bedeutung dieser Buchstaben werden wir später detaillierter eingehen.

In Abbildung 4.29 sehen wir, wie der Verzeichniswechsel funktioniert, und können dort auch direkt die beiden möglichen Varianten zum Ansteuern eines Zielverzeichnisses erkennen.

Die erste Möglichkeit ist das Beispiel `cd Music`. Dies ist eine relative Angabe und entspricht der Anweisung, aus dem aktuellen Verzeichnis in das Unterverzeichnis Music zu wechseln. Das funktioniert natürlich nur, wenn auch ein entsprechendes Unterverzeichnis vorhanden ist.

Die zweite Möglichkeit ist `cd /var/log/apt/` und verwendet einen absoluten Pfad. Diese Angabe beginnt immer mit dem Wurzelverzeichnis und listet dann den Weg in den gewünschten Ordner auf, getrennt durch weitere Slash-Zeichen `(/)`.

Im gezeigten Beispiel sind auch jeweils die Inhalte der ausgewählten Ordner zu sehen. In beiden Fällen stehen am Anfang der Liste die Einträge „.“ und „..“. Dies sind symbolische Ordner. Ein einzelner Punkt steht für das aktuelle Verzeichnis, zwei Punkte hintereinander für das darüberliegende.

Wir hätten also statt `cd Music` auch `cd ./Music` schreiben können. Und nachdem wir im Verzeichnis Music sind, könnten wir über `cd ..` wieder in das darüber liegende wechseln.

Möchten wir ein neues Verzeichnis anlegen, geht das bequem über den Befehl `mkdir`.

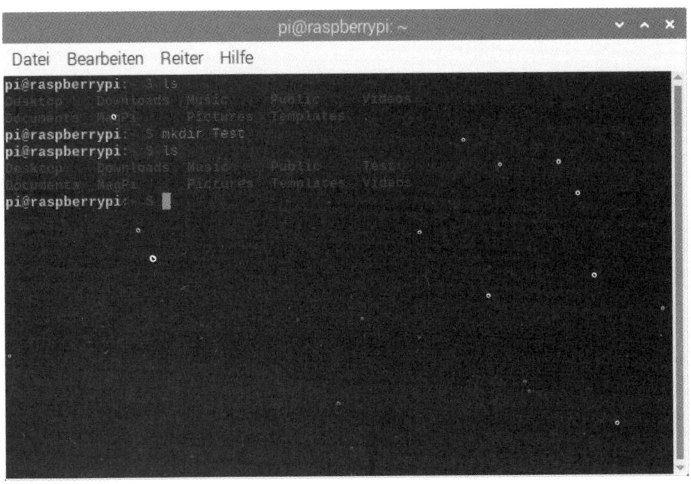

Abb. 4.30 Anlegen eines Ordners

Um Kopien von Dateien anzulegen, gibt es `cp`. Dabei wird als erster Parameter die Datei angegeben, die kopiert werden soll und als zweiter Parameter das Ziel. Es ist möglich, sowohl ein Verzeichnis als auch einen weiteren Dateinamen als Ziel anzugeben.

Geben wir einen Dateinamen an, dann wird die Datei an diese Stelle kopiert und mit dem neuen Namen versehen. Ist stattdessen ein Verzeichnisname angegeben, wird die Datei unter gleichem Namen in dieses Verzeichnis kopiert. In beiden Fällen kann das Ziel als relativer oder absoluter Pfad angegeben werden.

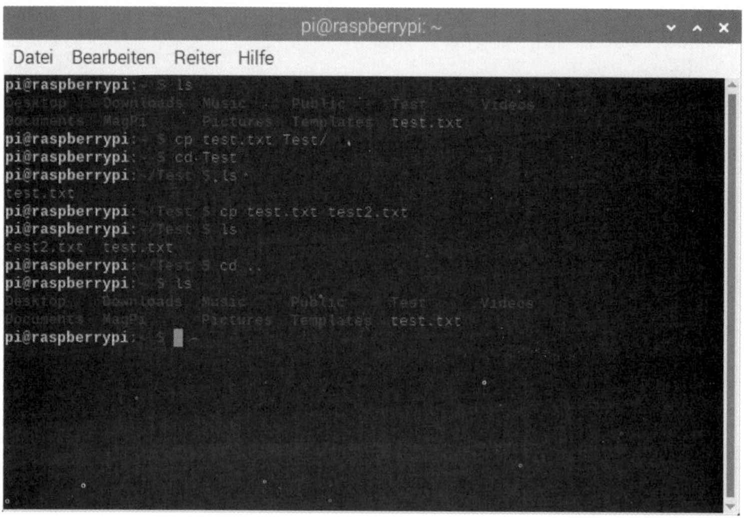

Abb. 4.31 Kopieren von Dateien

In der Abbildung 4.29, Abbildung 4.31 ist zu sehen, wie die Datei `test.txt` zuerst in das Verzeichnis `Test` und dort in eine Datei mit Namen `test2.txt` kopiert wird. Es ist auch zu sehen, dass abschließend drei Dateien vorhanden sind, also tatsächlich jedes Mal eine Kopie angelegt wurde. Weitere Parameter der Funktion `cp` lassen sich auch hier über `man cp` nachlesen.

Soll eine Datei nicht kopiert, sondern lediglich verschoben werden, kann bei nahezu gleicher Aufrufstruktur statt `cp` der Befehl `mv` verwendet werden.

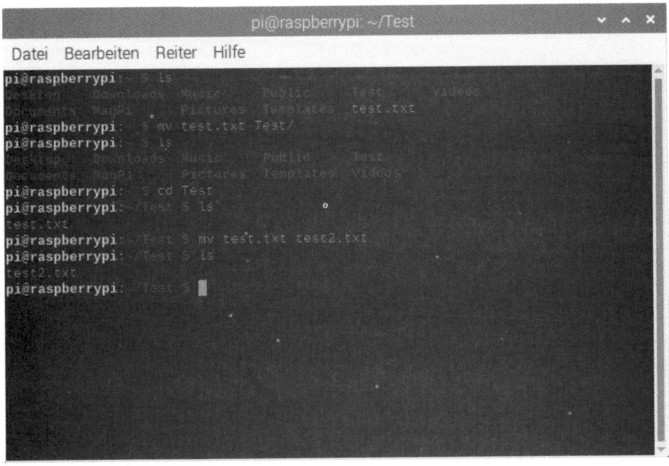

Abb. 4.32 Verschieben von Dateien

In der Abbildung 4.32 ist zu sehen, dass dann die Datei tatsächlich jeweils nur einmal vorhanden ist.

Um die angelegten Dateien und Ordner wieder zu bereinigen, gibt es `rm` beziehungsweise `rmdir`. Damit werden Dateien oder Ordner gelöscht.

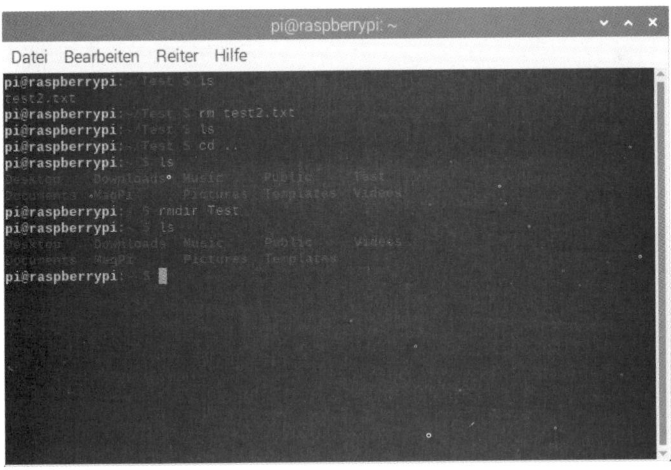

Abb. 4.33 Löschen von Dateien und Ordnern

Verzeichnisse können dabei nur dann gelöscht werden, wenn sie leer sind.

Alle weiteren Aufrufparameter der hier genannten Befehle sind auch immer in der zugehörigen „man-page“ aufgeführt. Gerade bei den Befehlen zur Dateimanipulation lohnt sich ein Blick auf die zur Verfügung stehenden Optionen.

Eine Liste der zur Verfügung stehenden Standardbefehle ist unter https://bmu-verlag.de/rk13 zu finden.

4.6 Arbeiten mit Texteditoren

Da sich die meisten Aufgaben nicht durch das Navigieren auf Verzeichnisebene oder das Kopieren und Verschieben von Dateien lösen lassen, brauchen wir Möglichkeiten, um auch die Inhalte von Dateien bearbeiten zu können.

Bleiben wir in der grafischen Desktopumgebung, ist das nur ein kleines Problem, da es eine ausreichende Anzahl von Bearbeitungsprogrammen gibt. Ein Beispiel ist Geany, der sogar in unserer Standardinstallation vorhanden ist. Wir können den Editor einfach aus dem Startmenü aufrufen.

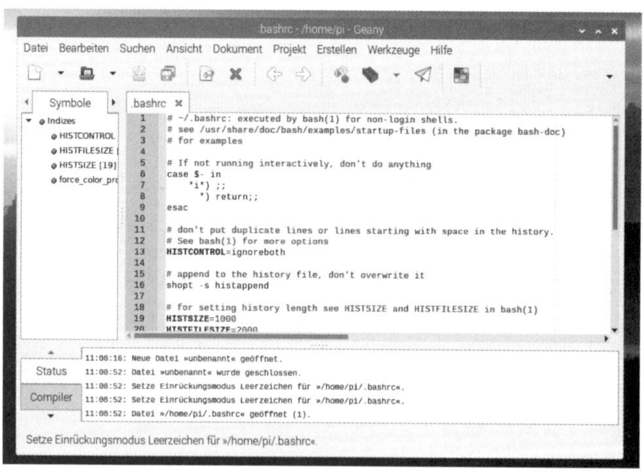

Abb. 4.34 Der grafische Texteditor Geany

Wenn wir uns aber auf der Konsole befinden, dann können wir nicht auf die bequemen Eingabeoptionen zurückgreifen, die uns eine Maus zusätzlich zur Tastatur bietet. Dann wird es schon etwas schwieriger. Hier haben sich mit der Zeit mehrere Lager unter den Benutzern gebildet, die unterschiedliche Editoren bevorzugen.

Eine sehr große Fangemeinde hat das Tool mit dem Namen Vi oder der Nachfolger VIM („Vi IMproved" also „Verbesserter Vi"). Gerade bei Linux-Anfängern ist dieser Editor allerdings nicht sehr verbreitet, da er eine große Menge an Tastenkombinationen und Befehlen verwendet, die den Einstieg sehr schwierig machen.

Zum Starten reicht es, `vi` mit einem Dateinamen als Parameter aufzurufen. Existiert diese Datei, wird sie geöffnet, existiert sie noch nicht, wird beim Speichern eine entsprechend benannte Datei angelegt.

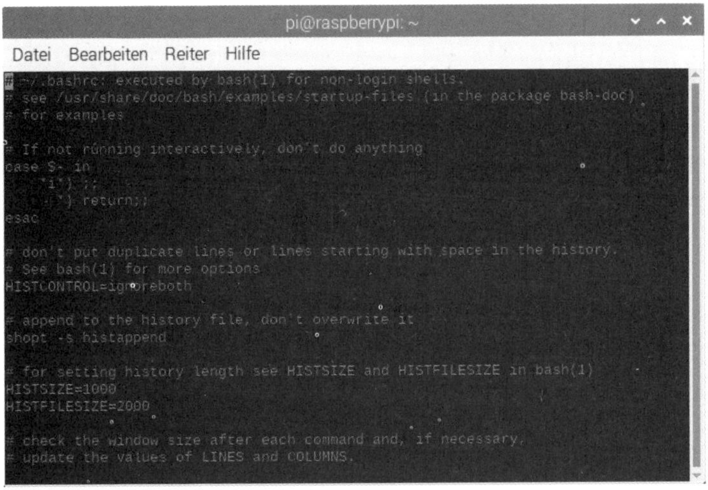

Abb. 4.35 Im Vi Editor geöffnete Datei .bashrc

Der Editor Vi/VIM kann sich in mehreren Modi befinden. Für die grundlegende Dateibearbeitung wichtig sind die folgenden zwei Modi.

Text Mode – ist der Modus, in dem durch den Benutzer Text eingegeben werden kann. Über die Taste Escape kommt man zurück in den Command Mode.

Command Mode – In diesem Modus nimmt der Editor Eingaben entgegen, die z. B. zur Navigation innerhalb des Dokuments dienen. Um sich grundlegend innerhalb einer Datei orientieren zu können, sind die folgenden Tasten hilfreich:

- `h`, `j`, `k`, `l` – bewegt den Cursor nach links, unten, oben oder rechts. Alternativ können die Pfeiltasten verwendet werden.
- `G`, `gg` – springt zum Ende bzw. Anfang der Datei.

Um den Inhalt bearbeiten zu können, sind diese Tasten wichtig:

- `X`, `x` – löscht das Zeichen vor bzw. unter dem Cursor.
- `dw` – löscht das Wort nach dem Cursor.
- `db` – löscht das Wort vor dem Cursor.
- `u` – macht die letzte Änderung rückgängig.
- `yw`, `yb`, `yy` – kopiert das Wort vor dem Cursor, das Wort nach dem Cursor, die ganze Zeile.
- `P`, `p` – fügt den kopierten Inhalt vor bzw. hinter dem Cursor ein.
- `i` – wechselt in den Textmodus und es können Zeichen eingefügt werden.

Damit wir Änderungen speichern oder den Editor verlassen können, gibt es die folgenden Befehle. Mit dem Doppelpunkt beginnt jeweils eine Art Kommandozeile, deren Ausführung dann mit Enter bestätigt werden muss.

- `:w` – Speichert die Datei.
- `:wq`, `:x` – Speichert die Datei und beendet den Editor.
- `:q`, `:q!` – Beendet den Editor. Ein angehängtes Ausrufezeichen bedeutet, dass der Befehl auch ausgeführt werden soll, wenn es Fehler gibt, weil zum Beispiel die Datei noch nicht gespeichert wurde oder die Datei schreibgeschützt ist und nicht gespeichert werden kann.

Wie man sieht, ist die Bedienung tatsächlich nicht trivial. Dafür bietet dieser Editor dem Benutzer aber eine Fülle an Bearbeitungsoptionen, die weit über das einfache Tippen von Texten hinausgehen. Um diese auch alle nutzen zu können, ist aber eine gewisse Einarbeitungszeit nötig.

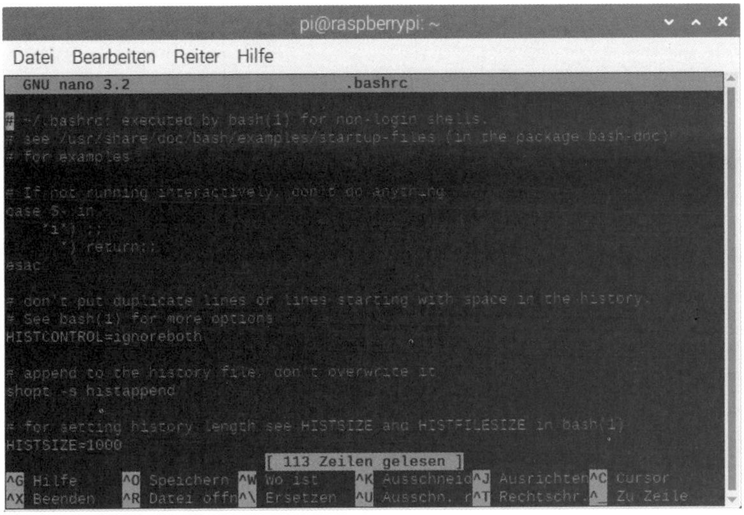

Abb. 4.36 Der Texteditor Nano

Eine Alternative ist der Editor Nano. Im Gegensatz zu Vi/VIM, der als umfassendes, mächtiges Bearbeitungswerkzeug angelegt ist, soll Nano möglichst einfach sein.

Der Editor befindet sich immer im Eingabemodus, der Benutzer kann jederzeit lostippen oder sich über die Pfeiltasten im Dokument bewegen.

Für Aktionen wie Speichern oder Laden gibt es Anweisungen, die mit der Steuerungstaste, kurz „Strg", und einem Buchstaben aktiviert werden. Die häufig genutzten Befehle sind am unteren Bildschirmrand eingeblendet.

Steht dort beispielsweise `^O Speichern`, so bedeutet das, dass die Taste „Strg" und die Taste „O" gleichzeitig gedrückt werden müssen, um die Datei zu speichern.

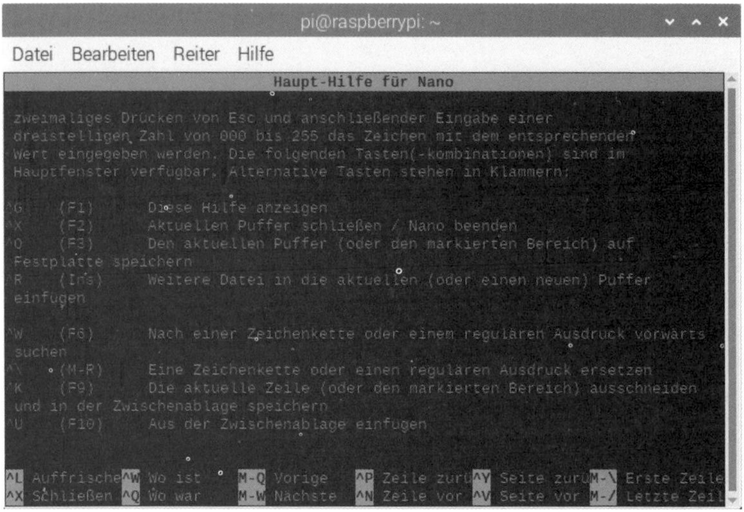

Abb. 4.37 Eingebaute Hilfe des Nano Editors

Hilfreich ist auch `^G Hilfe`, also „Strg“ und „G“, denn dort sind nochmals alle verfügbaren Befehle und alternative Tastenbelegungen aufgelistet.

In der Hilfe kann mit den Pfeiltasten navigiert werden und über „Strg“ und „X“ wieder zurück zum eigentlichen Editor gewechselt werden.

Diese beiden Editoren gehören zu den am weitesten verbreiteten Möglichkeiten, Dateien auf der Kommandozeile in einem Linux System zu bearbeiten. Einer von beiden ist eigentlich immer installiert, daher ist es sinnvoll, beide Programme bedienen zu können.

In den weiteren Beispielen in diesem Buch werden wir Nano verwenden.

4.7 Benutzerrechte

Da Linux bereits vom Grundgedanken her als Mehrbenutzersystem angelegt ist, muss man sich Gedanken machen, wie man die Daten der Benutzer und das System an sich vor unbefugtem Zugriff schützen kann.

Dazu gibt es unter Linux Berechtigungen für jeden Ordner und jede Datei, die regeln, wer in welcher Form Zugriff darauf hat.

Jedes Element hat eine Zuordnung, die angibt, wer der Besitzer ist und weitere Informationen darüber enthält, wer welche Berechtigung hat.

Legt ein Benutzer also eine Datei an, so müsste in dieser Datei eigentlich bezogen auf jeden anderen Nutzer die Information vorliegen, ob dieser die notwendigen Zugriffsrechte hat für das, was er vorhat.

Um die Organisation zu vereinfachen, gibt es unter Linux zusätzlich das Konzept der Gruppen. Benutzer können in Gruppen eingeordnet werden, sodass darüber Berechtigungen für mehr als eine Person gleichzeitig eingerichtet werden können.

Um Benutzer und Gruppen anzuzeigen, genügen die Befehle `less`[14] `/etc/passwd` und `less /etc/group`.

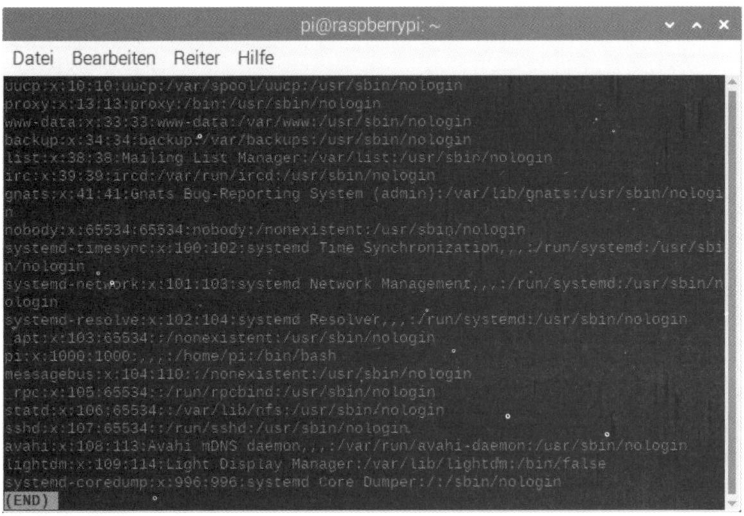

Abb. 4.38 Auflistung der Benutzer aus /etc/passwd

[14] `less` ist ein Befehl, der den Inhalt einer Datei zur Ansicht öffnet. Mit den Pfeiltasten kann durch den Inhalt gescrollt werden und mit „q" wird die Ansicht geschlossen.

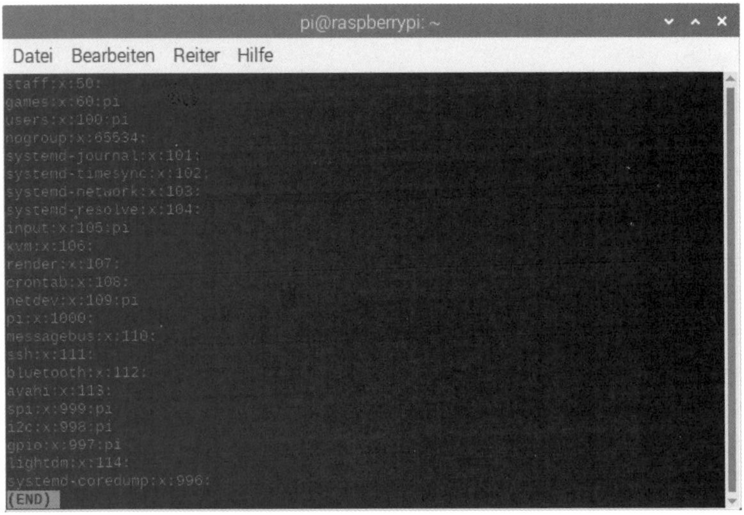

Abb. 4.39 Auflistung der Gruppen aus /etc/group

In beiden Auflistungen sind deutlich mehr Einträge, als auf einer Fensterseite angezeigt werden können. In einem frisch installierten System werden eine ganze Menge an speziellen Systembenutzern und -gruppen angelegt, die für die Ausführung der unterschiedlichsten Systemfunktionen verantwortlich sind.

Um herauszufinden, in welchen Gruppen der eigene Benutzer ist, kann der Befehl `groups` verwendet werden.

Damit kann man aber nicht nur die Zugehörigkeit des eigenen Users einsehen. Wenn man als Parameter einen anderen Benutzer angibt, kann man auch dessen Gruppen sehen.

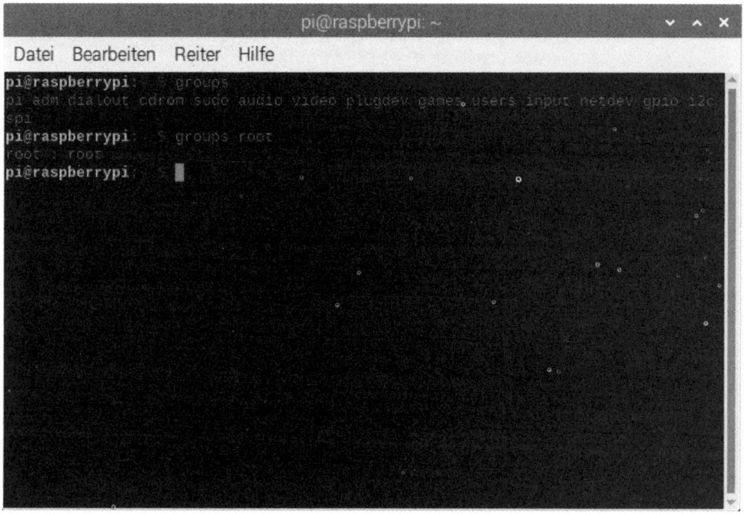

Abb. 4.40 Gruppenzugehörigkeit der Benutzer **pi** und **root**

Wir betrachten nun, welche Berechtigungen es überhaupt gibt.

Unter Linux sind Berechtigungen in drei Kategorien unterteilt:

„Read", Lesezugriff – Die Erlaubnis, die Datei zu öffnen und den Inhalt zu lesen. Ist der Lesezugriff für ein Verzeichnis gesetzt, darf der Benutzer die Dateien sehen, die darin enthalten sind. Das bedeutet allerdings nicht automatisch, dass er auch den Inhalt aller Dateien sehen kann. Rechte für Dateien und Ordner sind unabhängig voneinander.

„Write", Schreibzugriff – Hiermit ist es einem Benutzer erlaubt, eine Datei zu ändern und zu löschen. Für ein Verzeichnis bedeutet diese Berechtigung, dass der Benutzer Dateien anlegen, umbenennen oder löschen darf. Dies funktioniert für Ordner allerdings nur dann, wenn der Benutzer zusätzlich auch Ausführungsrechte darin hat.

„Execute", Ausführungsrechte – Diese Berechtigung erlaubt es, dass Dateien ausgeführt, also wie Programme gestartet werden dürfen. Bei Verzeichnissen muss diese Berechtigung gesetzt sein, damit der Benutzer die Zugriffsrechte des Ordners einsehen kann.

Schauen wir uns als Beispiel einmal die Berechtigungen im Heimatverzeichnis des angemeldeten Benutzers an. Über `cd` ohne Parameter wechseln wir ins Heimatverzeichnis und mit `ls -l` lassen wir uns die Listenansicht im Ordner ausgeben.

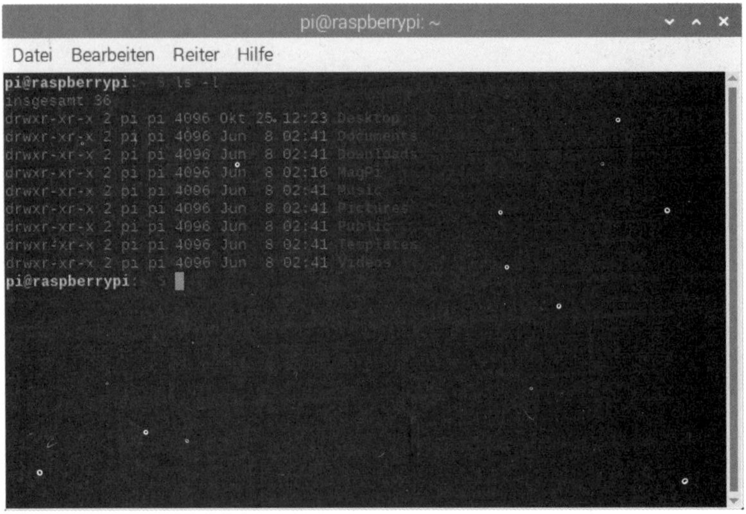

Abb. 4.41 Listenansicht des Heimatverzeichnis

Nehmen wir als praktisches Beispiel nun die erste Zeile der Ausgabe:

```
drwxr-xr-x 2 pi pi 4096 Okt 25 12:23 Desktop
```

In dieser Zeile gibt es mehrere Blöcke, für uns interessant sind. Wir betrachten diese beiden:

- `drwxr-xr-x`
- `pi pi`

Der zweite Block gibt die Besitzer des Ordners an. In diesem Fall ist es der Benutzer `pi` und die Gruppe `pi`. Es wird immer zuerst der User und dann die Gruppe angegeben.

Die eigentlichen Zugriffsrechte werden in der Auflistung von Buchstaben angegeben, die ganz vorne stehen. Dabei ist der erste Buchstabe, hier das d, nur der Bezeichner. In diesem Fall ist es ein „Directory“ also ein Verzeichnis[15].

Danach folgen neun Buchstaben. Hierin sind die Berechtigungen kodiert, die für den Benutzer, die Gruppe und alle anderen User gelten. Dazu werden immer drei Buchstaben verwendet. Die maximale Berechtigung wäre rwx. r steht für „read“ (Lesezugriff), w für „write“ (Schreibzugriff) und x für „execute“ (Ausführungsrechte). Ist eines der Rechte an dieser Stelle nicht gesetzt, dann wird der Buchstabe durch einen Strich ersetzt.

In unserem Beispiel können wir also ablesen, dass der Benutzer pi die Berechtigung rwx hat. Er darf also lesen, schreiben und ausführen. Die Gruppe, die in diesem Fall auch pi heißt, hat die Berechtigung r-x. Hier erscheint kein w, die Mitglieder der Gruppe haben also keine Schreibrechte. Das gleiche gilt für alle anderen Benutzer des Systems, deren Berechtigung ebenfalls r-x ist.

Das gleiche System ließe sich auch über die Nutzung von Binärwerten abbilden. Anstelle der Buchstaben rwx könnten drei Zahlen verwendet werden, die entweder auf Eins gesetzt sind, wenn das Recht vorhanden ist, oder auf Null, wenn es nicht vorhanden ist.

Die entstehenden Binärzahlen könnten nun wieder ins Dezimalsystem überführt werden, sodass mit drei einstelligen Zahlen die kompletten Berechtigungen für Benutzer, Gruppen und alle anderen abgebildet werden kann.

Folgende Übersetzung wäre dann möglich:

- rwx, Binär: 111, Dezimal: 4 + 2 + 1 = 7
- r-x, Binär: 101, Dezimal: 4 + 0 + 1 = 5
- r--, Binär: 100, Dezimal: 4 + 0 + 0 = 4

Nicht aufgeführte Kombinationen entstehen analog.

[15] Normale Dateien sind hier mit - gekennzeichnet, Verzeichnisse mit **d** und Verweise mit **l**.

Vielleicht hat der ein oder andere Leser nun das Gefühl, diese Zahlen schon einmal gesehen zu haben. Tatsächlich wird diese Umrechnung ins Dezimalsystem[16] gerne bei der Konfiguration von Webservern und in FTP[17] Programmen verwendet, um die Zugriffsrechte der dort liegenden Dateien und Ordner zu steuern.

Das System mit Benutzern und Gruppen ist so angelegt, dass die Zuweisungen in der Regel automatisch passieren. Gerade wenn man selbst ein System administriert oder mit anderen Benutzern am gleichen Rechner arbeitet, ist es aber doch häufig notwendig, diese Sachen händisch anzupassen.

In der grafischen Desktopumgebung kann dies einfach über die Datei- oder Ordnereigenschaften eingestellt werden.

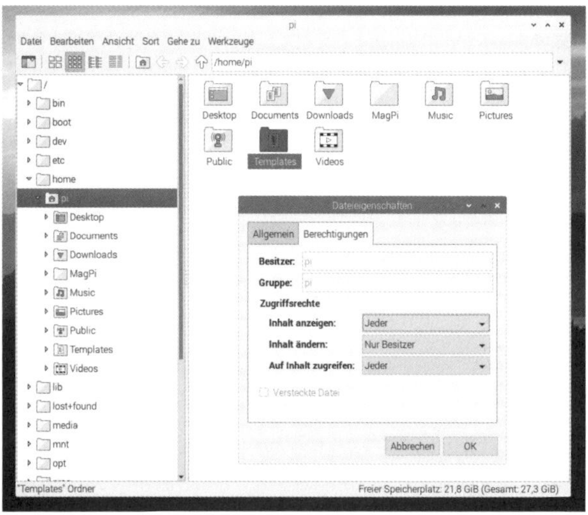

Abb. 4.42 Einstellen der Zugriffsrechte im Dateimanager

[16] Streng genommen kann es auch als Umrechnung ins Oktalsystem betrachtet werden.

[17] FTP steht für „File Transfer Protocol" – ein Protokoll, das zur Übertragung von Dateien gedacht ist.

Auf der Konsole hilft uns der Befehl `chmod`, der zwei Parameter übernimmt: zuerst die Berechtigungen, die gesetzt werden sollen, und dann die Angabe, für welche Datei oder welches Verzeichnis diese gelten soll.

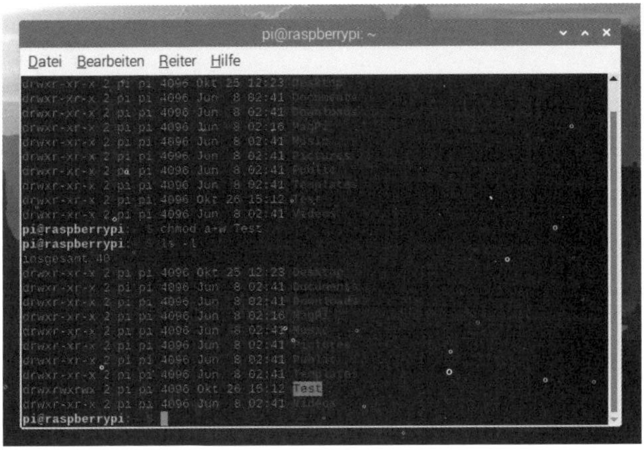

Abb. 4.43 Bearbeiten der Zugriffsrechte auf der Konsole

Mit dem Befehl chmod `a+w Test` geben wir allen Schreibrechte auf dem Ordner Test. Anstelle des a für „Alle“, wären auch `u` für den Benutzer, `g` für die Gruppe oder `o` für alle außer der Gruppe und dem Benutzer möglich.

Mit dem + signalisieren wir, dass eine Berechtigung hinzugefügt wird. Sollen Rechte entfernt werden, kann stattdessen ein – verwendet werden. Beispielsweise können der Gruppe die Schreibrechte entzogen werden mit dem Befehl chmod `g-w Test`.

Es ist auch möglich, gleich mehrere Zuweisungen in einem Durchgang zu machen. Um in einem Befehl der Gruppe Leserechte zu geben und allen übrigen Benutzern alle Rechte zu entziehen, genügt `chmod g+r,o-rwx Test`.

Es können auch für ein bestimmtes Ziel direkt alle Berechtigungen gleichzeitig gesetzt werden. Wenn die Gruppe nur lesen und ausführen darf, geht das mit `chmod g=rx Test`.

Wer lieber mit der Zahlenrepräsentation der Rechte arbeitet, kann das auch tun. **chmod 754 Test** setzt die gleichen Berechtigungen wie `chmod u=rwx,g=rx,o=r Test`.

Ein weiterer wichtiger Befehl ist `chown`. Damit lässt sich ändern, welcher Benutzer und welche Gruppe als Besitzer einer Datei oder eines Verzeichnisses eingetragen sind.

Allerdings kann nicht einfach jeder Benutzer den Besitzer einer Datei ändern, dafür benötigt man besondere Rechte, die unter Linux nur der Benutzer „root", also der Systemadministrator hat.

Mit einem kleinen Tool kann der Anministrator allerdings einzelnen Benutzern Administrationsrechte geben. Dazu muss er den Benutzer in die Gruppe mit dem Namen „sudo"[18]. eintragen. Dann kann der Benutzer jeden Befehl mit entsprechend höheren Rechten ausführen, wenn er `sudo` davor schreibt. Unter Raspbian ist der Benutzer „pi" automatisch Teil dieser Gruppe.

Mit den entsprechenden Rechten ausgestattet, kann der User dann nicht nur die Gruppe anpassen, die eine Datei oder einen Ordner besitzt, sondern auch den Benutzer.

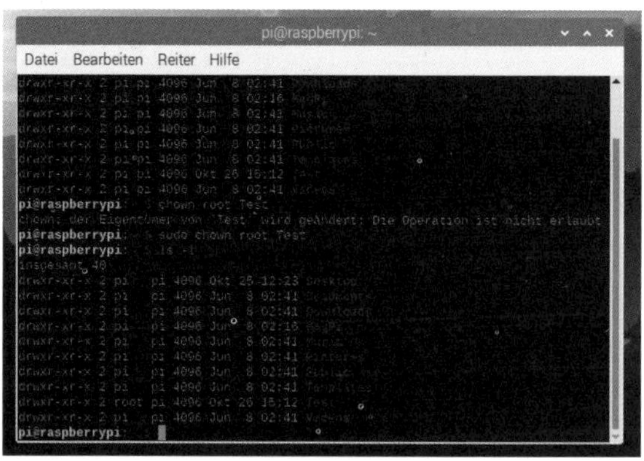

Abb. 4.44 Ändern des Besitzers eines Ordners

[18] Um den Benutzer zu dieser Gruppe hinzuzufügen, muss ein User mit Administratorrechten den Befehl `usermod -a -G sudo Benutzername` ausführen.

Soll nicht nur der Benutzer geändert werden, sondern auch die Gruppe, kann dies in einem Befehl erledigt werden mit `chown root:root Test`. Dabei gilt der Doppelpunkt als Trennzeichen, auf das ein Gruppenname folgt. Weitere mögliche Zuweisungen:

- `chown root: Test` – Der neue Benutzer ist root und die neue Gruppe ist die Standardgruppe, der root zugeordnet ist.
- `chown :root Test` – Der Benutzer wird nicht geändert, lediglich die Gruppe, die als Besitzer eingetragen ist.

Werden die Befehle `chmod` oder chown auf Ordner angewendet, kann mit dem Zusatzparameter `-R` die Änderung auch auf alle Unterordner und Dateien übertragen werden.

`chown -R root` Test ändert den Besitzer des Ordners Test und aller darunter liegender Dateien und Ordner auf den Benutzer `root`.

4.8 Zugriff auf USB-Speicher und Kartenleser

Nicht immer lassen sich alle Daten, die benötigt werden, über das Internet oder ein lokales Netzwerk beziehen. Manchmal ist es notwendig, ein lokales Wechselspeichermedium wie einen USB-Stick oder eine Speicherkarte zu verwenden.

Zwar ist der Speicher, den der Raspberry Pi verwendet, selbst auch nur eine Speicherkarte, für externe Karten benötigt man aber ein externes Kartenlesegerät.

Im Idealfall reicht es aus, diese Geräte per USB anzuschließen und das Betriebssystem kümmert sich um den Rest.

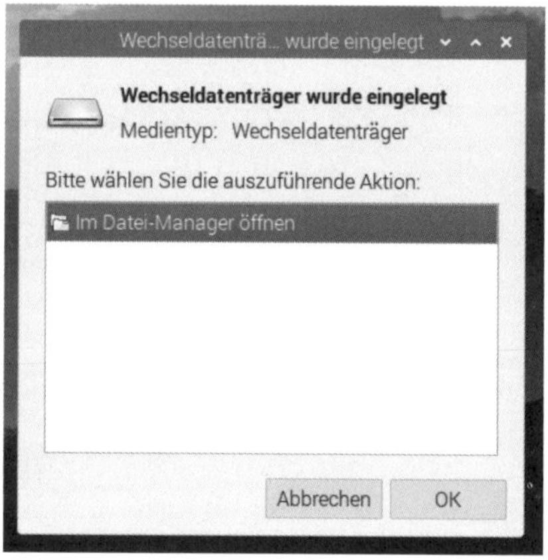

Abb. 4.45 Ein Wechseldatenträger wurde erkannt

Wurde das Medium ordnungsgemäß erkannt, wird es vom Betriebssystem „eingehängt" und kann dann wie jeder andere Ordner auch verwendet werden. In der Regel werden diese Dateien dann in einem Ordner mit dem Namen des Speichermediums unterhalb von „/media" verfügbar gemacht.

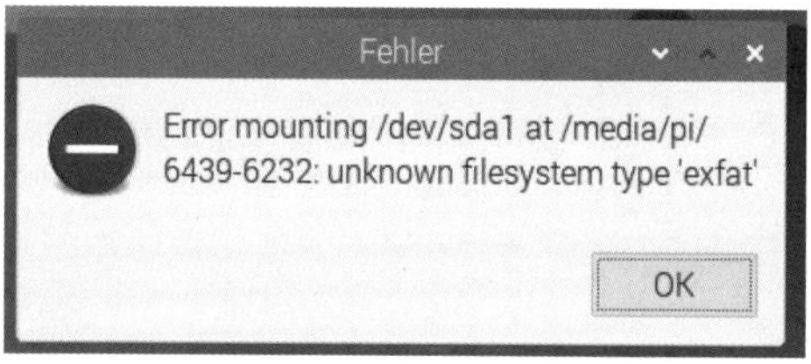

Abb. 4.46 Fehler beim Einhängen eines Datenträgers

Manchmal kommt es dabei zu Fehlern, zum Beispiel weil das Dateisystem nicht bekannt ist. In solchen Fällen gibt es manchmal Software-Pakete, die man installieren kann und die dann diese Unterstützung bieten.

Es kann aber auch vorkommen, dass die automatische Einhängfunktion nicht eingerichtet ist und dies nun von Hand geschehen muss oder aber, dass schlichtweg kein grafisches Interface zur Verfügung steht.

Mit `df` können wir uns die Belegung der unterschiedlichen Datenträger und Partitionen anzeigen lassen, hier sieht man auch, welche Geräte wo eingehängt sind.

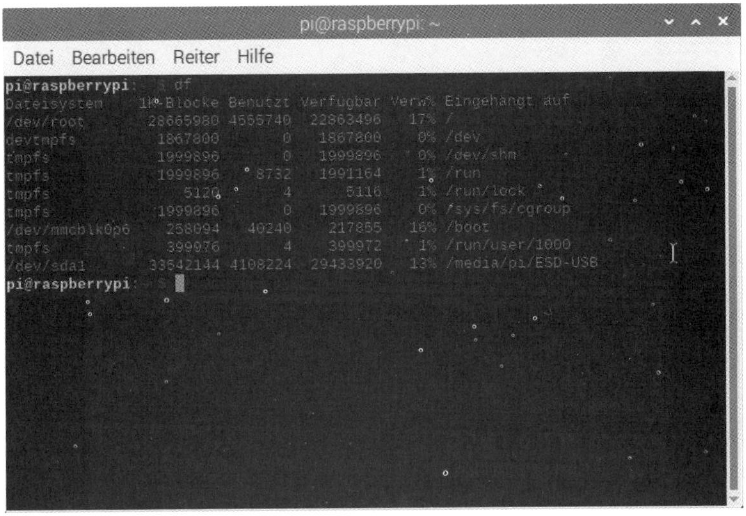

Abb. 4.47 Übersicht über alle Datenträger

Die letzte Zeile `/dev/sda1 […] /media/pi/ESD-USB` zeigt hier den gerade eingesteckten USB Stick und sagt uns, dass er unter „/media/pi/ESD-USB“ eingehängt wurde. Taucht das Speichermedium hier nicht auf, ist etwas Handarbeit notwendig.

Der erste Schritt ist dann in der Regel herauszufinden, ob das System den Datenträger erkannt hat und unter welchem Kürzel dieser geführt wird.

Sehr hilfreich ist in diesem und vielen anderen Fällen der Befehl **dmesg**, der eine Liste der zuletzt gesendeten Systemnachrichten anzeigt. Hier finden sich unter anderem auch Meldungen zu neuer Hardware.

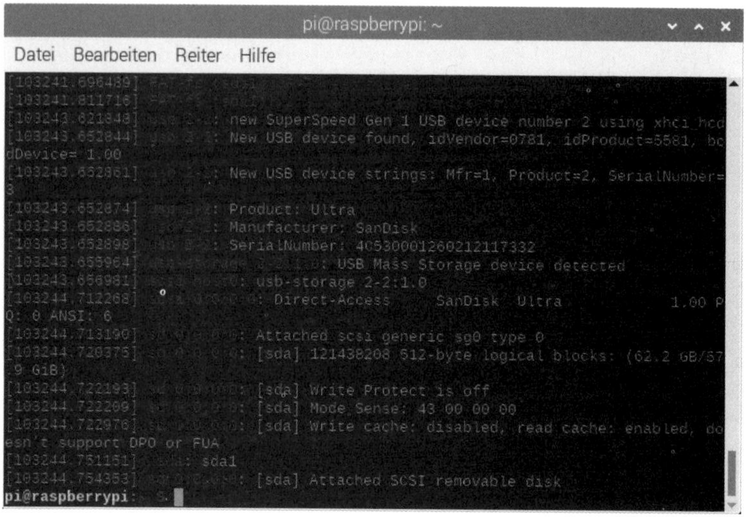

Abb. 4.48 Anzeige der Systemnachrichten mit **dmesg**

Für uns interessant sind die letzten beiden Zeilen. Die Zahlen am Anfang sind lediglich Zeitstempel, dahinter kommen dann die relevanten Nachrichten. Die letzte Zeile

```
sd 0:0:0:0 [sda] Attached SCSI removable disk
```

informiert uns darüber, dass ein Wechseldatenträger erkannt wurde und unter dem Kürzel „sda“ geführt wird. Die Zeile darüber – **sda: sda1** – zeigt uns, dass der Datenträger „sda“ eine Dateipartition hat, die als „sda1“ bezeichnet wird.

Möchten wir diese nun irgendwo einhängen, muss das Zielverzeichnis bereits existieren. Im Gegensatz zur automatischen Einhängfunktion kann die manuelle Variante dieses Zielverzeichnis nicht mit anlegen.

Wir erzeugen also mit `sudo`[19] `mkdir /media/USBStick` ein passendes Verzeichnis, in dem wir den USB-Stick erreichen wollen. Im Prinzip können wir hier ein beliebiges Verzeichnis nehmen, die allgemeine

---

[19] Über „sudo“ werden diese Befehle mit Administratorrechten ausgeführt, das ist notwendig, da sie sich außerhalb des Zugriffsbereichs des normalen Benutzers befinden.

Konvention ist aber, dass Wechseldatenträger unterhalb von „/media“ eingehängt werden. Der verwendete Name ist frei wählbar.

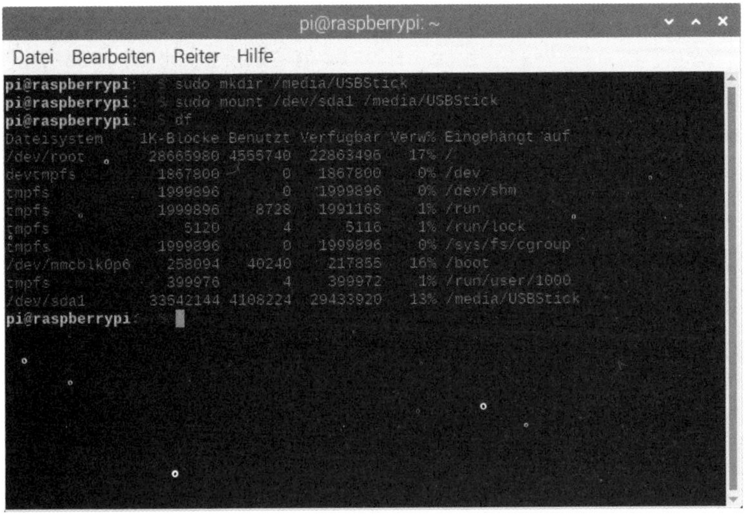

Abb. 4.49 Einhängen eines USB-Datenträgers mit mount

Wie wir vorher erfahren haben, wird der USB-Stick unter dem Kürzel sda geführt und enthält eine Partition mit dem Namen sda1. Ersteres dient als Direktzugriff auf die Hardware des Datenträgers, wir benötigen das Kürzel der Partition, um auf die Daten darauf zugreifen zu können.

Mit `sudo mount /dev/sda1 /media/USBStick` hängen wir nun das Dateisystem der Partition sda1 im Ordner „/media/USBStick“ ein und können dann wie gewohnt darauf zugreifen.

Wird der Datenträger nicht mehr benötigt, kann er mit **sudo umount /dev/sda** wieder aus dem System entfernt werden. Wenn auch der Ordner, der als Einhängepunkt angelegt wurde, nicht mehr gebraucht wird, kann dieser mit sudo `rmdir /media/USBStick` gelöscht werden.

4.9 Installation von Paketen und Programmen

Raspbian bringt in seiner Standardinstallation zwar schon eine Menge an nützlichen Programmen und Werkzeugen mit, nicht immer ist aber alles dabei, was benötigt wird. In diesem Fall muss man fehlende Dinge nachinstallieren.

Auch hier gibt es wieder mehrere Varianten. Die einfachste Methode ist es, die Werkzeuge der Desktopumgebung zu verwenden. Im Startmenü unter „Einstellungen" kann es unter dem Namen „Add / Remove Software" aufgerufen werden.

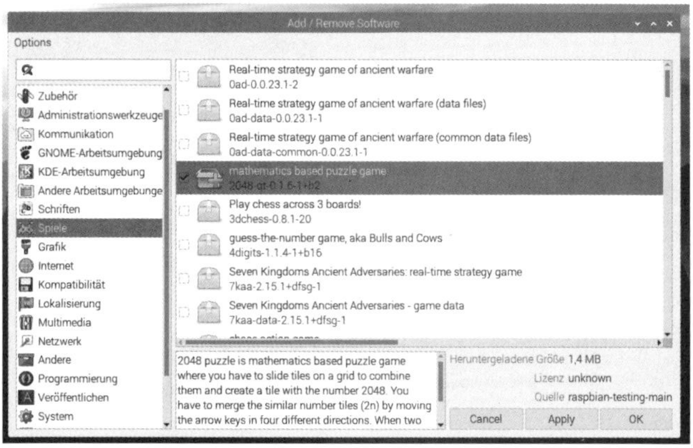

Abb. 4.50 Hinzufügen und Entfernen von Software

In diesem Dialog kann entweder aus den Kategorien gewählt werden, oder aber man verwendet das Suchfeld oben links.

Hat man eines oder mehrere Pakete gefunden, die man installieren möchte, können diese angeklickt und über den „Apply" Button installiert werden. Da zur Installation neuer Software administrative Rechte benötigt werden, wird unter Umständen im Anschluss das Passwort abgefragt.

Ein installiertes Paket kann in der Liste über den Rechtsklick auch wieder entfernt werden.

Möchte man zu einem späteren Zeitpunkt prüfen lassen, ob es Aktualisierungen für das System gibt, kann man unter „Options" im gleichen Fenster nach Updates suchen lassen.

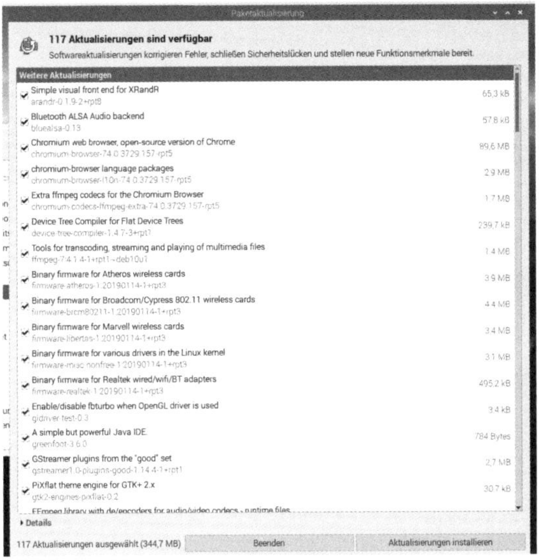

Abb. 4.51 Verfügbare Aktualisierungen

Über den Knopf „Aktualisierungen installieren" kann der Prozess gestartet werden. Unter Umständen ist auch hier wieder die Eingabe des Passworts notwendig.

Steht keine grafische Oberfläche zur Verfügung, greift man auf das „Advanced Packaging Tool", kurz „apt" zurück. Das ist eine Reihe von Werkzeugen, mit denen die einzelnen Programme oder auch Pakete installiert, verwaltet und aktualisieret werden. Das grafische Frontend stellt im Prinzip nur eine schönere Schnittstelle zu den Befehlszeilenaufrufen dar.

Da das apt-System auf einer Datenbank arbeitet, muss diese von Zeit zu Zeit aktualisiert werden, damit überhaupt bekannt sein kann, ob zum Beispiel Aktualisierungen oder neue Pakete vorhanden sind. Daher ist in der Regel der erste Schritt ein Aufruf von `sudo apt update`.

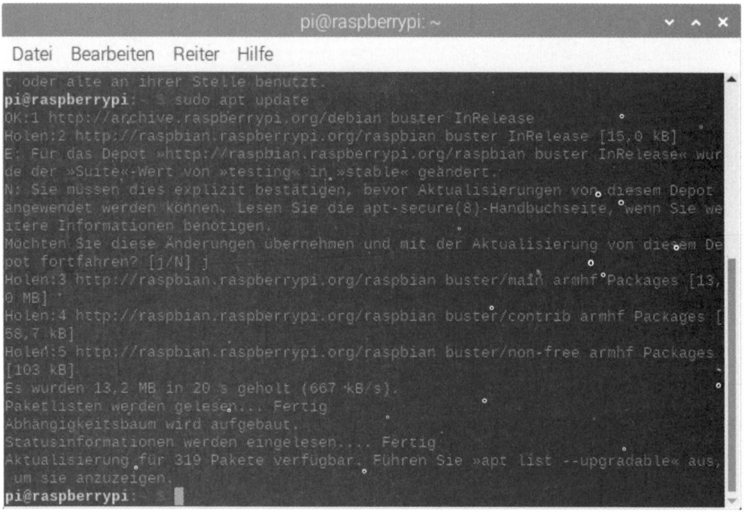

Abb. 4.52 Aktualisierung der apt Daten

Die Bildschirmausgabe weist schon darauf hin, dass es veraltete Pakete gibt und sagt uns, dass wir mit `apt list -upgradeable` einsehen können, um welche es sich handelt. Hat man dies geprüft, kann mit sudo `apt upgrade` die Aktualisierung gestartet werden.

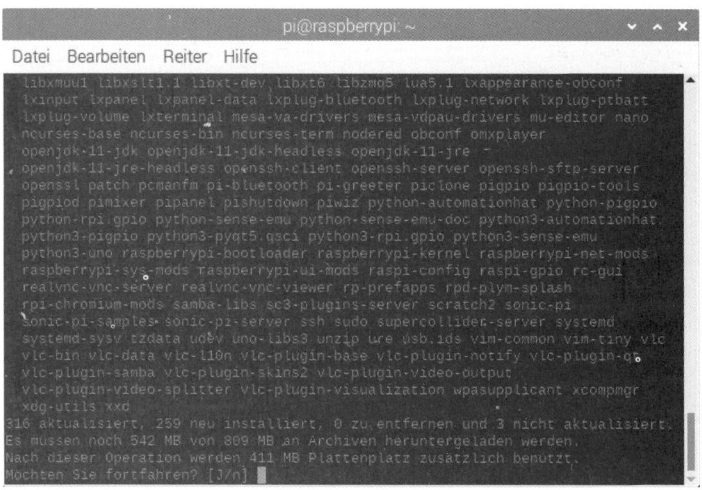

Abb. 4.53 Rückfrage bei der Aktualisierung

Wenn bei der Verarbeitung Rückfragen an den Benutzer auftreten, sind diese in der Regel mit den Antwortoptionen markiert. Hier ist zum Beispiel die Frage `Möchten Sie fortfahren? [J/n]`. Es kann nun entweder ein „J“ für „Ja“ oder ein „N“ für „Nein“ eingegeben werden. Alternativ wird bei einem Druck auf die Taste Enter die vorausgewählte Antwort gegeben, die durch den Großbuchstaben angezeigt wird. Hier wäre das ein „J“ für „Ja“.

Wollen wir nun neue Software hinzufügen, müssen wir zuerst den Namen herausfinden, unter dem das Paket verfügbar ist. Suchen wir zum Beispiel das Spiel „Moon-Buggy“, das auf der Shell gespielt werden kann, genügt der Befehl `sudo apt search moon-buggy` und wir bekommen eine Liste mit Paketen, die in Frage kommen.

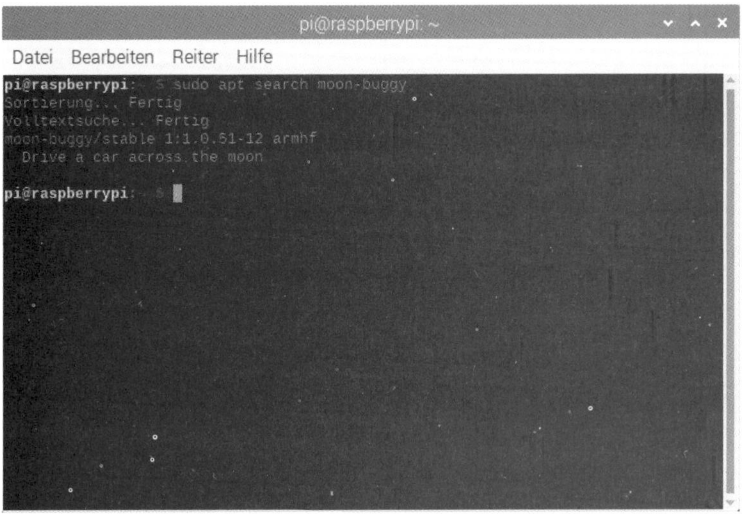

Abb. 4.54 Suche nach Paketen mit apt search

Praktischerweise heißt auch das Paket lediglich „moon-buggy“ und mit `sudo apt install moon-buggy` lässt es sich installieren. Wie bei vielen anderen Paketen bekommen wir auch hier eine Meldung, dass weitere Software installiert werden muss, damit das Paket lauffähig ist, das können wir mit einem „Ja“ bestätigen.

Falls direkt mehrere Pakete installiert werden sollen, können diese beim Aufruf von `sudo apt install` einfach mit Leerzeichen getrennt hintereinander aufgeführt werden.

Auch das Entfernen eines Pakets ist denkbar einfach, das „Moon-Buggy"-Spiel können wir mit `sudo apt remove moon-buggy` wieder deinstallieren. Geht es dabei um ein Paket, das umfangreiche Einstellungsdateien angelegt hat, die wir ebenfalls löschen wollen, verwenden wir stattdessen `sudo apt purge moon-buggy`.

Weitere Befehle, die nützlich sein können:

- `sudo apt show paketname`

  Zeigt Informationen über das Paket an, dazu gehören die Größe, Pakete, die als abhängige Unterpakete mit installiert wurden und die Quelle, von der es installiert wurde.

- `sudo apt list -installed`

  Zeigt alle installierten Pakete an.

- `sudo apt autoremove`

  Wenn Pakete vorhanden sind, die als abhängige Unterpakete eines anderen Paketes installiert wurden, aber jetzt nicht mehr benötigt werden, können diese mit **autoremove** entfernt werden.

4.10 Prozesse

Jedes Programm und jeder Befehl, der im Linux System ausgeführt wird, erzeugt einen Prozess. Dieser Prozess bekommt eine eindeutige Nummer zur Identifikation und enthält alle Daten und Informationen zum laufenden Programm.

Prozesse sind hierarchisch voneinander abhängig. Ein Prozess wird automatisch beendet, wenn der Prozess, der ihn erzeugt hat, nicht mehr existiert.

Gerade diese Abhängigkeit wird häufig übersehen. An einem Beispiel sollte aber klar werden, wieso dies problematisch sein kann:

Ein Benutzer loggt sich über eine SSH-Verbindung über das Internet auf einem Linux-Rechner ein. Dort startet er ein Programm, das alle fünf

Minuten wichtige Daten in eine Datenbank schreibt. Nachdem er es eine Weile beobachtet hat, loggt er sich wieder aus und geht davon aus, dass sein Programm weiterhin läuft. Hat er es aus der normalen Shell heraus gestartet, wird er später bemerken, dass nach seinem Ausloggen auch das Programm gestoppt wurde.

Woran liegt das? Wie bereits erwähnt, startet jedes ausgeführte Programm einen neuen Prozess. Wird ein Befehl aus der Shell heraus aufgerufen, ist der entstehende neue Prozess dem Prozess der Shell untergeordnet. Sobald die Shell geschlossen wird, was beim Ausloggen passiert, werden auch alle von dort gestarteten Prozesse beendet. Das gilt sowohl für Prozesse im Vordergrund als auch für solche, die im Hintergrund laufen.

Einen Überblick über die laufenden Prozesse kann man sich auf unterschiedliche Arten verschaffen. Schnell geht dies mit dem Befehl `ps`, der in seiner einfachsten Form aber nur wenige Informationen bietet. Häufiger ist der Aufruf `ps aux`, hier werden deutlich mehr Informationen angezeigt.

Geht es aber tatsächlich darum, Prozesse zu überwachen, empfehlen sich aufwändigere Tools wie `htop`.

Wenn dieses Tool nicht bereits mit dem Betriebssystem installiert wurde, kann es mit `sudo apt install htop` schnell nachgerüstet werden.

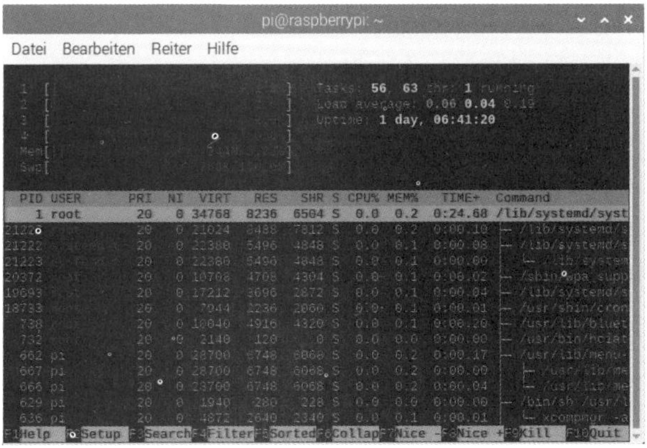

Abb. 4.55 Prozessansicht mit htop

Neben einer reinen Auflistung der Prozesse kann damit auch die Systemauslastung und die hierarchische Abhängigkeit überwacht werden. Mit den Pfeiltasten kann in der Liste rauf und runter gescrollt werden.

In der Spalte „PID" steht die Identifikationsnummer des Prozesses. Dies ist hilfreich, wenn ein Programm nicht mehr reagiert. Dann kann es mit `kill PID` beendet werden. Reagiert es auch auf diesen Befehl nicht, dann kann `kill` mit dem zusätzlichen Parameter `-9` aufgerufen werden. Das beendet den Prozess dann zwangsweise.

Die beiden Spalten "PRI" und „NI" bestimmen, mit welcher Priorität der jeweilige Prozess läuft. Das ist sehr wichtig, wenn mehr Prozesse laufen, als die CPU gleichzeitig bedienen kann. In einem solchen Fall muss entschieden werden, welche Prozesse in welcher Reihenfolge abgearbeitet werden. Dabei gibt es einmal eine systemseitige Priorisierung, das ist der Wert in der Spalte „PRI", und zusätzlich eine, die vom Benutzer angegeben werden kann, hier in der Spalte „NI".

„NI" steht für „niceness" also „Nettigkeit" und kann einen Wert zwischen −20 und 19 annehmen. Es stellt einen Modifikator für die systemseitige Priorität dar. Dieser Wert kann sowohl beim Start eines Prozesses angegeben werden, mit `nice -n WERT PROGRAMM`, oder aber im späteren Verlauf noch geändert werden, mit `renice -n WERT -p PID.`

Mit der Taste F5 kann die Ansicht so eingestellt werden, dass die hierarchische Struktur der Prozesse mit dargestellt wird. Dadurch wird klar, wie die Abhängigkeiten untereinander sind.

Jeder Befehl, den wir geben und jedes gestartete Programm startet also mindestens einen neuen Prozess. Was bedeutet es nun, Prozesse im Vordergrund zu haben oder sie in den Hintergrund zu versetzen?

Intuitiv verwenden wir dies bereits, wenn wir die grafische Desktopumgebung benutzen. Jedes offene Fenster ist auch wieder mindestens ein eigener Prozess. Wechseln wir zwischen verschiedenen Fenstern, rücken wir einen dieser Prozesse in den Vordergrund und schieben einen anderen in den Hintergrund. Auch Dinge wie die Anzeige der Uhrzeit oder des Datums sind eigene Prozesse, die im Hintergrund laufen.

Die Befehle, die wir auf der Kommandozeile ausgeführt haben, liefen bisher allesamt immer im Vordergrund. Da es dort auch nicht ganz einfach ist, die Ausgabe mehrerer Prozesse gleichzeitig sinnvoll anzuzeigen, ist dies auch in der Regel eine sinnvolle Wahl. Allerdings haben wir auch die Möglichkeit, die Prioritäten selbst zu beeinflussen.

Um aus der Shell heraus eine einfachere Kontrolle über die dort gestarteten Prozesse zu haben, gibt es das Konzept der Jobs. Das sind entweder einzelne oder mehrere Prozesse, die zusammengefasst unter einer fortlaufenden Identifizierungsnummer als untergeordnete Prozesse der Shell ausgeführt werden. Mit dem Befehl `jobs` können die aktuell laufenden Jobs und die jeweiligen Job IDs angezeigt werden.

Läuft ein Programm im Vordergrund und wir möchten es unterbrechen, um kurz etwas anderes zu erledigen, es aber nicht komplett beenden, hilft die Tastenkombination Steuerung + „Z". Dadurch wird der aktuell laufende Prozess angehalten und in den Hintergrund gestellt. Soll er weiterlaufen, kann er mit `fg` aufgerufen oder mit `%1` wieder in den Vordergrund geholt werden. Wurde zwischenzeitlich ein anderer Job gestartet oder ein weiterer Prozess in den Hintergrund gestellt, muss eventuell explizit mit einer Job-ID gearbeitet werden. Dann kann mit `fg %JOBID` gezielt ein bestimmter Job wieder hervorgeholt werden.

Man kann einen Prozess aber auch direkt im Hintergrund starten. Dafür wird entweder ein `&` an den Aufruf angehängt oder dem ganzen Befehl ein `bg` vorangestellt. In beiden Fällen sind diese Aufrufe aber nicht pausiert im Hintergrund, sondern werden dort normal ausgeführt, sodass eventuelle Ausgaben dennoch angezeigt werden. Sollte der im Hintergrund laufende Prozess Eingaben erwarten, wird er automatisch wieder in den Vordergrund geholt.

Alle diese Prozesse, egal ob im Vorder- oder Hintergrund, laufen nur so lange, bis der übergeordnete Prozess beendet wird. Damit brechen automatisch alle von ihm abhängigen Prozesse ebenfalls ab. Ob das nun ein geöffnetes Terminalfenster war oder aber die gesamte Sitzung des eingeloggten Benutzers, spielt keine Rolle.

Prozesse, die vom System direkt im Hintergrund gestartet werden und Systemdienste bereitstellen, ohne einen Eingriff durch den Benutzer zu benötigen, werden in der Regel als „Daemon" bezeichnet.

4.11 Systemstart und Cron-Jobs

Bevor wir mit einem Rechner, egal ob Desktoprechner, Notebook oder Raspberry Pi, arbeiten können, muss dieser gestartet werden. Teile dieses Vorgangs sind nahezu überall gleich, andere sind spezifisch für gewisse Hard- und Softwarekombinationen.

Im Folgenden gehen wir auf den typischen Startvorgang ein, wie er bei einem Raspbian-System auf einem Raspberry Pi mit Standardinstallation läuft.

Wird der Raspberry Pi mit Strom versorgt, ist zunächst nur der Grafikchip, die GPU aktiv und weder der Prozessor, die CPU noch der Arbeitsspeicher sind verfügbar.

Aus einem nicht-löschbaren Speicher wird ein sogenannter Bootloader geladen. Das ist ein kleines Programm, das die Anweisungen dazu enthält, wie der Startprozess fortgesetzt und welche Hardware dazu benötigt wird. Dieser erste Bootloader dient dazu, einen weiteren Bootloader von der SD-Karte zu lesen.

Der zweite Bootloader verfügt über die Informationen, was später von der SD-Karte gestartet werden soll, und kann gewisse Hardwaregeräte dafür vorbereiten. Von diesem wird der Arbeitsspeicher aktiviert und ein dritter Bootloader dort hinein geladen.

Der dritte Bootloader ist in der Lage, die notwendigen Systemteile – wie zum Beispiel den Linux-Kernel – zu laden und den eigentlichen Startprozess des Betriebssystems anzustoßen.

Nach einigen weiteren Vorbereitungsprozessen wird dann ein Programm gestartet, das für die richtige Reihenfolge der Prozessaufrufe zuständig ist. Bei einer aktuellen Raspbian-Version, die auf Debian „Jessie“ aufsetzt, ist das der „systemd“[20]-Daemon.

Systemd ist in der Lage, den Startprozess parallel durchzuführen. Es gibt dann mehrere gleichzeitig laufende Instanzen, die den System-

[20] Wenn nicht klar ist, welcher Startprozess zum Einsatz kommt kann man sich mit dem Befehl `ps -- pid 1 -f` den Prozess mit der ID 1 anzeigen lassen. Das ist in der Regel der Startdienst.

start durchführen. Dazu werden die Aufgaben in „Units", also Einheiten, unterteilt. Dazu zählen:

- „service", Dienste – im Hintergrund laufende Programme, die Funktionen bereitstellen.
- „mount", Einhängepunkte – Anweisungen, welche Datenträger an welcher Stelle im Dateisystem eingehängt werden.
- „device", Geräte – notwendige Schritte, um auf die angeschlossenen Geräte zugreifen zu können.
- „socket", Verbindungen – Dateien, die als Kommunikationsmöglichkeit zwischen verschiedenen Programmen dienen.
- „timer", Zeitmesser – Aufrufe von Programmen, die zeitlich gesteuert werden.

Diese werden so sortiert, dass sie in einer vorgegebenen Reihenfolge gestartet werden. Aufgaben, die voneinander abhängig sind, müssen in der passenden Abfolge gestartet werden, selbst wenn sie sich in verschiedenen Einheiten befinden.

Um einen Überblick über alle Einheiten und Aufgaben zu bekommen, hilft der Befehl systemctl.

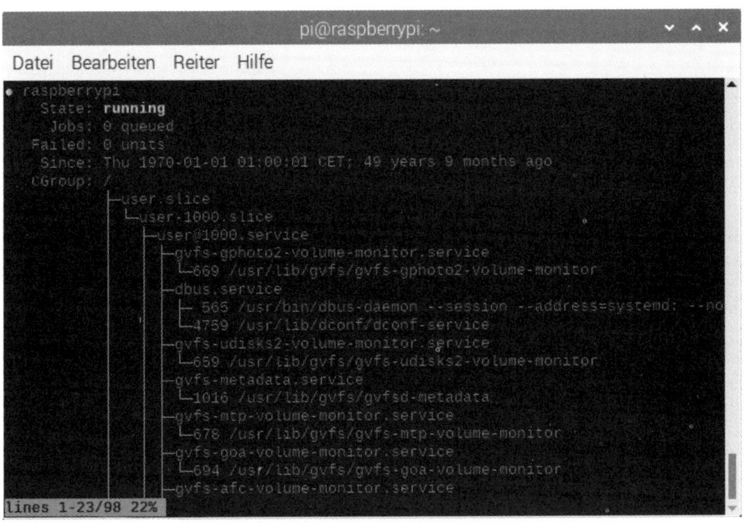

Abb. 4.56 Statusabfrage mit systemctl

Über `sudo systemctl status` kann beispielsweise der Status des Systems abgefragt werden. Aus der Anzeige kann auch abgelesen werden, welche Programme oder Befehle letztendlich ausgeführt werden und wie diese hierarchisch voneinander abhängen.

Die Dateien, die für jede Aufgabe definieren, was in welcher Reihenfolge ausgeführt wird, liegen zum Beispiel unter „/etc/systemd/system". Einsteigern würden wir allerdings empfehlen, diese Dateien nicht auf Verdacht und ohne weitere Informationen zu ändern, da dadurch die Lauffähigkeit oder Sicherheit des Systems stark beeinträchtigt werden kann.

Einen eigenen Service anzulegen, ist allerdings nicht weiter schwierig. Als Beispiel benutzen wir das Programm `fortune`, das auf der Konsole Zitate aus verschiedenen Quellen ausgibt. Installiert werden kann es mit `sudo apt install fortune`.

Nun legen wir eine Datei unter „/etc/systemd/system" mit dem Namen „fortune.service" an. Diese Datei bekommt den folgenden Inhalt:

```
[Unit]
Description=Fortune Teller

[Service]
ExecStart=/usr/games/fortune

[Install]
WantedBy=multi-user.target
```

Das ist die simpelste Form eines Service, die wir erstellen können. Über `Description` sagen wir dem System, wie der Service heißen soll. `ExecStart` definiert, welcher Befehl ausgeführt werden soll[21]. Die Angabe zu `WantedBy` gibt an, welche Abhängigkeiten es gibt. In diesem

[21] Hier ist darauf zu achten, dass ein absoluter Pfad verwendet werden muss. Weiß man nicht, wo ein Befehl im Dateisystem liegt, hilft oft der Aufruf `whereis BEFEHL`.

Fall wird unser Service mitaktiviert, wenn `multi-user.target`[22] aktiviert wird.

Bisher läuft der Service aber noch nicht, von Hand gestartet werden kann er mit sudo `systemctl start fortune`. Analog kann man ihn mit sudo `systemctl stop fortune` stoppen.

Um zu prüfen, ob alles funktioniert hat, schauen wir in das Logfile des Service und sehen dort, dass er ordnungsgemäß gestartet wurde und auch ein Zitat erzeugt hat. Dazu verwenden wir **sudo** `journalctl -u fortune`.

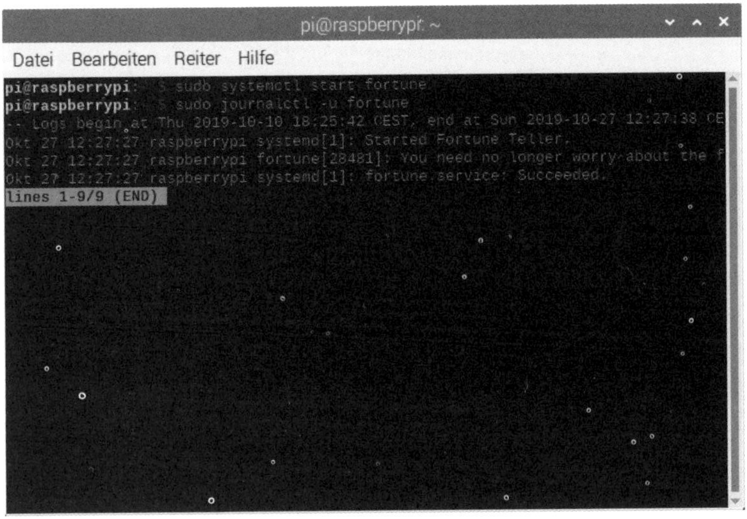

Abb. 4.57 Der fortune Service im Einsatz

Mit diesem Befehl kann man auch das Verhalten anderer Dienste überprüfen.

[22] Targets, also „Ziele", sind Gruppen von Einheiten, die von systemd gestartet werden. **multi-user.target** ist eine Gruppe von Einheiten, die beim Start einer Multi-User-Umgebung abgearbeitet werden. Raspbian, wie es hier genutzt wird, ist eine solche Multi-User Umgebung.

Wollen wir, dass der Dienst das Zitat in eine bestimmte Datei schreibt, können wir unsere „fortune.service"-Datei um eine Kleinigkeit ergänzen:

```
[Unit]
Description=Fortune Teller

[Service]
ExecStart=/usr/games/fortune
StandardOutput=file:/fortunetext

[Install]
WantedBy=multi-user.target
```

Der Zusatz `StandardOutput=file:/fortunetext` bedeutet, dass die Ausgabe von fortune in die Datei „/fortunetext" geschrieben wird. Haben wir die Datei geändert, kann diese Anpassung mit `sudo systemctl daemon-reload` geladen werden. Wird der Service danach neu gestartet, zum Beispiel mit `sudo systemctl start fortune`, dann können wir danach die Ausgabe in der angegebenen Datei lesen.

Um den Service jetzt noch so einzurichten, dass er beim Systemstart automatisch gestartet wird, führen wir danach den Befehl `sudo systemctl enable fortune` aus.

So bekommen wir nach jedem Neustart ein frisches Zitat in der Datei „/fortunetext" zu lesen.

Wollen wir irgendwann, dass dieser Service nicht mehr automatisch gestartet wird, führen wir `sudo systemctl disable fortune` aus.

Da der Systemstart und der Umgang mit den beteiligten Komponenten tief ins System eingreift und sehr umfangreich ist, empfiehlt es sich, die Dokumentation unter `man systemd` aufmerksam zu lesen. Dort sind auch verwandte und weiterführende Befehle und Themen genannt.

Soll ein bestimmtes Programm oder ein Befehl in regelmäßigen Abständen wiederholt aufgerufen werden und nicht konstant laufen, so kann dies mit einer weiteren Variante erreicht werden, den sogenannten „Cron-Jobs“. „Cron“ ist ein Programm, das im Hintergrund läuft und in beliebigen Intervallen andere Programme aufrufen kann. Bedient wird es über die sogenannten „Cron-Tables“. In diesen Tabellen ist angegeben, zu welchem Zeitpunkt welche Befehle ausgeführt werden sollen. „Cron“ gehört zum Standardumfang einer Linux-Installation und muss in der Regel nicht von Hand installiert werden.

Da „Cron“ ein Service ist, können wir seinen Status mit `sudo systemctl status cron` abfragen.

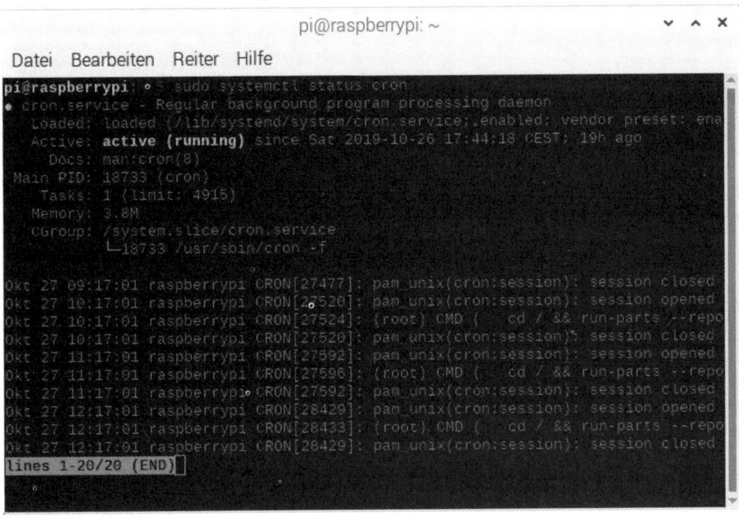

Abb. 4.58 Status des cron Service

Dort sehen wir, dass der Service läuft, wir können ihn also verwenden.

Wir können nun mit mehreren Optionen eine Aufgabe hinzufügen, die sich regelmäßig wiederholen soll. Wollen wir eine Aufgabe zum Beispiel stündlich, täglich, wöchentlich oder monatlich einmal starten, so reicht es, eine Datei mit den entsprechenden Aufrufen in einem der korrespondierenden Verzeichnisse unter „/etc“ unterzubringen. Die Unterverzeichnisse „cron.hourly“, „cron.daily“, „cron.weekly“ und „cron.monthly“ sind für die unterschiedlichen Zeitspannen vorgesehen.

Soll genauer bestimmt werden, wann eine Aufgabe ausgeführt wird, kann diese auch direkt in die „Cron-Table" eingetragen werden. Diese kann mit dem Befehl `crontab -e` zum Bearbeiten geöffnet werden. Jedem Benutzer ist hier eine eigene Tabelle zugeordnet. `sudo crontab -e` öffnet die Tabelle des „root"-Benutzers. Die allgemeine Tabelle für Systemaufgaben liegt unter „/etc/crontab" und kann mit `sudo nano /etc/crontab` geöffnet werden.

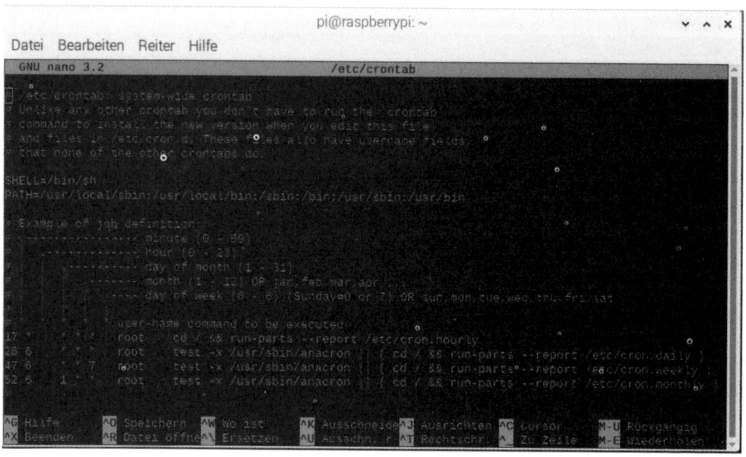

Abb. 4.59 Die allgemeine cron Tabelle

In der Abbildung 4.59 ist zu sehen, wie die im Vorfeld genannten Verzeichnisse funktionieren.

Alle Zeilen, die mit einer Raute # beginnen, sind Kommentarzeilen, diese dienen nur dazu, den Dateiinhalt zu beschreiben und werden bei der Ausführung ignoriert.

Oben in der Datei sind zwei Zuweisungen zu sehen:

```
SHELL=/bin/sh
PATH=/usr/local/sbin:[...]:/usr/bin
```

Die vorangestellten Namen `SHELL` und `PATH` sind Variablen. Beiden werden Werte zugeordnet. In der ersten Variablen wird vermerkt, mit welcher Shell die in der Tabelle angegebenen Befehle ausgeführt werden. Die zweite Variable gibt an, in welchen Ordnern die Befehle gefunden werden können, die in der Tabelle verwendet werden.

Schauen wir zurück auf das Beispiel zur Erstellung eines eigenen Service: Wir haben den Befehl fortune verwendet, der im Dateisystem unter `/usr/games/fortune` zu finden ist. Würden wir nun ohne weitere Angaben diesen Befehl auch hier verwenden, müssten wir immer den absoluten Pfad vom Wurzelverzeichnis aus angeben. Andernfalls würde die Ausführung nicht funktionieren. Ergänzen wir aber die Variable `PATH` um den Eintrag `/usr/games`, wird `fortune` auch ohne vollständigen Pfad gefunden. Einträge in der `PATH`-Variable müssen immer durch einen Doppelpunkt voneinander getrennt sein.

Nach dem nächsten Kommentarblock folgen die tatsächlichen Einträge der Tabelle. Betrachten wir die Bestandteile der Zeile im Einzelnen:

- `17 * * * *`
  Am Anfang der Zeile können an fünf Positionen Zahlen eingegeben werden, die für eine definierte Minute, Stunde, einen Tag im Monat, einen Monat im Jahr und einen Wochentag stehen. In diesem Fall bedeutet es, dass an jedem Wochentag in jedem Monat in der 17. Minute dieser Eintrag ausgeführt wird. Diese Wiederholung erfolgt demnach stündlich. Ein `*` bedeutet, dass es in jedem Zeitintervall passiert.
- `root`
  Der Benutzer, mit dessen Rechten diese Zeile ausgeführt wird.
- `cd / && run-parts --report /etc/cron.hourly`
  Dies ist ein mehrteiliger Befehl. Mehrere auszuführende Programme können mit `&&` verkettet werden, um sie mit einem Aufruf abhandeln zu können. In diesem Fall wird zuerst `cd /` aufgerufen und damit in das Wurzelverzeichnis gewechselt. Danach wird `run-parts` ausgeführt. Dieser Befehl führt alle Skripte aus, die im als Parameter übergebenen Pfad liegen. Hier also alles unter „/etc/cron.hourly“.

Im Prinzip ist die Syntax sehr überschaubar. Wir geben noch einige Beispiele an, mit denen die Konfiguration zeitlicher Wiederholungen deutlich wird:

- `25 6 * * *`
  An jedem Tag um 6 Uhr und 25 Minuten.
- `47 6 * * 7`
  An jedem Sonntag (Wochentage sind von 0 bis 6 durchnummeriert, der Sonntag kann entweder die 0 oder die 7 sein) um 6 Uhr und 47 Minuten.
- `52 6 1 * *`
  An jedem 1 Tag des Monats um 6 Uhr und 25 Minuten.

Man sollte bei Einträgen in die Tabellen lediglich darauf achten, dass der ausführende Benutzer auch die notwendigen Rechte hat.

In den drei weiteren Einträgen der in Abbildung 4.59 auf Seite 140 gezeigten Tabellen steht ein weiterer Befehl in der Angabe des auszuführenden Kommandos:

```
test -x /usr/sbin/anacron || ( cd / && [...])
```

Mit `test -x BEFEHL` wird geprüft, ob der gesuchte Befehl ausgeführt werden kann. Der doppelte senkrechte Strich || ist das Symbol für eine ausschließende oder-Verknüpfung. Hier wird also geprüft, ob der Befehl `/usr/sbin/anacron` ausgeführt werden kann. Wenn das nicht der Fall ist, wird mit dem Befehl nach dem || fortgefahren.

Aber warum wird hier geprüft, ob `anacron` ausgeführt werden kann? Hier wird ein anderer Dienst verwendet, „Anacron", der ähnlich funktioniert wie „Cron", aber für den Einsatz auf Rechnern ausgelegt ist, die nicht zwingend immer eingeschaltet sind. Würde nach einem Eintrag in der „Cron"-Tabelle ein Befehl ausgeführt, während der Rechner abgeschaltet ist, dann wird diese Ausführung einfach übersprungen und auch nicht nachgeholt. Bei der Verwendung von „Anacron" ist das anders: Versäumte Ausführungszeitpunkte werden nachgeholt. Wäre „Anacron" auf dem System installiert, würden die täglichen, wöchentlichen und monatlichen Aufgaben nicht über „Cron" abgearbeitet, sondern über „Anacron".

4.12 Fehlersuche, Logfiles und Statusausgaben

In Linux haben die Benutzer die Möglichkeit, in alle Bereiche des Betriebssystems einzugreifen. Wer möchte, kann sogar die Programmierung von wichtigen Komponenten wie dem Kernel anpassen und mit dieser eigenen Version weiterarbeiten.

Damit geht natürlich auch die Gefahr einher, das System zu beschädigen. Im besten Fall funktioniert einfach ein unwichtiges Detail nicht, im schlimmsten Fall startet das System nicht mehr.

Solange der Computer aber noch bootet und wir die Möglichkeit haben uns einzuloggen, können wir mit einer Hand voll Befehlen und Werkzeugen versuchen, alles wieder herzurichten.

Bei der Fehlersuche beginnt man in der Regel bei den verschiedenen Logfiles.

Logfiles sind Dateien, in denen Informationen von Programmen und Diensten hinterlegt werden. Diese Daten protokollieren damit deren korrekte Funktion oder im Fehlerfall die auftretenden Probleme.

Generell sind diese Dateien unter „/var/log" zu finden.

Da die Dateien häufig sehr groß sind und viele Einträge haben, ist es meist nicht zielführend, sie mit `less` anzuzeigen. Auch die direkte Ausgabe mit cat ist in der Regel zu viel.

Der Befehl tail dagegen gibt nur die letzten zehn Zeilen aus und ist damit deutlich übersichtlicher. Mit `tail -n 100` können die letzten einhundert Zeilen ausgegeben werden und mit `tail -f` wird die Datei überwacht und neue Einträge werden sofort ausgegeben.

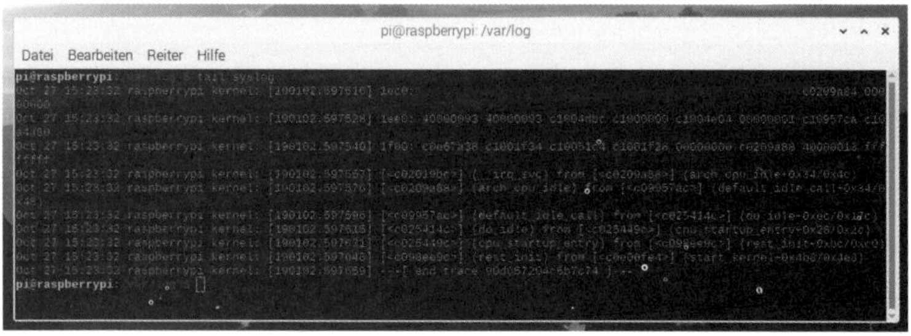

Abb. 4.60 Die letzten zehn Einträge der syslog Logdatei

Ein paar wichtige Logdateien möchten wir hier vorstellen.

„/var/log/syslog“ oder „/var/log/messages“ enthalten beide den gleichen Inhalt. Hier werden allgemeine Systemnachrichten hinterlegt. In der Regel handelt es sich um unkritische Systemmeldungen. In diese Dateien werden auch Nachrichten aufgenommen, die während des Systemstarts erscheinen. Sie sind deswegen sind häufig eine gute erste Anlaufstelle, wenn der Fehler noch nicht klar eingegrenzt werden kann.

„/var/log/auth.log“ protokolliert alle Authentifizierungsnachrichten. Bei Problemen mit dem Einloggen oder mit Berechtigungen können hier Hinweise gefunden werden. Wenn ein System über das Internet erreichbar ist, können Unbefugte versuchen Zugriff zu erhalten. Auch hierzu kann man in diesem Verzeichnis Hinweise finden.

„/var/log/boot.log“ sammelt Informationen, die während des Hochfahrens gesendet werden. Wenn der Computer aus ungeklärten Gründen herunterfährt, neu startet oder sonstige Probleme beim Hoch- oder Herunterfahren hat, kann hier nach einem Grund gesucht werden.

In dem Verzeichnis „/var/log“ gibt es noch weitere Logfiles zu unzähligen Programmen und Diensten. Hat man die auftretenden Probleme genauer eingegrenzt, kann man hier nach passenden Logfiles suchen.

Bei Hardwareproblemen ist der Befehl `dmesg` eine gute Anlaufstelle.

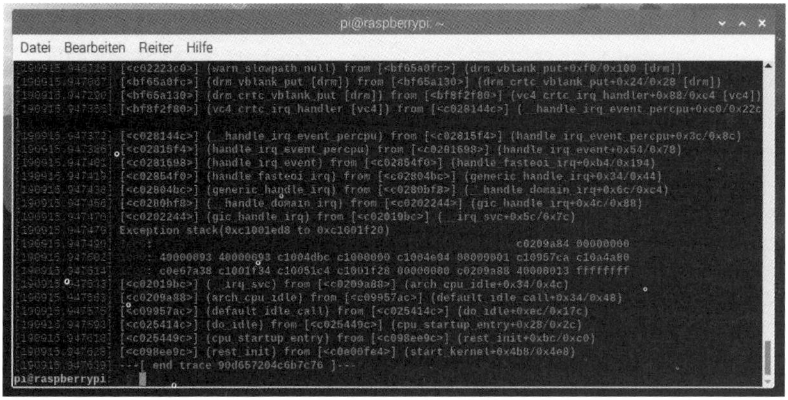

Abb. 4.61 Ausgabe vom dmesg

Die aufgelisteten Nachrichten stammen aus dem Ring-Puffer des Kernels und enthalten Status- und Fehlermeldungen zu verschiedenen Dingen. Vor allem sind hier Informationen zur angeschlossenen Hardware zu finden. Bei Plug and Play-Hardware ist die Diagnose damit oft einfach: Wenn die Hardware gerade angesteckt wurde, sollten sich die als letztes aufgeführten Meldungen auf die neue Hardware beziehen. Dann ist es in der Regel schnell ersichtlich, woher die Probleme kommen. Manchmal ist es lediglich ein fehlender Treiber. Hier helfen dann in der Regel Webseiten zur verwendeten Linux-Distribution, die auflisten, welche Hardware welche Treiberpakete benötigt.

Bei generellen Performanz-Problemen hat sich `htop` als hilfreiches Tool herausgestellt. Neben der reinen Auflistung der laufenden Prozesse können wir zusätzliche Informationen zur Systemauslastung und zum Verhalten einzelner Programme ablesen.

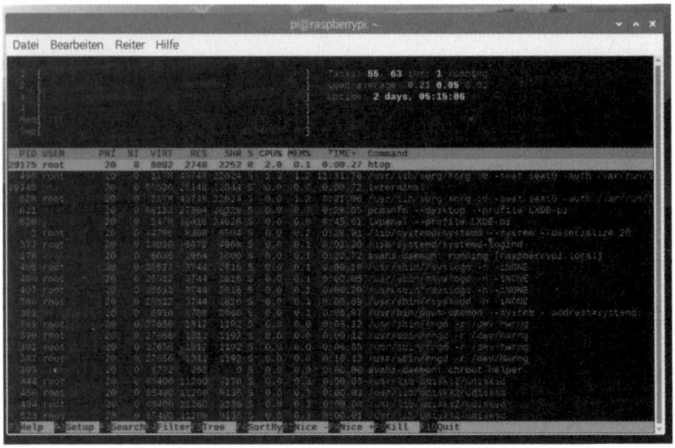

Abb. 4.62 htop

Die Balken am oberen Bildrand zeigen uns, wie stark CPU und Speicher momentan ausgelastet sind. In den Zeilen mit den Zahlen an erster Stelle sind die CPU-Kerne aufgeführt. Für ein System mit dem Raspberry Pi 4 B sehen wir hier vier Zeilen. Blau markiert ist der Anteil, der für Aufgaben mit niedriger Priorität verwendet wird. Grün sind Prozesse, die von Benutzern gestartet wurden, rot sind solche, die zum Kernel gehören.

Danach folgen „Mem" und „Swp". „Mem" zeigt die Auslastung des Arbeitsspeichers. Am Ende der Zeile steht, dass aktuell 255 Megabyte von 3,81 Gigabyte[23] in Verwendung sind. „Swp" steht für den „Swap Memory", den sogenannten Auslagerungsspeicher. Dieser wird verwendet, wenn der Arbeitsspeicher nicht für die aktuell laufenden Programme ausreicht. Dann werden Daten, die eigentlich im schnellen RAM-Speicher liegen sollten, auf die im Vergleich sehr langsame SD-Karte ausgelagert.

Neben diesen Anzeigen stehen weitere Informationen zur Laufzeit und Auslastung. Unter anderem kann man die Anzahl der aktuell laufenden Programmen und Threads sowie die Anzahl an aktiven Threads sehen.

---

23 Der hier verwendete Raspberry Pi 4 B hat 4 Gigabyte Arbeitsspeicher, allerdings wird ein Teil davon für die GPU verwendet.

Darunter ist bei „Load average“ die Auslastung der letzten Minute, der letzten fünf Minuten und der letzten Viertelstunde vermerkt. Generell liegen diese Zahlen im Bereich von 0.0 „keinerlei Last“ bis 1.0 „voll belastet“. In einem System mit mehreren Kernen kann diese Zahl aber auch ansteigen, da der Wert 1.0 auch als „volle Auslastung eines Kerns“ interpretiert werden kann. Bei vier Kernen ist also auch eine Zahl über 3.0 noch nicht zu viel.

Weiterhin gibt es Informationen über die laufenden Prozesse: Zum Beispiel wird in den Spalten „CPU%“ und „MEM%“ angegeben, wieviel Systemressourcen sie aktuell verbrauchen. Mit allen diesen Hinweisen können viele Probleme lokalisiert werden.

Wenn diese Möglichkeiten das Problem nicht beheben, gibt es noch ein fortgeschrittenes Werkzeug, mit dem der Benutzer detaillierter sehen kann, was die Programme tun.

Der Befehl `strace` listet zu einem ausgeführten Programm genau auf, was es tut. Der Befehl kann mit `strace PROGRAMM` direkt aufgerufen werden. Da aber häufig die Menge an Informationensehr groß ist, kann es hilfreich sein, diese Daten in eine Datei schreiben zu lassen. Mit `strace -o DATEINAME PROGRAMM` leiten wir die Ausgabe so um, dass sie in einer Datei landet, die wir dann in aller Ruhe durchschauen können.

Abb. 4.63 Ausgabe von `strace` für `fortune`

4.13 Arbeiten mit der Netzwerkverbindung

Da der Raspberry Pi mittlerweile in einigen Varianten mit eingebautem W-Lan verfügbar ist, ist die Installation der Netzwerkhardware kein Problem mehr. Raspbian enthält in allen aktuellen Versionen die passenden Treiber.

Bei älteren Modellen ohne eingebaute Funkhardware ist die Sache etwas schwieriger. Kommt hier ein USB W-Lan Stick zum Einsatz, muss geprüft werden, ob zu diesem passende Treiberpakete vorhanden sind. Über die Ausgabe von `dmesg` ist dies in der Regel aber einfach möglich. Der passende Treiber kann dann im Netz agesucht werden.

Es gibt allerdings nicht zu allen W-Lan Chipsätzen Treiber, die mit einem Raspberry Pi kompatibel sind. Da die Zahl der möglichen Varianten hier enorm hoch ist, kann auch keine allgemeingültige Anleitung gegeben werden.

Ein aktuelles Raspbian richtet zwar alle Netzwerkangelegenheiten automatisch ein. Trotzdem ist ein wenig Grundlagenwissen dazu nicht schlecht.

Vor allem wenn nur ein minimales System installiert wurde oder keine grafische Desktop Umgebung verwendet wird, kann die Einrichtung dann doch etwas schwieriger sein.

Den Anfang machen wir daher mit dem Befehl `ifconfig`.

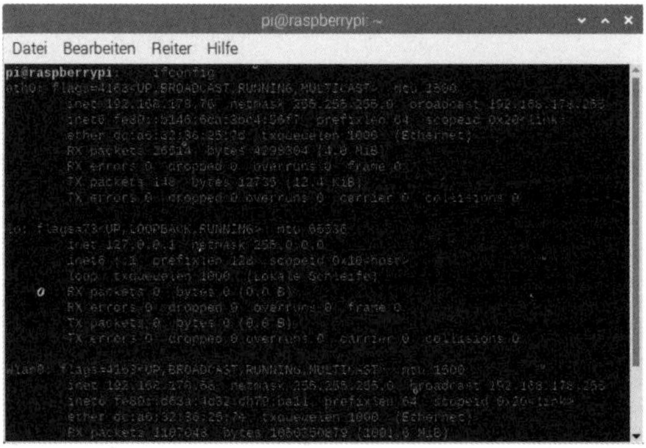

Abb. 4.64 Ausgabe von **ifconfig** auf dem Raspberry Pi 4 B

Ohne Parameter aufgerufen zeigt eralle „interfaces“ – also Netzwerkschnittstellen – an, die eingerichtet sind. Hier sehen wir wieder die bekannten Namen „eth0“ und „wlan0“. Neu ist hier „lo“ – die „loopback“-Schnittstelle. Diese hat immer die IP-Adresse 127.0.0.1 und ist eine virtuelle Netzwerkverbindung zum eigenen Rechner.

Zu allen Schnittstellen gibt es noch eine ganze Menge an Informationen. Wir betrachten jetzt lediglich die IP-Adresse, die Subnetzmaske und die Broadcast-Adresse.

Die IP-Adresse haben wir bereits beschrieben, sie ist eine eindeutige Identifizierung des Computers im Netzwerk. Die Subnetzmaske definiert, welcher Teil der IP-Adresse zur Identifizierung des Netzwerks und welcher Teil für die Identifizierung des Rechners verwendet wird.

Um den Raspberry Pi nun mit einer IP-Adresse zu versorgen, gibt es grundsätzlich zwei Möglichkeiten.

Die gängigste ist die automatische Zuweisung. Hier wird von einem zentralen Element im Netzwerk, dem sogenannten DHCP[24]-Server, jedem Teilnehmer eine IP-Adresse zugewiesen. Damit ist es leicht, Konflikte aus doppelt belegten Adressen zu vermeiden. Heutzutage hat eigentlich jeder gebräuchliche Router einen eingebauten DHCP-Server.

[24] DHCP steht für „Dynamic Host Configuration Protocol“ und ist ein Protokoll, das für die Konfiguration von Netzwerkteilnehmern gedacht ist. Neben der IP-Adresse bekommen die Teilnehmer auch eine Subnetzmaske und Informationen zum Gateway darüber mitgeteilt. Der Gateway ist der Netzwerkteilnehmer, der die Schnittstelle zu anderen Netzen, zum Beispiel dem Internet, anbietet.

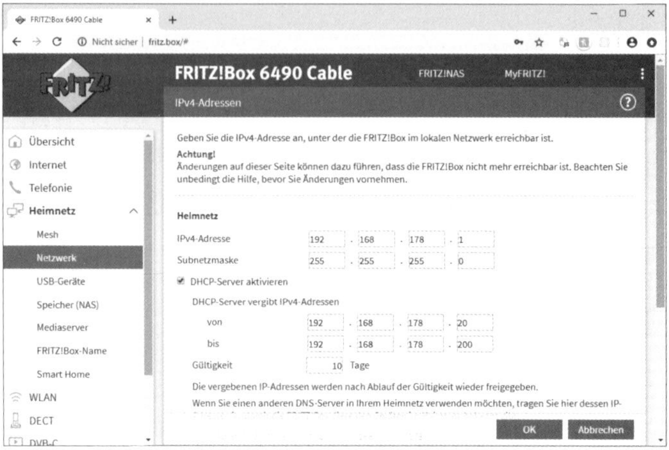

Abb. 4.65 Netzwerkeinstellungen einer Fritz!Box mit DHCP Option

Oft lassen sich dort auch die zu verwendenden Adressbereiche und Netzmasken eintragen sowie die Gültigkeit der Adresszuweisung beschränken. Ist ein Netzwerkteilnehmer länger als in dieser Gültigkeitsdauer angegeben nicht aktiv, wird die zugewiesene Adresse gegebenenfalls an einen anderen Rechner vergeben.

Damit nun ein Rechner eine IP-Adresse anfordern kann, muss er einen DHCP-Client haben. Das ist ein kleines Programm, das über das Netzwerk nach einer Konfiguration fragt und diese dann entgegennimmt, um die Schnittstelle entsprechend einzurichten.

Der am häufigsten genutzte DHCP-Client ist als „dhcpcd“ bekannt, er ist Teil einer normalen Raspbian-Installation. Ob er vorhanden ist und läuft, können wir testen, indem wir uns den Status mittels `sudo systemctl status dhcpcd` anzeigen lassen.

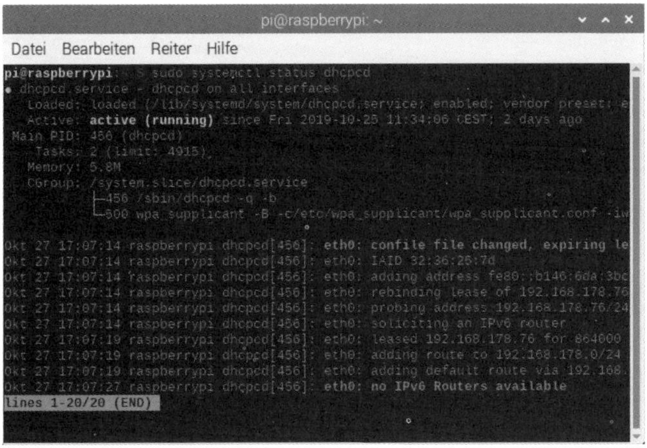

Abb. 4.66 Status des dhcpcd-Service

Sollte der Dienst nicht laufen, kann noch geprüft werden, ob er über `sudo systemctl start dhcpcd` gestartet werden kann. Sollte auch das fehlschlagen, muss wahrscheinlich das Paket erst installiert werden. Aber wie bezieht man Pakete aus dem Internet, wenn es keine Netzwerkverbindung gibt?

Die Lösung ist einfach: wir müssen manuell eine IP-Adresse vergeben. Dazu öffnen wir die Datei „/etc/network/interfaces" und ändern den Inhalt, sodass dort folgendes steht:

```
# Kabelnetzwerk
auto eth0
allow-hotplug eth0
iface eth0 inet static
address 192.168.178.76
netmask 255.255.255.0
gateway 192.168.178.1
```

Hier ist darauf zu achten, dass gateway auf die Adresse des Routers eingestellt wird, sonst wird der Raspberry Pi später den Weg ins Internet nicht finden. Auch sollte eine IP-Adresse als address gewählt werden, von der bekannt ist, dass sie noch nicht von einem anderen Gerät benutzt wird.

Um die geänderten Einstellungen zu verwenden, kann der Computer einmal neugestartet werden, oder aber wir starten nur die Netzwerkverbindung neu mit `sudo ip link set eth0 down` und `sudo ip link set eth0 up`.

Haben wir erfolgreich eine Netzwerkverbindung hergestellt, können wirden DHCP-Client installieren. Dazu führen wir `sudo apt install dhcp-client` aus. Anschließend editieren wir wieder die Datei „/etc/network/interfaces" und ändern den Eintrag für das Kabelnetzwerk so ab, dass dort nur noch folgendes steht:

```
# Kabelnetzwerk
auto eth0
iface eth0 inet dhcp
```

Alle weiteren Konfigurationen werden nun durch den DHCP-Client vorgenommen. Mit `sudo systemctl  status dhcpcd`. kann man überprüfen, ob der DHCP-Client tatsächlich gestartet wurde. Sollte er nicht laufen, kann er mit `sudo systemctl start dhcpcd` gestartet werden. Wenn er nach einem Systemneustart nicht automatisch läuft, hilft `sudo systemctl enable dhcpcd`.

Wenn eine W-Lan-Verbindung verwendet werden soll und die notwendigen Pakete wie „wpasupplicant" oder der DHCP-Client nicht installiert sind, so sollte man zuerst eine Kabelnetzwerkverbindung aufbauen und darüber die Pakete installieren. Aufgrund der verschiedenen Verschlüsselungs- und Authentifizierungsmethoden ist nicht zu jedem W-Lan-Netzwerk ohne die passenden Softwarepakete eine Verbindung möglich.

Ist „wpasupplicant" noch nicht vorhanden, kann dieses Paket einfach mit dem Befehl `sudo apt install wpasupplicant` installiert werden.

Um das Tool zu verwenden, wird die Datei „/etc/wpa_supplicant/wpa_supplicant.conf" angelegt, oder wenn sie schon vorhanden ist, bearbeitet:

```
ctrl_interface=DIR=/var/run/wpa_supplicant →
GROUP=netdev
update_config=1
country=DE
network={
      ssid="NETZWERKSSID"
      psk="PASSWORT"
      key_mgmt=WPA-PSK
}
```


Wenn die Datei schon vorhanden ist, muss nur der Abschnitt `network={ [...] }` eingefügt werden, der das zu verwendende kabellose Netzwerk definiert. Die ersten Zeilen sind nur notwendig, wenn die Datei neu angelegt werden muss. Mit `country=DE` geben wir an, dass das W-Lan-Gerät innerhalb Deutschlands verwendet wird. So stimmen dann die verwendeten Kanäle und die Sendestärke mit den gültigen Richtlinien des Landes überein.

Die dort eingetragenen Daten müssen natürlich dem Zielnetzwerk angepasst werden. Dazu gehören die „SSID", also der Name des Netzwerks, das Passwort und die Verschlüsselungsmethode. Am weitesten verbreitet ist die Methode WPA-PSK.

Ist nicht genau bekannt, welche Verschlüsselungsmethode verwendet ist, kann dies mit `sudo iwlist scan` ermittelt werden.

Um die Konfiguration abzuschließen, ergänzen wir die Datei „/etc/network/interfaces" noch um einen Abschnitt. Darin wird das Interface definiert, unter dem die neue W-Lan Verbindung verfügbar sein wird:

```
[weitere Konfigurationen]

auto wlan0
iface wlan0 inet dhcp
      wpa-conf /etc/wpa_supplicant/wpa_supp
      →licant.conf
```

Auch hier kann die Konfiguration wieder mit `sudo ip link set wlan0 down` und `sudo ip link set wlan0 up` neu geladen werden. Alternativ ist sie nach einem Neustart auf jeden Fall geladen.

Soll der Raspberry Pi an einem nicht leicht zugänglichen Ort untergebracht werden, empfiehlt es sich auf jeden Fall, die Netzwerkverbindung ausgiebig zu testen, bevor das Gerät an seinen endgültigen Platz gebracht wird.

4.14 Einrichtung und Verwendung der Remotesteuerung SSH

Wenn eine stabile Netzwerkverbindung vorhanden ist, kann der Raspberry Pi auch aus der Ferne verwendet werden. Dies geht über die Remoteverbindung SSH, die wir im Kapitel zur Bedienung des Raspberry Pi ab Seite 67 bereits erwähnt haben.

Auch hier gilt wieder: In einer Standard-Installation ist der Dienst bereits vorhanden und muss nur aktiviert werden.

Auch kann wieder mit `sudo systemctl status ssh` festgestellt werden, ob der Dienst vorhanden ist und in welchem Zustand er sich befindet. Wird er gar nicht gefunden, kann er mit `sudo apt install openssh-server` nachgerüstet werden. Sobald er vorhanden ist, kann er über `sudo systemctl start ssh` gestartet werden. Soll er mit jedem Neustart automatisch aktiviert werden, genügt ein `sudo systemctl enable ssh.`

Etwas einfacher ist es, wenn die grafische Desktop-Umgebung verwendet wird. Hier reicht es, den Dienst über die „Raspberry Pi-Konfiguration" zu aktivieren, die im Startmenü zu finden ist.

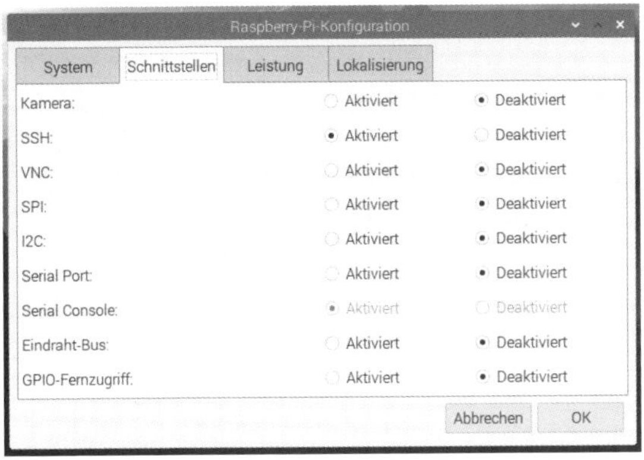

Abb. 4.67 Raspberry Pi-Konfiguration

Ist er gestartet, kann von einem mit dem Netzwerk verbundenen Rechner auf den Raspberry Pi zugegriffen werden. Hierbei unterscheiden sich die Vorgehensweisen, je nachdem von welchem Betriebssystem aus man den Zugriff vornehmen möchte.

Unter Apple-Betriebssystemen und unter Linux reicht es, aus einem Terminal heraus `ssh pi@IPADRESSE` auszuführen. Damit wird eine Verbindung zur angegeben IP-Adresse initiiert und es wird versucht, sich als Benutzer „pi“ anzumelden.

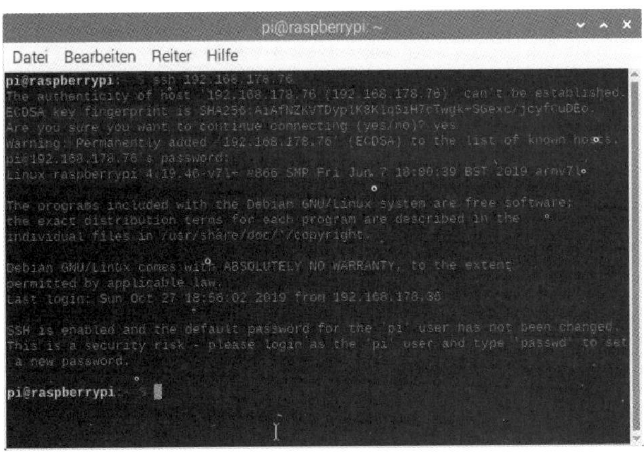

Abb. 4.68 SSH Verbindung von Pi zu Pi

Nach Eingabe des Passworts bekommt man eine Kommandozeile, wie man sie auch aus der Verwendung des Terminals direkt auf dem Raspberry Pi gewohnt ist. Im abgebildeten Beispiel bekommen wir sogar zusätzlich noch den Hinweis, dass das Standardpasswort des Benutzers „pi“ nicht geändert wurde und dass dies ein Sicherheitsrisiko darstellt. Zwar sind die meisten Heimnetzwerke so eingestellt, dass aus dem Internet kein Zugriff möglich ist, man sollte sich dennoch bewusst sein, dass die Standardpasswörter der meisten Linux-Installationen bekannt sind. Über den Befehl `passwd` kann das eigene Kennwort geändert werden.

Von einem Windows-System aus ist der Zugriff auf den Raspberry Pi zwar auch nicht komplizierter, benötigt aber zusätzliche Software. Wir haben im Kapitel „Bedienung des Raspberry Pi“ ab Seite 67 schon darauf hingewiesen, dass „PUTTY“ dafür eine gute Wahl ist.

Mit wenigen Klicks kann das Tool installiert werden und steht dann – mit einer etwas altbackenen Oberfläche –zur Verfügung.

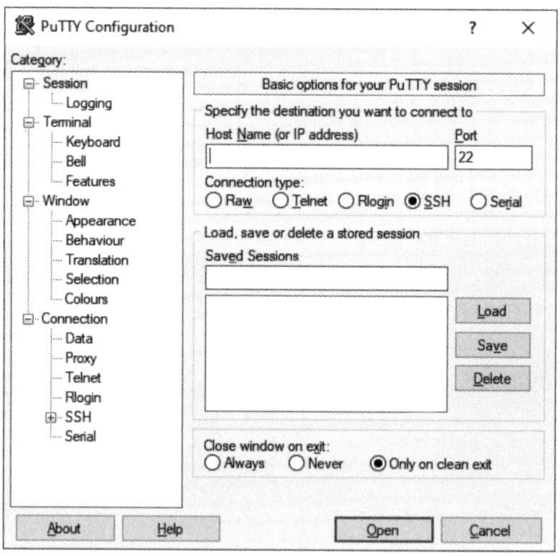

Abb. 4.69 Die Oberfläche von PUTTY

Um schnell eine Verbindung aufzubauen, kann hier unter „Host Name (or IP address)“ die IP-Adresse des Raspberry Pi eingegeben werden und mit einem Klick auf „Open" die Verbindung initiiert werden. Der standardmäßig eingestellte Port 22 ist richtig, sofern dieser auf dem Raspberry Pi noch nicht geändert wurde.

Abb. 4.70 Host Key Hinweis durch PUTTY

Wenn zum ersten Mal eine Verbindung von diesem Computer zum Raspberry Pi aufgebaut wird, präsentiert uns „PUTTY" den Hinweis, dass der sogenannte „host key" unbekannt ist. Dieser Schlüssel ist Teil eines Paares, mit dem SSH Client und SSH Server prüfen können, ob der jeweils andere auch der ist, für den er sich ausgeben möchte.

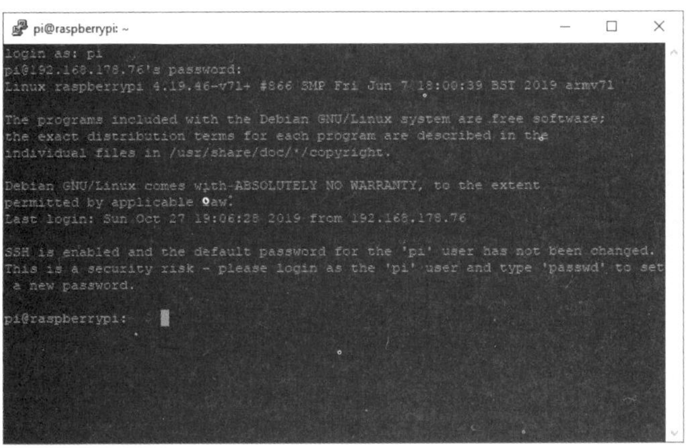

Abb. 4.71 Erfolgreiche Verbindung mit PUTTY zum Raspberry Pi

Ist die SSH-Verbindung funktional, können wir ab jetzt alle weiteren Aufgaben, die wir ohnehin im Terminal oder auf der Konsole erledigen, auch über die SSH-Verbindung ausführen.

Wir hatten es bereits erwähnt: Ein laufender SSH-Server, der auf Verbindungen von außen horcht, ist immer ein gewisses Sicherheitsrisiko. Dieses ist zum Beispiel direkt abhängig von den verwendeten Passwörtern und Benutzernamen. Wenn eines von beiden bekannt ist, ist das bereits ein möglicher Ansatzpunkt, um den Rechner anzugreifen. Auch sollten keine allzu schwachen Passwörter oder gar leere Passwörter eingesetzt werden.

Um zu verhindern, dass ein Benutzer ohne Passwort eingeloggt werden kann, muss die folgende Zeile in der Datei „/etc/ssh/sshd_config" angepasst werden:

```
#PermitEmptyPasswords no
```

wird zu

```
PermitEmptyPasswords no
```

Durch das Entfernen des Kommentarzeichens wird diese Zeile aktiv, sobald der SSH-Server (`sudo systemctl restart ssh`) oder der Rechner neu gestartet wird. Dies gilt auch für alle folgenden Änderungen.

Wenn irgendwo eine SSH-Sitzung zu lange offen bleibt, kann das von Unbefugten verwendet werden. Um dies zu verhindern, kann eine Maximaldauer festgelegt werden, nach der solche Sitzungen beendet werden. Das geht folgendermaßen in der gleichen Datei:

```
#ClientAliveInterval 0
#ClientAliveCountMax 3
```

wird zu

```
ClientAliveInterval 360
ClientAliveCountMax 0
```

In diesem Beispiel wird nach 360 Sekunden, also 6 Minuten die Sitzung geschlossen.

Eine weitere Sicherheitslücke ist die Möglichkeit, sich als „root"-Benutzer einzuloggen. Diese Zeile verhindert das:

```
PermitRootLogin no
```

Darüber hinaus kann man auch überhaupt nur bestimmten Benutzern erlauben, eine SSH-Verbindung aufzubauen. Hierfür listen wir die entsprechenden Benutzer einfach auf:


```
AllowUsers BENUTZERNAME BENUTZERNAME
```

Zwei weitere Änderungen erhöhen nochmals die Sicherheit:

Wir können den Standard-Port von 22 auf eine andere Zahl wechseln. Hierbei sollte darauf geachtet werden, dass keine der gängigen Ports ausgewählt werden[25]. Auch ist es sinnvoll, keine leicht zu erratenden Ports auswählen. Statt der 22 auf die 222 oder 2222 zu wechseln, bietet nur wenig zusätzlichen Schutz. Geändert wird der Port mit dieser Zeile:

```
Port 1102
```

Mit dieser Änderung ist die Verbindung schon deutlich besser abgesichert als im Ursprungszustand. Allerdings muss man selbst den geänderten Verbindungsport im Kopf behalten und die neue Nummer beim Verbindungsaufbau eintragen.

Im „PUTTY" gibt es dafür einfach ein Feld, bei der Verbindung von einer Kommandozeile aus reicht es, den Port an die Adresse anzuhängen: `ssh BENUTZER@IP_ADRESSE:PORT`.

Eine weitere sehr effektive Methode, um sich vor Angreifern zu schützen, ist die Verwendung von Schlüsseln. Diese bestehen immer aus einem öffentlichen Schlüssel und einem privaten Schlüssel, mit deren Hilfe man eine eindeutige Identifizierung herstellen kann. Wie diese Schlüssel erzeugt werden, variiert von Betriebssystem zu Betriebssystem. Wir zeigen dies am Beispiel von Windows.

---

25 Eine Liste häufig genutzter Ports gibt es unter https://bmu-verlag.de/rk14

In „PUTTY“ gibt es ein weiteres Tool mit dem Namen „PUTTYgen“. Damit lassen sich Schlüsselpaare erstellen.

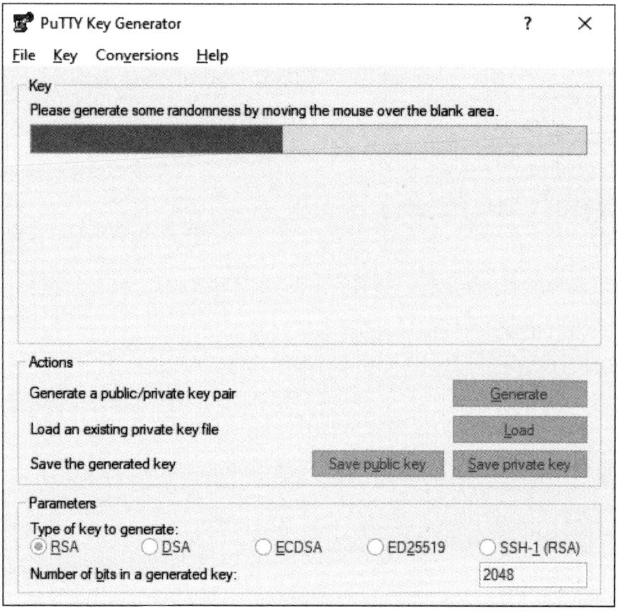

Abb. 4.72 Schlüsselerzeugung mit PUTTYgen

Die Erzeugung wird mit dem Button „Generate“ gestartet. Das Tool erwartet dann, dass der Benutzer innerhalb des leeren Feldes die Maus bewegt, um zusätzliche Zufallszahlen zu erzeugen, die den Schlüssel sicherer machen.

Abb. 4.73 Fertiger Schlüssel in PUTTYgen

Ist die Generierung abgeschlossen, kann in den „passphrase"-Feldern noch ein Passwort für den Schlüssel angegeben werden. Danach können sowohl der öffentliche „public Key" als auch der private „private Key" über die entsprechenden Schaltflächen gesichert werden. An dieser Stelle sollte „PUTTYgen" noch nicht geschlossen werden, da es einfacher ist, den öffentlichen Schlüssel zu kopieren als die Datei zu übertragen.

Dazu verwendet man am einfachsten eine offene Verbindung mit „PUTTY". Dort gehen wir im Benutzerverzeichnis in das Unterverzeichnis „.ssh" und legen die Datei „authorized_keys" an, sofern sie noch nicht vorhanden ist. Dabei setzen wir auch gleich die passenden Rechte mit `chmod 600 authorized_keys`, damit auch nur der Benutzer selbst diese Datei ändern darf. Die Datei öffnen wir mit `nano authorized_keys` und können dann mit einem simplen Rechtsklick den Schlüssel einfügen. Danach speichern wir mit Steuerung und „X" unsere Änderungen.

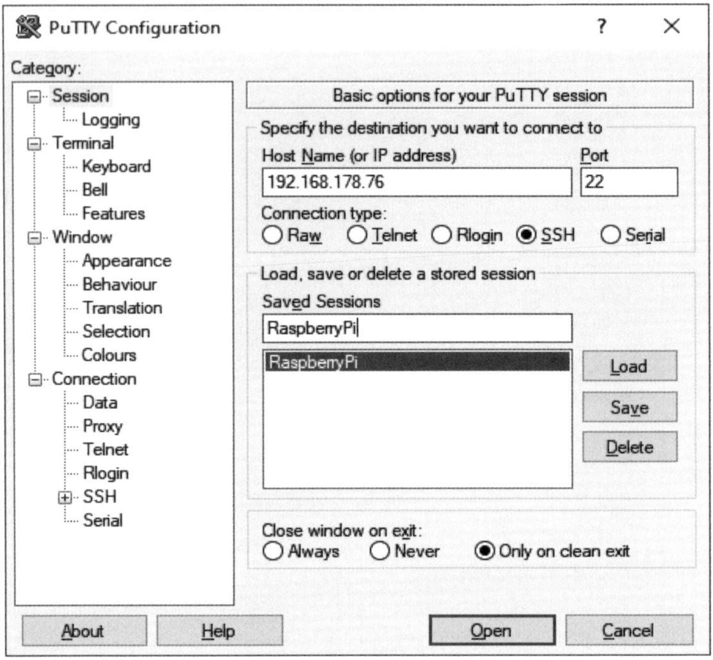

Abb. 4.74 Gespeicherte Sitzung in PUTTY

Damit „PUTTY“ diese Schlüssel nun auch verwendet, legen wir zuerst ein Profil für unsere Verbindung an. Dafür tragen wir IP-Adresse, Port und unter „Saved Sessions“ einen Namen ein. Mit einem Klick auf „Save“ wird dies gespeichert.

Aus dem Menü links wählen wir unter „SSH“ den Unterpunkt „Auth“ und tragen dort ein, wo unser privater Schlüssel liegt.

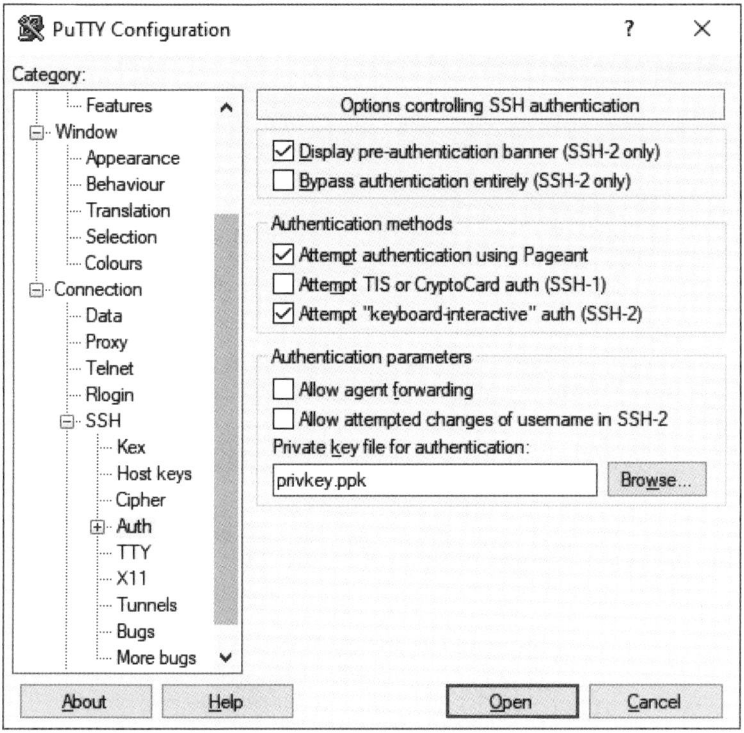

Abb. 4.75 Eintragen des privaten Schlüssels in PUTTY

Über den Punkt „Session" links im Menü gelangen wir zurück und können dort über „Save" nochmals unser Profil speichern.

Klicken wir nun auf „Open", wird die Verbindung wie bekannt hergestellt. Allerdings werden wir diesmal nicht nur nach einem Benutzernamen gefragt, sondern zusätzlich nach dem Passwort zu unserem Schlüssel.

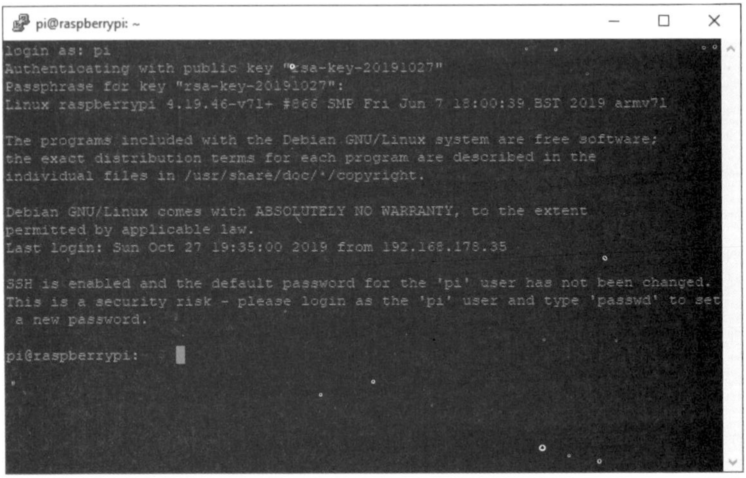

Abb. 4.76 PUTTY Verbindungsaufbau mit Schlüssel

Wenn wir nun den Verbindungsaufbau nur noch mit Verwendung des Schlüsselpaars zulassen, wird es ein Angriff deutlich schwerer.

Dazu ändern wir in der Datei „/etc/ssh/sshd_config“ folgendes:

```
#PasswordAuthentication yes
```

wird zu

```
PasswordAuthentication no
```

Nach einem Neustart des SSH-Dienstes ist es dann nicht mehr möglich, sich nur mit Benutzername und Passwort einzuloggen.

4.15 Für Fortgeschrittene: Wechseln zur 64-Bit-Version

Offiziell gibt es noch kein fertiges Image, um die 64-Bit-Version von Debian auf dem Raspberry Pi laufen zu lassen. Nach Meldungen der Entwickler kann es (Stand Anfang 2020) noch etwas dauern, bis die Kinderkrankheiten ausgemerzt sind und es von allen Paketen eine optimierte Variante gibt.

Wer etwas experimentierfreudig ist und Debian mit der doppelten Bitzahl ausprobieren möchte, kann dies allerdings jetzt schon tun.

Benötigt wird dazu nur ein Raspberry Pi 3 oder 4 mit laufender Raspbian-Installation.

Prüfen wir vor dem Wechsel mit `uname -a` die Systemarchitektur, steht dort `armv7l`.

Um nun zur 64-Bit-Version zu wechseln, ruft man zunächst ein Update-Programm auf. Mit dem Befehl `sudo rpi-update` wird dieses gestartet. Bestätigen wir alle Rückfragen mit „Ja", läuft der Prozess durch.

Nach dem Abschluss öffnen wir die Datei „/boot/config.txt" und hängen diese Zeile an:

```
arm_64bit=1
```

Der erneute Aufruf von `uname -a` nach erfolgtem Neustart zeigt nun stolz `aarch64` als Systemarchitektur und die Experimente mit einem echten 64 Bit Kernel können beginnen. Allerdings ist das alles noch so neu, dass wir es in einem Buch für Einsteiger nicht in aller Tiefe behandeln können.

Kapitel 5

Grundlagen der Programmierung mit Python

5.1 Einführung

Wir haben nun ein frisch eingerichtetes Betriebssystem und ein grundlegendes Verständnis dafür, wie man Linux nach seinen Bedürfnissen und Wünschen einrichtet. Damit können wir den ersten Schritt hin zur Entwicklung eigener kleiner Programme gehen.

Betrachten wir die zur Verfügung stehenden Optionen, können wir die Programmiersprachen grob in zwei Kategorien einordnen:

Die erste sind solche Sprachen, deren Programmcode erst von einem sogenannten „Compiler" übersetzt werden muss. Dieser macht aus dem Quellcode, der in einer für Menschen lesbaren „Hochsprache" geschrieben wurde, eine Folge aus Befehlen in „Maschinensprache"[1]. Da nach der Kompilierung reiner Maschinencode vorliegt und keine weitere Verarbeitung notwendig ist, sind kompilierte Sprachen oft die mit der besten Performanz. Die Erstellung der Anwendungen ist dabei allerdings oft etwas langsamer, da auch zum Testen der eigenen Programme immer erst ein Kompilierungsvorgang laufen muss. Die bekanntesten Beispiele für solche Programmiersprachen mit Compiler sind wahrscheinlich C oder C++.

Die zweite Kategorie sind die „Interpreter"-Sprachen. Hier wird keine Übersetzung durch einen Compiler angefertigt, stattdessen wird der gesamte Code erst bei der Ausführung durch einen sogenannten „Interpreter" in Maschinencode gewandelt. Wiederholen sich Teile des Quell-

[1] Manche Programmiersprachen, deren Quellcode durch einen Compiler übersetzt wird, machen noch einen Zwischenschritt und übersetzen zuerst den Programmcode in eine universell gültige Sprache, die dann kompiliert wird.

codes, werden diese auch jedes Mal neu „interpretiert“. Da nicht erst ein Übersetzungsvorgang notwendig ist, ist die Entwicklung deutlich schneller möglich. Allerdings haben Programme in „Interpreter“-Sprachen keine so große Performanz, da stets auch der „Interpreter“ laufen muss. Beispiele hierfür sind BASIC oder Python[2].

Als Option zwischen diesen Kategorien gibt es eine kleine Zahl an Hybridlösungen, die einen sogenannten „Just-In-Time“ Compiler verwenden. Hier wird die Übersetzung in Maschinensprache zur Laufzeit gemacht. Einmal übersetzte Teile müssen in Folge nicht erneut „interpretiert“ werden. Das populärste Beispiel in dieser Kategorie ist C#.

Die Entscheidung für die Kategorie der Programmiersprache sollte je nach Vorhaben gefällt werden. Geht es um Performanz und genaue Kontrolle über Hardware-Ressourcen, dann könnte eine „Compiler“-Sprache ein guter Start sein. Geht es eher um Prototypen und schnell geschaffene Lösungen, empfiehlt sich eine „Interpreter“-Sprache.

Da wir in den Projekten mit dem Raspberry Pi häufig viele schnelle Iterationen des Quelltexts durchlaufen und meistens nicht durch die Performanz des Programms limitiert sind, haben wir uns entschieden, in diesem Buch auf die Verwendung von Python einzugehen.

Python ist eine „Compiler“-Sprache, die ihren Ursprung in den späten 1980er Jahren hat. Eine erste Version wurde 1990 von Guido van Rossum veröffentlicht. Im Jahr 2000 gab es mit Python 2.0 eine deutlich weiter entwickelte Version. Python 2.7 wird seit Januar 2020 nicht mehr mit Updates zu Sicherheitslücken und Problemen versorgt. Abgelöst wird es von Python 3, das bereits in der Version 3.8 vorliegt[3]. Mittlerweile liegt die Verantwortung für die Sprache auch nicht mehr nur bei van Rossum, denn seit 2001 existiert die Python Software Foundation, die

[2]Aus rein technischer Sicht ist Python schon fast als Hybridsprache zwischen „Interpreter“ und „Compiler“-Sprachen anzusehen, da zur Laufzeit eine Übersetzung in sogenannten „Bytecode“ erfolgt, der solange verwendet wird, wie der ursprüngliche Quellcode nicht verändert wird.

[3] Ab dem genannten Datum werden nur noch die Python-Versionen ab 3.5 mit Updates versorgt.

für die Entwicklung der Sprache verantwortlich ist. Seit Juli 2018 werden alle Entscheidungen zur Zukunft von Python durch ein Gremium von fünf Personen getroffen.

Python bringt alle Vorteile einer „Interpreter“-Sprache mit. Außerdem ist es durch seine Plattform-Unabhängigkeit eine gute Wahl für viele Do-It-Yourself Projekte. Darüber hinaus ist Python so ausgelegt, dass der entstehende Programmcode möglichst gut lesbar ist. Das wird auch dadurch gefördert, dass die Formatierung des Quellcodes ebenfalls Teil der Programmierung ist.

Ob auf einem Rechner bereits Python installiert ist, lässt sich unter Linux mit dem Befehl `python -version` herausfinden. Unter Windows genügt in der Regel ein Blick ins Startmenü.

Um die passenden Pakete auf einem Linux-System zu installieren, verwenden wir den Befehl `sudo apt install python`. Je nach Distribution sind verschiedene Versionen unter verschiedenen Paketnamen zu finden. Unter Debian ist die aktuellste Unterversion von „Python 2“ unter dem Paket `python` zu finden. Um „Python 3“ zu verwenden, muss das Paket `python3` installiert werden[4].

Für ein Windows-System kann das Installationspaket aus dem Internet heruntergeladen[5] werden.

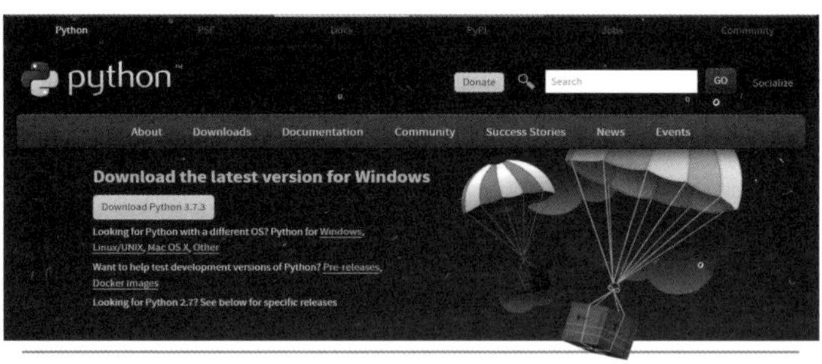

Abb. 5.1 Download von Python für Windows

---

4 Sind Python 2 und Python 3 parallel installiert, kann mit dem Befehl python3 explizit der Python 3 Interpreter aufgerufen werden.

5 https://bmu-verlag.de/rk15

Abbildung 5.1 zeigt einen Screenshot, in dem die Version 3.7.3 zum Download verfügbar ist. Die heruntergeladene Datei muss nur noch ausgeführt werden und die Installation ist in wenigen Minuten fertig.

Normalerweise wird während der Installation bereits ein entsprechender Eintrag in die Umgebungsvariablen des Systems vorgenommen, sodass das Betriebssystem weiß, wo sich die ausführbaren Dateien befinden. Es reicht dann, in der Kommandozeile `python` einzugeben, um den Interpreter aufzurufen.

Unter Windows sind die Umgebungsvariablen Teil der Systemeigenschaften.

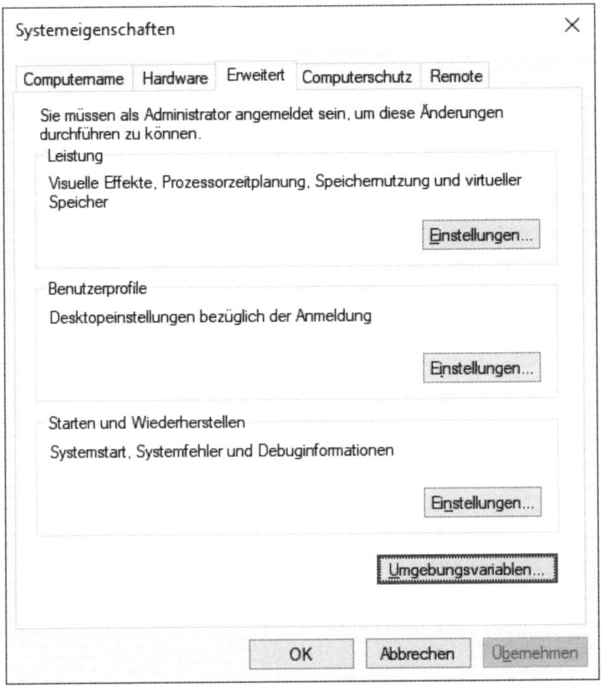

Abb. 5.2 Systemeigenschaften unter Windows

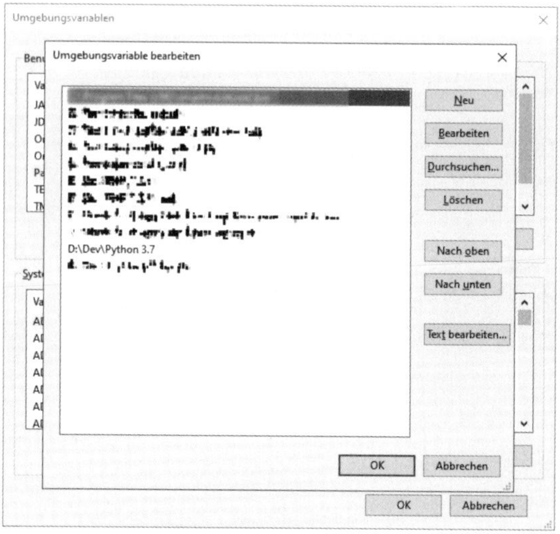

Abb. 5.3 Inhalt der „Path“ Umgebungsvariable. Zu sehen ist der Eintrag des Python Verzeichnisses.

Unter Windows können die Umgebungsvariablen in den Systemeigenschaften eingesehen werden. Die relevante Variable heißt „Path“. Das Verzeichnis, in das Python installiert wurde, sollte darin enthalten sein. Wenn nicht, können wir es hier einfach hinzufügen.

Um Python-Dateien zu bearbeiten, kann jeder beliebige Texteditor verwendet werden. Wenn eine grafische Desktopumgebung verwendet wird, empfehlen wir den Editor „Geany“, der kostenfrei heruntergeladen[6] werden kann und sowohl unter Windows als auch MacOS und Linux verfügbar ist.

Die Ausführung kann auf zwei Arten erfolgen: Einfache Befehle und Rechenoperatoren können direkt im Interpreter ausgeführt werden. Dazu wird dieser unter Linux mit dem Befehl **python** gestartet, unter Windows, indem wir `Python` aus dem Startmenü aufrufen. Die Befehle können direkt eingegeben werden:

---

[6] https://bmu-verlag.de/rk16

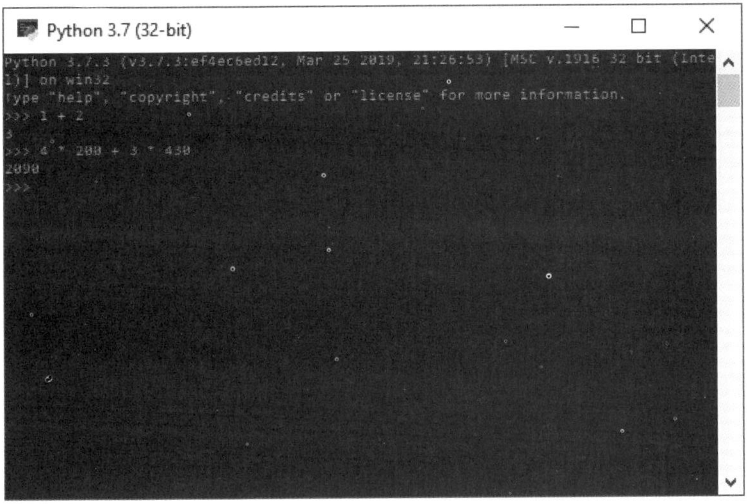

Abb. 5.4 Der Python Interpreter kann als Taschenrechner verwendet werden

Komplexere Programme sollten in einer Datei gespeichert werden. Die Endung für Python-Code ist „.py". Um eine solche Datei unter Windows auszuführen, genügt in der Regel ein Doppelklick auf die Datei im Windows-Explorer, da die Dateiendung bei der Installation mit dem Python-Interpreter verbunden wurde. Auf einer Kommandozeile kann die Datei mit `python DATEINAME`.py ausgeführt werden.

Für alle Beispiele in diesem Buch wird Python in der Version 3.7.3 verwendet.

Unter Windows kann es vorkommen, dass der Microsoft App Store startet, wenn der Befehl `python` auf einer Kommandozeile aufgerufen wird. Um dies zu verhindern, kann in den Umgebungsvariablen aus der Variable PATH der Eintrag entfernt werden, der ungefähr so aussieht:

“`C:\Users\Username\AppData\Local\Microsoft\WindowsApps\"`

Danach kann eine neue Kommandozeile geöffnet werden und der Befehl sollte funktionieren.

5.2 Formatierung und Grundregeln

Viele Programmiersprachen verwenden spezielle Zeichen, um Bereiche und Abschnitte im Quellcode sauber voneinander zu trennen. Wird dies in einer gut strukturierten Art umgesetzt, bleibt alles lesbar und verständlich. Betrachten wir als Beispiel ein kleines C++-Programm, das dreimal hintereinander den Text „Hello!“ ausgibt:

```
#include <iostream>

int main() {
    for ( int i = 0; i < 3; i++ ){
        std::cout << "Hello!" << std::endl;
    }
}
```

Auch ohne tiefer gehendes Wissen über C++ ist zumindest grob ersichtlich, was hier passiert und welche Blöcke es gibt. Es sieht insgesamt strukturiert und übersichtlich aus.

Das ist in diesem Beispiel aber lediglich dank der Selbstdisziplin des Entwicklers so. Denn es wäre auch möglich – und würde zu dem genau gleichen Ergebnis führen – den Quellcode in dieser Form zu schreiben:

```
#include <iostream>
int main(){for(int →i=0;i<3;i++)
{std::cout<<"Hello!"<<std::endl;}}
```

Der Compiler ist vollkommen zufrieden mit dieser Formatierung, die Lesbarkeit leidet aber deutlich.

Betrachten wir nun einen Code in Python, der das gleiche Ergebnis ausgibt:

```
def hello():
  for i in range(3):
    print('Hello!')

hello()
```

Dieser Abschnitt ist sogar noch einfacher zu verstehen als das erste C++-Beispiel. Aus der Struktur ist auch hier wieder ersichtlich, welche Bereiche es gibt. Was in Python allerdings nicht funktioniert, wäre ein Fassung wie diese hier:

```
def hello(): for i in range(3): print('Hello!')
hello()
```

Denn im Gegensatz zu vielen anderen Sprachen betrachtet Python die sogenannten „Whitespace[7]"-Zeichen als Teil der Programmierung. Solche Zeichen sind zum Beispiel Leerzeichen, Tabulatoren, Zeilenumbrüche und andere nicht sichtbare Zeichen.

Allerdings muss man als Anfänger nicht allein herausfinden, wie man ordnungsgemäß formatierten Python Code schreibt. Dazu gibt es einen „Style Guide for Python Code"[8], in dem van Rossum und zwei weitere Autoren aufgeschrieben haben, wie der Programmcode strukturiert sein soll.

Auch dieses Dokument weist allerdings darauf hin, dass man die Formatierungsrichtlinien nicht anwenden sollte, wenn der Quellcode dadurch weniger gut lesbar wird. Einer der Grundsätze von Python ist „Readability counts."[9] – „Lesbarkeit zählt."

Betrachten wir aber nun zuerst einmal, welche Strukturvorgaben wichtig sind.

Das vermutlich prominenteste Element sind Einrückungen. Über diese werden Blöcke von Befehlen gruppiert und können so auch die Ablaufreihenfolge beeinflussen. Das folgende Beispiel zeigt dies:

```
for i in range(3):
    print('Hello!')
    print('Again.')
```

Wird dies ausgeführt, erscheint diese Ausgabe:

```
Hello!
Again.
Hello!
```

[7] „Whitespace"-Zeichen sind zumeist Formatierungs- oder Steuerzeichen, die zwar aus reiner Datensicht vorhanden sind, aber keinerlei sichtbare Erscheinung erzeugen. Der Platz, an dem sie eingesetzt werden, bleibt also weiß (daher der Name „Whitespace").

[8] https://bmu-verlag.de/rk17

[9] https://bmu-verlag.de/rk18

```
Again.
Hello!
Again.
```

Ändern wir nur ein kleines Detail:

```
for i in range(3):
    print('Hello!')
print('Again.')
```

Dann ändert sich auch die Ausgabe:

```
Hello!
Hello!
Hello!
Again.
```

Dass im zweiten Beispiel nur noch einmal „Again." ausgegeben wird, liegt an der Einrückung der Zeile `print('Again')`. Da sie nicht mehr auf der gleichen Einrückungstiefe wie die vorhergehende Zeile steht, wird sie nicht mehr als Teil der Schleife[10] `for i in range(3):` betrachtet. Dementsprechend wird sie auch nicht drei Mal ausgeführt, sondern nur noch ein Mal.

Allgemein bedeutet dies: Alle Befehle befinden sich auf einer Einrückungstiefe. Ein Befehl kann nicht willkürlich in eine tiefere Einrückungsebene verschoben werden. Die Einrückungsebene darf nur geändert werden, wenn Kontrollstrukturen wie Schleifen und Bedingungen oder Funktionsdeklarationen dies erfordern. Die einzige Ausnahme bilden lange Zeilen, die umgebrochen werden. Hierfür gibt es in Python eigene Mechanismen. Durch die Einrückung ist immer eindeutig zu identifizieren, zu welchem Teil des Codes eine Zeile gehört.

Im Code können Kommentare hinterlassen werden. Das sind Bereiche oder Zeilen, die vom Interpreter ignoriert werden und die dazu dienen, Funktionalitäten oder Besonderheiten an Ort und Stelle zu erklären. In Python wird alles, was innerhalb einer Zeile auf das Zeichen # folgt, als Kommentar interpretiert.

[10] Die Verwendung von Schleifen wird in den folgenden Kapiteln im Detail erklärt, hier ist nur wichtig zu wissen, dass diese Schleife drei Mal durchlaufen wird.

Als nächstes betrachten wir den Aufruf einer Funktion mit vielen Parametern[11]:

```
# Entweder ausgerichtet am ersten Parameter
variable = funktions_name(par_a, par b,
                          par_c, par_d)

# Oder alle Parameter auf der gleichen
# Einrueckungstiefe
variable = funktions_name(
  par_a, par_b,
  par_c, par_d)
```


In der zweiten Variante dürfen keine Parameter in der ersten Zeile stehen. Dieser Code ist demnach also nicht erlaubt:

```
variable = funktions_name(par_a,
    par_b, par_c,
    par_d)
```

Eine Einrückung muss eindeutig sein. Dies ist für die Deklaration von Funktionen[12] wichtig, wenn eine größere Anzahl an Funktionsargumenten verwendet werden soll:

```
# Tiefere Einrueckung für Funktionsargumente
def funktions_name(
        par_a, par_b,
        par_c, par_d):
    print(par_a)
```

Hier sind die Argumente zwei Schritte eingerückt, der weitere Inhalt der Funktion nur einen. Sind beide Elemente auf der gleichen Tiefe, fehlt die Eindeutigkeit:

```
def funktions_name(
    par_a, par_b,
    par_c, par_d):
    print(par_a)
```

[11] Parameter sind Werte, die an eine Funktion übergeben werden, Funktionen werden in einem Folgekapitel detailliert erklärt.

[12] Wie genau Funktionen in Python aufgebaut sind und was sonst noch beachtet werden muss, werden wir später erklären.

Es wird empfohlen, für jede Einrückungsebene vier Leerzeichen zu verwenden. Die erste Einrückung beginnt also mit vier Leerzeichen in der Zeile. Alternativ kann die Einrückung auch mit Tabulatoren oder mit einer anderen Anzahl von Leerzeichen gemacht werden. Sobald Python 3 oder neuer verwendet wird, ist es allerdings nicht mehr möglich, beides zu mischen.

Ähnliche Empfehlungen gibt es auch für andere Code-Elemente wie zum Beispiel Bedingungen, Schleifen oder Listen. Die jeweils spezifischen Regeln erklären wir in den zugehörigen Kapiteln.

Nicht immer lassen sich alle Zeilen so formatieren, wie man das gerne möchte und zusammen mit der empfohlenen Zeilenlänge von nicht mehr als 79 Zeichen entsteht hin und wieder die Notwendigkeit, einen Umbruch einzufügen. Aber auch hier bietet Python eine Lösung an: Ist das letzte Zeichen einer Zeile ein „Backslash" (`\`), dann wird die nächste Zeile als Fortsetzung dieser Zeile interpretiert.

So scheint dieser Abschnitt auf den ersten Blick nicht korrekt zu sein:

```
for i in range(3):\
print('Hello!')
```

Denn offenbar wurde die Einrückung nicht korrekt durchgeführt. Dennoch ist die Ausgabe auch hier wieder ein dreimaliges Hello!, denn streng genommen entsprechen diese zwei Zeilen diesem Code:

```
for i in range(3):print('Hello!')
```

Und das ist ein gültiger Ausdruck. Da innerhalb dieser Schleife auch lediglich ein weiteres Kommando ausgeführt wird, kann dieses direkt hinter den Schleifenaufruf geschrieben werden und muss nicht in der Folgezeile eingerückt sein.

Weiterhin gibt es im „Style Guide for Python Code" noch eine Unmenge an weiteren Empfehlungen, wie der geschriebene Programmcode lesbarer gestaltet werden kann. In der Regel sind diese Empfehlungen aber eher kosmetischer Natur.

5.3 Variablen und Konstanten

Eine Variable ist in Python grob beschrieben ein Aufbewahrungsort für Werte, der mit einem Namen versehen ist. Diese Beschreibung gilt analog für fast alle Programmiersprachen.

Für die Vergabe dieser Namen, auch „Identifier" genannt, gibt es einige Vorschriften:

- Es dürfen keine von Python verwendeten Keywords[13] als Identifier verwendet werden.
- Identifier müssen aus einer Kombination von Buchstaben und Zahlen bestehen. Das einzige erlaubte Sonderzeichen ist der Unterstrich _.
- Identifier dürfen nicht mit einer Zahl beginnen.
- Die Länge von Identifiern ist nicht begrenzt.

Die Zuweisung eines Wertes erfolgt mit dem Gleichheitszeichen. Beispiele:

```
zahl = 1
andere_zahl = "1"
weitere_zahl = "Eins"
```

Jede dieser Zeilen erzeugt eine neue Variable und weist dieser einen Wert zu. Wir können einer Variablen auch den Wert einer anderen zuweisen:

```
zahl = 1
andere_zahl = zahl
print(andere_zahl)
```

Die Zeile `print(andere_zahl)` gibt den Inhalt der Variable `andere_zahl` aus. Nach der Ausführung dieser Zeilen haben beide Variablen die Zahl 1 als Inhalt.

Um dieses und die folgenden Beispiele auszuprobieren, können die Zeilen entweder in einer Datei gespeichert oder direkt in den Interpreter eingegeben werden.

---

[13] Im Interpreter kann über `help()` die Hilfe aufgerufen und dann mit keywords die Liste dieser Begriffe angezeigt werden.

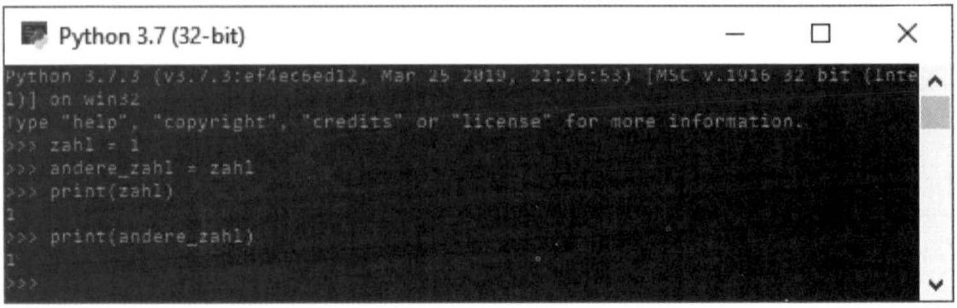

Abb. 5.5 Anzeige des Beispiels im Python Interpreter unter Windows

Darüber hinaus können Variablen natürlich auch in Operationen verwendet werden, wie zum Beispiel den gängigen mathematischen Berechnungen.

```
zahl = 1
andere_zahl = zahl + 2
print(andere_zahl)
```

Die Ausgabe zeigt uns hier, dass die Variable `andere_zahl` den Wert 3 hat. Ebenfalls möglich ist es, die Variable selbst in der Zuweisung zu verwenden, sofern sie vorher schon einmal einen Wert hatte. Der folgende Code ist ohne weiteres nicht möglich:

```
zahl = zahl * 2
```

Hier ist nicht bekannt, welchen Wert `zahl` haben soll, der Befehl kann also nicht ausgeführt werden. Nur wenn der Variable vorher etwas zugewiesen wurde, ist diese Operation gültig:

```
zahl = 1
zahl = zahl * 2
print(zahl)
```

Der Inhalt von zahl ist nach der Ausführung 2.

Wie wir im ersten Beispiel gesehen haben, können Variablen nicht nur Zahlen aufnehmen, sondern auch eine ganze Reihe von anderen Inhalten. Was genau sich in einer Variablen befindet, bestimmt den Typ dieser Variable.

Diese Informationen sind wichtig, um einen korrekten Programmablauf zu gewährleisten. Denn nicht alle Operationen sind für alle Kombinationen von Typen definiert.

```
zahl = "Eins"
andere_zahl = zahl + 3
```

Versuchen wir dies auszuführen, bekommen wir eine Fehlermeldung vom Interpreter. In der Fehlermeldung steht dann, dass es nur möglich ist, weitere Zeichenketten an Strings anzufügen, eine Ganzzahl kann dagegen nicht hinzugefügt werden.

Das Problem ist hier, dass `zahl` in diesem Fall keinen Zahlentypen enthält, sondern eine Zeichenfolge, einen String. Für eine Zeichenfolge ist der Operator +[14] zwar definiert, würde aber erwarten, dass der folgende Wert ebenfalls eine Zeichenfolge ist und beide dann zusammenfügen:


```
zahl = "Eins"
andere_zahl = zahl + "Drei"
print(andere_zahl)
```

Hier sind beide verwendeten Werte vom Typ String und daher ist der + Operator hier gültig. Die Ausgabe, die wir bekommen ist `EinsDrei`.

Ob die verwendeten Typen zusammenpassen, wird übrigens erst während der Ausführung geprüft. Dabei wird der Interpreter immer versuchen, eine Lösung für das Problem zu finden. Wenn zwei Typen in einer gemeinsamen Operation nicht zueinander passen, versucht er diese in Datentypen umzuwandeln, die kompatibel sind. Diese Umwandlung heißt „cast". Wenn der Interpreter selbst versucht, eine passende Konvertierung zu finden, sprechen wir von einer impliziten Umwandlung. Gibt der Programmierer die zu verwendenden Typen an, handelt es sich um eine explizite Umwandlung. Betrachten wir das folgende Beispiel:

```
ganzzahl = 120
kommazahl = 15.3
summe = ganzzahl + kommazahl
print(summe)
```

Dieser Code wird problemlos durchlaufen und erzeugt die Ausgabe 135.3. Das scheint auf den ersten Blick logisch, denn das ist die Summe beider Zahlen. Der Computer betrachtet beide Zahlen allerdings even-

[14] Für zwei Strings ist der Plus-Operator die sogenannte „Konkatenation". Beide Werte werden hintereinander gehängt.

tuell unterschiedlich. Um das zu verdeutlichen, ergänzen wir das vorherige Beispiel um folgende Zeilen:

```
print(type(ganzzahl))
print(type(kommazahl))
print(type(summe)
```

Die Ausgabe, die wir diesmal bekommen, ist:

```
135.5
<class, 'int'>
<class, 'float'>
<class, 'float'>
```

Zum Verständnis dieser Zeilen müssen wir wissen, dass `type(variable)` den Namen des Datentyps einer Variablen zurückgibt. `print(type(variable)` gibt also den Datentyp aus.

Wir können hier sehen, dass `ganzzahl` vom Typ `int`, also Integer ist. Es handelt sich also um eine Ganzzahl ohne Kommastellen. `kommazahl` dagegen ist vom Typ `float` und enthält demnach eine Fließkommazahl. Beide Typen werden vom Computer unterschiedlich behandelt. Mit einem `float`-Wert können Zahlen genauer beschrieben werden als mit einem int-Wert. Jede ganze Zahl kann also ohne Informationsverlust in eine Fließkommazahl umgewandelt werden. Umgekehrt ist es nicht möglich, beliebige Fließkommazahlen in Ganzzahlen umzuwandeln, ohne Präzision zu verlieren. Denn jegliche Information, die auf das Komma folgt, kann dann nicht mehr dargestellt werden. Hieraus können wir nun ableiten, in welchen Fällen der Interpreter in der Lage ist, eine automatische, also implizite Typenkonvertierung durchzuführen.

Das geht immer dann, wenn er einen Variablen-Typ in einen anderen umwandeln kann, ohne Informationen zu verlieren. Soll zum Beispiel eine Fließkommazahl in eine Ganzzahl konvertiert werden, so muss dies explizit vom Programmierer ausgelöst werden. Dieser Code funktioniert nicht:

```
kommazahl = 3.14
for i in range(kommazahl):
    print(i)
```

`range(variable)` erwartet eine Ganzzahl, die Schleife wird dann so oft wiederholt, wie diese Zahl vorgibt. Da in diesem Moment `kommazahl` aber nicht dem erwarteten Typus entspricht, gibt der Interpreter eine Fehlermeldung aus:

```
TypeError: 'float' object cannot be interpreted as an integer
```

Diese Meldung bedeutet schlicht, dass er nicht in der Lage ist, eine Fließkommazahl in eine Ganzzahl umzuwandeln. Tun wir das explizit, dann läuft auch dieser Code:

```
kommazahl = 3.14
for i in range(int(kommazahl)):
    print(i)
```


Als Ausgabe bekommen wir die Zahlenfolge `0, 1, 2`. Die Umwandlung erfolgt hier durch den Aufruf `int(kommazahl)`. Dieser Befehl weist den Interpreter an, aus dem in Klammern stehenden Wert eine Ganzzahl zu erzeugen. Im Beispiel hat `kommazahl` den Wert 3,14 und wird dann auf genau 3 gekürzt. Bei dieser Umwandlung findet keine mathematisch korrekte Rundung statt, sondern es werden lediglich alle Nachkommastellen abgeschnitten.

Ähnliche Konvertierungen existieren für viele der in Python eingebauten Datentypen. Ob die Umwandlung für den jeweils notwendigen Fall möglich ist, muss der Programmierer selbst prüfen. Der Interpreter wird hier zwar passende Fehlermeldungen ausgeben, aber nicht zwingend einen Hinweis auf das korrekte Vorgehen.

Es folgt ein Überblick über die in Python standardmäßig vorhandenen Datentypen:

Typ	Bezeichnung	**Hinweis**
bool	Boolsche Werte, Wahrheitswerte	Diese Variablen können entweder den Wert True (Wahr) oder False (Falsch) haben.
int	Ganzzahlen	
float	Fließkommazahlen	

complex	Komplexe Zahlen	Komplexe Zahlen, die aus einem Real- und einem Imaginärteil bestehen.
list	Listen	Listen sind Sequenzen aus Objekten[15]
set	Sets	Ein Set ist eine änderbare, nicht geordnete Sammlung eindeutig unterscheidbarer Objekte.
frozenset	Feste Sets	Entspricht einem Set, ist allerdings nicht änderbar.
tuple	Tupel	Tupel sind Sequenzen aus unterschiedlichen Objekten.
dict	Dictionary, „Wörterbücher"	Ein Dictionary weist einer Menge an eindeutig identifizierbaren Werten eine Menge an Objekten zu.
range	Bereiche	Ein Bereich enthält eine unveränderliche Zahlenfolge. Hauptsächlich werden diese zur Steuerung von Schleifen verwendet.
str	Strings, Zeichenketten	Strings sind unveränderliche Sequenzen aus Zeichen. Unveränderlich bedeutet hier, dass ein neues Objekt erzeugt wird, wenn ein String geändert wird. Das ursprüngliche Objekt wird verworfen.

[15] Das Konzept von „Objekten" wird im Kapitel zur Objektorientierten Programmierung detaillierter erläutert.

byte	Binäre Daten	
bytearray		
memoryview		

Es gibt über diese Liste hinaus auch noch weitere Typen, die in der Regel aber eher strukturelle Aufgaben erfüllen, wie zum Beispiel Klassen und Methoden.

Bei der Verwendung von Variablen muss man auch immer darauf achten, dass diese nur eine bestimmte „Reichweite" haben. Dieses „Scope" erstreckt sich in der Regel nur auf den Bereich, in dem sie definiert wurden. Dies wird vor allem dann wichtig, wenn wir später Funktionen und Klassen betrachten.

In der Überschrift dieses Kapitels sind Konstanten erwähnt. In den meisten Programmiersprachen sind das solche Variablen, deren Werte nicht geändert werden können. Sie werden häufig verwendet, um mathematische Konstanten zu speichern. Ein gutes Beispiel hierfür ist Pi.

```
import math
print(math.pi)
```

Wie erwartet ist die Ausgabe hier 3.141592653589793. Übrigens importiert die Zeile `import math` das `math` Modul, das den Wert für Pi enthält. Was das genau bedeutet, wird im nächsten Kapitel erklärt.

Allerdings ist Python ein wenig eigen was den Umgang mit Konstanten angeht. Die Kreiszahl Pi, die Teil des `math` Moduls ist, ist eine feststehende Zahl und sollte überall und in jedem Fall den gleichen Wert darstellen[16] und unveränderlich sein. Das funktioniert hier aber nur bedingt, wie der folgende Code zeigt:

```
import math
math.pi = 3
print(math.pi)
```

Und die Ausgabe zeigt uns 3 an. Aber warum ist das so? Die Lösung ist einfach: Es gibt keine Konstanten in Python. Jeder mit einem Namen

[16] Zumindest im Rahmen der zur Verfügung stehenden Rechengenauigkeit.

gespeicherte Wert, also jede Variable, kann geändert werden. Erst mit Python 3.8 wird es eine Möglichkeit geben, Variablen mit dem Kennwort „Final“ zu versehen und so eine Neuzuweisung unmöglich zu machen. Ein Beispiel sieht dann so aus:

```
from typing import Final
KONSTANTE: Final = 1
```

Der Wert der Variable `KONSTANTE` ist nicht mehr modifizierbar und ein Versuch würde einen Fehler erzeugen. Allerdings wird – wie gesagt – dieser Code erst ab der Python-Version 3.8 funktionieren.

5.4 Module

Bisher haben wir mit Python gearbeitet und uns keine Gedanken über die Langlebigkeit des Quellcodes gemacht. Sofern wir die Beispiele direkt in den Interpreter getippt haben, sind alle unsere Eingaben verschwunden, sobald wir ihn beenden.

Haben wir dagegen alles in einer Datei mit der Endung „.py“ untergebracht, dann sind wir schon auf dem halben Weg zu einem eigenen Modul. Denn Module sind zunächst einmal auch nur Dateien, in denen Python-Quellcode steht.

Diese Dateien werden zur Ausführung dann importiert. Ein einfacher Import-Befehl kann so aussehen:

```
import test.py
```

Er bewirkt, dass an bestimmten Stellen nach dieser Datei gesucht wird. Das ist zum einen das aktuelle Verzeichnis, in dem Python ausgeführt wird, und zum anderen das im Betriebssystem hinterlegte Verzeichnis, das in der Umgebungsvariable[17] „PYTHONPATH“ steht. Standardmodule wie zum Beispiel `"math"` oder `"sys"` gehören zu den eingebauten Modulen und sind Teil des Interpreters, hierfür gibt es keine separaten Dateien, aus denen sie geladen werden.

---

[17] Umgebungsvariablen sind systemweite Variablen, die Informationen für bestimmte Programme enthalten. Zum Beispiel, in welchem Ordner nach bestimmten Dingen gesucht werden soll.

Im entsprechenden Dialog lässt sich dieser Pfad auch den eigenen Wünschen anpassen. Welcher Ordner auch immer hier angegeben wird, dort wird zuerst gesucht, ob ein über `import` angefragtes Modul existiert.

Unter Linux kann eine Systemvariable sehr einfach überprüft werden. Mit echo `$PYTHONPATH` kann zum Beispiel der für Python hinterlegte Ordner angezeigt werden. Mit `export PYTHONPATH=/pfad` kann diese Variable auch gesetzt werden.

Wird ein Modul importiert, entspricht der Vorgang der Ausführung des Inhalts. Wir erzeugen beispielsweise eine Datei „meinmodul.py", legen diese im Verzeichnis ab, das als „PYTHONPATH" angegeben ist und füllen sie mit diesem Inhalt:

```
modul_zahl = 2
```

Daraufhin führt dieser Code nicht mehr zu einem Fehler, sondern gibt die Zahl 2 aus:

```
import meinmodul
print(meinmodul.modul_zahl)
```

Ähnlich funktionieren die Module, die Python bereits mitbringt. Als Beispiel haben wir bereits den Wert von Pi in der Variable `math.pi` kennen gelernt. Der gesuchten Variablen werden hier einfach der Name des Moduls und ein Punkt vorangestellt. Dies dient dazu, Uneindeutigkeiten durch gleichlautende Variablennamen zu vermeiden. Ist man sich sicher, dass bestimmte Namen nicht verwendet werden, kann man einzelne Variablen und Funktionen auch direkt importieren, sodass sie ohne vorangestellten Modulnamen verfügbar sind:

```
from meinmodul import modul_zahl
print(modul_zahl)
```

Es gibt auch die Möglichkeit, alle Variablen und Funktionen eines Moduls direkt zu importieren:

```
from meinmodul import *
```

Die einzige Ausnahme hierbei sind solche Variablen, deren Namen mit einem Unterstrich (_) anfangen.

Ein solcher genereller Import sollte allerdings wenn möglich vermieden werden.

Könnte es bei einem Modul oder einem Teil eines Moduls zu einer Namenskollision kommen, weil bereits ein Element mit diesem Namen existiert, soll es aber dennoch importiert werden, kann beim Import ein Alternativname angegeben werden:

```
import meinmodul as deinmodul
print(deinmodul.modul_zahl)
```

Die Ausgabe ist auch hier wieder 2.

Das Modul ist genauso erreichbar, lediglich der Name, der im Code verwendet wird, ist ein anderer.

```
from meinmodul import modul_zahl as zahl
print(zahl)
```

Und auch hier sehen wir wieder eine 2 als Ausgabe.

Möchten wir wissen, was alles innerhalb eines Moduls definiert ist, können wir den Python Befehl `dir()` benutzen. Mit `dir(MODULNAME)` sehen wir die Inhalte des angegebenen Moduls. Ohne einen Parameter, also mit `dir()`, sehen wir alles, was wir lokal definiert haben.

Hierbei müssen wir beachten, ob wir die Befehle direkt im Interpreter ausführen, oder ob wir sie in einer Python-Datei verwenden.

Solange wir im Interpreter sind, wird das, was ein Befehl zurückgibt, immer auch automatisch ausgegeben, in diesem Fall ist ein `print()` nicht notwendig. Anders sieht es aus, wenn der Befehl Teil einer Quellcode Datei ist. Dann muss die Rückgabe entweder direkt mit `print()` ausgegeben werden, oder aber in einer Variablen zwischengespeichert werden, um den Inhalt später ausgeben zu können.

5.5 Operatoren

Operatoren in Python erledigen eine Vielzahl von Aufgaben. Eine übergreifende Beschreibung ist: Operatoren werden genutzt, um bestimmte Operationen auf Werten und Variablen durchzuführen.

Die grundlegendsten Operatoren sind wohl die arithmetischen. Sie stellen mathematische Rechenvorgänge bereit:

Operator	Bezeichnung	Hinweis
+	Addition	
-	Subtraktion	
*	Multiplikation	
/	Division	
%	Modulo	Bezeichnet den Rest einer Ganzzahldivision. Beispiel: 5 % 2 Ergebnis: 1
**	Potenzierung	Die links vom Operator stehende Zahl wird mit der rechtsstehenden Zahl potenziert. Beispiel: 5 ** 2 (entspricht 5^2) Ergebnis: 25
//	Abgerundete Division	Entspricht der Division beider Zahlen, das Ergebnis wird aber auf die nächste Ganzzahl abgerundet. Beispiel: 89 // 9 Ergebnis: 9

Die nächste Gruppe sind die Zuweisungs-Operatoren. Streng genommen gibt es hier nur einen Operator, der allerdings mit einer Vielzahl an weiteren Operatoren kombiniert werden kann.

Die grundlegende Zuweisung erfolgt über das Gleichzeichen **=**. Hiermit kann einer Variablen ein Wert zugewiesen werden, zum Beispiel `x = 3`.

In vielen Programmiersprachen hat sich eine Menge Abkürzungen etabliert, um gängige Operationen einfacher schreiben zu können. Diese Abkürzungen fallen auch unter den Begriff der Zuweisungs-Operatoren. Für die folgenden Beispiele gehen wir davon aus, dass die Variable x den Wert 2 hat.

- **+=, Zuweisung eines Additionsergebnisses**
  Zuweisung: x += 2 (entspricht x = x + 2)
  Neuer Wert von x: 4
- **-=, Zuweisung eines Subtraktionsergebnisses**
  Zuweisung: x -= 2 (entspricht x = x - 2)
  Neuer Wert von x: 0
- ***=, Zuweisung eines Multiplikationsergebnisses**
  Zuweisung: x *= 3 (entspricht x = x * 3)
  Neuer Wert von x: 6

Mit diesen Beispielen sollte klar sein, wie das Vorgehen ist. Auch für die restlichen arithmetischen Operatoren existieren entsprechende Zuweisungs-Operatoren: **/=**, **%=**, **//=**, ****=**.

Wenn für einzelne Operatoren der folgenden Gruppen ebenfalls diese Abkürzungen existieren, weisen wir jeweils darauf hin.

Die nächste Gruppe wird vor allem für das folgende Kapitel zu Bedingungen wichtig werden, es handelt sich hierbei um Vergleichs-Operatoren.

- ==, Gleichheit
- !=, Ungleichheit
- >, größer als
- <, kleiner als
- >=, größer oder gleich
- <= kleiner oder gleich

Um auch komplexere Bedingungen aus mehreren Vergleichen bilden zu können, gibt es darüber hinaus eine Reihe an logischen Operatoren.

- **and, logisches Und**

  Beispiel: x > 0 and x < 5
  Erklärung: Trifft zu, wenn x größer als 0 und kleiner als 5 ist.

- **or, logisches Oder**

  Beispiel: x == 1 or x == 2
  Erklärung: Trifft zu, wenn x gleich 1 oder gleich 2 ist.[18]

- **not, inverses Ergebnis**

  Beispiel: not(x > 0 and x < 5)
  Erklärung: Trifft zu, wenn x nicht größer als 0 und kleiner als 5 ist. Alternativ könnte man schreiben
  x <= 0 or x >= 5.

Die nächste Gruppe besteht nur aus zwei Elementen, mit denen man feststellt, ob zwei Objekte tatsächlich identisch oder unterschiedlich sind. Hierbei geht es um den Vergleich komplexerer Datenstrukturen, sodass eine Identität nur dann gegeben ist, wenn es sich tatsächlich um den gleichen Datensatz an der gleichen Speicherstelle handelt. Die Identitäts-Operatoren sind:

- **is, Identität**

  Ist wahr, wenn die Variablen links und rechts des Operators tatsächlich das gleiche Objekt bezeichnen.

- **Is not, keine Identität**

  Ist wahr, wenn beide Variablen unterschiedliche Objekte bezeichnen.

[18] Das in Python verwendete „Oder" ist eine nicht-exklusive Verknüpfung. Bei der Prüfung wird zuerst die linke Seite des Operators betrachtet, wenn diese als „True" ausgewertet wird, ist der gesamte Ausdruck Wahr. Wenn sie „False" ist, dann wird die rechte Seite ausgewertet. Wenn die linke Seite also als Wahr ausgewertet wurde, dann ist die rechte Seite nicht mehr relevant. Bei einem exklusiven „Oder" müsste diese auch evaluiert werden und wenn beide Seiten „True" ergeben, müsste das Gesamtergebnis „False" sein.

Diese Operatoren stellen bei den eingebauten Datentypen für gleiche Werte eine Identität fest. Am Beispiel von Ganzzahlen:

```
x = 2 * 3
y = 6
print(x is y)
print(x == y)
```

Die Ausgabe ist:

```
True
True
```

Beide Variablen verweisen also auf die gleiche Speicherstelle. Machen wir den Versuch mit einer Fließkommazahl und einer Ganzzahl:

```
x = 2 * 3
y = 6.0
print(x is y)
print(x == y)
```

Dann sieht auch die Ausgabe anders aus:

```
False
True
```

Die Objekte sind also nicht mehr identisch, die Werte beider Variablen sind aber immer noch gleich.

Versuchen wir das Ganze nun mit komplexeren Objekten, dann wird deutlicher, wofür diese Operatoren da sind. Im folgenden Beispiel verwenden wir zwei Listen, die jeweils einen Eintrag haben. In beiden Fällen ist dies ein String mit dem Text „Auto".

```
x = ['Auto']
y = ['Auto']
z = x
print (x is y)
print (z is x)
```

Diesmal ist die Ausgabe:

```
False
True
```

Das liegt daran, dass Listen als eigene Objekte im Speicher angelegt werden. Daher ist auch die zweite Liste, obwohl sie ein Objekt mit dem gleichen String enthält, nicht identisch zur ersten. Da wir aber explizit z = x zuweisen, ist die Liste, die unter z gefunden wird, das gleiche Objekt, auf das auch x verweist. Daher ist hier die Identitätsprüfung erfolgreich. Allerdings werden die Änderungen an x nicht automatisch auch in z übernommen!

```
x = ['Auto']
z = x
print (z is x)
x = [Motorrad']
print (z is x)
```


Die Ausgabe ist dann:

```
True
False
```

Die Identität ist damit nicht mehr gegeben, wenn wir eine der zwei Variablen modifizieren.

Da wir im letzten Beispiel bereits Listen verwendet haben, können wir diese nun auch bequem für die nächste Operatoren-Gruppe verwenden. Diese befasst sich damit, ob ein Objekt in einem anderen Objekt vorhanden ist, also ob beispielsweise eine bestimmte Zeichenkette in einer Liste vorhanden ist.

- **in, im Objekt vorhanden**
- **not in, nicht im Objekt vorhanden**

Hierzu ein Beispiel:

```
x = [‚Auto', ‚Katze', ‚Banane']
print ( ‚Auto' in x )
print ( ‚Hubschrauber' in x )
```

Und erwartungsgemäß lesen wird als Ausgabe:

```
True
False
```

Diese Operatoren sind hilfreich, um zum Beispiel zu testen, ob ein Objekt einer Liste hinzugefügt werden soll oder ob es dort schon vorhanden ist.

Die letzte Gruppe sind Operatoren, die auf Bit-Ebene arbeiten. Sie dienen dazu, Bit-Werte bearbeiten zu können. In der folgenden Liste verwenden wir die Ganzzahlen 7 und 5 in ihrer Binärform. Die 7 entspricht 111 und die 5 entspricht 101[19].

- **&, Und**
  Jedes Bit, das in beiden Variablen eine 1 ist, ist auch im Ergebnis eine 1, alle anderen sind 0.
  Beispiel: 7 & 5
  Ergebnis: 5
  Erklärung: In 111 und 101 sind die erste und letzte Stelle in beiden Zahlen eine 1. Daher ist die resultierende Zahl 101, umgerechnet also wieder 5.
- **|, oder**
  Wenn ein Bit in einer der Variablen eine 1 ist, ist auch im Ergebnis eine 1 an dieser Stelle.
  Beispiel: 7 | 5
  Ergebnis: 7
  Erklärung: Da an jeder Stelle von 111 und 101 in einer der beiden Zahlen eine 1 vorhanden ist, ist das Ergebnis 111, also 7 im Zehnersystem.
- **^, Exklusives oder**
  Die Stelle des Ergebnisses ist nur dann eine 1, wenn lediglich in einer der Variablen an dieser Stelle eine 1 ist.
  Beispiel: 7 ^ 5
  Ergebnis: 2

---

[19] Um eine Zahl in die Binärform zu bringen, wird sie in Potenzen der Zahl 2 zerlegt:
$7 = \mathbf{1} * 4 + \mathbf{1} * 2 + \mathbf{1} * 1 = \mathbf{1} * 2^2 + \mathbf{1} * 2^1 + \mathbf{1} * 2^0$
daraus folgt die Binärzahl 111.
$5 = \mathbf{1} * 4 + \mathbf{0} * 2 + \mathbf{1} * 1 = \mathbf{1} * 2^2 + \mathbf{0} * 2^1 + \mathbf{1} * 2^0$
daraus folgt die Binärzahl 101.

Erklärung: Nur an der zweiten Stelle ist zwischen 111 und 101 nur eine der Variablen 1. Das Ergebnis ist dann 010. Umgerechnet ist das die Zahl 2.

- **~, Invers**

  Alle Stellen einer Zahl werden invertiert. Aus jeder 1 wird eine 0 und umgekehrt.
  Beispiel: ~5
  Ergebnis: -6
  Erklärung: Betrachtet man nur die drei Bits, die zur Formierung der Zahl 5 notwendig sind, 101, dann würde man erwarten, dass bei Invertierung 010 herauskommt. Dies wäre ein 2 im Dezimalsystem. Warum dies hier anders ist, würde den Rahmen dieser Auflistung sprengen[20]. Berechnen lässt sich das Ergebnis einfacher: **~x = -x-1.**

- **<<, von rechts mit Nullen verschieben**

  Die links stehende Variable wird von rechts mit der auf der rechten Seite angegebenen Anzahl an Nullen aufgefüllt.
  Beispiel: 5 << 2
  Ergebnis: 20
  Erklärung: Der Binärzahl 101 werden von rechts zwei Nullen angefügt. Daraus entsteht also 10100[21], das entspricht 20 im Dezimalsystem.

- **>>, von links verschieben**

  Von links werden Kopien des ersten Bits nach rechts geschoben und am rechten Ende fällt die letzte Stelle jeweils weg.

---

[20] Python speichert Zahlen intern als Binärdaten, deren Länge letztendlich nur durch den Speicher begrenzt wird, der zur Verfügung steht. Das bedeutet, dass jede Binärzahl „links" mit Nullen aufgefüllt wird bis zur maximalen Länge. Ist die Länge zum Beispiel 16 Zeichen, dann würde eine 2, binär eigentlich 10, wie folgt aussehen: 0000000000000010 . Aus diesem Auffüllen ergibt sich das Verhalten des Inversionsoperators.
Die detaillierte Erklärung kann hier nachgelesen werden: https://de.wikipedia.org/wiki/Zweierkomplement

[21] $20 = \mathbf{1} * 16 + \mathbf{0} * 8 + \mathbf{1} * 4 + \mathbf{0} * 2 + \mathbf{0} * 1$
$= \mathbf{1} * 2^4 + \mathbf{0} * 2^3 + \mathbf{1} * 2^2 + \mathbf{0} * 2^1 + \mathbf{0} * 2^0$
dass entspricht der Binärzahl 10100.

Beispiel: 7 >> 1
Ergebnis: 3
Erklärung: Da auf der linken Seite der Zahl 111 nur noch Nullen folgen (siehe Fußnote 20, Seite 193), wird bei der Verwendung von **>>** von links eine weitere Null eingeschoben und die letzte Stelle, hier eine 1, fällt weg. Die resultierende Binärzahl ist dann 011 oder 3 im Dezimalsystem.

Mit Ausnahme des ~ (Nicht) Operator existieren für alle binären Operatoren auch Zuweisungs-Operatoren: **&=**, **|=**, **^=**, **<<=** und **>>=**.

5.6 Ein- und Ausgabe auf der Konsole

In den bisher gezeigten Beispielen haben wir bereits gelernt, dass wir mit `print()` Dinge ausgeben können. Es ist auch tatsächlich möglich, diese Funktion ohne einen Aufrufparameter zu nutzen, dann wird lediglich eine leere Zeile ausgegeben.

Um `print()` für die Ausgabe aus einem Programm zu nutzen, haben wir nun zwei Möglichkeiten. Entweder geben wir den gewünschten Text direkt als Aufrufparameter an die Funktion, oder wir speichern den Text erst in einer Variablen und geben diese an `print()` weiter.

```
# Der Text direkt als Aufrufparameter
print("Hallo Welt!")
# Ausgabe aus einer Variablen
text = "Hallo Welt!"
print(text)
```

Dieser Code erzeugt erwartungsgemäß die Ausgabe:

```
Hallo Welt!
Hallo Welt!
```

Es ist auch möglich, den Text als Aufrufparameter mit Inhalten aus Variablen zu kombinieren.

```
text = "Welt"
print("Hallo " + text + "!")
```

Und auch hier ist die Ausgabe nicht überraschend:

```
Hallo Welt!
```

Diesen Vorgang nennt man String-Konkatenation. Gemeint ist die Verkettung mehrerer Zeichenketten. Hierbei können nur Strings miteinander verkettet werden. Wird eine Variable oder ein Ausdruck verwendet, der keine Zeichenkette ist, muss dieser explizit umgewandelt werden. Dieses Beispiel erzeugt eine Fehlermeldung:

```
print("3 mal 4 ist " + 12)
```

Denn 12 ist hier keine Zeichenkette, sondern eine Ganzzahl. Wie wir aber bereits gesehen haben, können wir eine solche Zahl mit wenig Aufwand in einen String umwandeln.


```
print("3 mal 4 ist " + str(12))
```

Und so erhalten wir auch die erwartete Ausgabe:

```
3 mal 4 ist 12
```

Die Funktion `str()` sorgt dafür, dass andere Variablen in einen String umgewandelt werden.

Soll allerdings nur etwas ausgegeben werden, das keine Zeichenkette ist, sondern ein anderer Datentyp, dann kann `print()` die Umwandlung selbst vornehmen. Auch spielt es dabei keine Rolle, ob die Ausgabe der Inhalt einer Variablen ist oder direkt mit `print()` erzeugt wird. Beispielsweise ist problemlos die Ausgabe einer Fließkommazahl ohne vorherige Umwandlung möglich:

```
print(1.234)
```

Bisher haben wir `print()` immer nur mit einem Parameter aufgerufen. Man kann aber auch mehrere verwenden, um diese hintereinander auszugeben. Beide Zeilen im folgenden Beispiel ergeben die gleiche Ausgabe:

```
print("4 mal 4 ist " + str(16))
print("4 mal 4 ist ", 16)
```

Vielleicht ist es schon aufgefallen: In der zweiten Zeile wird die Ganzzahl nicht in eine Zeichenkette konvertiert. Dies ist hier möglich, da kein konkatenierter String ausgegeben wird, sondern zwei Parameter in Folge, zuerst eine Zeichenkette und danach die Ganzzahl. Eine explizite Umwandlung ist nur dann notwendig, wenn mehrere Inhalte unterschiedlicher Typen zusammen zu einem String verbunden werden sollen. Handelt es sich um separate Parameter, geschieht dies implizit.

Diese Varianten von `print()` bieten eine ganze Reihe von Möglichkeiten, um aus selbstgeschriebenen Programmen heraus Daten so auszugeben, dass der Benutzer sie lesen kann.

Aber wie bekommen wir Daten in unser Programm?

Eine Möglichkeit ist es, diese während der Laufzeit direkt vom Benutzer abzufragen. Dazu gibt es die Funktion `input()`, die den Programmablauf stoppt, sobald sie aufgerufen wird, und erst weiterführt, wenn der Benutzer eine Eingabe vorgenommen und mit der Enter-Taste bestätigt hat.

```
eingabe = input()
print("Eingegeben wurde: ", eingabe)
```

Führen wir diese Zeilen aus, wartet der Interpreter zunächst auf eine Eingabe und gibt danach aus, was wir gerade getippt haben.

```
Python ist vielseitig. [ENTER]
Eingegeben wurde: Python ist vielseitig.
```

Die Benutzereingabe im vorigen Beispiel ist kursiv geschrieben und farblich abgesetzt, um sie von der Ausgabe abzuheben.

Manchmal möchte man dem Benutzer mitteilen, dass gerade auf eine Eingabe gewartet wird und Hinweise dazu geben, was dort eingegeben werden soll. Dazu kann `input()` mit einem String als Parameter aufgerufen werden, der dann ausgeben wird.

```
eingabe = input("Bitte geben Sie etwas ein:")
print("Eingegeben wurde: ", eingabe)
```

Nun ist es etwas deutlicher, was erwartet wird:

```
Bitte geben Sie etwas ein: Python ist vielseitig. [ENTER]
Eingegeben wurde: Python ist vielseitig.
```

Hierbei muss man allerdings darauf achten, dass alle Eingaben zuerst einmal als String, also als Zeichenkette vorliegen. Betrachten wir das folgende Beispiel, wird das deutlich:

```
zahl = input("Eine Zahl:")
```

```
doppelt = 2 * zahl
print("Doppelt: ", doppelt)
```

Ausgeführt bekommen wir das hier:

```
Eine Zahl: 2 [ENTER]
Doppelt: 22
```

Was ist hier passiert? Wie bereits angesprochen, ist jede Eingabe, die durch `input()` verarbeitet wurde, zuerst ein String. Die nachfolgende Rechnung `2 * zahl`, die in der Variable `doppelt` hinterlegt wird, ist demnach keine mathematische Operation, die den eingegebenen Zahlenwert verdoppelt, sondern lediglich die Vervielfachung einer Zeichenkette. Daher ist das Ergebniss nicht wie erwartet die Zahl 4, sondern eine Zeichenkette mit dem Inhalt „22". Für den Python-Interpreter ist diese Ausgabe immer noch ein String. Um zum gewünschten Ergebnis zu gelangen, muss man die Eingabe in den gewünschten Datentyp konvertieren:


```
zahl = input("Eine Zahl:")
doppelt = 2 * int(zahl)
print("Doppelt: ", doppelt)
```

Dann entspricht die Ausgabe auch eher den Erwartungen:

```
Eine Zahl: 2 [ENTER]
Doppelt: 4
```

Dieses Beispiel zeigt deutlich, wie wichtig die korrekte Behandlung von Benutzereingaben ist. Der ausgeführte Code sollte immer dafür sorgen, dass auch nur solche Eingaben weiterverarbeitet werden, die den Erwartungen entsprechen. Eine Prüfung ist mittels Schleifen und Bedingungen möglich, die wir später noch behandeln werden.

Eine weitere Möglichkeit zur Dateneingabe bei einem Python-Programm ist es, diese bereits als Aufrufparameter zu übergeben. Wir haben bereits darüber gesprochen, dass wir eine Python-Datei auch direkt ausführen lassen können, indem wir `python DATEINAME.py` aufrufen. Auch haben wir schon gesehen, wie wir unter Linux bestimmte Befehle und Programme beeinflussen können, indem wir an den Aufruf vordefinierte Zeichenfolgen anhängen. So können wir uns mit `ls -lah` den Inhalt eines Verzeichnisses als schön formatierte Liste anzeigen lassen.

Eine solche Funktionalität lässt sich in Python leicht in ein Programm integrieren. Auch wenn wir bisher nicht aktiv davon Gebrauch gemacht haben, haben wir eigentlich in jeder Python-Datei bereits mindestens einen Aufrufparameter verwendet. Um dies zu demonstrieren, speichern wir den folgenden Code in einer Datei mit dem Namen `aufrufparameter.py`.

```
import sys
print("Skriptname: ", sys.argv[0])
```

Führen wir dies nun aus, können wir als Ausgabe folgendes lesen:

```
Skriptname: D:\Python\aufrufparameter.py
```

Dabei ist der Ordnername natürlich davon abhängig, wo die Datei tatsächlich liegt.[22]

Um auf die Aufrufparameter Zugriff zu bekommen, müssen wir zuerst das Modul sys importieren. Dieses Modul ermöglicht den Zugriff auf die Parameter, indem es die Liste `sys.argv` bereitstellt.

Der erste Eintrag in dieser Liste ist immer der Name des aufgerufenen Skripts. Da Python die Indexierung von Listen bei 0 beginnt, ist also `sys.argv[0]` der erste Eintrag der Liste. Daran sollte man vor allem dann denken, wenn die Anzahl der Aufrufparameter wichtig ist und geprüft werden soll: Der Aufruf `python aufrufparameter.py eins zwei drei` hat dadurch nicht drei, sondern vier Parameter in der Liste!

Um kurz zu verdeutlichen, wie der Zugriff auf diese Parameter erfolgt, ändern wir unsere Datei `aufrufparameter.py` wie folgt ab:

```
import sys
print("Skriptname : ", sys.argv[0])
print("Parameter 1: ", sys.argv[1])
print("Parameter 2: ", sys.argv[2])
```

[22] Wenn wir diesen Test unter Windows versuchen und die Datei über einen Doppelklick ausführen, schließt sich das Fenster direkt nach der Ausführung wieder, sodass man die Ausgabe nicht lesen kann. Um das zu verhindern, kann am Ende des Codes ein input() ausgeführt werden, sodass das Programm erst beendet wird, wenn die Enter-Taste gedrückt wurde.

```
print("Parameter 3: ", sys.argv[3])
```

Da wir hier mit einer festen Anzahl von Aufrufparametern arbeiten, müssen diese auch alle vorhanden sein, denn sonst erhalten wir eine Fehlermeldung. Der Aufruf `python aufrufparameter.py Eins Zwei` erzeugt folgende Ausgabe:

```
Skriptname: D:\Python\aufrufparameter.py
Parameter 1: Eins
Parameter 2: Zwei
Traceback (most recent call last):
  File "aufrufparameter.py", line 5, in <module>
    print("Parameter 3: ", sys.argv[3])
IndexError: list index out of range
```


Die letzte Zeile zeigt uns hier, was das Problem ist. `IndexError: list index out of range` bedeutet, dass wir ein Listenelement angefordert haben, das nicht existiert. Da wir nur zwei Aufrufparameter angegeben haben, existieren auch nur die Indizes 0, 1 und 2 in der Liste `sys.argv`. Auch bei der Verwendung von Aufrufparameter ist es also wichtig zu prüfen, ob sie in der richtigen Anzahl und mit den korrekten Datentypen vorhanden sind. Ändern wir den Aufruf zu `python aufrufparameter.py Eins Zwei Drei`, dann beschwert sich auch der Interpreter nicht mehr und wir lesen folgende Ausgabe:

```
Skriptname: D:\Python\aufrufparameter.py
Parameter 1: Eins
Parameter 2: Zwei
Parameter 3: Drei
```

5.6.1 Übungsaufgaben

Aufgabe 1: Schreiben Sie ein Python-Skript, das die Zahl 11 einer Variable zugewiesen hat und eine weitere Zahl als Eingabe erwartet. Die eingegebene Zahl soll in einer neuen Variable hinterlegt werden und die Summe beider Zahlen mit dem Text „Summe: “ ausgegeben werden.

Aufgabe 2: Schreiben Sie ein Python-Skript, das als Aufrufparameter drei Zahlen entgegennimmt. Diese Zahlen sollen einzeln mit dem Text „Zahl: “ hintereinander ausgegeben werden. Als letztes soll die Summe aller drei Zahlen ausgegeben werden.

Aufgabe 3: Schreiben Sie ein Python Skript, das den Benutzer zuerst nach seinem Namen und dann nach seinem Geburtsjahr fragt. Geben Sie dann eine Nachricht aus, die den Benutzer mit Namen anspricht und anzeigt, wie viele Jahre seit seinem Geburtsjahr vergangen sind.

Lösung Aufgabe 1

```
zahlEins = 11
# Alternativ: int(input("Eine Zahl: "))
zahlZwei = input("Eine Zahl: ")
print("Summe: ", 11 + int(zahlZwei))
```

Lösung der Aufgabe 2

```
import sys
print("Zahl 1: ", sys.argv[1])
print("zahl 2: ", sys.argv[2])
print("Zahl 3: ", sys.argv[3])
print("Summe: ", int(sys.argv[1]) + int(sys.argv[2]) +/ int(sys.
argv[3]))
```

Lösung der Aufgabe 3

```
name = input("Bitte geben Sie Ihren Namen ein: ")
jahr = int(input("Bitten geben Sie Ihr Geburtsjahr ein: "))

vergangeneJahre = 2020 - jahr

print("Hallo " +
      name +
      ", Ihr Geburtsjahr liegt " +
      str(vergangeneJahre) +
      " Jahre zurück.")
```

5.7 Bedingungen

Im letzten Kapitel haben wir die Vergleichs-Operatoren kennengelernt. Bisher haben wir aber noch keine Strukturen vorgestellt, mit denen wir sie auch nutzen können.

Am häufigsten genutzt werden Vergleichs-Operatoren in Bedingungen. Dabei handelt es sich um Programmabschnitte, die in bestimmten Zusammenhängen Entscheidungen fällen können. Sie entsprechen sprachlichen Sätzen wie „Wenn der Inhalt der Variable a gleich dem Inhalt der Variable b ist, dann gib den Text ‚A gleich B' aus." Im Quellcode sieht eine solche Bedingung so aus:

```
if a == b: print("A gleich B")
```

Wie man hier sehen kann, lässt sich diese Zeile tatsächlich fast direkt in die englische Sprache übersetzten.

Das Schlüsselwort, mit dem diese Struktur eingeleitet wird, ist `if`. Darauf folgt ein Vergleich oder eine Bedingung. Wenn die Bedingung als wahr ausgewertet wird, dann wird grundsätzlich alles ausgeführt, was im Block nach der Bedingung steht. Dies kann entweder in der gleichen Zeile sein, oder eingerückt in den folgenden Zeilen. Dabei trennt ein Doppelpunkt **:** die Bedingung vom auszuführenden Code.

Als Bedingung sind alle die Operatoren möglich, deren Aussage als wahr ausgewertet werden kann. Wir zeigen im Folgenden einige Beispiele:

```
frucht = ["Apfel"]
if "Apfel" in frucht: print ("Apfel ist eine Frucht")

apfel = ["Apfel"]
andererApfel = apfel
if apfel is andererApfel: print("Beide Aepfel sind gleich")

a = 5
if a > 3: print("A ist groesser als 3")
```

Das Ergebnis dieser Beispiele:

```
Apfel ist eine Frucht
Beide Aepfel sind gleich
A ist groesser als 3
```

Grundsätzlich sind alle Vergleichs-Operatoren (`==`, `!=`, `>=` `<=`, etc.), Identitäts-Operatoren (is, is not) und Inklusions-Operatoren (in, not in) mögliche Bedingungen, die hier verwendet werden können. Außerdem lassen diese sich auch noch über and, or und not kombinieren.

```
a = 5
if a > 3 and a < 6:
    print("A ist zwischen 3 und 6")
b = 4
if b == 4 or b == 5:
    print("B ist 4 oder 5")
```

In einem solchen Programmteil können auch zwei Befehle (oder zwei Reihen von Befehlen) angegeben werden: Einer, der ausgeführt werden soll, wenn die Bedingung zutrifft und ein zweiter für das Gegenteil.

Das entsprechende Gegenstück zum `if` ist das `else`.

```
a = 4
if a == 3:
    print("A ist 3")
else:
    print("A ist nicht 3")
```

Damit können wir explizit angeben, was passieren soll, wenn eine Bedingung nicht zutrifft. Dabei besteht ein deutlicher Unterschied, ob man einen if-Block formuliert, auf den Anweisungen folgen, oder ob man nach dem `if` ein `else` einbaut, das Anweisungen enthält:

```
a = 4
if a == 4:
    a -= 1
a += 1
print ("a hat den Wert ", a)

b = 4
if b == 4:
    b -= 1
else:
    b += 1
print("b hat den Wert ", b)
```

Damit erhalten wir die Ausgabe:

```
a hat den Wert 4
b hat den Wert 3
```

Denn im ersten Abschnitt wird nur getestet, ob `a` den Wert 4 hat und dann von `a` subtrahiert. Die folgende Addition findet in jedem Fall statt. Im zweiten Abschnitt wird der zweite Schritt nur dann ausgeführt, wenn `a` eben nicht den Wert 4 hat.

Auch für den Fall, dass man mehrere Bedingungen hintereinander prüfen möchte, gibt es eine Lösung. Mit `elif` können weitere Fälle abgefragt werden.

```
a = 4
```

```
if a == 4:
    a = 5
elif a == 5:
    a = 6
else
    a = 1
print(a)
```

In diesem Beispiel wird übrigens eine 5 ausgegeben. Man könnte vermuten, dass eigentlich eine 6 als Ergebnis herauskommen sollte, da die erste Bedingung (`a == 4`) zutrifft und danach a auf den Wert 5 gesetzt wird, worauf die nächste Bedingung (`a == 5`) ja auch wieder zutreffen würde. Dies passiert nicht, da alle Vergleiche eines zusammenhängenden `if-elif-else` Blocks einmalig zu Beginn ausgeführt werden und nicht nacheinander.

Es ist übrigens auch möglich, mehrere `if`-Abfragen zu verschachteln:

```
a = 4
if a > 3:
    if a < 5:
        print("a ist 4")
```

Darüber hinaus gibt es auch noch eine Kurzschreibweise, falls nur ein Befehl ausgewertet werden soll, wenn die Bedingung zutrifft.

```
a = 5
print("a") if a == 5 else print("b")
```

Und natürlich lassen sich die einzelnen Bedingungen auch in dieser Schreibweise verschachteln.

```
print("a ist 5") if a == 5 else print("a ist 6") if a == 6 \
else print("a ist nicht 5 oder 6")
```

Ein if darf in Python übrigens niemals leer sein. Wenn man dennoch einen leeren Block verwenden möchte, hilft `pass`.

```
a=5
if a == 5:
    pass
print("a ist ", a)
```

Mit diesen Werkzeugen lassen sich nun auch komplexere Programmabläufe abbilden. Ein noch viel wichtigeres Tool folgt im nächsten Kapitel.

5.7.1 Übungsaufgaben

Aufgabe 4: Schreiben Sie ein Programm, das nacheinander drei Zahlen vom Benutzer eingeben lässt. Geben Sie dann die größte der Zahlen aus.

Aufgabe 5: Der Benutzer soll eine Zahl eingeben können und danach anhand der Eingabe von „Kreis“ oder „Quadrat“ angeben, ob die Fläche eines Kreises mit dem eingegebenen Zahl als Radius oder eines Quadrats mit der entsprechenden Seitenlänge ausgegeben werden soll.

Lösung der Aufgabe 4

```
zahl1 = int(input("Bitte geben Sie eine Zahl ein: "))
zahl2 = int(input("Bitte geben Sie eine weitere Zahl ein: "))
zahl3 = int(input("Bitte geben Sie eine letzte Zahl ein: "))
ergebnis = 0

if zahl1 >= zahl2 and zahl1 >= zahl3:
    ergebnis = zahl1
elif zahl2 >= zahl1 and zahl2 >= zahl3:
    ergebnis = zahl2
else:
    ergebnis = zahl3

print("Der höchste Wert ist "
      + str(ergebnis) + ".")
```

Lösung der Aufgabe 5

```
import math

zahl = int(input("Bitte geben Sie eine Zahl ein: "))
form = input("Bitte geben Sie \"Kreis\" o. \"Quadrat\"  ein: ")

if form == "Kreis":
    flaeche = 2 * math.pi * zahl
    print("Die Fläche eines Kreise mit dem Radius "
          + str(zahl) + " ist " + str(flaeche))
elif form == "Quadrat":
    flaeche = zahl * zahl
    print("Die Fläche eines Quadrats mit der Kantenlänge "
          + str(zahl) + " ist " + str(flaeche))
```

5.8 Schleifen

Eine der großen Stärken des Computers ist die Fähigkeit, viele kleine, sich häufig wiederholende Aufgaben schnell und zeitlich unbegrenzt auszuführen. Die Lösungen vieler Probleme lassen sich durch immer wieder wiederholte gleiche Aktionen finden.

Nehmen wir als Beispiel die Berechnung der Fakultät einer Ganzzahl. Die Fakultät ist definiert als das Produkt aller natürlichen Zahlen (ohne Null) bis zur gefragten Zahl. Als Symbol für die Fakultät dient das Ausrufungszeichen **!**. Die Fakultäten der Zahlen 0 bis 5 sind also:

- 0! = 1 (Dies ist so festgelegt.)
- 1! = 1
- 2! = 1 * 2 = 2
- 3! = 1 * 2 * 3 = 6
- 4! = 1 * 2 * 3 * 4 = 24
- 5! = 1 * 2 * 3 * 4 * 5 = 120

Um Fakultäten nun bequem durch ein Python-Programm berechnen zu lassen, benötigen wir Schleifen. In Python gibt es zwei Möglichkeiten, Schleifen zu bilden: einmal als `for`-Schleife und einmal als `while`-Schleife.

Die `for`-Schleife führt die enthaltenen Anweisungen für (englisch „for" bedeutet „für") eine bestimmte Anzahl an Wiederholungen aus.

Die `while`-Schleife dagegen wiederholt die Anweisungen, während (englisch „while" bedeutet „während") eine angegebene Bedingung gültig ist.

Die Fakultäts-Berechnung kann mit beiden Schleifenformen dargestellt werden. Zuerst die **for**-Schleife:

```
a = 5
fak = 1
for i in range(1,a + 1):
    fak = fak * i
    print(i, "! ist ", fak)
```

Das Ergebnis ist:

```
1 ! ist 1
2 ! ist 2
3 ! ist 6
4 ! ist 24
5 ! ist 120
```

Auf die eine oder andere Kleinigkeit sollten wir hier aber im Detail noch eingehen.

Wir haben weiter vorne bereits die Funktion von `range()` erläutert. Der Befehl erzeugt eine Folge von Zahlen, die wir über die Parameter definieren können. Dabei nimmt `range(start, stop, step)` maximal drei Parameter entgegen:

- `start` - der Wert, ab dem die Zahlenfolge beginnt.
- `stop` - der Wert, vor dem die Zahlenfolge stoppt. Wichtig ist, dass dieser Wert nicht Teil der Folge ist. Für jede Zahl x der Folge gilt `start <= x < stop`.
- `step` – die Schrittweite zwischen den Zahlen.

Dabei bleibt es dem Programmierer teilweise überlassen, welche Parameter er verwendet. Wir betrachten die Auswirkungen an einigen Beispielen:

- `range(4)`

  Zahlenfolge: 0, 1, 2, 3
  Wird nur eine Zahl als Parameter angegeben, beginnt die Folge mit einer Null und endet vor der angegebenen Zahl. Die Schrittweite ist hier immer 1.

- `range(1,5)`
  Zahlenfolge: 1, 2, 3, 4
  Wird eine zweite Zahl angegeben, dann enthält die Zahlenfolge alle Ganzzahlen, die größer oder gleich dem Start-Wert und kleiner als der Stopp-Wert sind. Auch hier ist die Schrittweite immer 1.

- `range(2,10,2)`
  Zahlenfolge: 2,4,6,8
  Kommt eine dritte Zahl dazu, definiert diese die Schrittweite.

Zwar lassen sich mit `range()` schon viele Anwendungsfälle abdecken. Python bietet aber noch einiges mehr, denn nach der Definition einer `for`-Schleife können alle Objekte als Durchlaufzähler verwendet werden, die „iterierbar" sind. „Iterierbar" bedeutet, dass man diese Objekte Element für Element durchgehen kann und dass es zu jedem Zeitpunkt definiert ist, welches das nächste Element ist und ob es weitere Elemente gibt (oder ob das aktuelle Element das letzte ist). Zu solchen Elementen zählen[23]:

Strings: Eine Schleife über einen String geht einzelne Zeichen durch. Beispiel:

```
a = "Apfel"
for i in a:
    print(i)
```

Ausgabe:

```
A
p
f
e
l
```

Listen: Hier wird für jedes Listenelement einmal die Schleife durchlaufen. Beispiel:

```
l = ["Apfel", "Birne", "Banane"]
for i in l:
    print(i)
```

Ausgabe:

```
Apfel
Birne
Banane
```

Tupel: Jedes Element des Tupels erzeugt einen Durchlauf. Beispiel:

[23] Die einzelnen Datentypen werden hier nur kurz behandelt, um die Grundlage für die kommenden Kapitel zu legen, die eine Grundkenntnis der Funktion von Schleifen in Verbindung mit diesen Typen vorraussetzen.

```
t = ("Auto", "Reifen", "Scheibe")
for i in t:
    print(i)
```

Ausgabe:

```
Auto
Reifen
Scheibe
```

Sets (und Frozensets): Auch hier wird für jedes Element im Set einmal die Schleife durchlaufen. Beispiel:

```
s = {"Hund", "Katze", "Maus"}
for i in s:
    print(i)
```

Ausgabe:

```
Hund
Katze
Maus
```

Dictionarys: Hier gibt esebenfalls einen Durchlauf pro Element. Beispiel:

```
d = {"Links": 1, "Rechts": 2, "Oben": 3}
for i in d:
    print(i)
```

Ausgabe:

```
Links
Rechts
Oben
```

Übrigens ist die Iterationsfähigkeit dieser Datentypen nicht nur in einer Schleife nutzbar. Es ist auch möglich, einen sogenannten „Iterator", mit dem die Elemente durchgegangen werden können, selbst anzulegen und zu verwenden:

```
l = ["Apfel", "Birne", "Banane"]
meinIterator = iter(l)
next(meinIterator)
next(meinIterator)
next(meinIterator)
```

Dieser Code erzeugt die folgende Ausgabe:

```
Apfel
Birne
Banane
```

Der Aufruf von `next()` gibt immer das nächste Elemente aus. Wird `next()` öfter verwendet als es Elemente gibt, dann gibt Python einen Fehler aus.

Normalerweise läuft eine **for**-Schleife so lange, wie es Elemente im verwendeten iterierbaren Objekt gibt. Ist der letzte Durchlauf beendet, wird der auf die Schleife folgende Code ausgeführt.

Soll in einem speziellen Fall eine Schleife früher unterbrochen werden, dann haben wir dafür zwei Optionen:

Wenn wir den aktuellen Durchlauf beenden wollen und direkt in den nächsten springen möchten, dann können wir continue aufrufen.

```
for i in range(5):
    if i == 3: continue
    print(i)
```

Ausgabe:

```
0
1
2
4
```

Soll dagegen die Schleife komplett abgebrochen werden, können wir **break** verwenden.

```
for i in range(5):
    if i == 3: break
    print(i)
```

Ausgabe:

```
0
1
2
```

Darüber hinaus gibt es auch noch eine Möglichkeit, am Ende des Schleifendurchlaufes explizit bestimmte Befehle auszuführen. Dazu kann an eine `for`-Schleife ein `else` angefügt werden.

```
for i in range(3):
    print(i)
else:
    print("fertig")
```

Ausgabe:

```
0
1
2
fertig
```

Die zweite Schleifenvariante ist die `while`-Schleife. Wie in der Einführung dieses Kapitels bereits erwähnt, wird sie ausgeführt, solange eine bestimmte Bedingung erfüllt ist. Klassisch wird sie auch gerne für unendliche Schleifen verwendet:

```
while(True):
    print("Ein Durchlauf…")
```

Hier würde die Schleife endlos oft den Text „Ein Durchlauf" ausgeben, da sie ausgeführt wird, solange `True` wahr ist. Und das ist es per Definition immer.

Diese Eigenschaft der `while`-Schleife führt häufig zu Fehlern, da es hier recht einfach ist, die Bedingung zur Laufzeit der Schleife falsch zu formulieren. Ein offensichtliches Beispiel:

```
a=2
b=-1
while a < 10:
    a+=b
```

Auch diese Schleife wird ewig laufen, da wir zwar innerhalb der Schleife immer den Wert von `b` auf `a` aufaddieren, dieser aber leider negativ ist. Dadurch wird `a` nur immer weiter ins Negative gehen und ist dadurch immer kleiner als 10.

Übrigens wird die Durchlaufbedingung geprüft, bevor etwas in der Schleife ausgeführt wird. So wird die Schleife gar nicht ausgeführt, wenn bereits die Prüfung fehlschlägt.

Grundsätzlich kann als Schleifenbedingung alles verwendet werden, was wir auch in einer `if`-Bedingung verwenden können.

Auch die Anweisungen `continue`, `break` und `else` funktionieren in `while`-Schleifen.

5.8.1 Übungsaufgaben

Aufgabe 6: Aus einem Bereich zwischen einem Minimalwert und einem Maximalwert sollen alle geraden Zahlen ausgegeben werden. Minimal- und Maximalwert sollen vom Benutzer eingegeben werden.

Aufgabe 7: Schreiben Sie ein Programm, das zuerst eine zufällige, ganze Zahl zwischen 1 und 10 erzeugt. Der Benutzer soll diese Zahl nun erraten. Wenn er die Zahl richtig rät, soll eine Meldung kommen, die ihm gratuliert und die Anzahl der benötigten Versuche ausgibt.

Hinweis: Eine zufällige Zahl kann mit dem folgenden Code erzeugt werden:

```
import random

random.seed()
zufall = random.randint(min, max)
```

Aufgabe 8: Ihr Programm soll den Benutzer nach zwei Ganzzahlen zwischen 2 und 10 fragen. Damit soll das Programm ein Rechteck aus Zeichen ausgeben, das in Länge und Breite den eingegebenen Werten entspricht.

Lösung der Aufgabe 6

```
minimum = maximum = 0

# Die Eingabe wird wiederholt, wenn das Minimum
# nicht kleiner als das Maxmimum ist.
while minimum >= maximum:
    minimum = int(input("Minimalwert: "))
```

```
    maximum = int(input("Maximalwert: "))

for i in range(minimum, maximum):
    if i % 2 == 0:
        print(str(i))
```

Lösung der Aufgabe 7

```
import random

random.seed()
zahl = random.randint(1,10)

# Die Variable wird ausserhalb des Ratebereichs initialisiert
geraten = 11
versuche = 0

while geraten != zahl:
    # Erst im zweiten Durchlauf wird diese Nachricht ausgegeben
    if versuche >= 1:
        print("Das war nicht richtig.")
    geraten = int(input("Bitte raten Sie eine Zahl zwischen 1
    und 10: "))
    versuche += 1

print("Sie haben die Zahl erraten und dafür "
      + str(versuche) + " Versuche benötigt.")
```

Lösung der Aufgabe 8

```
zahl1 = zahl2 = 0

while zahl1 < 2 or zahl1 > 10 or zahl2 < 2 or zahl2 > 10:
    zahl1 = int(input("Bitte geben Sie eine Zahl \
zwischen 2 und 10 ein: "))
    zahl2 = int(input("Bitte geben Sie eine weitere \
Zahl zwischen 2 und 10 ein: "))

for x in range(0, zahl1):
    # Für jede Zeile wird ein String mit der entsprechenden
    # Anzahl an Zeichen erzeugt
    zeile = ""
    for y in range(0, zahl2):
        zeile += "X"
    print(zeile)
```

5.9 Listen und Arrays

In den allermeisten Programmiersprachen ist das Array eine der am häufigsten genutzten Strukturen, wenn eine große Anzahl von Variablen unter einem gemeinsamen Namen gespeichert werden soll.

Unter Python hat sich statt des Arrays dagegen die Liste durchgesetzt, daher behandeln wir zuerst diese, bevor wir kurz Arrays betrachten.

In einer Liste sind Objekte in einer definierten Reihenfolge hinterlegt. Dabei müssen diese Objekte nicht alle vom gleichen Typ sein. Es ist problemlos möglich, Zahlen und Zeichenketten oder komplexere Datentypen zu mischen. Listen können sogar weitere Listen als Elemente enthalten.

Um eine Liste zu definieren, werden die Elemente mit Komma getrennt zwischen zwei eckige Klammern `[ ]` geschrieben. Diese Liste kann dann auch leer sein und die Elemente erst später hinzugefügt werden.

```
a = ['e','f','g']
b = ['e', 2, 'g']
c = [a, b]
d = []
```

`a` ist eine Liste aus Buchstaben. `b` ist eine Liste, die gemischte Objekttypen enthält, nämlich Zahlen und Buchstaben. `c` ist eine Liste, die Listen enthält, eine sogenannte „nested"-Liste. `d` ist eine leere Liste.

Der Zugriff auf den Inhalt der Liste erfolgt über einen Index. Das ist eine Ganzzahl, die den Zugriff auf das hinterlegte Objekt ermöglicht.

```
a = ['e','f','g']
print(a[0])
print(a[1])
print(a[2])
```

Ausgabe:

```
e
f
g
```

Der Index des ersten Elements ist dabei immer 0. Alternativ kann auch ein negativer Index verwendet werden, damit wird die Liste vom hinteren Ende an durchgegangen.

```
a = ['e','f','g']
print(a[-1])
print(a[-2])
print(a[-3])
```

Ausgabe:

```
g
f
e
```

Der negative Index beginnt bei -1, nicht bei 0.

In beiden Fällen muss man darauf achten, dass man kein Element anfragt, das nicht existiert. Dann meldet der Python-Interpreter einen Fehler.

Die Funktion `len()` gibt an, wie viele Elemente aktuell in der Liste sind. Damit kann dann beispielsweise schnell die gesamte Liste durchlaufen werden.

```
a = [1, 2, 3, 4, 5]
b = 0
for i in range(len(a)):
    b += a[i]
print (b)
```

Diese Schleife läuft über alle Elemente von `a` und summiert sie in der Variable `b` auf. Das Ergebnis (15) wird dann ausgegeben. Dieses Beispiel dient hier nur der Illustration von `len()`, denn Listen können einfach als Laufparameter für **for**-Schleifen angegeben werden.

```
a = [1, 2, 3, 4, 5]
b = 0
for i in a:
    b += a[i]
print (b)
```

Manchmal reicht es auch aus, nur einen Teil einer Liste zu betrachten. Hierfür gibt es das sogenannte „Slicing", mit dem Teilbereiche von Listen definiert werden können. Betrachten wir die Liste `a`

= ['a', 'b', 'c', 'd', 'e'], können wir daran die verschiedenen Möglichkeiten zur Unterteilung zeigen:

- a[:3], alle Elemente aus a bis zum Index 3. Index 3 ist nicht eingeschlossen.

  Ergebnis: ['a','b','c']

- a[3:], alle Elemente aus a ab dem Index 3. Index 3 ist mit eingeschlossen.
  Ergebnis: ['d','e']

- a[1:3], alle Elemente aus a ab dem Index 1 bis zum Index 3. Index 1 ist mit eingeschlossen, Index 3 nicht.
  Ergebnis: ['b','c']

Eine Liste ist in Python nicht starr, Elemente können hinzugefügt oder heraus genommen werden.

Über liste.append(Element) werden der Liste neue Elemente hinzugefügt.

```
a = [1,2,3,4]
a.append(5)
print(a)
```

Ausgabe:

```
[1,2,3,4,5]
```

Mit liste.insert(Index, Element) wird an der mit dem Index bezeichneten Position ein Element eingefügt und der folgende Rest nach hinten verschoben.

```
a = [1,2,3,4]
a.insert(0, 5)
print(a)
```

Ausgabe:

```
[5,1,2,3,4]
```

Mit liste.extend(weitereListe) können zwei Listen aneinandergehängt werden.

```
a = [1,2,3]
```

```
b = [4,5]
a.extend(b)
print(a)
```

Ausgabe:

```
[1,2,3,4,5]
```

Alternativ kann einfach der +-Operator verwendet werden.

Um Elemente zu entfernen, benutzen wir `del()` oder `liste.remove(Element)`.

```
a = [1,2,3,4,5]
del a[2]
print(a)
a.remove(4)
print(a)
```

Ausgabe:

```
[1,2,4,5]
[1,2,5]
```

Mit `remove()` wird das erste Vorkommen eines Elements gelöscht, wenn es in der Liste weitere passende Einträge gibt, werden diese aber nicht geändert.

Mit `liste.pop()` wird ebenfalls ein Element aus einer Liste entfernt, allerdings wird dieses zurückgegeben, sodass man damit weiter arbeiten kann.

```
a = [1,2,3,4,5]
b = a.pop()
print(b)
```

Ausgabe:

```
5
```

`pop()` kann auch mit einem Index als Parameter aufgerufen werden, dann wird nicht das letzte Element, sondern das am gewünschten Index zurückgegeben.

Weitere Funktionen und Operatoren für den Umgang mit Listen:

- `liste.index(Element)`

Gibt den Index des Elements aus.

- `liste.sort()`
  Sortiert die Elemente einer Liste.
- `liste.reverse()`
  Kehrt die Reihenfolge der Elemente um.
- `liste.count(Element)`
  Zählt, wie oft ein Element in einer Liste vorkommt.
- `*`
  Die Multiplikation einer Liste mit einer Ganzzahl ergibt eine Liste, die in der gewünschten Anzahl Wiederholungen der ursprünglichen Liste enthält.
- `Element in liste`
  Gibt an, ob das angegebene Element in der Liste vorhanden ist. Mit not in kann das Gegenteil getestet werden.

Eingangs haben wir Arrays erwähnt, die in Python durch Listen mehr oder weniger in den Hintergrund gedrängt wurden. Dies geht soweit, dass es in Python keinen eingebauten Datentyp für Arrays gibt. Dementsprechend gibt es keine allgemeingültige Definition für Arrays und diese ist immer abhängig vom Modul, das diese Klasse implementiert.

Daher können wir hier keine allgemeinen Erläuterungen geben. Wenn tatsächlich Arrays verwendet werden müssen, empfehlen wir einen Blick in die zugehörige Dokumentation, um die Unterschiede und Gemeinsamkeiten zu Listen herauszufinden.

5.9.1 Übungsaufgaben

Aufgabe 9: Schreiben Sie ein Programm, das alle Zahlen in einer Liste aufsummiert. Beispielliste: [199, 45, 332, 234, 106, 74, 12, 143]

Aufgabe 10: Schreiben Sie ein Programm, das aus der Beispielliste aus Aufgabe 9 die kleinste und größte Zahl ausgeben kann.

Aufgabe 11: Schreiben Sie ein Programm, das eine Liste aus Ganzzahlen der Größe nach sortiert.

Aufgabe 12: Schreiben Sie ein Programm, das alle Duplikate aus einer Liste entfernt.

Aufgabe 13: Schreiben Sie ein Programm, das aus zwei Listen alle gemeinsamen Elemente in einer neuen Liste speichert.

Aufgabe 14: Schreiben Sie ein Programm, das zwei Listen vergleicht und jeweils ausgibt, welche Elemente in der anderen Liste vorhanden sind und in der ersten Liste nicht.

Lösung der Aufgabe 9

```
liste = [ 199, 45, 332, 234, 106, 74, 12, 143 ]

# Manuelle Variante
summe = 0
for i in liste:
    summe += i

print("Die Summe ist " + str(summe))

# Alternative Lösung
print("Die Summe ist " + str(sum(liste)))
```

Lösung der Aufgabe 10

```
liste = [ 199, 45, 332, 234, 106, 74, 12, 143 ]

# Manuelle Variante
minimum = liste[0]
maximum = liste[0]
for i in liste:
    if i < minimum:
        minimum = i
    if i > maximum:
        maximum = i

print("Die kleinste Zahl ist " + str(minimum))
print("Die größte Zahl ist " + str(maximum))

# Alternative Lösung
print("Die kleinste Zahl ist " + str(min(liste)))
print("Die größte Zahl ist " + str(max(liste)))
```

Lösung der Aufgabe 11

```
liste = [ 199, 45, 332, 234, 106, 74, 12, 143 ]

# Manuelle Variante
sortiert = []
for i in range(0, len(liste)):
    minimum = min(liste)
    sortiert.append(minimum)
    liste.remove(minimum)

print(sortiert)

# Da die Liste geleert wurde, füllen wir sie erneut
liste = [ 199, 45, 332, 234, 106, 74, 12, 143 ]

# Alternative Lösung
liste.sort()
print(liste)
```

Lösung der Aufgabe 12

```
liste = [ 199, 45, 12, 332, 234, 106, 74, 12, 143, 199 ]

ohneDubletten = []

for i in liste:
    if i not in ohneDubletten:
        ohneDubletten.append(i)

print(ohneDubletten)
```

Lösung der Aufgabe 13

```
liste1 = [ 199, 45, 12, 332, 234, 106, 74, 12, 143, 199 ]
liste2 = [ 254, 41, 32, 623, 45, 199, 73, 126, 332, 101 ]

ueberschneidung = []

for i in liste1:
    if i in liste2:
        ueberschneidung.append(i)

print(ueberschneidung)
```

Lösung der Aufgabe 14

```
liste1 = [ 199, 45, 12, 332, 234, 106, 74, 12, 143, 199 ]
liste2 = [ 254, 41, 32, 623, 45, 199, 73, 126, 332, 101 ]

ergebnis = []
for i in liste1:
    if i not in liste2:
        ergebnis.append(i)
print("Elemente in Liste 1 die nicht in Liste 2 sind:")
print(ergebnis)

ergebnis = []
for i in liste2:
    if i not in liste1:
        ergebnis.append(i)
print("Elemente in Liste 2 die nicht in Liste 1 sind:")
print(ergebnis)
```

5.10 Zeichenketten und deren Operationen

Die Klasse `str` beziehungsweise „Strings“ für Zeichenketten wurde hier bereits häufig verwendet. Aufgrund ihrer Vielseitigkeit ist es dennoch sinnvoll, ihr etwas mehr Beachtung zu schenken.

In frühen Python-Versionen gab es einmal eine Klasse mit dem Namen `string`, diese sollte aber nicht mehr verwendet werden.

Strings sind Folgen von Buchstaben, die von Anführungszeichen eingefasst werden. Dabei können sowohl einzelne als auch doppelte Anführungszeichen verwendet werden. Bestandteil der Zeichenfolge sind dann alle Zeichen, die zwischen dem passenden öffnenden und schließenden Anführungszeichen stehen. Wie groß der String sein kann, ist lediglich vom Speicher des ausführenden Computers abhängig. Auch leere Zeichenfolgen sind erlaubt.

Da wir das umschließende Anführungszeichen wählen können, können wir die jeweils andere Form innerhalb unseres Strings verwenden.

```
# Nicht erlaubt
a = "Er sagte: "Das ist ja praktisch!" und ging weiter."
# Erlaubt
b = 'Er sagte: "Das ist ja praktisch!" und ging weiter. '
c = "Er sagte: 'Das ist ja praktisch!' und ging weiter."
```

Der Python-Interpreter kann angewiesen werden, die besondere Bedeutung eines Zeichens zu ignorieren. Diesen Vorgang nennt man „Escapen“. Dazu wird wird dem entsprechenden Zeichen einfach ein Backslash vorangestellt.

```
a = "Er sagte: \"Das ist ja praktisch!\" und ging weiter."
```

In diesem Beispiel wurden die doppelten Anführungszeichen in unserem String „escaped“ und wir erhalten keine Fehler bei der Ausführung.

Darüber hinaus wird der Backslash in Zeichenketten aber auch verwendet, um spezielle Steuerbefehle zu geben.

So wird zum Beispiel `\n` für einen Zeilenumbruch verwendet, `\t` für einen Tabulatorschritt.

Es gibt auch die Möglichkeit, einen String genauso auszugeben, wie er geschrieben wurde, ohne dass entsprechende Steuer- oder Sonderzeichen interpretiert werden. Diese Zeichenketten werden dann als „Raw String“, also „rohe“ Zeichenfolge gekennzeichnet.

```
print('Zeichen\nkette')
print(r'Zeichen\nkette')
```

Ausgabe:

```
Zeichen
kette
Zeichen\nkette
```

Aber auch damit sind die Möglichkeiten, Strings zu deklarieren, noch nicht ausgeschöpft. Man kann zum Beispiel anstelle der einfachen Einzel- oder Doppelanführungszeichen auch dreifache verwenden. In den so definierten Zeichenketten können jetzt einzelne und doppelte Anführungszeichen sowie Zeilenumbrüche verwendet werden, ohne sie zu escapen. Beispiele:

```
print('''Einzeln (') und Doppelt(")''')
print('''Hier ist ein Umbruch
und hier ist ein weiterer
gefolgt von einem Dritten.''')
```

Strings können aber nicht nur definiert und ausgegeben werden. Gerade in der Interaktivität der Programme mit dem Benutzer werden immer wieder Möglichkeiten gebraucht, die Zeichenketten zu manipulieren, zusammenzufügen oder zu teilen.

Mit dem Additionsoperator werden Strings „konkateniert", also aneinandergehängt.

```
a = "Fall"
b = "obst"
print(a+b)
```

Ausgabe:

```
Fallobst
```

Der Multiplikationsoperator * wiederholt den String in der angegeben Häufigkeit.

```
a = "Test."
b = a * 3
c = 3 * a
print(b)
print(c)
```

Ausgabe:

```
Test. Test. Test.
Test. Test. Test.
```

Wird eine negative Zahl bei der Multiplikation verwendet, ist das Ergebnis ein leerer String. Sowohl die Addition als auch die Multiplikation erinnern sehr deutlich an die Verwandtschaft von Strings und Listen. Dies wird im Folgenden sicher noch öfter auffallen.

Möchten wir wissen, ob ein String in einem zweiten enthalten ist, dann gibt es dafür den Operator `in`.

```
a = 'abc'
b = 'b'
c = b in a     # c ist Wahr, also True
```

Natürlich können wir auch hier auf das Gegenteil testen, dafür ergänzen wir `in` um `not`.

```
a = 'abc'
b = 'b'
c = b not in a     # c ist Falsch, also False
```

Bei allen Operatoren, die mit zwei Strings arbeiten, muss man darauf achten, dass tatsächlich beide Operanden Zeichenketten sind. Das hier wird einen Fehler erzeugen:

```
a = '123'
b = 1
c = b in a     # Fehler! B ist kein String.
```

Dieses Problem lässt sich einfach umgehen, indem wir den Inhalt der Variable b in einen String umwandeln. Dazu verwenden wir `str()`.

```
a = '123'
b = 1
c = str(b) in a     # c ist Wahr, also True.
```


In diesem Fall funktioniert die Operation, da wir `b` zuerst konvertiert haben. Mit `str()` lassen sich alle eingebauten Objekttypen in Strings konvertieren.

Auf der Ebene des Computers werden alle Zeichen, egal ob Buchstaben, Zahlen oder Sonderzeichen, als Zahlen repräsentiert. Dadurch ist es manchmal nützlich oder notwendig, eine entsprechende Umwandlung selbst vornehmen zu können. Die Grundlage hierfür bildet der ASCII[24]-Zeichensatz.

```
print(ord('a'))
print(chr(97))
```

Ausgabe:

```
97
a
```

Mit `ord()` kann dekodiert werden, welche Zahl dem angegebenen Zeichen zugeordnet ist. Für das „a" ist das der Wert 97. Dementsprechend kann mit `chr()` die umgekehrte Richtung gegangen werden und aus der 97 wird wieder ein „a".

[24] American Standard Code for Information Interchange, kurz ASCII ist ein Standard, der Zeichen als 7-Bit Wert kodiert. Enthalten sind das Alphabet und die Zahlen von 0 bis 9 sowie einige Interpunktions- und Sonderzeichen. Andere Zeichenkodierungen enthalten wesentlich mehr einzelne Zeichen und orientieren sich bei der Zuordnung der ersten 128 Zeichen am ASCII-Standard.

Hat man mehr als ein einzelnes Zeichen, also eine ganze Zeichenkette, dann bietet uns die String-Klasse auch die Möglichkeit, einzelne Buchstaben direkt anzusprechen. Das funktioniert genau so, wie wir es bei den Listen gelernt haben.

```
a = 'edcbabcde'
print(a)
print(a[2]))
print(ord(a[2]))
```

Ausgabe:

```
edcbabcde
c
99
```

Über den Index können wir die einzelnen Zeichen ansprechen.

Kombinieren wir das nun mit der Funktion `len()`, dann können wir schnell und einfach alle Zeichen eines Strings durchlaufen. `len()` gibt nämlich die Anzahl der in der Zeichenkette enthaltenen Einzelzeichen an.

```
a = 'edcbabcde'
for i in range(len(a)):
    print(a[i],)
```

Ausgabe:

```
e
d
c
b
a
b
c
d
e
```

Ebenfalls bekannt aus dem Umgang mit den Listen: Das Slicing.

```
a = 'Fallobstzeit'
print(a[4:8])
```

Ausgabe:

```
obst
```

Um in einem String mit Variablen zu arbeiten, die im Programm verwendet werden, haben wir bisher zwei Möglichkeiten kennengelernt. Bei der Ausgabe mit `print()` können sie mit Komma getrennt hintereinander aufgeführt werden oder mit dem +-Operator konkateniert werden. Beide Techniken können aber schnell unübersichtlich werden:

```
a = 4
b = 5
c = a * b
print('a ist ', a, '. b ist ', b,'. a mal b ist ', c, '.')
```

Ausgabe:

```
a ist 4. b ist 5. a mal b ist 20.
```


Eine elegantere Lösung bieten die sogenannten „f-Strings“, die formatierten Strings. Mit diesen ist es möglich, in einem String den Namen einer Variablen zu verwenden, der dann automatisch mit dem entsprechenden Wert ersetzt wird. Dazu wird der Name einfach zwischen zwei geschwungene Klammern `{ }` geschrieben.

Um dem Python-Interpreter mitzuteilen, dass ein String ein f-String ist, muss diesem ein `f` vorangestellt werden.

```
a = 12
b = f'Das Jahr hat {a} Monate.'
print(b)
```

Ausgabe:

```
Das Jahr hat 12 Monate.
```

Die Variablen werden dabei nur einmal ausgewertet.

```
a = 12
b = f'Das Jahr hat {a} Monate.'
print(b)
a = 13
print(b)
```

Ausgabe:

```
Das Jahr hat 12 Monate.
Das Jahr hat 12 Monate.
```

Darüber hinaus gibt es noch eine ganze Reihe weiterer Funktionen, die die String-Klasse mitbringt und die im täglichen Gebrauch hilfreich sein können. Die Aufrufe entsprechen dem folgenden Beispiel:

```
a = 'DaS iST Ein Test.'
print(a.capitalize())
```

Ausgabe:

```
Das ist ein test.
```

Einige der nachfolgend genannten Funktionen haben zusätzliche Parameter, die wir mit `y` und `z` bezeichnen. Diese sind optional und geben einen Teil-String an, der anstelle der gesamten Zeichenkette betrachtet werden soll.

- `a.capitalize()`

  Gibt einen String zurück, bei dem alle Buchstaben klein sind und nur der erste groß.

- `a.lower()`
  Wandelt alle Zeichen in Kleinbuchstaben um.

- `a.upper()`
  Wandelt alle Zeichen in Großbuchstaben um.

- `a.title()`
  Gibt einen String zurück, bei dem der erste Buchstabe jedes Wortes geschrieben groß ist.

- `a.swapcase()`
  Vertauscht Groß- und Kleinschreibung.

- `a.count(x, y, z)`
  Gibt an, wie oft x in a ohne Überlappung vorkommt. Hier sehen wir auch die eingangs erwähnten zusätzlichen Parameter `y` und `z`, die über Indizes einen Teil-String definieren der anstelle der ganzen Zeichenkette betrachtet werden soll.

- `a.endswith(x, y, z) / a.startswith(x, y, z)`
  Gibt an, ob a mit x endet/anfängt.

- `a.find(x, y, z)`
  Gibt die erste Position an, an der `x` in `a` vorkommt. Wenn `x` nicht vorkommt, ist die Rückgabe -1. Um vom Ende des Strings rückwärts zu suchen, verwendet man `a.rfind()`
- `a.index(x, y, z)`
  Identisch zu `a.find()`, allerdings wird hier ein Fehler erzeugt, wenn `x` nicht gefunden wird. Auch hier gibt es eine Funktion, die vom Ende aus sucht: `a.rindex()`
- `a.isalnum()`
  Gibt an, ob ein String nur aus Zahlen und Buchstaben besteht.
- `a.isalpha()`
  Gibt an, ob ein String nur aus Buchstaben besteht.
- `a.isdigit()`
  Gibt an, ob ein String nur aus Zahlen besteht.
- `a.islower()/a.isupper()`
  Gibt an, ob alle Buchstaben im String Kleinbuchstaben/Großbuchstabensind.
- `a.isspace()`
  Gibt an, ob der String nur aus Leerzeichen, Tabs oder Zeilenumbrüchen besteht.

Da die String-Klasse sehr umfangreich ist, möchten wir an dieser Stelle auf die Dokumentation[25] verweisen, die etliche weitere Funktionen auflistet.

5.10.1 Übungsaufgaben

Aufgabe 15: Schreiben Sie ein Programm, das die Länge eines Strings ausgibt. Verwenden Sie dazu nicht die eingebaute Längen-Funktion.

Aufgabe 16: Schreiben Sie ein Programm, das den Benutzer auffordert, einen String einzugeben. Zu diesem String soll das Programm ein Dictionary erstellen, das zu jedem enthaltenen Buchstaben die Häufigkeit

[25] https://bmu-verlag.de/rk19

speichert, unabhängig von Groß- und Kleinschreibung. Dieses Dictionary soll dann Element für Element ausgegeben werden.

Beispiel: Das eingegebene Wort ist „Trommel", das resultierende Dictionary sollte dann wie folgt aussehen:
{'t': 1, 'r': 1, 'o': 1, 'm': 2, 'e': 1, 'l': 1}

Aufgabe 17: Schreiben Sie ein Programm, das eine „Caesar-Verschlüsselung" ver- und entschlüsseln kann. Für diese Verschlüsselung wird ein Versatz definiert, um den das gesamte Alphabet verschoben wird. Mit dem Wert 4 als Verschiebung ist das resultierende Alphabet nicht mehr „ABCDEF[...]UVWXYZ" sondern „EFGHIJK[...]YZABCD". Aus „ABCD" wird verschlüsselt „EFGH".

Das Programm soll den Benutzer zuerst nach einem Wert für die Verschiebung fragen und dann, ob ein String ver- oder entschlüsselt werden soll.

Lösung der Aufgabe 15

```
zeichenkette = "Zeichenkette"
laenge = 0

for i in zeichenkette:
    laenge += 1

print("Der String hat " + str(laenge) + " Zeichen.")
```

Lösung der Aufgabe 16

```
buchstaben = {}

wort = input("Bitte geben Sie ein Wort ein: ")

for i in wort:
    if i not in buchstaben:
        buchstaben[i] = 1
    else:
        buchstaben[i] += 1

for i in buchstaben:
    print( i + ": " + str(buchstaben[i]))
```

Lösung der Aufgabe 17

```
# Der Wertebereich der gültigen Buchstaben.
start = ord(‚a')
ende = ord(‚z')

verschiebung = int(input("Bitte geben Sie die Verschiebung \
an: "))
richtung = ""
while richtung != ‚v' and richtung != ‚e':
    richtung = input("Bitte geben Sie an \
ob Verschlüsselt (v) oder Entschlüsselt (e) werden soll: ")

# Zur Vereinfachung werden nur Kleinbuchstaben verwendet
text = input("Bitte geben Sie den Text \
in Kleinbuchstaben ein: ").lower()
verarbeitet = ""

for i in text:
    # Wenn das Zeichen nicht im Bereich der
    # Kleinbuchstaben liegt wird es unverändert
    # übernommen.
    if ord(i) < start or ord(i) > ende:
        verarbeitet += i
        continue
    if richtung == ‚v':
        ziel = ord(i) + verschiebung
    elif richtung == ‚e':
        ziel = ord(i) - verschiebung

    # Überschreitet eine Verschiebung den Bereich
    # dann wird zurückgerechnet.
    while ziel > ende or ziel < start:
        if ziel > ende:
            ziel -= ende - start + 1
        elif ziel < start:
            ziel += ende - start + 1

    verarbeitet += chr(ziel)

print(verarbeitet)
```

5.11 Funktionen

In vielen Programmiersprachen ist eine der obersten Vorgaben „Do not repeat yourself!" – „Wiederhole dich nicht!". Damit ist gemeint, dass man den gleichen Programmcode nicht mehr als einmal schreiben sollte.

Mit den bisher gelernten Dingen ist das nur schwer möglich. Alle Beispiele führen den Code einfach nur linear hintereinander aus. Eine kleine Abweichung haben wir mit der Einführung von Schleifen gesehen, aber so richtig haben wir dieses Muster noch nicht aufgebrochen.

Nehmen wir ein simples Beispiel: Der Benutzer soll dreimal hintereinander eine Zahl eingeben. Die Summe aller drei Zahlen wird dann ausgegeben. Mit dem bisher Gelernten können wir auf diese Lösung kommen:

```
a = 0

for i in range(0, 3):
  b = int(input('Bitte eine Zahl eingeben: '))
  a += b

print('Die Summe ist ', a, '.')
```

Ausgabe:

```
Bitte eine Zahl eingeben: 3 [ENTER]
Bitte eine Zahl eingeben: 4 [ENTER]
Bitte eine Zahl eingeben: 6 [ENTER]
Die Summe ist 13.
```

Durch die Verwendung von Schleifen ist dieser Code zwar schon kompakt, aber wir können es tatsächlich noch etwas eleganter lösen und die eigentliche Funktionalität auslagern.

Funktionen ermöglichen es uns, einen Programmblock über einen definierten Namen abzurufen und beliebig oft auszuführen, ohne den enthaltenden Quelltext mehrfach zu schreiben.

Am obigen Beispiel können wir nun eine einfache Funktion betrachten:

```
a = 0
def zahl_abfragen():
    x = int(input('Bitte eine Zahl eingeben:  '))
```

```
    return x

for i in range(3):
    a += zahl_abfragen()

print(a)
```

Eine Darstellung der Ausgabe ist hier unnötig, denn bei der Ausführung gibt es keinen Unterschied zur obigen Fassung des Codes.

Mit dem folgenden Strukturbeispiel können wir eine generelle Vorstellung davon bekommen, wie Funktionen aufgebaut sind:


```
def funktions_name ( argument_1, argument_2 ):
    wert = 1                        # Funktionsinhalt
    return wert                     # Rückgabe

def funktions_name_2 ():
    print('Funktion 2')             #Funktionsinhalt

a = funktions_name(1,2)
funktions_name_2()
```

Eingeleitet wird eine Funktion mit dem Schlüsselwort `def`. Darauf folgt ein Name, der den Vorgaben für Variablennamen in Python entsprechen muss. Funktionsnamen werden in der Regel so gewählt, dass sofort klar wird, was diese Funktion macht. Das erleichtert gerade bei größeren Projekten enorm die Arbeit, vor allem wenn mehrere Personen daran arbeiten.

Auf den Namen folgt ein geklammerter Bereich. Hier können Argumente definiert werden, die an die Funktion übergeben werden. Im Gegensatz zu den meisten anderen Programmiersprachen verzichtet Python auf die Notwendigkeit, einen Datentyp für die Argumente angeben zu müssen. Es gibt keine Begrenzung für eine maximale Zahl der Argumenten.

Wichtig ist, dass nach der Argumentliste (auch wenn diese leer ist) ein Doppelpunkt gesetzt wird. Dies signalisiert dem Python-Interpreter, dass nun der Funktionsinhalt beginnt.

Hier gelten wieder die üblichen Formatierungsregeln. Alles was in der Einrückung tiefer als die Funktionsdefinition steht, gehört dazu.

Wenn die Funktion einen Wert zurückgeben soll, kann dies über `return` passieren. Code, der in einer Funktion nach einem `return` kommt, wird nicht mehr ausgeführt.

Ist die Funktion fertig definiert, kann sie im Code einfach über ihren Namen, gefolgt von zwei Klammern `()`, aufgerufen werden. Falls die Funktion einen Rückgabewert hat, kann dieser einer Variablen zugewiesen werden. Wird diese Zuweisung weggelassen, dann verschwindet der zurückgegebene Wert einfach.

Wenn in der Definition der Funktion Argumente festgelegt werden, müssen diese mit einem Wert belegt werden. Dies geschieht, indem sie beim Aufruf in Klammern angegeben werden. Grundsätzlich erwartet Python für jedes Argument einen Wert. Es gibt aber die Möglichkeit, Standardwerte für Argumente festzulegen, sodass die so belegten Argumente bei einem Aufruf weggelassen werden können.

```
def multiplikation ( a, b = 5 ):
    print ( a * b )
```

In diesem Beispiel werden beide Argumente einer Funktion miteinander multipliziert. Dafür können zwei Argumente übergeben werden. Bei einem Aufruf sind folgende Varianten denkbar:

```
multiplikation(3, 4)         # Gibt 12 aus.
multiplikation(3)         # Gibt 15 aus.
multiplikation()         # Erzeugt einen Fehler!
```

Am Beispiel können wir sehen, dass wir entweder ein oder zwei Argumente angeben können. Da `a` keinen Standardwert hat, müssen wir auch immer mindestens einen Parameter angeben, sonst bekommen wir einen Fehler.

Betrachten wir nun eine andere Funktion:

```
def rechnen ( a, multi = 1, add = 0, sub = 0):
    print ( a * multi + add - sub )
```

Hier können wir beim Aufruf der Funktion eine beliebige Anzahl von Argumenten zwischen einem und vier angeben. Aber was machen wir, wenn wir nur `a` und add belegen möchten? Das hier ist die nicht so elegante Lösung:

```
rechnen ( 8, 1, 5 )
```

Da die Argumente in der Reihenfolge, in der sie im Aufruf stehen, an die Funktion übergeben werden, müssten wir für `multi` den Standardwert eintragen, sodass wir **add** angeben können. Eleganter geht das Ganze, wenn wir die Argumente mit ihrem Namen angeben:

```
rechnen ( 8, sub = 5 )
```

Die einzige Regel ist hier, dass auf ein benanntes Argument im Aufruf kein unbenanntes mehr folgen darf. Das folgende Beispiel ist demnach nicht erlaubt:


```
rechnen ( 8, add = 5, 3 )
```

Wenn wir benannte Argumente verwenden, spielt die Reihenfolge keine Rolle mehr.

```
rechnen ( a = 8, sub = 5, multi = 3, add = 2 )
```

Haben wir eine Funktion, die eine beliebige Anzahl von Argumenten akzeptieren soll und die wir nicht im Vorfeld definieren können, bietet uns Python auch hierfür Optionen an.

Die erste Option ist die Nutzung von `*argv`[26] als Funktionsargument.

```
def parameter_print ( *argv ):
    for arg in argv:
        print(arg)
parameter_print ('Das','ist','ein','Test')
```

Ausgabe:

```
Das
ist
ein
Test
```

[26] Die Benennung `*argv` ist nur beispielhaft. Wichtig ist die Verwendung des `*`, um dieses Argument in eine entsprechende Liste unbenannter Elemente umzuwandeln. Möglich wäre also auch `*argumente` oder ein beliebiger anderer Name, der den Benennungskonventionen entspricht.

Mit `*argv` können wir eine beliebig lange Liste von unbenannten Funktionsargumenten übergeben.

`*argv` kann auch mit anderen Argumenten kombiniert werden:

```
def parameter_print ( argument_1, *argv ):
    for arg in argv:
        print(arg)
parameter_print ('Das','ist','ein','Test')
```

In diesem Fall ergalten wir exakt die gleiche Ausgabe wie im vorigen Beispiel.

Benötigen wir eine Liste mit benannten Elementen, können wir `**kwargs`[27] verwenden.

```
def parameter_print ( **kwargs ):
    for name, wert in kwargs.items():
        print(name, ' = ', wert)
parameter_print (a = 'Das', b = 'ist', c = 'ein', d = 'Test')
```

Ausgabe:

```
a = Das
b = ist
c = ein
d = Test
```

`**kwargs` funktioniert ähnlich wie ein Dictionary, daher bleibt die Reihenfolge der Argumente nicht zwingend erhalten.

5.11.1 Übungsaufgaben

Aufgabe 18: Schreiben Sie eine Funktion, die prüft, ob eine Zahl eine Primzahl ist. Alle Primzahlen sind größer als 1 und nur durch sich selbst teilbar. Das Programm soll den Benutzer nach einer Zahl fragen und dann ausgeben, ob es sich um eine Primzahl handelt.

[27] Auch hier kann ein beliebiger Name verwendet werden. Der Doppelstern ** wandelt das Argument in eine Liste mit benannten Elementen um.

Aufgabe 19: Schreiben Sie ein Programm, das einen String entgegennimmt und mit einer Funktion prüft, ob es sich um ein Palyndrom handelt.

Aufgabe 20: Schreiben Sie ein Programm, das zwei Zahlen abfragt und den größten gemeinsamen Teiler in einer Funktion berechnet und ausgibt.

Aufgabe 21: Schreiben Sie ein Programm, das eine Ganzzahl entgegennimmt und die Fibonacci Zahl dazu berechnet. Schreiben Sie die Berechnung in einer Funktion.

Die Fibonacci-Zahlen für 0 und 1 sind 0 und 1. Alle weiteren sind definiert über die Formel $F_n = F_{(n-1)} + F_{(n-2)}$ (Die n-te Fibonacci Zahl ist die Summe aus den beiden vorigen Fibonacci Zahlen).

Lösung der Aufgabe 18

```
def istPrimzahl(zahl):
    # Für 1, 2 und 0 ist bekannt ob es Primzahlen sind.
    if zahl == 1 or zahl == 0:
        return False
    elif zahl == 2:
        return True

    # Wenn ein Teiler gefunden wird, der die Zahl ohne Rest
    # teilt und der größer als 1 aber kleiner als die Zahl
    # selbst ist, dann ist es keine Primzahl.
    for i in range(2, zahl):
        if zahl % i == 0:
            return False

    return True

zahl = -1

while zahl < 0:
    zahl = int(input("Geben Sie bitte eine positive Zahl ein:
    "))

if istPrimzahl(zahl):
    print( str(zahl) + " ist eine Primzahl.")
else:
    print( str(zahl) + " ist keine Primzahl.")
```

Lösung der Aufgabe 19

```
def istPalindrom(wort):
    # Erzeugen der umgekehrten Buchstabenfolge
    reverse = ""
    for i in wort:
        reverse = i + reverse

    # Wir ignorieren Gross- und Kleinschreibung
    if wort.lower() == reverse.lower():
        return True
    else:
        return False

wort = input("Bitte geben Sie ein Wort ein: ")

if istPalindrom(wort):
    print("Das Wort \"" + wort + "\" ist ein Palindrom.")
else:
    print("Das Wort \"" + wort + "\" ist kein Palindrom.")
```

Lösung der Aufgabe 20

```
# Dies ist die unperformanteste Art den GGT
# zu berechnen. Elegantere Varianten wären
# zum Beispiel Euclids Algorithmus.
def ggt(zahl1, zahl2):
    # Alle Teiler der ersten Zahl.
    teiler1 = []
    for i in range(1, zahl1 + 1):
        if zahl1 % i == 0:
            teiler1.append(i)

    # Alle teiler der zweiten Zahl.
    teiler2 = []
    for i in range(1, zahl2 + 1):
        if zahl2 % i == 0:
            teiler2.append(i)

    # Alle gemeinsamen Teiler.
    gemeinsam = []
    for i in teiler1:
        if i in teiler2:
            gemeinsam.append(i)

    # Der höchste Wert der gemeinsamen
    # Teiler wird zurück gegeben.
    return max(gemeinsam)
```

```

zahl1 = int(input("Geben Sie bitte eine Zahl ein: "))
zahl2 = int(input("geben Sie bitte eine weitere Zahl ein: "))

ergebnis = ggt(zahl1, zahl2)

print("Der größte gemeinsame Teiler ist " + str(ergebnis))
```

Lösung der Aufgabe 21

```
def fibonacci(zahl):
    if zahl <= 1:
        return zahl
    else:
        # Der Trick hier ist die Fibonacci Funktion
        # rekursiv aufzurufen.
        return (fibonacci(zahl-1) + fibonacci(zahl-2))

zahl = int(input("Bitte geben Sie eine Zahl ein: "))

# Ausgabe aller Fibonacci Zahlen bis
# zu eingegebenen Zahl.
for i in range(0, zahl + 1):
    print(fibonacci(i))
```


5.12 Lesen und Schreiben von Dateien

Irgendwann erreicht man den Punkt, an dem die zu bearbeitenden Daten nicht mehr von Hand einzugeben sind oder deren Menge so groß ist, dass sie nicht mehr praktikabel zur Laufzeit abgefragt werden können. Dann wird es notwendig, über die Behandlung von Dateien mit Python zu sprechen.

Wir haben es mehrfach schon erwähnt: Für den Computer sind Daten eine Abfolge von Einsen und Nullen, die für sich genommen erst einmal wenig Sinn ergeben. Erst wenn wir dem Rechner beibringen, wie er die Daten zu lesen hat und was er damit tun kann, erhalten wir sinnvolle Anwendungen. Ohne den Kontext eines Programms, das weiß, wie der entsprechende Datentyp zu behandeln ist, macht es für den Computer keinen Unterschied, ob in einer Datei Text steht, ein Bild gespeichert ist oder darin ein Video enthalten ist.

Daher ist es wichtig, genau zu wissen, wie man unter Python mit Dateien umgehen kann, wie man sie also öffnet, liest, schreibt und auch wieder schließt.

Fangen wir mit dem ersten Schritt des Prozesses an und versuchen, eine Datei zu öffnen.

```
datei = open("daten.txt", "rt")
```

Dieser Befehl veranschaulicht, wie eine Textdatei zum Lesen geöffnet wird. Dazu wird der Befehl `open()` verwendet und das Ergebnis in einer Variablen gespeichert. Würden wir diese Zuweisung nicht vornehmen, hätten wir keinen Zugriff mehr auf die geöffnete Datei.

Als Argument bekommt `open()` zum einen den Dateinamen als relative Pfadangabe und einen Modus, in dem die Datei geöffnet wird. Mögliche Modi sind:

- `r`, öffnet die Datei zum Lesen. Wenn die angeforderte Datei nicht existiert, gibt es einen Fehler.
- `w`, öffnet die Datei zum Schreiben und löscht den vorhandenen Inhalt. Existiert die Datei zum Zeitpunkt des Aufrufs noch nicht, wird sie angelegt.
- `a`, öffnet die Datei so, dass neue Inhalte angehängt werden. Auch hier wird eine Datei neu angelegt, wenn sie nicht gefunden wurde.
- `x`, erzeugt eine Datei.

Daran angehängt wird entweder ein `t`, wenn es sich um eine Textdatei handelt, oder ein `b`, wenn es eine Datei mit binären[28] Inhalten ist.

Ist die Datei einmal geöffnet, dann können die darin enthaltenen Daten entweder komplett oder in Teilen eingelesen werden. Für unser Beispiel gehen wir davon aus, dass die Datei „daten.txt" folgenden Inhalt hat:

```
Das ist eine Testdatei.
Sie enthält mehrere Zeilen.
```

[28] Binäre Inhalte sind zum Beispiel Bilder oder Videos. Allgemein sind es Daten, die nicht einfach als lesbarer Text in der Datei gespeichert sind, sondern irgendeine Form von Kodierung haben.

```
Dies ist die letzte Zeile.
```

Mit `datei.read()` kann nun der gesamte Inhalt auf einmal gelesen und in einer Variablen hinterlegt werden. `read()` nimmt zusätzlich ein optionales Argument entgegen, das definiert, wie viele Zeichen aus der Datei gelesen werden sollen.

```
datei = open("datei.txt", "rt")
teil = datei.read(10)
alles = datei.read()
print("Teil: ", teil)
print("Alles: ", alles)
datei.close()
```


Ausgabe:

```
Teil: Dies ist ei
Alles: ne Textdatei.
Sie enthält mehrere Zeilen.
Dies ist die letzte Zeile.
```

Sofort fällt auf, dass die Variable „alles“ nicht den gesamten Inhalt enthält. Die Aussage, dass der gesamte Inhalt eingelesen wird, ist auch nicht ganz korrekt, denn es wird der Inhalt eingelesen, der nach der aktuellen Position in der Datei bis zum Ende folgt. Und mit datei.`read(10)` haben wir bereits die ersten zehn Zeichen gelesen, die aktuelle Position ist nun dahinter, sodass `datei.read()` nur den Inhalt ab dieser Position einlesen kann.

Alternativ kann eine Datei mit `datei.readline()` auch zeilenweise eingelesen werden:

```
datei = open("datei.txt", "rt")
zeile = datei.readline()

while(zeile):
    print(zeile)
    zeile = datei.readline()

datei.close()
```

Dieses Beispiel wird Zeile für Zeile den Inhalt der Datei ausgeben. Alternativ können auch alle Zeilen gleichzeitig ausgelesen werden. Die Funktion dafür ist `datei.readlines()`.

```
datei = open("datei.txt", "rt")
zeilen = datei.readlines()

for zeile in zeilen:
    print(zeile)

datei.close()
```

Noch einfacher geht es so:

```
datei = open("datei.txt", "rt")

for zeile in datei:
    print(zeile)

datei.close()
```

Vielleicht ist es schon aufgefallen: Am Ende der vorigen Beispiele steht immer ein `datei.close()`. Damit wird die geöffnete Datei wieder geschlossen. So wird verhindert, dass die Datei unnötig offengehalten wird und es Konflikte gibt, wenn andere Programme darauf zugreifen möchten. Es ist eine gute Angewohnheit, die Dateien nach der Verwendung wieder zu schließen.

Nachdem wir nun wissen, wie man den Inhalt einer Datei lesen kann, ist der nächste Schritt das Schreiben von Dateien.

Hier ist ein einfaches Beispiel:

```
datei = open("datei.txt", "wt")
datei.write("Das ist ein neuer Inhalt.")
datei.close()
```

Betrachten wir nach der Ausführung dieser Zeilen unsere Datei, so lesen wir nur noch diese eine Zeile:

```
Das ist ein neuer Inhalt.
```

Wie eingangs erwähnt, bedeutet der Modus wt beim öffnen der Datei, dass wir den aktuellen Inhalt überschreiben. Soll stattdessen etwas an den vorhandenen Inhalt angehängt werden, dann ist der richtige Modus `at`.

```
datei = open("datei.txt", "at")
datei.write("\nDas ist wieder ein neuer Inhalt.")
datei.close()
```

In der Beispieldatei ist danach zu lesen:

```
Das ist ein neuer Inhalt.
Das ist wieder ein neuer Inhalt.
```

5.12.1 Übungsaufgaben

Aufgabe 22: Schreiben Sie ein Programm, das eine Textdatei einliest und die letzten drei Zeilen ausgibt. Das Programm soll auch funktionieren, wenn es weniger als drei Zeilen gibt.

Aufgabe 23: Schreiben Sie ein Programm, das eine Textdatei einliest und den Inhalt in einer zweiten Datei mit dem Zusatz „_Kopie" im Dateinamen speichert.

Aufgabe 24: Schreiben Sie ein Programm, das den Benutzer in einer Schleife nach Eingaben fragt, bis dieser „Abbrechen" eingibt. Alle eingegeben Inhalte sollen dann mit einem vorangestellten Zeitstempel zeilenweise in eine Datei geschrieben werden.

Hinweis: Einen Zeitstempel kann man mit folgendem Code erzeugen.

```
import time
from datetime import datetime
zeitstempel=datetime.utcfromtimestamp(time.time())
```

Lösung der Aufgabe 22

Dateiinhalt „test.txt":

```
Zeile 1 von 5
Zeile 2 von 5
Zeile 3 von 5
Zeile 4 von 5
Zeile 5 von 5
```

Code:

```
datei = open("test.txt", "rt")

# Die letzten Zeilen müssen in einer
# Liste zwischengespeichert werden da
# das Ergebnis von readlines nicht als
# Durchlaufparameter geeignet ist.
letzteZeilen = datei.readlines()[-3:]

```

```
for line in letzteZeilen:
    print(line)

# Nicht vergessen: Datei schließen!
datei.close()
```

Lösung der Aufgabe 23

Dateiinhalt „test.txt“:

```
Lorem ipsum dolor sit amet, consetetur sadipscing elitr, sed
diam nonumy eirmod tempor invidunt ut labore et dolore magna
aliquyam erat, sed diam voluptua.
```

Code:

```
datei = open("test.txt", "rt")

# Wir zerlegen den Dateinamen in den Namen
# und die Endung.
dateiname = datei.name.rpartition(".")

# Im Modus ,w' wird der Dateiinhalt immer komplett ersetzt
kopie = open(dateiname[0] + "_kopie"
    + dateiname[1] + dateiname[2], "wt")

dateiinhalt = datei.read()
kopie.write(dateiinhalt)

kopie.close()
datei.close()
```

Lösung der Aufgabe 24

```
import time
from datetime import datetime

# Wir verwenden den Modus ,a' um Inhalt an
# die Datei anzuhängen wenn sie erneut geöffnet wird.
datei = open("logfile.txt", "at")

befehl = ""

while befehl != "Abbrechen":
    befehl = input("Geben Sie einen Befehl ein: ")
    zeitstempel=datetime.utcfromtimestamp(time.time())
    # Wir hängen einen Zeilenumbruch an,
    # damit die Datei auch schön formatiert ist.
```

```
    zeile = str(zeitstempel) + " " + befehl + "\n"
    datei.write(zeile)

datei.close()
```

5.13 Objektorientierte Programmierung

Das Thema objektorientierte Programmierung ist so umfangreich, dass sich damit ganze Bücher füllen lassen. Wir versuchen hier, eine kurze und verständliche Zusammenfassung zu geben, empfehlen aber zur weiteren Vertiefung entsprechend fokussierte Werke.

Der Grundgedanke der objektorientierten Programmierung ist die Abbildung von Strukturen aus der realen Welt in der Programmstruktur. In der Umsetzung entstehen daraus Klassen, aus denen Objekte erstellt werden.

Eine Klasse stellt den Aufbauplan bereit und ein Objekt ist eine Instanz dieser Klasse. Das ist vergleichbar mit den technischen Zeichnungen eines Fahrzeugs. Die Blaupausen sind die Klasse und das fertige Produkt ist das Objekt.

Die einfachste Form einer Klasse folgt diesem Muster:

```
class KlassenName:
    # Attribute und Methoden
```

Das einleitende Schlüsselwort `class` gefolgt von einem Namen zeigt an, dass hier eine Klasse definiert wird.

Die Klasse kann mit verschiedenen Bausteinen gefüllt werden, hauptsächlich sind das Attribute und Methoden. Um bei dem Beispiel eines Fahrzeug zu bleiben: Ein Fahrzeug hat Attribute wie Länge, Breite, Gewicht, Tankinhalt und Methoden (beziehungsweise Verhaltensmöglichkeiten) wie Fahren, Lenken und Bremsen. Als Klasse kann das so aussehen:

```
class Fahrzeug:
    # Klassen-Attribute
    modell = "Geländewagen"
    laenge = "550 cm"
    breite = "205 cm"
    gewicht = "1450 Kg"
```

```

    # Methoden
    def fahren(self):
        print("Das Fahrzeug fährt.")

    def lenken(self, richtung = "links"):
        print("Das Fahrzeug lenkt nach ", richtung, ".")

    def bremsen(self):
        print("Das Fahrzeug bremst.")
```

Wie wir am Beispiel sehen können, besteht unsere Klasse nun aus Klassen-Attributen und Methoden. Die Methoden beschreiben die Verhaltensweisen und sind Funktionen, die innerhalb der Klasse definiert werden. Alle Methoden haben immer mindestens ein Argument, das standardmäßig `self` genannt wird und auf das jeweilige Objekt verweist.

Wie man nun ein Objekt der Klasse Auto anlegt, zeigt das folgende Beispiel.

```
fahrzeug_1 = Fahrzeug()
fahrzeug_2 = Fahrzeug()
print(fahrzeug_1.modell)
fahrzeug_1.fahren()
print(fahrzeug_2.modell)
fahrzeug_2.fahren()
```

Ausgabe:

```
Geländewagen
Geländewagen
Das Fahrzeug fährt.
Das Fahrzeug fährt.
```

Das ist bis hierhin noch recht unspektakulär, da beide Fahrzeuge identische Attribute haben.

So wie wir Attribute bisher definiert haben, sind sie Klassen-Attribute, das heißt, sie sind für alle Objektinstanzen dieser Klasse gleich. Mit ein paar kleinen Modifikationen können wir unsere Klasse aber schnell um Instanz-Attribute erweitern, sodass jedes Fahrzeug eigene Werte bekommen kann.

```
class Fahrzeug:
    # Klassen-Attribute
    typ = "Fahrzeug"

    # Methoden
    def __init__(self, modell, laenge, breite, gewicht):
        # Instanz-Attribute
        self.modell = modell
        self.laenge = laenge
        self.breite = breite
        self.gewicht = gewicht

    def fahren(self):
        print(f"Das {self.__class__.typ} {self.modell} fährt.")

    def lenken(self, richtung = "links"):
        print (f"Das {self.__class__.typ} {self.modell} \
lenkt nach {richtung}.")

    def bremsen(self):
        print(f"Das {self.__class__.typ} {self.modell} \
bremst.")

    def beschreiben(self):
        print(f"Typ: {self.__class__.typ} \n\
Modell: {self.modell} \n\
Laenge: {self.laenge} \n\
Breite: {self.breite} \n\
Gewicht: {self.gewicht}")
```

Erzeugen wir nun wieder Beispielobjekte:

```
fahrzeug_1 = Fahrzeug("SUV", "480 cm", "230 cm", "2200 kg")
fahrzeug_2 = Fahrzeug("Kleinwagen", "380 cm", "180 cm", "1300
kg")
fahrzeug_1.beschreiben()
fahrzeug_2.beschreiben()
```

Ausgabe:

```
Typ: Fahrzeug
Modell: SUV
Modell: 480 cm
Modell: 230 cm
Modell: 2200 kg
Typ: Fahrzeug
Modell: Kleinwagen
Modell: 380 cm
```

```
Modell: 180 cm
Modell: 1300 kg
```

Nun können wir also verschiedene Fahrzeugtypen erstellen.

Im letzten Beispiel sind nun zwei neue Konzepte enthalten.

Das wichtigere ist vermutlich das Konzept des Konstruktors. Das ist eine Methode der Klasse, die automatisch aufgerufen wird, wenn ein neues Objekt angelegt wird. Der Name dieser Methode ist `__init__` und wie bei den anderen Klassenmethoden auch, ist das erste Argument der Verweis auf das Objekt selbst, `self`.

Man kann den Konstruktur weglassen, wenn er aber vorhanden ist, wird er immer ausgeführt. Es gibt dann keine Möglichkeit mehr ein Objekt zu erstellen, ohne ihn aufzurufen.

Das zweite Konzept ist der Aufruf eines Klassen-Attributs. Das letzte Klassen-Attribut ist **typ**. Und um darauf zugreifen zu können, müssen wir `__class__` verwenden. Am Beispiel der Methoden sehen wir, wie wir an den Wert von **typ** kommen: Wir benötigen dazu den Aufruf `self.__class__.typ`.

Wir haben nun eine Klasse erzeugt, die sehr divers einsetzbar ist. Vom Kleinwagen bis zum Panzer können wir damit alles abbilden. Aber was machen wir, wenn wir das Ganze noch allgemeiner gestalten wollen, um zum Beispiel jede Art von Maschine abbilden zu können?

Im weitesten Sinne ist jedes Fahrzeug auch eine Maschine. Um dies in der Klasse abzubilden, gibt es die sogenannte Vererbung. Damit können wir definieren, dass eine Klasse eine bestimmte Ausprägung einer anderen Klasse ist.

```
class Maschine:
    def __init__(self, laenge, breite, gewicht):
        self.laenge = laenge
        self.breite = breite
        self.gewicht = gewicht

class Fahrzeug(Maschine):
    typ = "Fahrzeug"

    def __init__(self, modell, laenge, breite, gewicht):
        super().__init__(laenge, breite, gewicht)
```

```
        self.modell = modell

# Der Rest der Klasse bleibt unverändert
```

Testen wir dies nun mit dem gleichen Beispielcode, den wir zuletzt verwendet haben, dann fällt erst einmal auf, dass sich nichts geändert hat. Äußerlich hat die Einführung von Vererbung keinen Einfluss auf die Ausgabe unserer Klasse. Allerdings können wir jetzt eine ganze Reihe neuer Maschinen definieren, die alle die Attribute der Klasse Maschine erben können, damit sparen wir eine Menge an Codezeilen.

Im Konstruktor unserer erbenden Klasse wird mit `super().__init__()` der Konstruktor der übergeordneten Klasse (der Basisklasse) aufgerufen. Das ist wichtig, um zum Beispiel gemeinsame Attribute der Basisklasse zu initialisieren.

Wollen wir etwa ein Flugzeug hinzufügen, dann geht das so:

```
class Flugzeug(Maschine):
    typ = "Flugzeug"

    def __init__(self, laenge, breite, gewicht, reichweite):
        super().__init__(laenge, breite, gewicht)
        self.reichweite = reichweite

    def fliegen(self):
        print(f"Das {self.__class__.typ} kann \ {self.
        reichweite} weit fliegen.")
```

Und schon haben wir mit wenigen Zeilen eine Klasse für Flugzeuge geschaffen. Testen wir dies kurz an einem Beispiel:

```
fahrzeug_1 = Fahrzeug("SUV", "480 cm", "230 cm", "2200 kg")
flugzeug_1 = Flugzeug("120 m", "40 m", "26500 kg", "14000 km")
fahrzeug_1.fahren()
flugzeug_1.fliegen()
```

Ausgabe:

```
Das Fahrzeug SUV fährt.
Das Flugzeug kann 14000 km weit fliegen.
```

Nun kennen wir die Möglichkeiten, mit denen wir Klassen und daraus Objekte erzeugen können und wir wissen, wie diese voneinander erben können.

Sollten dabei in der vererbten Klasse und der Basisklasse Funktionen existieren, die den gleichen Namen tragen, dann überschreibt die neue Klasse die Basisklasse.

```
class Maschine:
    def __init__(self, laenge, breite, gewicht):
        self.laenge = laenge
        self.breite = breite
        self.gewicht = gewicht

    def wiegen(self):
        print(f"Die Maschine wiegt {self.gewicht}.")

class Flugzeug(Maschine):
    typ = "Flugzeug"

    def __init__(self, laenge, breite, gewicht, reichweite):
        super().__init__(laenge, breite, gewicht)
        self.__reichweite = reichweite

    def wiegen(self):
        print(f"Das Flugzeug wiegt {self.gewicht}.")
```

In unserem Beispiel haben wir sowohl in Maschine als auch in Flugzeug eine Methode `wiegen()`. Was passiert, wenn wir diese aufrufen?

```
maschine_1 = Maschine("10m", "3m", "8050 kg")
flugzeug_1 = Flugzeug("120 m", "40 m", "26500 kg", "14000 km")
maschine_1.wiegen()
flugzeug_1.wiegen()
```

Ausgabe:

```
Die Maschine wiegt 8050 kg.
Das Flugzeug wiegt 26500 kg.
```

Wie erwartet wird die jeweils „richtige“ Methode verwendet. Aber das ist auch nichts neues, und wir haben die gleiche Funktionalität auch bereits verwendet, nämlich beim Konstruktor `__init__()` unserer vererbten Klasse. Denn wir haben sowohl in der Basisklasse Maschine als auch in Flugzeug einen Konstruktur mit dem Namen `__init__()`.

Unter Python ist es in der Regel so, dass ein Methodenname die Funktionalität der Basisklasse erweitert, wenn der Methodenname durch eine neue Klasse überschrieben wird. Auch das ist wieder sehr gut in unserer Beispielklasse im Konstruktor zu sehen. Dort wird mit super.`__init__()` der Konstruktur der Basisklasse aufgerufen, um die Attribute zu setzen, die alle Objekte aus vererbten Klassen gemeinsam haben.

Ein weiteres Konzept der objektorientierten Programmierung ist die Kapselung. Darunter versteht man die Einschränkung von Zugriffen auf bestimmte Attribute oder Methoden.

In vielen anderen Programmiersprachen werden hierfür Schlüsselwörter wie „private" (Zugriffe nur durch die Klasse selbst) oder „public" (Zugriffe auch von außen möglich) verwendet. Dort ist dann tatsächlich auch für entsprechend geschützte Variablen kein Zugriff von außen möglich.

In Python existiert dieses Konzept nur bedingt. Allgemein ist die Konvention, dass alle Attribute und Methoden verfügbar sind und es in der Verantwortung des Programmierers liegt, diese vernünftig zu behandeln.

Es hat sich allerdings eine Variante durchgesetzt, mit der man zwar nicht den Zugriff verhindern, aber zumindest die Variable / Methode „verstecken" kann. Dafür wird dem Namen ein doppelter Unterstrich vorangestellt.

Nehmen wir noch einmal unsere Flugzeug-Klasse als Beispiel und definieren reichweite als „private" Variable, indem wir sie umbenennen in `__reichweite`.

```
class Flugzeug(Maschine):
    typ = "Flugzeug"

    def __init__(self, laenge, breite, gewicht, reichweite):
        super().__init__(laenge, breite, gewicht)
        self.__reichweite = reichweite
```

Testen wir nun, ob wir die Reichweite abfragen können:

```
flugzeug_1 = Flugzeug("120 m", "40 m", "26500 kg", "14000 km")
print(flugzeug_1.__reichweite)
```

Ausgabe:

```
Traceback (most recent call last):
    File "main.py", line 46, in <module>
        print(flugzeug_1.__reichweite)
AttributeError: 'Flugzeug' object has no attribute
'__reichweite'
```

Man könnte nun fast meinen, dass damit schon der gewünschte Effekt erreicht ist. Anstatt den Wert der Variablen auszugeben, bekommen wir einen Fehler.

Schauen wir uns aber nun dieses Konstrukt an:

```
flugzeug_1 = Flugzeug("120 m", "40 m", "26500 kg", "14000 km")
print(flugzeug_1._Flugzeug__reichweite)
```

Dann bekommen wir doch plötzlich wieder eine Ausgabe:

```
14000 km
```

Das liegt daran, dass Python im Gegensatz zu anderen Programmiersprachen eben nicht den Zugriff einschränkt, sondern nur die Variable oder Methode „versteckt". Damit ist nur ein rudimentärer Schutz gegeben, der darauf basiert, dass sich alle Programmierer an diese Konvention halten. Grundsätzlich kann nämlich jedes Attribut und jede Methode, die so „geschützt" wurde, mit `_Klassenname__Identifier` weiterhin angesprochen werden.

5.13.1 Übungsaufgaben

Aufgabe 25: Schreiben Sie eine Klasse für Rechtecke, die sich mit Länge und Breite initialisieren lassen. Diese Klasse soll eine Methode enthalten, die den Flächeninhalt berechnet.

Aufgabe 26: Schreiben Sie eine Klasse für Kreise, die mit einem Radius initialisiert werden. Diese Klasse soll ebenfalls eine Methode enthalten, die den Flächeninhalt berechnet.

Aufgabe 27: Schreiben Sie eine Klasse für Flächen mit den Attributen laenge und `breite` und lassen Sie zwei Klassen Rechteck und Quadrat davon erben. Die Klasse Fläche soll eine Methode zur Flächenberechnung enthalten, die aus den Seitenlängen den Flächeninhalt berechnet. Schreiben Sie dazu passende Konstruktoren für Rechteck und Quadrat.

Lösung der Aufgabe 25

```
class Rechteck:
    def __init__ (self, laenge, breite):
        self.laenge = laenge
```

```
        self.breite = breite

    def flaeche (self):
        return self.laenge * self.breite

re = Rechteck(5,3)

print("Fläche: " + str(re.flaeche()))
```

Lösung der Aufgabe 26

```
import math

class Kreis:
    def __init__ (self, radius):
        self.radius = radius

    def flaeche (self):
        return math.pi * (self.radius * self.radius)

kr = Kreis(8)

print("Fläche: " + str(kr.flaeche()))
```

Lösung der Aufgabe 27

```
class Flaeche:
    def __init__(self, laenge, breite):
        self.laenge = laenge
        self.breite = breite

    def flaeche(self):
        return self.laenge * self.breite

class Quadrat(Flaeche):
    def __init__(self, breite):
        super().__init__(breite, breite)

class Rechteck(Flaeche):
    def __init__(self, laenge, breite):
        super().__init__(laenge, breite)

q = Quadrat(4)
r = Rechteck(4,2)

print("Das Quadrat hat eine Flaeche von "
      + str(q.flaeche()))
print("Das Rechteck hat eine Flaeche von "
```

```
            + str(r.flaeche()))
```

5.14 Grafische Ein- und Ausgabe

Bisher haben wir in allen Beispielen immer nur mit reiner Texteingabe und -ausgabe gearbeitet. Damit kommt man aber nicht immer ans Ziel, vor allem, wenn viel Interaktion mit dem Benutzer geplant ist. Dann lohnt es sich tatsächlich, eine grafische Oberfläche zu entwickeln.

Hierfür gibt es zahlreiche Optionen. Da die Software „Qt“ auf vielen Platformen verfügbar ist und es viele Schnittstellen für unterschiedliche Programmiersprachen gibt, haben wir uns entschieden, diese ebenfalls zu verwenden.

Für Python heißt diese Schnittstelle „PyQt“ und kann frei[29] heruntergeladen werden.

Unter Linux kann `PyQt` einfach über `sudo apt install python3-pyqt5` installiert werden, sofern es nicht bereits vorhanden ist. Die Standardinstallation von Raspbian bringt dieses Paket bereits mit.

Unter Windows verwenden wir das Python-Paketmanagement „pip“. Dies ist in neueren Python-Versionen bereits enthalten und befindet sich im Unterordner „scripts“ des Python-Installationsverzeichnisses. Sollte dieser Ordner noch nicht in der Umgebungsvariable „PATH“ sein, muss er noch hinzugefügt werden.

Dann kann mit `pip -V`[30] von der Kommandozeile aus getestet werden, welche Version installiert ist. Eine Ausgabe wie diese hier sollte darauf folgen:

```
Pip 19.3.1 from d:\dev\python 3.7\lib\site-packages\pip (python
3.7)
```

Um PyQt nun zu installieren, reicht der Befehl `pip install "PyQt5"`, den wir auf einer Kommandozeile ausführen. Das startet den Down-

[29] Die Verwendung ist für nicht-kommerzielle Projekte kostenfrei möglich.

[30] Ist nicht Python 3 als Standard voreingestellt, können Pakete für Python 3 mit dem Befehl `pip3` installiert werden.

loadprozess und richtet alles so ein, dass wir `PyQt` nun einfach verwenden können.

Um eine einfache Anwendung mit einem Fenster zu schreiben, legen wir eine Datei „myGui.py“ mit dem folgenden Inhalt an:

```
import sys                                             # 1
from PyQt5.QtWidgets import QApplication, QWidget      # 2

anw = QApplication(sys.argv)                           # 3
fnstr = QWidget()                                      # 4
fnstr.show()                                           # 5

sys.exit(anw.exec_())                                  # 6
```


Um die Erklärung einfacher zu gestalten, haben wir die wichtigen Schritte durchnummeriert.

1. Zuerst wird das Modul `sys` importiert. Es bietet viele grundlegende Systemfunktionen und auch den Zugriff auf Aufrufvariablen wie `sys.argv`.
2. Da wir eine Qt-Oberfläche bauen möchten, importieren wir aus `PyQt5.QtWidgets` `QApplication` und `QWidget`. `QApplication` ist eine Verwaltungsklasse, die sich um den Ablauf innerhalb einer `Qt`-Anwendung kümmert und `QWidget` ist die Basisklasse für alle grafischen Elemente in `Qt`.
3. Nun erzeugen wir ein Objekt vom `Typ QApplication` und übergeben ihm eventuell vorhandene Aufrufvariablen.
4. Um ein einfaches leeres Fenster zu bekommen, legen wir ein Objekt vom `Typ QWidget` an.
5. Damit das Fenster auch sichtbar ist, wird die Methode `show()` des Objekts aufgerufen.
6. `sys.exit` beendet unser Python Programm. Da wir aber `anw.exec_()` als Argument angeben, passiert dies erst, wenn unsere Fensteranwendung nicht mehr läuft. Diese Anwendung läuft in einer Endlosschleife, bis wir sie beenden.

Das Ergebnis ist nicht sehr spektakulär:

Abb. 5.6 Unser erstes Anwendungsfenster

Unser erstes Beispiel enthält nicht viel Quellcode, ist also noch sehr übersichtlich. Wenn wir aber weiter damit arbeiten, empfiehlt es sich, eine eigene Klasse anzulegen, die uns die Strukturierung etwas vereinfacht. Und wenn wir gerade dabei sind, können wir auch direkt einen Knopf einfügen:

```
import sys
from PyQt5.QtWidgets import QApplication, QWidget, QPushButton

class Fenster(QWidget):
    def __init__(self):
        super().__init__()
        self.knopf_1 = QPushButton("Knopf", self)
        self.setGeometry(50, 50, 200, 100)
        self.show()
app = QApplication(sys.argv)
w = Fenster()
sys.exit(app.exec_())
```

Neu hinzugekommen ist das importierte Modul `QPushButton`. Damit können wir in unserem Fenster einen Knopf erzeugen.

Insgesamt haben wir für unsere Anwendung eine Klasse `Fenster` angelegt, die von `QWidget` erbt, sodass wir komfortabler damit arbeiten können. Im Konstruktor werden nun die Einstellungen vorgenommen und die Komponenten angelegt. In diesem Fall ist dies lediglich der Knopf, der über `QPushButton("Knopf", self)` angelegt werden kann. Das erste Argument ist der Text auf dem Knopf und das zweite definiert, in welchem Fenster er zu sehen sein wird.

Der Befehl `self.setGeometry(50, 50, 200, 100)` ändert Größe und Position des Fensters. Das zugrunde liegende Koordinatensystem beginnt oben links auf dem Monitor und geht nach rechts und unten. Unsere Anwendung wird also 50 Pixel nach rechts und 50 Pixel nach unten von der oberen linken Monitorecke aus mit einer Größe von 200 Pixel in der Breite und 100 Pixeln in der Höhe erscheinen.

Da wir `self.show()` im Konstruktor aufrufen, müssen wir das auch nicht mehr separat machen.

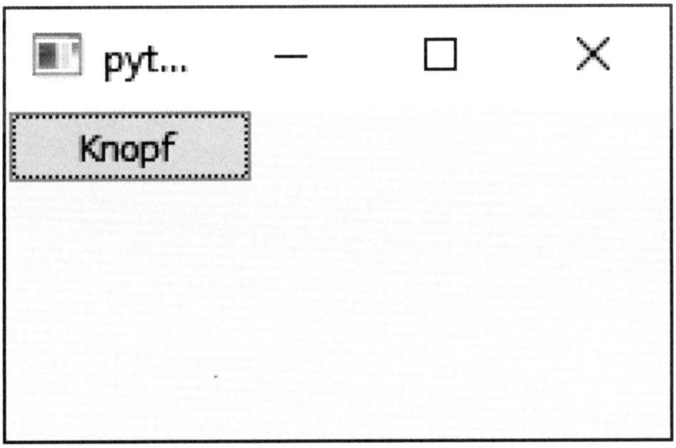

Abb. 5.7 Nun haben wir einen Knopf

Bisher passiert aber noch gar nichts, wenn wir diesen Knopf mit der Maus drücken. Daher erweitern wir nun unseren Konstruktor so, dass dabei zumindest etwas Simples passiert.

```
class Fenster(QWidget):
    def __init__(self):
        super().__init__()
        self.knopf_1 = QPushButton("Knopf", self)
        self.knopf_1.clicked.connect(self.knopf_aktion)
        self.setGeometry(50, 50, 200, 100)
        self.show()
```

```
    def knopf_aktion(self):
        print("Der Knopf wurde gedrückt.")
```

Wenn wir nun die Anwendung starten und auf den Knopf drücken, erscheint auf der Konsole bei jedem Klick einmal der Text „Der Knopf wurde gedrückt."

Erreicht haben wir das mit der Zeile `self.knopf_1.clicked.connect(self.knopf_aktion)`. Das Argument, das diese Funktion entgegennimmt, ist die Funktion, die ausgeführt werden soll. Damit haben wir übrigens auch den ersten Kontakt mit Events, also „Ereignissen", gemacht. Denn `clicked` bezeichnet das Ereignis, dass dieses Element angeklickt wurde. Benutzen wir stattdessen pressed, können wir eine Funktion zu dem Zeitpunkt aufrufen, an dem auf dem Button die Maustaste gedrückt wird. Der Zeitpunkt des Loslassens kann mit `released` erfasst werden.

In der Funktion, die mit diesem Event aufgerufen wird, kann erfasst werden, von welchem Objekt aus sie aufgerufen wurde. Damit kann man zum Beispiel zwischen mehreren Knöpfen unterscheiden.

```
class Fenster(QWidget):
    def __init__(self):
        super().__init__()
        self.knopf_1 = QPushButton("Knopf 1", self)
        self.knopf_1.move(0,0)
        self.knopf_1.clicked.connect(self.knopf_aktion)

        self.knopf_2 = QPushButton("Knopf 2", self)
        self.knopf_2.move(100,0)
        self.knopf_2.clicked.connect(self.knopf_aktion)
        self.setGeometry(50, 50, 200, 100)
        self.show()

    def knopf_aktion(self):
        print(self.sender().text(), " wurde gedrückt.")
```

Drücken wir nun einen der Knöpfe, bekommen wir auf der Konsole einen passenden Text, der uns genau sagt, welcher Button gedrückt wurde.

Ebenfalls neu in diesem Beispiel sind die Aufrufe der Methode `move()` auf den Knopf-Objekten. Damit lassen sich diese pixelgenau positionieren.

Unsere `knopf_aktion()` wurde etwas modifiziert. Sie greift jetzt über `self.sender()` auf das Objekt zu, das die Methode aufgerufen hat und liest dann über `text()` den Text des Objektes aus.

Bisher haben wir unsere Ausgabe immer nur auf die Konsole ausgegeben. In einem fertigen Programm ist das natürlich nicht unbedingt die beste Möglichkeit, um potentiell wichtige Informationen an den Benutzer weiterzugeben.

Sinnvoll wäre es also, diese Texte in anderen sichtbaren Elementen zu platzieren. Wenn wir Text lediglich anzeigen wollen, können wir dafür ein `QLabel` verwenden.

```
from PyQt5.QtWidgets import QApplication, QWidget, QPushButton\
,QLabel

class Fenster(QWidget):
    def __init__(self):
        super().__init__()
        self.knopf_1 = QPushButton("Knopf 1", self)
        self.knopf_1.move(0,0)
        self.knopf_1.clicked.connect(self.knopf_aktion)
        self.knopf_2 = QPushButton("Knopf 2", self)
        self.knopf_2.move(100,0)
        self.knopf_2.clicked.connect(self.knopf_aktion)
        self.label_1 = QLabel("Label", self)
        self.label_1.setGeometry(0,50, 200, 50)
        self.setGeometry(50, 50, 200, 100)
        self.show()

    def knopf_aktion(self):
        self.label_1.setText((self.sender().text() +\
" wurde gedrückt."))
```

Zuerst müssen wir `QLabel` importieren, sonst können wir es nicht anlegen. Danach wird es mit `setGeometry()` auf die untere Hälfte des Fenster positioniert.

Die Methode `knopf_aktion()` wurde so angepasst, dass nun der Text nicht mehr auf der Konsole, sondern in diesem Label angezeigt wird.

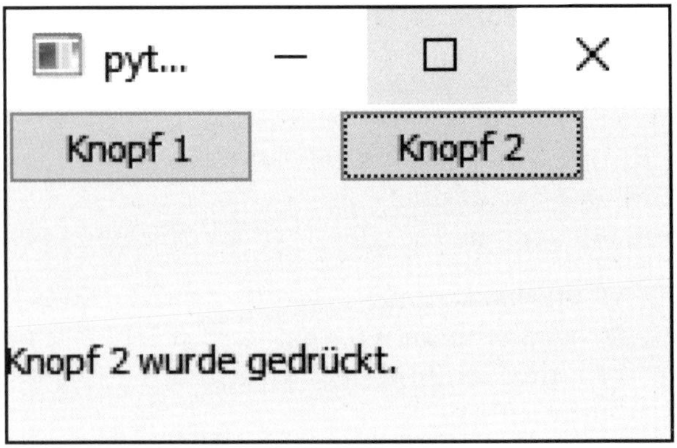

Abb. 5.8 Ausgabe des Textes auf einem Label

Um unsere Oberfläche noch ein wenig aufzuwerten, können wir weitere Elemente des Fensters verwenden. Zum einen kann so eine Statusleiste am unteren Rand des Fensters angelegt werden, zum anderen eine Reihe an Menüs am oberen Rand.

Damit wir diese Elemente überhaupt anlegen können, ändern wir die Basisklasse unserer Fenster-Klasse von `QWidget` auf `QMainWindow` und fügen dieses auch den Imports hinzu.

```
import sys
from PyQt5.QtWidgets import QApplication, QMainWindow\
,QPushButton, QLabel

class Fenster(QMainWindow):
# [Der Rest bleibt unverändert.]
```

Fangen wir mit der Statusleiste an, da dies sehr einfach zu erledigen ist. Dazu müssen wir nur an der Stelle, an der wir eine Meldung in der Statusleiste erzeugen wollen, die entsprechende Funktion aufrufen. Wir können zum Beispiel `knopf_aktion()` entsprechend erweitern, sodass der Text auch in der Statusleiste angezeigt wird.

```
def knopf_aktion(self):
    text = (self.sender().text() + " wurde gedrückt.")
    self.label_1.setText(text)
    self.statusBar().showMessage(text)
```

Damit wird unsere Nachricht nicht nur im Label angezeigt, sondern auch in einer Statusleiste am unteren Rand des Fensters.

Um nun ein Menü einzubauen, sind etwas mehr Zeilen notwendig. Wir fangen erst einmal mit einem „Datei"-Menüpunkt an, der einen Eintrag zum Schließen des Programms enthält.

Zuerst erweitern wir unsere Import-Zeile um `QAction`:

```
from PyQt5.QtWidgets import QApplication, QMainWindow,\
QPushButton, QLabel, QAction
```


Dann modifizieren wir unsere Klasse:

```
class Fenster(QMainWindow):
    def __init__(self):
        super().__init__()
        menubar = self.menuBar()
        beenden = QAction("Beenden", self)
        beenden.setShortcut('Ctrl+Q')
        beenden.setStatusTip("Das Programm beenden.")
        beenden.triggered.connect(self.close)
        datei = menubar.addMenu("Datei")
        datei.addAction(beenden)
        self.knopf_1 = QPushButton("Knopf 1", self)
        self.knopf_1.move(0,20)
        self.knopf_1.clicked.connect(self.knopf_aktion)
        self.knopf_2 = QPushButton("Knopf 2", self)
        self.knopf_2.move(100,20)
        self.knopf_2.clicked.connect(self.knopf_aktion)
        self.label_1 = QLabel("Label", self)
        self.label_1.setGeometry(0,50, 200, 50)
        self.setGeometry(50, 50, 400, 200)
        self.show()
```

Hierbei wurden die Positionen aller Elemente so angepasst, dass ein Abstand zum oberen Rand vorhanden ist, sonst könnte man die Menüleiste nämlich gar nicht sehen.

Schauen wir nun im Detail, was genau passiert. Prinzipiell teilt sich das Anlegen in zwei Teile: Zuerst brauchen wir eine Aktion, also eine `QAction`, die wir in das Menü legen wollen. Dieser weisen wir einen Namen zu, legen ein Tastaturkürzel mit `setShortcut()` fest, in diesem Fall „Control" beziehungsweise „Steuerung" und Q. Dann ergänzen wir einen Tipp in der Statusleiste, wenn man mit der Maus darüber geht. Das geht mit `setStatusTip()`. Zuletzt weisen wir mit `connect()` dem Ereignis triggered eine Methode zu. Dieses Ereignis tritt ein, wenn es mit der Maus angeklickt wird. In diesem Fall wird mit `self.close()` unser Hauptfenster geschlossen. Das hier sind die relevanten Codezeilen:

```
beenden = QAction("Beenden", self)
beenden.setShortcut(‚Ctrl+Q')
beenden.setStatusTip("Das Programm beenden.")
beenden.triggered.connect(self.close)
```

Als nächstes wird der Zugriff auf die Menüleiste des Fensters in einer Variablen gespeichert. Dafür benutzen wir `self.menuBar()`. `Mit addMenu()` können wir dort nun einen Menüpunkt anlegen, unter dem wir mit `addAction()` die vorher definierte Aktion platzieren:

```
menubar = self.menuBar()
# [Anlegen der Aktion]
datei = menubar.addMenu("Datei")
datei.addAction(beenden)
```

Das Resultat sieht schon immer mehr nach einem tatsächlichen Programmfenster aus:

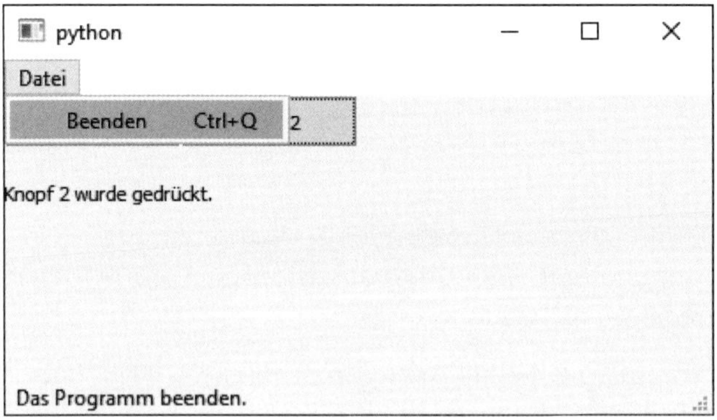

Abb. 5.9 Eigenes Menü

Nun ermöglicht dieser Prozess zwar jegliche Kontrolle über das Layout des eigenen Programms, ist aber insgesamt doch eher zäh und trocken.

Glücklicherweise bietet Qt aber ein Tool an, mit dem bequem auch komplexere Oberflächen vorbereitet werden können. Dieses Werkzeug heißt „QtDesigner“ und kann auch über das Python-Paketmanagement mit `pip install pyqt5-tools` installiert werden.

Nach dem Start begrüßt uns das Programm mit einer Auswahl an Templates.

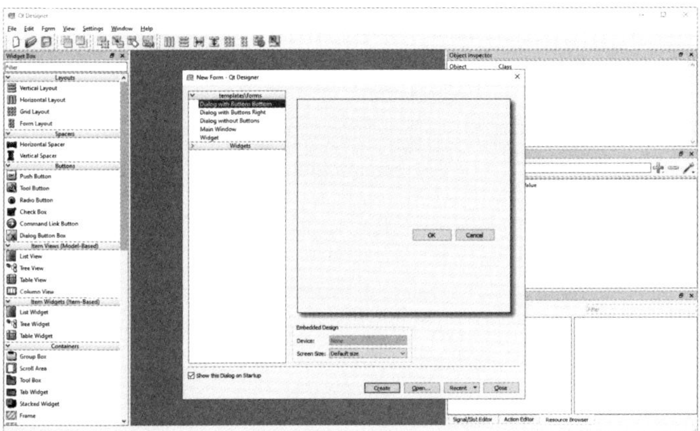

Abb. 5.10 Auswahl eines Templates im QtDesigner

Wir möchten unser aktuelles Beispiel nachbilden, daher wählen wir „Main Window“ und drücken auf „Create“.

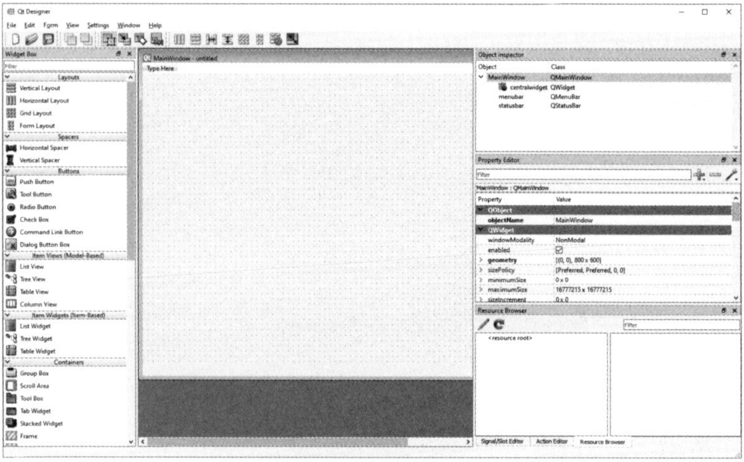

Abb. 5.11 Die Oberfläche des QtDesigner

Die Oberfläche ist in drei größere Bereiche geteilt. In der Mitte sehen wir unser Layout, links ist eine Bibliothek der zur Verfügung stehenden Elemente und auf der rechten Seite sind verschiedene Bereiche für Einstellungen.

Im „Property Editor" können wir zuerst die Größe unseres Fensters auf 400 Pixel in der Breite und 200 Pixel in der Höhe einstellen.

Dann ziehen wir zwei „Push Buttons" in unser Fenster und positionieren diese. Ebenfalls im Property-Editor können wir noch den Namen des Objektes und den Text anpassen. Danach ziehen wir ein Label dazu und passen alle Objekte in Größe und Position an. Im Gegensatz zur manuellen Einstellung über Pixelwerte im Programmcode können wir dies hier bequem mit der Maus machen und sehen sofort ein Ergebnis.

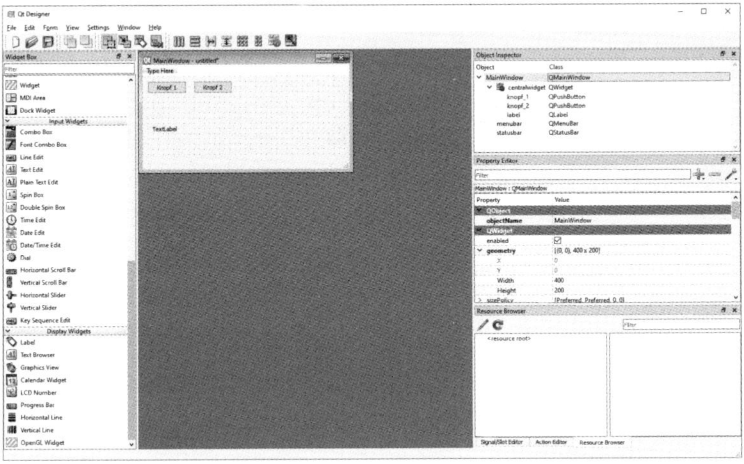

Abb. 5.12 Das Layout unseres Programms im QtDesigner

So kommen wir in wenigen Sekunden zu dem gleichen Ergebnis, das wir vorher in mühevoller Schreibarbeit im Code erstellt haben.

Mit einem Doppelklick auf den Text „Type here“ in der Menüzeile kann auch der Punkt „Datei“ dort angelegt werden. Über einen weiteren Doppelklick wird dort der Unterpunkt „Beenden“ erzeugt.

Als letztes speichern wir die Datei unter dem Namen „Test.ui“ an einem passenden Ort.

Allerdings ist diese Datei so für uns noch nicht direkt nutzbar, wir müssen sie erst noch in ein kompatibles Format umwandeln. Dazu gibt es das kleine Tool `pyuic5`[31], das aus diesen „ui“-Dateien Python-Dateien erstellt.

Dazu gehen wir auf einer Kommandozeile in den Ordner, in dem wir die Datei gespeichert haben und rufen `pyuic5 test.ui -o test.py` auf.

Dies erzeugt eine Datei „test.py“ im gleichen Verzeichnis, die ähnlichen Code enthält wie den, den wir von Hand angelegt haben. Hier können wir nun die tatsächliche Funktionalität einfügen. Vor allem bei größe-

[31] Dieses Werkzeug ist Teil der `pyqt5-tools`, die wir vorher installiert haben.

ren oder komplexeren Oberflächen lohnt es sich, den QtDesigner zu verwenden.

Wie bei vielen Themenbereichen, die wir in diesem Buch besprechen, ist auch die Programmierung grafischer Oberflächen an sich ein sehr großes Thema. Wir empfehlen deswegen auch hier bei Interesse weitere Lektüre über diese Einleitung hinaus.

5.14.1 Übungsaufgaben

Aufgabe 28: Erstellen Sie einen grafischen Taschenrechner in Python mit einer PyQt-Oberfläche. Als Eingabemöglichkeiten soll es alle Zahlen von 0 bis 9, Optionen für Addition, Subtraktion, Mutliplikation und Division sowie einen Knopf zur Anzeige des Ergebnisses geben.

Der Ablauf soll dabei wie folgt sein:

- Zuerst wird eine Zahl eingegeben.
- Dann wird eine Rechenoperation gewählt.
- Jetzt kann eine zweite Zahl eingegeben werden.

Wenn der Knopf zur Ergebnisanzeige oder eine weitere Rechenoperation gedrückt wird, soll die Berechnung ausgeführt und das Ergebnis angezeigt werden.

Lösung der Aufgabe 28

Die Lösung zu dieser Aufgabe ist etwas aufwändiger als die vorherigen Aufgaben, da hier viele Themen zusammengefasst werden. Um sie nicht unnötig langatmig zu gestalten, haben wir nur die grundlegenden Funktionen umgesetzt. Der „Taschenrechner", der als Resultat herauskommt, kann noch in vielen Belangen verbessert werden.

```
import sys
from PyQt5.QtWidgets import QApplication, /
QLabel, QWidget, QPushButton

# Eine Klasse um das Anlegen der Zahlenknöpfe zu vereinfachen
class NummerKnopf:
      def __init__(self, zahl, fenster, x, y):
          self.fenster = fenster
          self.zahl = zahl
```

```
    self.knopf = QPushButton(str(zahl), fenster)
    self.knopf.setGeometry(x, y, 50, 50)
    self.knopf.clicked.connect(self.klick)

  def klick(self):
    if self.fenster.zahl == "" and self.zahl == 0:
      return

    # Dadurch, dass Strings verwendet werden ist
    # das Anfügen weiterer Zahlen sehr einfach.
    self.fenster.zahl += str(self.zahl)
    self.fenster.label_1.setText(self.fenster.zahl)

# Eine Klasse für die Funktionsknöpfe
class FunktionKnopf:
  def __init__(self, operation, fenster, x, y, b, h):
    self.fenster = fenster
    self.operation = operation
    self.knopf = QPushButton(operation, fenster)
    self.knopf.setGeometry(x, y, b, h)
    self.knopf.clicked.connect(self.klick)

  # Hier wird die eigentliche Operation ausgeführt
  def operationAusfuehren(self):
    result = ""
    if self.fenster.operation == "+":
      result = str(int(self.fenster.speicher) + \
int(self.fenster.zahl))
    if self.fenster.operation == "-":
      result = str(int(self.fenster.speicher) - \
int(self.fenster.zahl))
    if self.fenster.operation == "/":
      result = str(int(self.fenster.speicher) / \ int(self.
      fenster.zahl))
    if self.fenster.operation == "*":
      result = str(int(self.fenster.speicher) * \
int(self.fenster.zahl))
    return result

  def klick(self):

    # Da die Berechnung selbst ausgelagert wurde
    # kann dieser Abschnitt sehr kompakt gehalten werden.

    # Die Bearbeitung erfolgt nur, wenn auch eine Zahl
    # im Feld eingetragen ist.
    if self.fenster.zahl != "":
      if self.operation == "=":
```

```

        # Die Berechnung kann nur funktionieren,
        # wenn zusätzlich eine zweite Zahl
        # gespeichert ist.
        if self.fenster.speicher != "":
          self.fenster.label_1.setText( \self.
          operationAusfuehren())

        # Leeren aller Variablen für die nächste
        # Berechnung.
        self.fenster.zahl = ""
        self.fenster.speicher = ""
        self.fenster.operation = ""
      else:

        # Auch hier wird zur Berechnung eine
        # zweite Zahl benötigt.
        if self.fenster.speicher != "":
          self.fenster.speicher = self.operationAusfuehren()
          self.fenster.zahl = ""
          self.fenster.label_1.setText(self.fenster.speicher)

        # Ist keine zweite Zahl vorhanden, wird
        # nur die aktuelle Zahl gespeichert.
        else:
          self.fenster.speicher = self.fenster.zahl
          self.fenster.zahl = ""
          self.fenster.label_1.setText("")
        self.fenster.operation = self.operation
    else:
      return

class Fenster(QWidget):
  def __init__(self):
    super().__init__()

    self.zahl = ""
    self.speicher = ""
    self.operation = ""

    self.label_1 = QLabel("", self)
    self.label_1.setGeometry(0,0, 200, 50)

    self.knopf_1 = NummerKnopf(1, self, 0, 150)
    self.knopf_2 = NummerKnopf(2, self, 50, 150)
    self.knopf_3 = NummerKnopf(3, self, 100, 150)
    self.knopf_4 = NummerKnopf(4, self, 0, 100)
    self.knopf_5 = NummerKnopf(5, self, 50, 100)
```

```
        self.knopf_6 = NummerKnopf(6, self, 100, 100)
        self.knopf_7 = NummerKnopf(7, self, 0, 50)
        self.knopf_8 = NummerKnopf(8, self, 50, 50)
        self.knopf_9 = NummerKnopf(9, self, 100, 50)
        self.knopf_0 = NummerKnopf(0, self, 0, 200)

        self.knopf_plus = FunktionKnopf("+", self, /
150, 50, 50, 50)
        self.knopf_minus = FunktionKnopf("-", self, /
150, 100, 50, 50)
        self.knopf_geteilt = FunktionKnopf("/", self, /
150, 150, 50, 50)
        self.knopf_mal = FunktionKnopf("*", self, /
150, 200, 50, 50)
        self.knopf_gleich = FunktionKnopf("=", self, /
50, 200, 100, 50)

        self.setGeometry(50, 50, 200, 250)
        self.show()

app = QApplication(sys.argv)
w = Fenster()
sys.exit(app.exec_())
```

5.15 Ausblick: Programmierung in anderen Sprachen

Nun haben wir die Grundlagen gelernt, mit denen wir in Python unsere ersten eigenen Programme schreiben können. An dieser Stelle haben wir noch nicht betrachtet, welche spezifischen Eigenheiten zu beachten sind, wenn direkt für den Raspberry Pi programmiert werden soll. Dies folgt im Kapitel GPIO-Verwendung ab Seite 299. Vorher möchten wir allerdings noch darauf eingehen, welche anderen Optionen offen stehen, wenn man zusammen mit dem Raspberry Pi programmieren möchte. Denn leider sind nicht alle Programmiersprachen dort verfügbar.

Egal, ob es nun eine Sprache ist, die kompiliert werden muss oder eine, die interpretiert wird – sobald der eigene Code auf dem Raspberry Pi ausgeführt werden soll, müssen weitere Komponenten existieren, die ebenfalls dort lauffähig sind. Wenn es keine entsprechend angepasste Variante gibt, dann gibt es keine Möglichkeit zur Programmausführung, sei es für Compiler oder Interpreter. Für manche kompilierten Sprachen gibt es zwar die Möglichkeit, für andere Systemarchitekturen zu kompilieren, das erfordert dann aber zumindest zusätzliche Hardware.

Diese Sonderfälle werden wir jetzt nicht betrachten, denn es steht auch so eine große Auswahl an Sprachen zur Verfügung, die ohne größeren Aufwand auf dem Raspberry Pi verwendet werden können.

„Scratch"[32] ist eine Sprache, die gut zum Grundgedanken des Raspberry Pi passt. Es ist eine anfängerfreundliche Programmiersprache, die von der „Lifelong Kindergarten Group" des „MIT Media Lab" im amerikanischen Boston ins Leben gerufen wurde. Das Ziel war die Entwicklung einer einfachen Sprache, mit der die Softwareentwicklung Spaß macht und die es ermöglicht, leicht mathematische Konzepte kennen zu lernen.

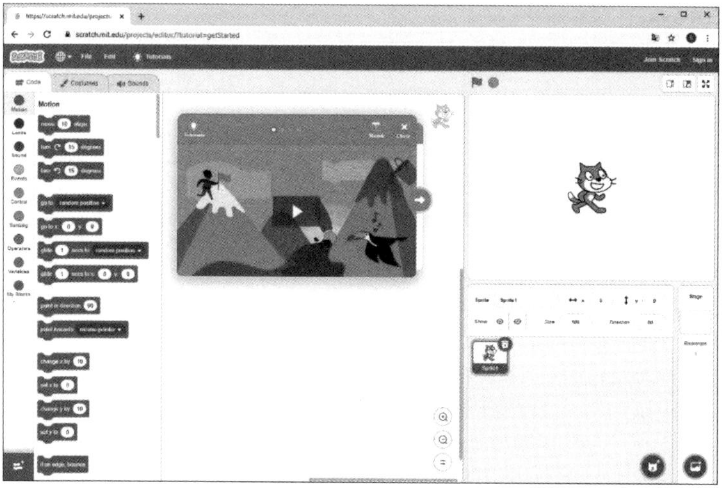

Abb. 5.13 Scratch Editor im Web-Browser

Im Gegensatz zu den meisten anderen Programmiersprachen ist Scratch eine visuelle Sprache. Der Programmierer erzeugt keinen Quellcode, stattdessen werden Blöcke zusammengesteckt, die die einzelnen Befehle und Strukturen abbilden. Zugriff auf die Hardwarefunktionen des Raspberry Pi ist hier möglich.

[32] https://bmu-verlag.de/rk20

Die klassischen Sprachen wie C und C++ sind natürlich auch verfügbar. Hier stehen auf dem Pi passende Compiler zur Verfügung, sodass der komplette Entwicklungsprozess auch direkt auf der Hardware passieren kann.

Für Einsteiger sind weder C noch C++ eine leichte Wahl, da beide zu den eher komplexen, dafür aber sehr mächtigen Sprachen zählen. C++ ist dabei deutlich komfortabler als C und bringt alles mit, was man zur objektorientierten Programmierung braucht. Aufgrund der weiten Verbreitung gibt es natürlich auch für beide Sprachen Bibiotheken und Schnittstellen, um auf die Raspberry Pi-Hardware zuzugreifen.

Von den „großen" Sprachen ist auch Java auf dem Pi verfügbar. Java ist so angelegt, dass der geschriebene Code auf vielen Plattformen ohne Modifikation funktioniert. Auch hier macht die Komplexität den Einstieg nicht leicht.

Abseits der eher klassischen Sprachen gibt es auch noch eine Auswahl, die normalerweise eher mit Web-Technologie in Verbindung gebracht wird.

Als Hybrid könnte man PHP bezeichnen, da man damit sowohl umfangreiche Web-Anwendungen schreiben als auch lokale Anwendungen erzeugen kann.

Ähnliches gilt für JavaScript, das eigentlich dafür da ist, Funktionen auf Webseiten innerhalb des Webbrowsers des Betrachters auszuführen. Mit neuen Techniken wie jQuery und NodeJs lassen sich aber auch komplexere Anwendungen aufbauen, die dann auf dem Server selbst laufen. Wenn es tatsächlich um eine Web-Anwendung geht, ist natürlich auch HTML5 eine Möglichkeit.

Es gibt also eine ganze Menge Optionen, um das eigene Projekt umzusetzen. Je nachdem, in welche Richtung man gehen möchte, ist vielleicht eine andere Sprache besser geeignet. Einen Einstieg in die Konzepte der Programmierung insgesamt bietet Scratch, Interpreter-Sprachen ermöglichen es, in schnellen, iterativen Prozessen die eigenen Fähigkeiten zu vertiefen und die klassischen Giganten C / C++ stehen zur Verfügung, wenn es an komplexe, professionelle Projekte geht.

Alle Programmcodes aus diesem Buch sind als PDF zum Download verfügbar. Dadurch müssen Sie sie nicht abtippen: https://bmu-verlag.de/raspberry-pi-kompendium/

Außerdem erhalten Sie die eBook Ausgabe zum Buch im PDF Format kostenlos auf unserer Website:

https://bmu-verlag.de/raspberry-pi-kompendium/
Downloadcode: siehe Kapitel 20

Kapitel 6
Elektronik

6.1 Grundlagen

Bisher haben wir den Raspberry Pi und alles um ihn herum aus einer sehr umfassenden Perspektive betrachtet. Wir haben gelernt, welche Betriebssysteme darauf laufen, wie diese installiert werden und wir haben einige Eckdaten zur Hintergrundgeschichte erfahren.

Auch haben wir gelernt, wie wir einfache Programme auf der Konsole oder mit simplen grafischen Oberflächen erstellen können.

Damit haben wir allerdings noch kein Feature des Raspberry Pi betrachtet, das nicht auch von einem „normalen" Computer im Desktopformat geleistet werden kann.

Das wollen wir im Folgenden ändern. Um die Betrachtung der Programmierung von Software um Hardwareelemente zu erweitern, müssen wir uns mit den Grundlagen der Elektronik beschäftigen.

Zuerst eine kleine Definition, um den Unterschied zwischen Elektrik und Elektronik darzustellen: Der Begriff Elektrik umfasst alle solchen Elemente und Aufbauten, die Strom führen oder mit Strom arbeiten. Elektronik ist ein Teilbereich der Elektrik und bezeichnet Dinge, die Strom verwenden, um Signale zu verarbeiten oder zu erzeugen.

Eine Glühbirne wird der Elektrik zugeteilt, da sie ohne weitere Verarbeitung oder Zwischenschritte die elektrische Energie verwendet, um Licht zu erzeugen. Ein Monitor dagegen ist ein elektronisches Gerät, da hier eine komplexe Signalverarbeitung stattfindet, um mittels Strom aus den eingehenden Daten ein Bild zu generieren.

Egal, wie wir Geräte oder Vorgänge beschreiben, ohne den bereits erwähnten elektrischen Strom sind sie nicht funktionsfähig – aber was ist eigentlich elektrischer Strom?

Elektrischer Strom ist die Übertragung von Ladungsträgern. Zwischen zwei unterschiedlich geladenen Punkten können diese nur fließen, wenn die Punkte über einen Leiter verbunden sind.

Abb. 6.1 Elektrischer Strom erläutert durch Wasserdruck

Das kann man sich am besten mit dem Vergleich zu einem wasserführenden System verdeutlichen. Auf der einen Seite ist ein voller Behälter A. Dieser ist durch ein Rohr mit einem zweiten, leeren Behälter B verbunden. Nun wird so lange Wasser fließen, bis in beiden Behältern die gleiche Menge Wasser vorhanden ist. (Das „Potential" ist dann ausgeglichen.) Die Wassermenge, die durch das Rohr fließt, entspricht hier der Stromstärke, diese wird mit einem großen `I` bezeichnet. Die Einheit der Stromstärke ist Ampere, das wird mit einem `A` abgekürzt.

Abb. 6.2 Wassertransport durch eine Pumpe

Wenn wir nun eine kräftigere Pumpe verwenden, können wir den zweiten Behälter schneller füllen, da mehr Druck vorhanden ist. Analog zur Pumpe ist beim Stromfluss die Spannung. Mehr Spannung entsteht durch mehr „Druck". Die Spannung wird mit *U* gekennzeichnet und hat die Einheit Volt, die mit `V` abgekürzt wird.

Abb. 6.3 Rohrstärke als Analogie zum Widerstand

Die dritte Komponente in diesem Wechselspiel ist der Widerstand. Verwenden wir statt eines dicken Rohres ein sehr dünnes, dann ist es viel schwieriger, dort Wasser hindurch zu bekommen, der Widerstand wird größer. Je dünner das Rohr ist, umso weiter steigt der Druck des Wassers, die Spannung steigt also mit dem Widerstand. Der Buchstabe für den Widerstand ist das R und die Einheit ist Ohm. Abgekürzt wird er mit einem Omega: Ω.

Der Zusammenhang dieser drei Bestandteile wird über das Ohm'sche Gesetz in Formeln gefasst. Diese drei Formeln sind:

- $I = \frac{U}{R}$

  Durch einen Widerstand R, an dem die Spannung U anliegt fließt ein Strom I.
  Beispiel: $\frac{220\ \mathrm{V}}{200\ \Omega} = 1{,}1\ \mathrm{A}$

- $U = R * I$

  Die Spannung U berechnet sich aus dem Widerstand R und dem Strom I.
  Beispiel: $200\ \Omega * 3\mathrm{A} = 600\ \mathrm{V}$

- $R = \frac{U}{I}$

  Der Widerstand R ist abhängig von der Spannung U, die mit dem Strom I anliegt.
  Beispiel: $\frac{220\ \mathrm{V}}{2\ \mathrm{A}} = 110\ \Omega$

Damit wissen wir nun, wie wir die Komponenten Strom, Spannung und Widerstand berechnen können und wie diese zusammenhängen.

Vor allem durch den Vergleich mit Wasser drängt sich noch eine weitere Frage auf: Wenn wir davon sprechen, dass Ladungsträger fließen, dann impliziert dies eine Fließrichtung.

Hier hat man früher angenommen, dass Strom durch die Bewegung positiv geladene Ladungsträger entsteht und dadurch Strom vom positiven Pol zum negativen Pol fließt.

Erst später konnte nachgewiesen werden, dass es in Wahrheit genau anders herum ist. Der negative Pol stößt freie Ladungsträger ab und diese werden vom positiven Pol angezogen. Damit ist die tatsächliche physikalische Richtung des Stromflusses eine andere als die historisch entstandene und allgemein verwendete technische Stromrichtung.

Da hier schon der positive und negative Pol angesprochen wurden, können wir gleich betrachten, welche unterschiedlichen Stromquellen es gibt.

Eine wichtige Unterteilung ist dabei die in Gleichstrom- und Wechselstromquellen.

Um diese Unterscheidung zu erläutern, müssen wir kurz betrachten was passiert, wenn wir eine Spannung messen. Dazu nehmen wir beispielsweise ein digitales Multimeter.

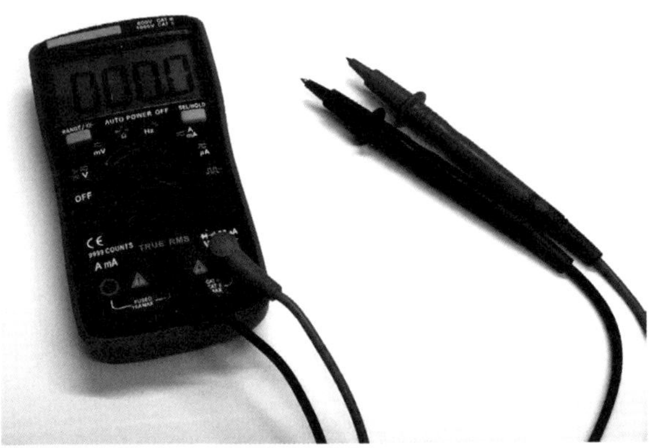

Abb. 6.4 Ein digitales Multimeter mit zwei Messleitungen

Wir möchten an dieser Stelle darauf hinweisen, dass bei jeglichen Arbeiten mit Strom höchste Sorgfalt notwendig ist, da höhere Spannung lebensgefährlich sein kann! Vor der Verwendung eines Messgerätes muss sichergestellt sein, dass dieses für den geplanten Einsatzzweck vorgesehen und für den Spannungsbereich zugelassen ist. Wenn es sich um ein Multimeter handelt, muss außerdem geprüft werden, ob es auf den richtigen Messbereich eingestellt ist.

Verbinden wir die Messleitungen nun in richtiger Polung – das rote Kabel wird mit dem Pluspol verbunden, das schwarze mit dem Minuspol – dann wird die anliegende Spannung als Voltzahl im Display angezeigt. Werden die Prüfspitzen verpolt, schwarz am Pluspol und rot am Minuspol, dann wird eine negative Voltzahl angezeigt. Dies gilt zumindest für eine Gleichstromquelle, bei der die Fließrichtung immer gleichbleibend ist.

6

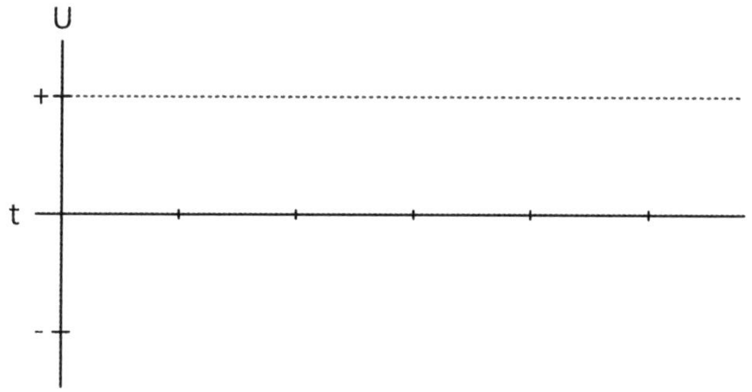

Abb. 6.5 Die Spannung U (in Rot) einer Gleichstromquelle über die Zeit t

Anders sieht es aus, wenn wir eine Wechselstromquelle betrachten. Hier wechselt die Richtung des Flusses mehrfach pro Sekunde. Die Wechselstromquellen des öffentlichen Stromnetzes in Europa verwenden eine Frequenz von 50 Hz, also 50 Mal pro Sekunde, in Amerika sind es 60 Hz. Durch die Verwendung von Wechselstrom können Verluste in langen Leitungen wie zum Beispiel Überlandhochspannungsleitungen reduziert werden. Zudem können höhere Spannungen leicht in niedrigere umgewandelt werden, was wiederum ebenfalls die Verluste in der Übertragung niedrig hält, denn die Verluste steigen mit sinkender Spannung.

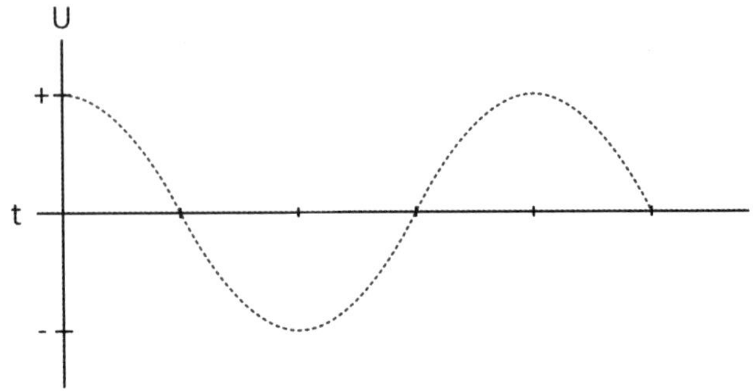

Abb. 6.6 Die Spannung U (in Rot) einer Wechselstromquelle über die Zeit t

In Deutschland beträgt die Netzspannung 230 Volt bei 50 Hz. Oft wird noch die Zahl 220 Volt genannt, dies war aber nur zum Ende der 1980er Jahre korrekt, danach wurde auf die höhere Voltzahl umgestellt. Für den Transport über weite Strecken kommen Spannungen zwischen 10 kV[1] und 1000 kV zum Einsatz. Überwiegend wird für lange Distanzen aber eine Spannung von 380 kV eingesetzt.

Da viele der Geräte, die man im täglichen Gebrauch verwendet, andere Spannungswerte brauchen und teilweise auch nicht mit Wechselstrom laufen, werden sie mit einem Netzteil betrieben, das aus der hohen Wechselspannung eine niedrige Gleichspannung macht.

Auch das Netzteil des Raspberry Pi tut genau das: Es macht aus 230 V Wechselspannung 5 V Gleichspannung.

Zum Abschluss gehen wir noch kurz auf das Stichwort „Leistung" ein. Die elektrische Leistung P in Watt kann über die folgenden Formeln aus den bereits bekannten Werten U, I und R berechnet werden.

1 1 kV = 1000 V

- $P = U * I$
- $P = R * I^2$
- $P = \frac{U^2}{R}$

Das ist nicht nur wichtig um zu bestimmen, welche Leistung ein Gerät verbraucht, sondern auch um sicherzustellen, dass ein Netzteil nicht überlastet wird.

Dazu ein Beispiel: Ein 12-Volt-Netzteil, das maximal einen Strom von 2 Ampere erzeugen kann, soll verwendet werden, um ein 12-Volt-Gerät zu versorgen, das 30 Watt Leistung hat.

Wir können nun bestimmen, dass das Netzteil eine maximale Leistung P von 24 Watt hat, da nach der ersten Formel die Leistung das Produkt aus Spannung (12 Volt) und Strom (2 Ampere) ist. Dieses Netzteil kann das Gerät also nicht versorgen, die maximale Leistung reicht nicht aus.

6.2 Übersicht der Bauelemente

Eine elektrische Schaltung ist eine Kombination von elektrischen oder elektromechanischen Bauelementen, die eine bestimmte Funktion erfüllen.

Bauelemente sind alle solche Einzelteile, die nicht mehr weiter unterteilt oder zerlegt werden können, ohne ihre Funktion zu verlieren.

Eine grobe Unterteilung kann vorgenommen werden in aktive und passive Bauelemente: Aktive Elemente können eingehende Signale verstärken und verändern, dazu werden sie in der Regel mit einer zusätzlichen Hilfsspannung versorgt. Stromerzeugende Bauelemente wie Solarzellen zählen auch zu den aktiven. Passive Elemente dagegen haben keine eigenen Verstärkungs- oder Steuerfunktionen.

6.2.1 Widerstand

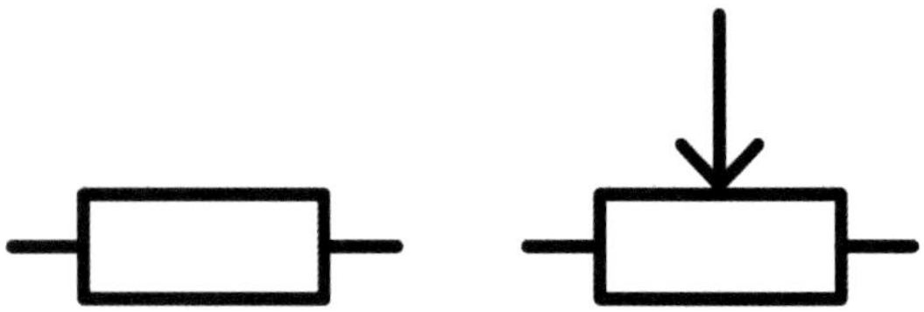

Abb. 6.7 Schaltplansymbol für Widerstände. Links ein festwiderstand, rechts ein Potentiometer.

Als wir den Stromfluss mit einem wasserführenden System verglichen haben, entsprach dem Widerstand der Durchmesser des Rohres. Die Menge an fließendem Wasser ist abhängig von genau diesem Wert. Je kleiner der Durchmesser wird, umso weniger Wasser kann hindurch.

Das gilt auch bei einem Stromkreis. Der Widerstand beeinflusst die Stromstärke. Anhand der Formel für I sehen wir, dass wir entweder den Widerstand reduzieren oder die Spannung erhöhen müssen, um den Stromfluss zu steigern.

Bisher haben wir unter Widerstand immer den Gesamtwiderstand einer elektronischen Schaltung verstanden, es gibt aber auch Bauteile, die für die Manipulation genau dieser Werte hergestellt werden.

Widerstände als Bauteil gibt es entweder mit einem festen Wert, sogenannte Festwiderstände, oder mit einem einstellbaren Wert. Festwiderstände werden allerdings nicht mit jedem beliebigen Wert angeboten. Es gibt eine internationale Norm, die verschiedene Widerstandsreihen beschreibt. Hierdurch wird definiert, welche Werte zur Verfügung stehen. Die Berechnung dieser Widerstandsreihen ist nicht unbedingt trivial. Zum Glück für den Benutzer ist eine eigene Berechnung auch nicht notwendig.

Man sollte die unterschiedlichen Werte aber unterscheiden können. Leider sind in der Regel auf den Bauteilen die Widerstandswerte nicht als Zahlen aufgedruckt, sondern es wird ein System aus verschiedenenfarbigen Ringen verwendet, die die Widerstandswerte und die mögliche Toleranz kodieren.

Hierbei gibt es zwei Möglichkeiten: Entweder gibt es vier Ringe, dann handelt es sich zumeist um einen Kohleschichtwiderstand, oder es gibt fünf Ringe, dann ist es wahrscheinlich ein Metallschichtwiderstand. Beide Farbcodierungen können mit den folgenden Tabellen entschlüsselt werden:

Farbe		Ring 1	Ring 2	Ring 3 (Multiplikator)	Ring 4 (Toleranz)
	Schwarz	0	0		
	Braun	1	1	10	1 %
	Rot	2	2	100	2 %
	Orange	3	3	1000	
	Gelb	4	4	10000	
	Grün	5	5	100000	0,5 %
	Blau	6	6	1000000	0,25 %
	Violett	7	7	10000000	0,1 %
	Grau	8	8		
	Weiß	9	9		
	Gold			0,1	5 %
	Silber			0,01	10 %

Farbe	R 1	R 2	R 3	Ring 4 (Multiplikator)	Ring 5 (Toleranz)
Schwarz	0	0	0		
Braun	1	1	1	10	1 %
Rot	2	2	2	100	2 %
Orange	3	3	3	1000	
Gelb	4	4	4	10000	
Grün	5	5	5	100000	0,5 %
Blau	6	6	6	1000000	0,25 %
Violett	7	7	7	10000000	0,1 %
Grau	8	8	8		
Weiß	9	9	9		
Gold				0,1	5 %
Silber				0,01	10 %

Damit lassen sich nun alle Widerstände mit einem festen Wert bestimmen.

Abb. 6.8 Metall- und Kohleschichtwiderstände

In der Abbildung 6.8 sehen wir beispielsweise zwei verschiedene Widerstände:

- Der blaue Metallschichtwiderstand hat fünf Ringe in den Farben Orange, Weiß, Schwarz, Gold und Braun.
- Die ersten drei Ringe definieren den Wert, hier 390. Der vierte Ring gibt den Multiplikator an. Da hier ein goldener Ring zu sehen ist, bedeutet das eine Multiplikation der 390 mit 0,1. Der letzte Ring gibt die Toleranz an, in diesem Fall 1 %. Also hat der Widerstand einen Wert von 39 Ohm mit einer Toleranz von 1 %.
- Der beigefarbene Kohleschichtwiderstand hat vier Ringe in den Farben Gelb, Lila, Braun und Gold. Nach dem gleichen Muster können wir nun bestimmen, dass es sich um einen 470-Ohm-Widerstand mit 5 % Toleranz handelt.

Es kann natürlich vorkommen, dass man einen Widerstandswert benötigt, der nicht in den normalen Widerstandsreihen vorgesehen ist, oder dass ein variabler Widerstand benötigt wird, um ein aktives Bauteil einzustellen.

Für solche Fälle gibt es Drehwiderstände. Das sind Bauelemente, deren Widerstandswert sich zwischen 0 und einem angegebenen Maximalwert einstellen lässt.

Diese gibt es in unterschiedlichen Bauformen und Größen. Sie funktionieren, indem die Länge eines widerstandgebenden Materials zwischen zwei Kontakten variiert wird. Je größer der Abstand ist, umso höher steigt der Widerstand. Meistens wird dies über einen Schleifkontakt realisiert, der an einer Achse befestigt ist. Die meisten Drehwiderstände haben an beiden Enden des Widerstandsmaterials einen Kontakt, um die Drehrichtung wählen zu können.

Abb. 6.9 Verschiedene Drehwiderstände. Rechts ist auch der Schleifkontakt zu sehen.

Sind in einer Schaltung mehrere Widerstände hintereinander angeordnet, so reicht es zur Berechnung des Gesamtwiderstandes, einfach alle einzelnen Werte aufzusummieren.

Etwas komplizierter wird es, wenn die Widerstände parallel geschaltet sind. Bei nur zwei parallelen Widerständen ist die Formel:

$$R_{ges} = \frac{R_1 * R_2}{R_1 + R_1}.$$

Wenn mehr als zwei Widerstände parallel vorliegen, wird die Formel komplexer:

$$\frac{1}{ges} = \sum_{k=1}^{n} \frac{1}{R_k} = \frac{1}{R_1} + \frac{1}{R_2} + \cdots + \frac{1}{R_n}.$$

6.2.2 Kondensatoren

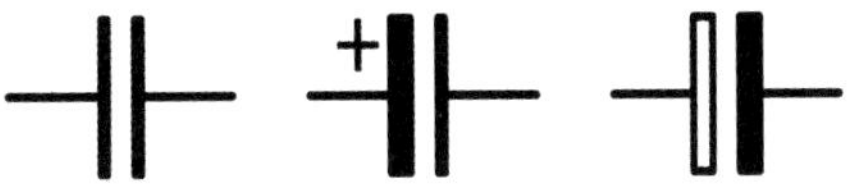

Abb. 6.10 Symbole für Kondensatoren. Links ein nicht polarisierter, rechts zwei Varianten polarisierter Kondensatoren.

Ein ebenfalls häufig benutztes Bauteil ist der Kondensator. Kondensatoren können elektrische Ladung speichern.

Aufgrund ihrer Eigenschaften werden sie oft mit Akkumulatoren verglichen, die auf den ersten Blick eine ähnliche Aufgabe haben. Bei genauerer Betrachtung werden aber schnell deutliche Unterschiede auffallen.

Akkumulatoren speichern Energie in der Regel über einen chemischen Prozess, bei Kondensatoren findet dies über eine elektrostatische Aufladung statt. Zwischen zwei Metallplatten befindet sich ein nichtleitendes Material und bei anliegender Spannung laden sich die Platten auf.

Fällt die Spannung ab, wird die Ladung wieder abgegeben. Kondensatoren können gegenüber Akkumulatoren auch deutlich höhere Ströme umsetzen.

Kondensatoren werden häufig eingesetzt, um Spannungsschwankungen auszugleichen, zum Beispiel bei der Umwandlung von Wechselstrom zu Gleichstrom.

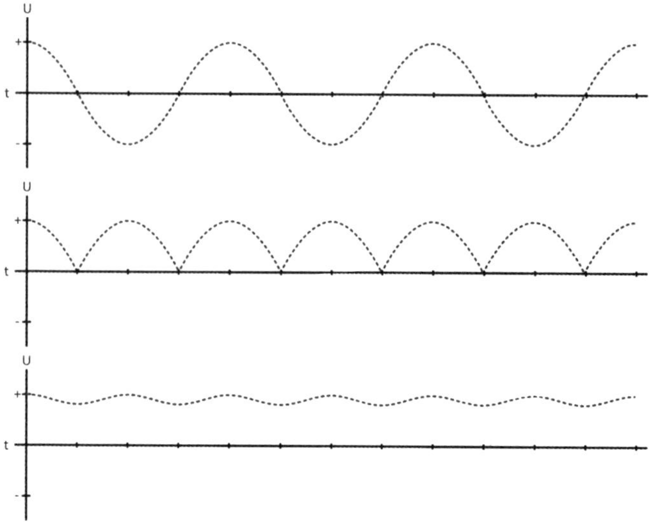

Abb. 6.11 Spannungsverlauf bei der Umwandlung von Wechselstrom zu Gleichstrom

In der Abbildung 6.11 ist oben zu sehen, wie der Spannungsverlauf für Wechselstrom aussehen kann. In der Mitte ist die Spannung durch einen Gleichrichter[2] ausschließlich in den positiven Bereich verschoben, hat dadurch aber immer wieder Nullstellen, an denen keine Spannung vorliegt. Um dies auszugleichen, kann ein Kondensator verwendet werden, der geladen wird, sobald Spannung anliegt. An den Nullstellen gibt er diese wieder ab. Wichtig ist dabei, dass der Kondensator genug Ladung speichern kann, um diese „Ausfälle" auszugleichen.

Die Kapazität von Kondensatoren wird in der Einheit Farad angegeben. Die meisten Exemplare bewegen sich in Wertebereichen zwischen einigen Nanofarad (millionstel) und Milifarad (tausendstel). Um größere Werte zu ereichen, wird ein Elektrolyt als sogenanntes Dielektrikum verwendet. Dabei wird dieses Material als isolierende Schicht in den Kondensator eingebracht, dadurch erhöht sich die Kapazität teilweise

[2] Ein Gleichrichter ist eine Kombination aus elektronischen Bauteilen, die aus einer Wechselspannung eine Gleichspannung machen kann.

sehr deutlich. Da diese Stoffe aber mit der Zeit an Effektivität verlieren, leidet so die Lebensdauer der Kondensatoren und die Geräte, in denen sie verbaut sind, gehen kaputt. Im besten Fall lässt das Gerät sich durch den Austausch des einzelnen Bauteils reparieren, manchmal sind die Folgeschäden jedoch irreparabel. Daher kann es sich lohnen, bei älteren Geräten einen Blick auf die Kondensatoren zu werfen und diese eventuell präventiv auszutauschen.

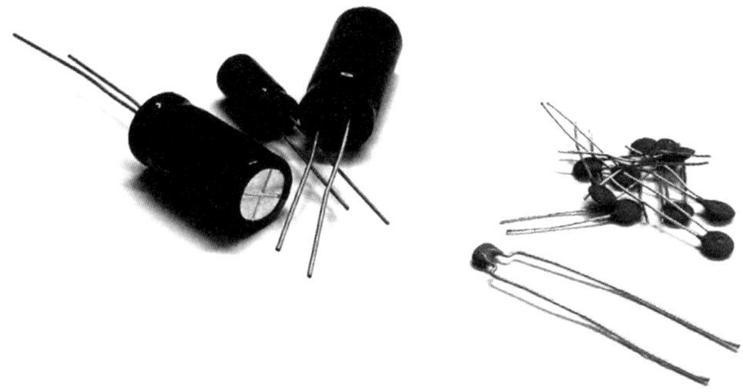

Abb. 6.12 Verschiedene Elektrolyt- (links) und Keramikkondensatoren

Aufgrund ihrer Eigenschaft Energie zu speichern, sollte nicht an Kondensatoren gearbeitet werden, an denen Netzspannung anliegt. Diese Spannung kann auch nach dem Abschalten des Gerätes und einer Trennung vom Stromnetz noch über einen langen Zeitraum vorhanden sein. Solche Arbeiten sollte nur qualifiziertes Fachpersonal durchführen.

Viele Kondensatoren sind übrigens nicht in einer beliebigen Richtung zu verwenden. In solchen Fällen muss entweder der Spezifikation oder einem eventuellen Aufdruck entnommen werden, welches die positive und welches die negative Seite ist.

6.2.3 Dioden

Abb. 6.13 Symbol für Dioden. Der Pfeil zeigt in Flussrichtung.

Betrachten wir wieder den Vergleich mit einem wasserführenden System, dann können Dioden mit Rückschlagventilen verglichen werden. Sie lassen den Strom nur in einer Richtung passieren.

Das ist natürlich nur eine vereinfachte Darstellung, denn in der Realität gibt es sowohl in Flussrichtung als auch in die entgegengesetzte Richtung Grenzen.

Abb. 6.14 Mehrere Dioden. Die Flussrichtung ist am aufgedruckten Streifen zu erkennen.

In der Durchgangsrichtung ist die Diode zuerst auch undurchlässig. Dies gilt solange, bis die Spannung einen bestimmten Wert überschreitet. Diese sogenannte „Schleusenspannung" liegt meist im Bereich um 0,7 Volt. Allerdings werden die meisten Dioden-Typen auch vorher schon teilweise durchlässig.

Entgegen der Durchgangsrichtung, also in Sperrrichtung, ist die Diode auch nicht in der Lage, einer beliebigen Spannung zu widerstehen. Im Bereich zwischen -10 Volt bis -1000 Volt kann auch in dieser Richtung Strom fließen, die genauen Werte sind vom Diodentyp abhängig und können dem jeweiligen Datenblatt entnommen werden.

Einen Anwendungsfall, in dem Dioden zum Einsatz kommen, haben wir bereits gesehen. Es handelt sich dabei um die Gleichrichterschaltung, die den Spannungsverlauf in Abbildung 6.11 auf Seite 284 erzeugt.

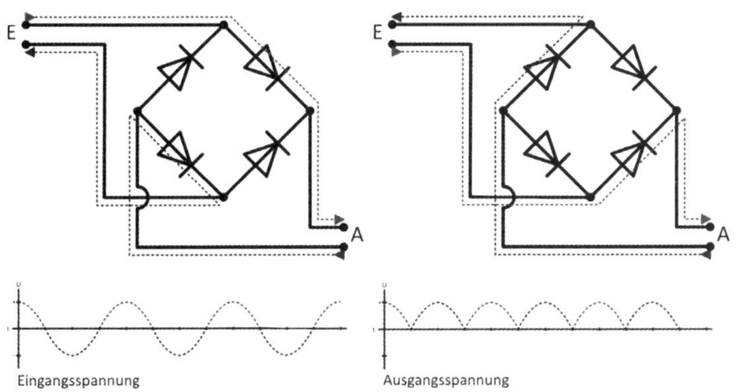

Abb. 6.15 Ein Brückengleichrichter aus Dioden

Die Schaltung in Abbildung 6.15 zeigt den Stromfluss innerhalb eines sogenannten Brückengleichrichters. Dieser besteht aus vier Dioden. Durch die Anordnung der Dioden wird der negative Teil der Wechselspannung, die am Eingang anliegt, „hochgeklappt". Dadurch ist jegliche Spannung am Ausgang des Gleichrichters im positiven Bereich. Die beiden Schaltungen in der Abbildung zeigen den Stromfluss in beiden Phasen des Wechsels.

Eine weitere bekannte Form der Diode ist die Leuchtdiode, auf die werden wir später eingehen.

6.2.4 Transistoren

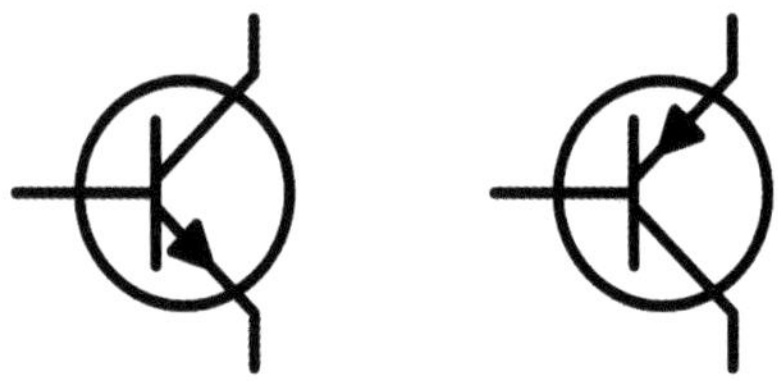

Abb. 6.16 Schaltzeichen für NPN und PNP Transistoren

Transistoren bilden die Grundlage der modernen Computertechnik. Ohne sie wäre die Entwicklung der Informationstechnologie in den vergangenen Jahrzehnten nicht möglich gewesen.

Dabei sind sie eigentlich nichts anderes als Schalter, die sich durch Strom schalten lassen.

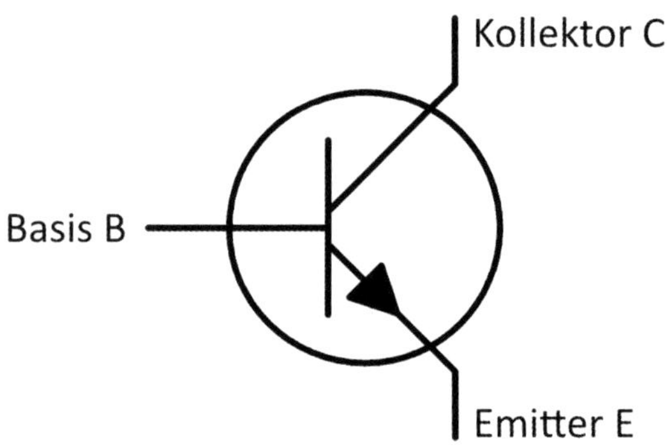

Abb. 6.17 Bezeichnungen der Anschlüsse eines Transistors

Der Transistor hat drei Anschlüsse: Basis, Kollektor und Emitter. Solange an der Basis kein Strom anliegt, kann vom Kollektor zum Emitter ebenfalls kein Strom fließen. Es reicht ein relativ kleiner Strom an der Basis, um einen um ein Vielfaches größeren Strom über den Kollektor zu ermöglichen. Dadurch können Transistoren auch als Verstärker verwendet werden. Da der Strom an der Basis proportional zum möglichen Strom am Kollektor ist, kann ein Signal hier um einen sehr hohen Faktor verstärkt werden. Der „Größenunterschied" zwischen dem Steuersignal an der Basis und dem Kollektor kann dabei Größenordnungen um 1:500 erreichen.

In der Computertechnik wird in der Regel aber nur mit zwei Zuständen gearbeitet: Entweder „ganz geöffnet" oder „komplett geschlossen". Das passt natürlich perfekt zum binären Zahlensystem, das nur aus Null und Eins besteht.

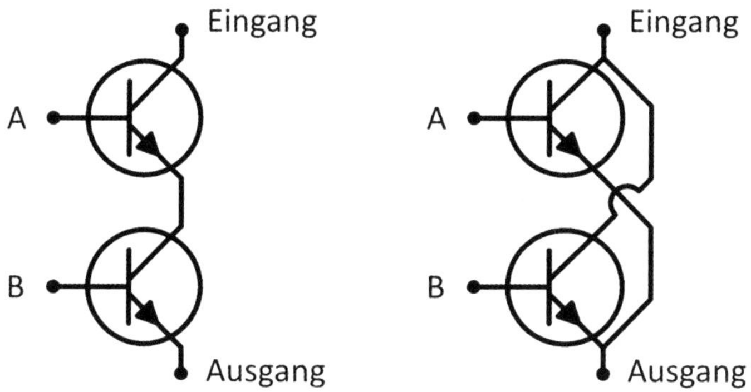

Abb. 6.18 Links: „Und" Verknüpfung. Rechts: „Oder" Verknüpfung. Beide vereinfacht dargestellt.

Im Beispiel in Abbildung 6.18 kann man schön sehen, wie sich einzelne Transistoren zu logischen Elementen verbinden lassen. Links abgebildet ist eine „Und"-Verknüpfung, eine Verbindung zwischen Eingang und Ausgang ist nur möglich, wenn A **und** B beide gleichzeitig offen sind. Rechts dagegen ist eine „Oder"-Verknüpfung zu sehen. Hier reicht es, wenn A **oder** B offen ist.

Abb. 6.19 Ein einzelner Transistor neben dem SoC des Raspberry Pi Zero mit etlichen Millionen Transistoren

Nimmt man diese Strukturen nun in großer Anzahl, dann kann man daraus Prozessoren bauen. Allerdings müssen die Transistoren dafür um einige Größenordnungen kleiner sein als die Bauteile, die wir für unsere Projekte verwenden. Um ein Beispiel zu geben: 2019 werden Computerchips produziert, die aus Transistoren mit einer Größe von nur noch 5 Nanometern bestehen. Zum Vergleich: Ein menschliches Haar hat einen Durchmesser von ungefähr 100 000 Nanometern.

6.2.5 Relais

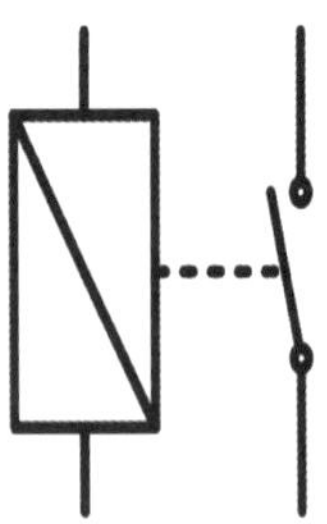

Abb. 6.20 Schaltsymbol für Relais

Mit dem Transistor haben wir schon ein Element kennengelernt, mit dem wir Schaltungen aufbauen können. Sollen aber mit einer kleinen Betriebsspannung zum Beispiel Geräte geschaltet werden, die mit Netzspannung von 230 Volt betrieben werden, dann benötigen wir ein anderes Bauteil. Gemeint ist das Relais.

Abb. 6.21 Relais (in hellblau) auf einer Platine

Ein Relais ist in der Lage, hohe Spannungen gefahrlos zu schalten. Dafür befindet sich im Relais ein mechanischer Kontakt, der über einen Elektromagneten geschlossen wird.

Der Aufbau dieses Elektromagneten ist denkbar einfach: Ein stromführender Leiter wird um einen Ferritkern gewickelt und sobald ein Strom fließt, entsteht hier ein Magnetfeld.

Der Elektromagnet zieht dann einen Kontakt an und schließt den zweiten Stromkreis über einen mechanischen Leiter. Diese Bewegung erzeugt das charakteristische „Klicken“ der Relais beim Schalten.

6.2.7 Integrierte Schaltkreise

Die Grundbausteine für moderne Rechner sind die Transistoren. In einem aktuellen Prozessor stecken hunderte Millionen von mikroskopisch kleinen Transistoren.

Mikrocontroller sind nicht ganz so extrem. Diese haben häufig eine überschaubare Anzahl an Transistoren und anderen Bauteilen, sind aber dennoch eher kompakt in ihren Ausmaßen.

Abb. 6.22 Verschiedene integrierte Schaltkreise und ein Mikrocontroller (Hinten mittig)

Aber nicht jeder integrierte Schaltkreis („integrated Circuit", kurz „IC") ist ein Mikrocontroller.

Zuerst einmal ist ein IC nur ein kompakt zusammengefasster Schaltkreis, also eine Kombination verschiedener Bauteile, die in einem gemeinsamen Gehäuse stecken. Zu einem Mikrocontroller wird das ganze dann, wenn es einen Prozessor und Speicher im gleichen Gehäuse gibt.

Es gibt aber auch deutlich einfacher aufgebaute ICs, die eingesetzt werden, um Abläufe zu automatisieren oder zu vereinfachen. Bei der Arbeit mit dem Raspberry Pi werden wir es eher mit solchen „dummen" IC zu tun bekommen.

Ein paar Beispiele solcher ICs für spezialisierte Aufgaben:

- **Optokoppler**: Ein Optokoppler kann ein Signal weitergeben, ohne dass der signalerzeugende Schaltkreis mit dem Signalempfänger verbunden ist. Die Ausgabe wird häufig auch als „potentialfreier Ausgang" bezeichnet.
- **Schieberegister**: Möchte man mehr Signale schalten, als man Ausgänge zur Verfügung hat, hilft ein Schieberegister. Über ein Steuersignal kann der Eingang auf unterschiedliche Ausgänge geschaltet werden. So kann ein einzelner Ausgang multipliziert werden.
- **D/A Wandler**: Wird verwendet, um aus einem digitalen Signal ein analoges zu machen.

Natürlich gibt es noch eine Vielzahl weiterer ICs und in der Regel braucht man natürlich gerade genau den, den man nicht zur Hand hat.

6.3 Breadboard Prototyping

Die bisher betrachteten Bauteile haben in der Regel eine Gemeinsamkeit: Die Abstände der Verbindungspins sind immer gleich. Sie beruhen auf einem Raster von 0,1 Inch. Umgerechnet in das metrische System entspricht das einem Abstand von 2,54 mm.

Im Hobbybereich werden diese Bauteile in der Regel als „trough-hole"-Bauteile ausgeführt. Sie werden durch ein Loch in der Platine gesteckt und auf der Rückseite verlötet. Die Alternative sind sogenannte „surface mount"-Bauteile. Diese werden flach auf der Oberfläche der Platine aufgebracht. Sie sind meist deutlich kleiner und für den Heimanwender deswegen schwieriger zu verarbeiten.

Für den Prototypenbau lohnt es sich nicht immer, direkt eine passende Platine anfertigen zu lassen. In solchen Fällen kann man eine Lochrasterplatine verwenden.

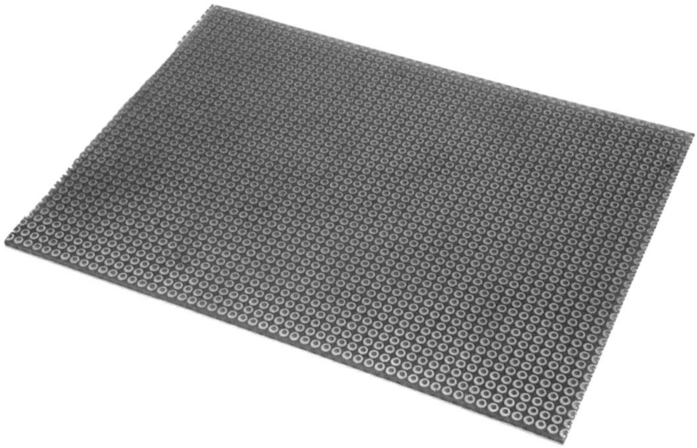

Abb. 6.23 Eine Kunstharz-Lochrasterplatine

Diese Platinen bestehen aus einem Trägermaterial, auf dem im passenden Raster Löcher gebohrt werden. Entweder auf einer oder auf beiden Seiten sind Lötaugen aus Kupfer aufgebracht.

Damit lassen sich schnell kleinere Schaltungen umsetzen.

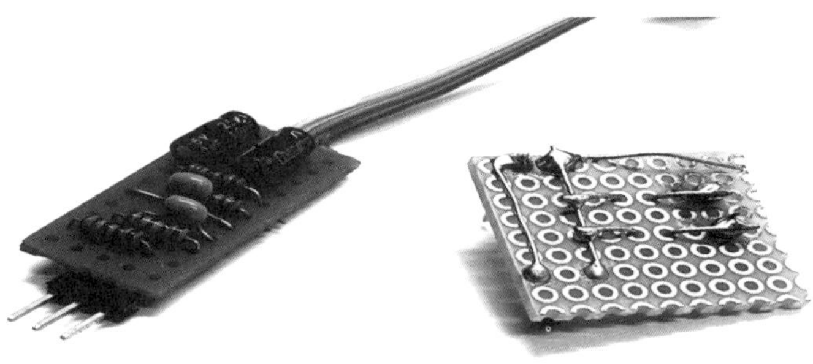

Abb. 6.24 Zwei kleine Schaltungen auf Lochrasterplatinen

Der Nachteil ist dabei, dass alles verlötet wird. Damit bekommt man zwar keine absolut permanente Verbindung, schließlich können die Bauteile auch wieder entlötet werden. Der Aufwand für einen Abbau der Schaltung ist aber doch erheblich. Nach dem Entlöten müssen alle Teile auch noch vom überschüssigen Lötzinn gereinigt werden, da sie sonst häufig nicht mehr problemlos durch die Löcher der Platinen gesteckt werden können.

Glücklicherweise gibt es aber auch eine Lösung, mit der Prototypenschaltungen aufgebaut, einfach geändert und rückstandsfrei wieder zerlegt werden können. Das sind die sogenannten „Breadboards" beziehungsweise Steckplatinen.

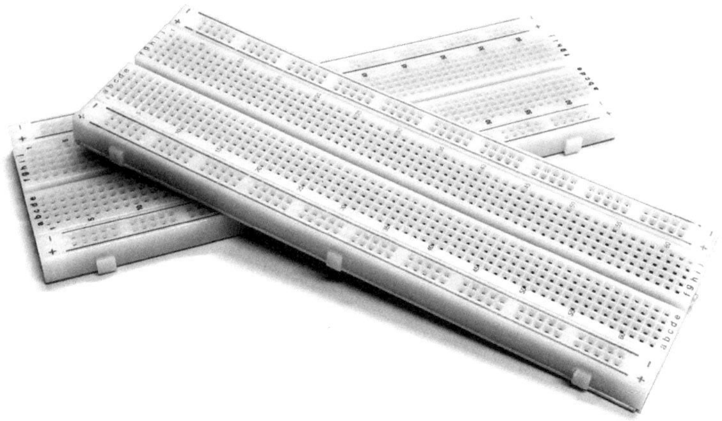

Abb. 6.25 Zwei Breadboards unterschiedlicher Hersteller

Breadboards sind in unterschiedlichen Größen und Farben erhältlich. Am weitesten verbreitet sind die Ausführungen in Abbildung 6.25 mit weißem Kunststoff und 33 oder 63 „Zeilen".

Auf einem solchen Steckbrett können recht einfach simple Schaltung aufgebaut werden. Wir besprechen zunächst kurz, wie diese Platinen eigentlich funktionieren.

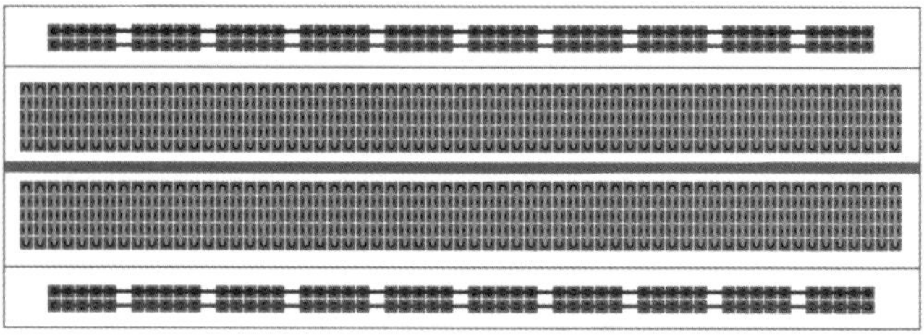

Abb. 6.26 Interne Verbindungen auf einem Breadboard

In Abbildung 6.26 sind drei verschiedene Arten von Verbindungen markiert. An den beiden langen Seiten gibt es jeweils zwei horizontale Verbindungen durch alle Steckplätze hindurch, sie sind für die Stromversorgung. Hierüber kann die Schaltung mit Spannung versorgt werden. Wenn es notwendig ist, können auch zwei verschiedene Spannungen verwendet werden, da zwei getrennte Versorgungspaare vorhanden sind.

In der Mitte sind 63 „Zeilen" aus jeweils zwei Blöcken mit jeweils fünf Steckplätzen zu sehen. Diese sind immer von der Mitte nach außen miteinander verbunden.

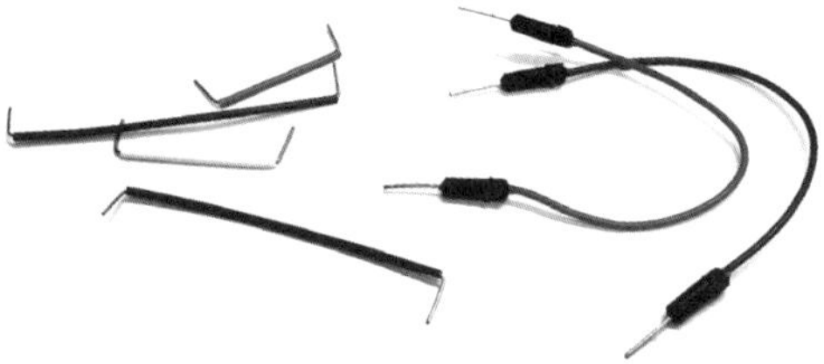

Abb. 6.27 Drahtbrücken und Kabel für Breadboards

Um Komponenten zu verbinden, können entweder Kabel oder Drahtbrücken verwendet werden. Hierbei sollte man am besten zu fertig konfektionierten Verbindungselementen greifen, um die Hardware nicht durch unbeabsichtige Kurzschlüsse zu gefährden.

Sowohl Drahtbrücken als auch Kabel gibt es als fertige Sets in verschiedenen Längen, die direkt für den Einsatz auf Breadboards konzipiert sind.

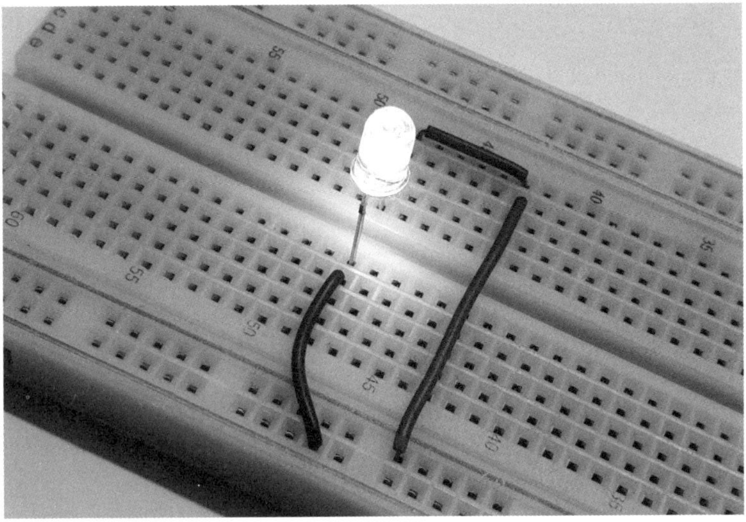

Abb. 6.28 Ein simpler Breadboard Aufbau

Zwar werden auch die einfachsten Schaltungen noch komplexer sein als das Beispiel in Abbildung 6.28, aber die Funktionsweise des Breadboards sollte damit klar werden. Auf den Leitungen zur Stromversorgung liegen im Beispiel 5 Volt an. Diese werden über Drahtbrücken an beiden Seiten der Leuchtdiode angelegt, wodurch diese aufleuchtet.

Wie arbeitet man nun mit dem Raspberry Pi zusammen an einem Breadboard?

Grundsätzlich geht das über die GPIO-Pins des Raspberry Pis.

Wir können einzelne Pins über Kabel mit dem Breadboard verbinden. Es gibt für diesen Zweck aber auch einen passenden Adapter.

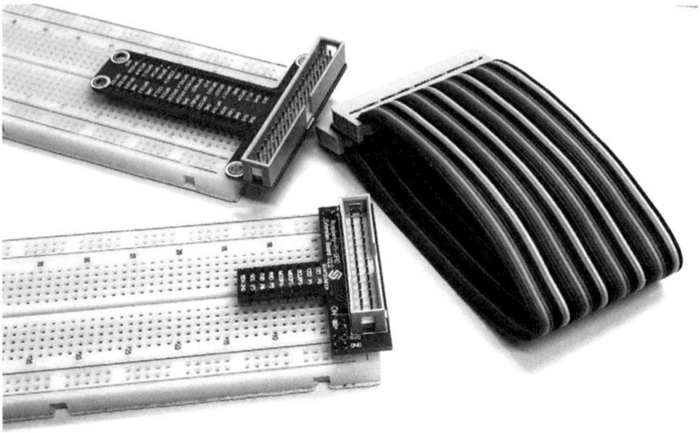

Abb. 6.29 Raspberry Pi Breadboard Adapter

Diese Adapter gibt es in verschiedenen Ausführungen für die unterschiedlichen Raspberry Pi-Modelle, die sich ja teilweise in der Anzahl der Pins unterscheiden. Der Adapter im Vordergrund von Abbildung 6.29 funktioniert beispielsweise mit einem Raspberry Pi 1 Modell B, der zweite – mit deutlich mehr Pins – funktioniert mit allen Modellen, die statt der 26 Anschlüsse insgesamt 40 haben.

Diese Adapter werden in das Breadboard eingesteckt und stellen alle Pins zur Verfügung, die am Raspberry Pi vorhanden sind. Je nach Adapter wird die Spannungsversorgung direkt über Pins aus dem Adapter geleistet oder es können auch einfach die entsprechenden Pins auf dem Breadboard mit den Leitungen an den Seiten verbunden werden. Hier ist unbedingt auf die richtige Polung zu achten.

Die Verbindung mit dem Pi selbst wird über ein Flachbandkabel hergestellt. Da auf der Platine selbst lediglich blanke Pins und keine Buchse vorhanden sind, muss darauf geachtet werden, dass das Kabel nicht verkehrt herum aufgesteckt wird. Die richtige Ausrichtung kann entweder der Anleitung des Adapters entnommen werden oder anhand der Beschriftung des Adapters festgestellt werden.

6.4 GPIO-Verwendung

Im vorigen Kapitel haben wir bereits kurz die GPIO-Pins des Raspberry Pis angesprochen, bisher wissen wir aber noch nicht genau, worum es sich dabei handelt.

GPIO steht für „General Purpose Input Output". Dabei handelt es sich um mehrere Pins, die vom Benutzer mehr oder weniger frei verwendet werden können.

Abb. 6.30 GPIO Pin-Leiste am Raspberry Pi 4 Modell B

Während der Entwicklung der Raspberry Pi-Modelle wurde das Format des GPIO-Anschlusses lediglich einmal geändert. Der Raspberry Pi 1 B und A hatte jeweils nur insgesamt 26 Pins zur Verfügung, von denen 17 als GPIO ausgeführt waren. Alle folgenden Modelle haben insgesamt 40 Pins, davon 26 GPIO Pins.

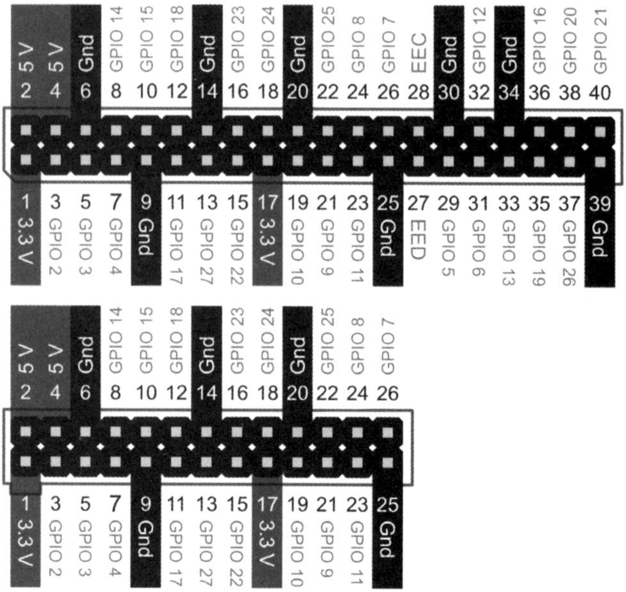

Abb. 6.31 GPIO-Pin Anschlussbelegung mit 40 oder 26 Pins

Um den Pin mit der Nummer 1 zu finden, können wir auf den Aufdruck auf der Platine schauen. Um diesen Anschluss ist eine dünne Linie gezogen, die an einer Ecke entweder leicht abgeschrägt ist oder eine Auspaarung hat. Der Pin an dieser Stelle hat die Nummer Eins. Wenn man den Raspberry Pi vor sich liegen hat und so auf die Seite mit dem SoC schaut, dass der GPIO-Anschluss an der oberen Seite liegt, dann ist der erste Pin in der unteren Pin-Reihe ganz links.

Zwar wird immer der gesamte Anschluss mit allen Pins als GPIO bezeichnet, es sind aber nicht alle Pins für diesen Zweck vorgesehen. Es gibt insgesamt drei weitere Gruppen, die wir identifizieren können.

Die erste Gruppe sind alle die Pins, die mit „Gnd" gekennzeichnet sind. „Gnd" steht für „Ground", im deutschen als „Masse" bezeichnet. Diese sind quasi der negative Pol der Schaltung und Spannung kann dorthin abfließen. Da alle Masseanschlüsse untereinander verbunden sind, ist es egal, welchen man benutzt.

Die zweite Gruppe sind die Pins, an denen eine Spannung anliegt, das sind die Pins 1,2,4 und 17. Es gibt jeweils zwei Pins mit 5 Volt und zwei mit 3.3 Volt.

Hier lohnt ein kurzer Exkurs in die inneren Vorgänge des Raspberry Pi, um ihn vor Schaden zu schützen. Intern ist die Betriebsspannung 3.3 Volt. Die Versorgungsspannung ist allerdings 5 Volt. Beide Spannungen stehen an verschiedenen Pins zur Verfügung. Gefährlich für den Pi selbst wird es, wenn 5 Volt direkt in einen GPIO-Pin geleitet werden, das kann den Rechner zerstören. Man sollte also immer genau aufpassen, welche Spannungen wohin gehen.

Ein GPIO verträgt nur wenige Milliampere (mA) Strom. Ein Wert von 16 mA sollte in keinem Fall überschritten werden, sonst wird die Hardware beschädigt. Im besten Fall verliert man einen GPIO, im schlimmsten Fall ist der gesamte Pi kaputt.

Grundsätzlich kann man mit den Pins, die mit „5 Volt" beschriftet sind, externe Schaltungen versorgen. Allerdings ist auch damit Vorsicht geboten, der Strom, der entnommen werden kann, ist sehr niedrig. Insgesamt sollten 50 mA für alle GPIO zusammen nicht überschritten werden. Ein einzelner Pin sollte unter 8 mA bleiben. Generell sind beide Spannungslevel eher dafür vorgesehen, logische Schaltungen zu ermöglichen.

Werden die GPIO als Eingang verwendet, dann gilt ein Pin als „An", wenn die Spannung über 1,3 Volt steigt, dieser Zustand wird auch als „high", also „hoch" bezeichnet. Sinkt die Spannung unter 0,8 Volt, dann ist der Eingang „Aus" beziehungsweise „low"/„niedrig".

Diese beiden möglichen Zustände sind aber leider nicht immer verlässlich. Da hier kein großer Strom fließen muss, kann es vorkommen, dass ein Anschluss ohne tatsächliche Schaltvorgänge seinen Zustand wechselt, zum Beispiel durch elektromagnetische Einflüsse anderer Geräte.

Um dies zu verhindern, kann ein Pullup- oder Pulldown-Widerstand verwendet werden.

- Ein Pullup-Widerstand wird zwischen 3.3 Volt und den GPIO-Pin geschaltet. Dadurch ist dieser Eingang immer auf „high", also „An". Um nun zu schalten, wird der Pin mit „Gnd", also der negativen Leitung zusammengeschaltet. Nun fließt der Strom über den Widerstand auf „Gnd" ab und der Zustand ist „low" beziehungsweise „Aus".

- Ein Pulldown-Widerstand liegt zwischen „Gnd" und dem verwendeten GPIO-Pin. Er leitet eine eventuell vorhandene Spannung über „Gnd" ab. Damit ist er immer definitiv auf „low" beziehungsweise „Aus".

  Soll er nun geschaltet werden, wird eine Verbindung zwischen 3.3 Volt und dem GPIO-Pin hergestellt, sodass dieser nun „An" ist und den Zustand „high" bekommt.

Typische Werte für Pullup-/Pulldown-Widerstände sind 10 bis 100 Kiloohm. Die Verwendung eines Pullup-Widerstands zum Schalten eines GPIO ist deutlich verbreiteter als ein Pulldown-Widerstand.

Zwar hat der Raspberry Pi auch interne Widerstände, die sich zuschalten lassen, in der Regel ist es aber besser, diese nicht zu verwenden. Mit externen Widerständen kann man auf einen Blick sehen, wie die GPIO verwendet werden und ob alle notwendigen Bauteile vorhanden sind.

Die dritte Gruppe sind GPIO-Pins, die zusätzlich eine spezielle Funktion erfüllen, je nachdem wie der Raspberry Pi und die Pins konfiguriert werden. Da dies in der Regel nur für deutlich komplexere Projekte notwendig ist, werden wir darauf nur kurz eingehen:

- **PWM, Pulse Width Modulation**

  Dieser Pin ist der einzige, an dem an den Raspberry Pi ein echtes PWM-Signal angelegt werden kann. Soll ein anderer Pin verwendet werden, dann geht das nur über eine Softwarelösung.
  Verwendeter Pin: 12

- **UART, Universal Asynchronous Receiver/Transmitter**
  Das ist eine serielle Schnittstelle, die zum Beispiel zur Kommunikation mit einem Mikrocontroller verwendet werden kann. Hierbei ist zu beachten, dass zum Beispiel Arduino[3] und Raspberry Pi unterschiedliche Spannungen verwenden.

---

[3] Arduino ist eine Open-Source Mikrocontrollerplattform. Ein Mikrocontroller kann im Gegensatz zum Raspberry Pi immer nur ein Programm gleichzeitig ausführen und ist generell auch primitiver angelegt.

Verwendete Pins: 8, 10

- **PCM, Pulse Code Modulation**
  Dies ist ein digitaler Audioausgang, dessen Signal mit einem Digital/Analog-Wandler zu einem hörbaren Audiosignal konvertiert werden kann.
  Verwendete Pins: 12, 35, 38, 40

- **I2C, Inter Integrated Circuit**
  I2C ist ein Kommunikationsverfahren, mit dem über wenige Kabel viele Geräte miteinander kommunizieren können.
  Verwendete Pins: 3, 5, 27, 28

- **SPI, Serielle Schnittstelle**
  Über den SPI-Bus können ebenfalls mehrere Peripheriegeräte an einem Kabelstrang an den Pi angebunden werden. Es gibt zwei Kanäle für den SPI Bus, SPI0 und SPI1.
  Verwendete Pins: 11, 12, 19, 21, 23, 24, 26, 35, 36, 38, 40

- **SDIO, SD Card Interface**
  Über diesen Anschluss können Daten von SD-Karten ausgelesen werden.
  Verwendete Pins: 13, 15, 16, 18, 37

- **JTAG, Debugging Anschluss**
  Fortgeschrittene Benutzer können über diesen standardisierten Anschluss den Raspberry Pi selbst debuggen.
  Verwendete Pins: 7, 13, 15, 16, 18, 22, 29, 31, 32, 33, 37

- **DPI, Display Parallel Interface**
  Ein Anschluss für Displays.
  Da insgesamt 28 Pins verwendet werden, verzichten wir hier auf eine Auflistung.
- **GPCLK, General Purpose Clock**

  Über diese Pins können verschiedene vordefinierte Frequenzen ausgegeben werden, um beispielsweise externe Quartz-Bausteine zu ersetzen.
  Verwendete Pins: 7, 29, 31

Wie man anhand der verwendeten Pins schon sehen kann, ist es nicht möglich, alle diese Funktionen gleichzeitig zu verwenden. Das ist in der Praxis allerdings auch zumeist gar nicht notwendig.

Untersuchen wir nun aber, wie man tatsächlich mit den GPIO-Pins arbeiten kann. Als Beispiel betrachten wir die Steuerung einer LED-Diode.

Damit wir überhaupt Zugriff haben, benötigen wir das Modul `RPi.GPIO`. Sollte mit einer Fehlermeldung angezeigt werden, dass dieses nicht verfügbar ist, kann es mit dem Python Paketmanagement nachinstalliert werden, und zwar mit `pip install RPi.GPIO`. In einer Raspbian-Installation ist es für gewöhnlich aber bereits dabei.

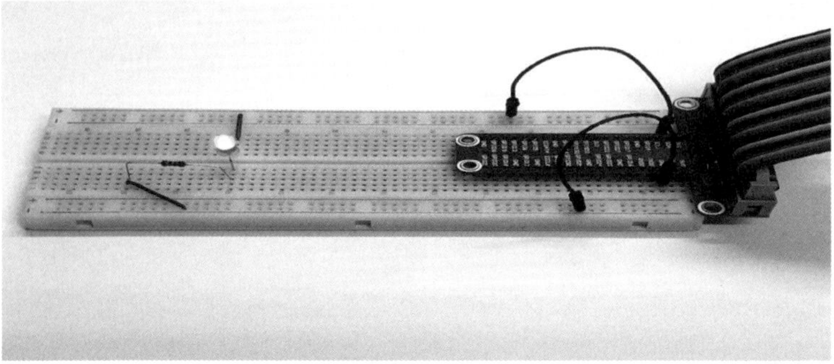

Abb. 6.32 Breadboard-Aufbau für eine GPIO-gesteuerte Leuchtdiode

Wir bereiten zuerst den Aufbau unserer Schaltung vor. Wichtig ist hier, dass wir einen zu unserer Leuchtdiode passenden Vorwiderstand von 100 Ohm vor oder nach der Diode einbauen, denn sonst geht sie kaputt. Details dazu erklären wir später, wenn wir Leuchtdioden noch genauer betrachten. Die negative Seite wird dann mit einem beliebigen Masse („Gnd“)-Pin verbunden und die positive Seite mit dem „GPIO2“-Pin. Meistens ist der negative Anschluss kürzer und auf seiner Seite des Kunststoffgehäuses befindet sich eine abgeflachte Stelle zur Markierung.

Die ersten Tests können wir auch direkt im Python-Interpreter durchführen. Wir geben also nacheinander folgende Befehle ein:

```
Import RPi.GPIO as GPIO
GPIO.setmode(GPIO.BCM)
```

```
GPIO.setup(2, GPIO.OUT)
```

Sind diese Befehle eingegeben, sollte die Leuchtdiode zuerst einmal aus sein.

Mit diesem Befehl schalten wir sie ein:

```
GPIO.output(2, GPIO.HIGH)
```

Und so wieder aus:

```
GPIO.output(2, GPIO.LOW)
```


Mit `GPIO.setmode(GPIO.BCM)` sagen wir Pyhton, dass wir die GPIOs gerne mit ihren Nummern ansprechen wollen und nicht mit der Nummer des Pins, an dem sie anliegen. `GPIO.setup(2, GPIO.OUT)` sagt dem Pi, dass wir „GPIO2" als Ausgang benutzen wollen. Und mit `GPIO.output(2, GPIO.HIGH)` setzen wir diesen dann auf „AN" beziehungsweise „HIGH", dann liegen dort 3.3 Volt an und bringen die LED zum Leuchten. Ausschalten können wir die LED dann mit `GPIO.output (2, GPIO.LOW)`.

Versuchen wir uns nun an einem Programm, das die LED blinken lässt.

```
import RPi.GPIO as GPIO
import time

GPIO.setmode(GPIO.BCM)
GPIO.setup(2, GPIO.OUT)

for i in range(10):
    GPIO.output(2, GPIO.HIGH)
    time.sleep(0.25)
    GPIO.output(2, GPIO.LOW)
    time.sleep(0.25)

GPIO.cleanup()
```

Wird dieser Code in einer Datei gespeichert und auf dem Raspberry Pi ausgeführt, dann sollte die LED nun zehnmal in Folge blinken. Mit `time.sleep()` wird Python angewiesen, eine Anzahl an Sekunden zu warten, bevor der nächste Befehl verarbeitet wird.

Nun wissen wir schon, wie man einen GPIO-Pin als Ausgang benutzt und ihn schaltet. Der nächste Schritt ist das Lesen eines Eingangs.

Dazu erweitern wir unser Python-Programm:

```
import RPi.GPIO as GPIO

GPIO.setmode(GPIO.BCM)
GPIO.setup(2, GPIO.OUT)
GPIO.setup(26, GPIO.IN)

while True:
    if GPIO.input(26) == 1:
        GPIO.output(2, GPIO.LOW)
    else:
        GPIO.output(2, GPIO.HIGH)

GPIO.cleanup()
```

Mit `GPIO.setup(26, GPIO.IN)` haben wir nun „GPIO26“ als Eingang definiert und können diesen über `GPIO.input(26)` auslesen. Ist er „An“, dann ist die Ausgabe eine 1, ansonsten eine 0.

Grundsätzlich sollte man sich angewöhnen, am Ende eines Programms `GPIO.cleanup()` aufzurufen, damit die verwendeten GPIO-Pins auch wieder freigegeben werden.

Schauen wir noch schnell auf die Schaltung, die wir nun gebaut haben:

Abb. 6.33 Breadboard-Aufbau einer LED mit einem Schalter

Das sieht jetzt schon nicht mehr so übersichtlich aus, daher werden wir für diese und alle folgenden Schaltungen eine Darstellung aus der Software „fritzing“[4] verwenden.

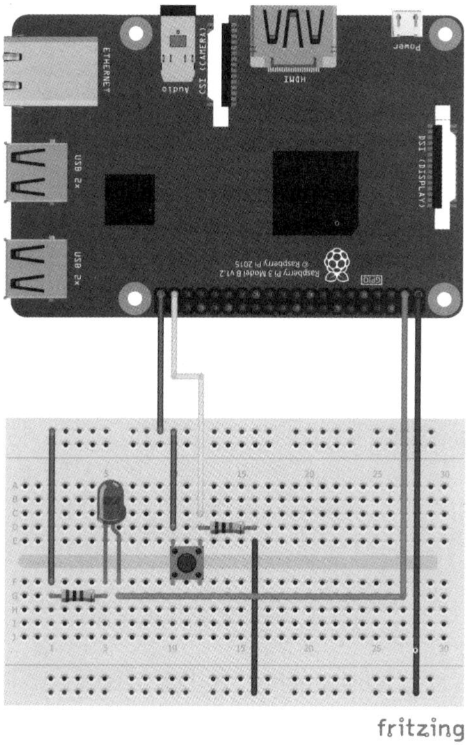

Abb. 6.34 Schematische Darstellung des Aufbaus mit LED und Schalter

Hier ist auch der 10 Kiloohm Pull-Up-Widerstand zu sehen, der den GPIO Eingang auf 3.3 Volt zieht, solange der Knopf nicht gedrückt ist.

4 https://bmu-verlag.de/rk21

6.5 Erweiterungen, HATs

Wir haben bereits kurz angesprochen, dass es sogenannte „HATs" für den Raspberry Pi gibt. Das sind Hardwareerweiterungen, die auf den Pi aufgesteckt werden und ihn um bestimmte Funktionen ergänzen.

Die meisten HATs werden dabei einfach auf die GPIO-Pins aufgesteckt. Von den meisten Erweiterungen gibt es unterschiedliche Varianten für unterschiedliche Modelle des Raspberry Pi.

Einerseits sind sie eine praktische Möglichkeit, um schnell und unkompliziert neue Funktionen hinzuzufügen, sie bringen aber einen entscheidenden Nachteil mit sich.

Fast alle HATs belegen alle zur Verfügung stehenden Pins gleichzeitig, auch wenn sie nur einen Teil benötigen. Das ist meist der Fall, um eine bessere mechanische Verbindung herzustellen oder weil die Platine ohnehin die weiteren Anschlüsse verdecken würde.

Plant man also ein Projekt, bei dem man neben den Zusatzfunktionen des HATs noch weitere Dinge umsetzen möchte, die den Zugriff auf bestimmte Pins notwendig machen, dann ist bei der Auswahl des HATs eine hohe Sorgfalt notwendig.

Aber nun zu den zur Verfügung stehenden Platinen.

Zuallererst möchten wir drei HATs nennen, die von der Raspberry Pi Foundation selbst erhältlich sind. Weitere HATs werden dann zusammenfassend als Gruppen beschrieben.

6.5.1 Raspberry Pi TV HAT

Es gibt eine Fülle an Linux-Distributionen, die rein auf die Verwendung als Mediencenter ausgelegt sind. Damit drängt sich der Gedanken schon fast auf: Wie kann man mit dem Pi auch normale TV-Kanäle empfangen? Die Antwort ist dieser HAT, der einen DVB-T2 und DVB-T Empfänger enthält.

Damit kann ein beliebiger Raspberry Pi, der über einen 40 Pin-Anschluss verfügt, zu einem vollwertigen Fernsehempfangsgerät aufgerüstet werden.

Das einzige weitere benötigte Zubehör ist eine passende Antenne. Hier hat man die Wahl zwischen dem klassischen Antennenanschluss, für den dieser HAT einen Adapter mitbringt, oder dem MMCX-Anschluss auf der Platine.

6.5.2 Raspberry Pi PoE HAT

Sowohl der Raspberry Pi 3 Modell B+ als auch das neue Raspberry Pi 4-Modell haben in der Nähe des Netzwerkanschlusses einen kleinen 4-Pin-Anschluss, der mit den Buchstaben PoE gekennzeichnet ist.

Abb. 6.35 PoE Anschluss auf dem Raspberry Pi 3 Modell B+

Damit kann man den Pi über das Netzwerk mit Strom versorgen. Die Grundlage hierfür bildet der PoE-Standard, der definiert, wie Netzwerkgeräte mit Strom versorgt werden können. Hierbei läuft die Bereitstellung der Spannung über das gleiche Kabel, das die Netzwerkdaten transportiert. Je nach eingesetzter Hardware können Spannungen von bis zu 57 Volt bereitgestellt werden und die angeschlossenen Geräte können bis zu 71 Watt Leistung haben.

Voraussetzung ist, dass kompatible Netzwerkhardware verwendet wird, denn es muss eine einspeisende Stelle geben, die die Leistung bereitstellt und mit den angeschlossenen Geräten kommuniziert.

Damit man dies nutzen und den Raspberry Pi so über das Netzwerk mit Strom versorgen kann, muss die zusätzlich notwendige Hardware über den PoE HAT nachgerüstet werden. Darauf verbaut sind ein Spannungswandler, der die PoE-Spannung von 37 bis 57 Volt auf 5 Volt für den Pi herunterregelt und ein Lüfter, der den SoC kühlt. Der Lüfter ist notwendig, da durch die flächige Abdeckung des HATs eventuell ein Wärmestau entsteht und der Pi so überhitzt. Der Lüfter wird durch den Pi nach Bedarf ein- und ausgeschaltet.

6.5.3 Sense HAT

Eine ganz besondere Erweiterung ist der Sense HAT, denn er wurde mit dem Ziel entwickelt, ins All geschickt zu werden.

Doch zuerst ein kleiner Überblick darüber, was der Sense HAT kann.

Es handelt sich um eine Erweiterungsplatine, um den Raspberry Pi ohne größeren Aufwand mit mehreren Sensoren sowie Ein- / Ausgabeoptionen zu erweitern.

Das optisch auffälligste Merkmal ist die 8x8 LED-Matrix auf der Oberseite. Hier können primitive Bilder und Nachrichten angezeigt werden. Allerdings sind das keine einfachen einfarbigen LEDs, denn hier wurden RGB-Leuchtdioden eingebaut, die über die Komponenten Rot, Grün und Blau beliebige Farben anzeigen können.

Als zusätzliche Eingabemöglichkeit gibt es einen kleinen Joystick, der über fünf Buttons vielfältige Steuerungsmöglichkeiten eröffnet.

Um verschiedene Daten zu sammeln, verfügt der Sense HAT über sechs Sensoren.

Ein Gyroskop liefert Beschleunigungsdaten. Daran kann man ablesen, wie sich der Raspberry Pi in Relation zu seiner Umgebung dreht.

Mit dem zusätzlich verbauten Accelerometer können Beschleunigungsdaten erfasst werden. Damit kann nicht nur die Erdanziehungskraft gemessen werden, es lassen sich auch Bewegungen in alle Richtungen messen.

Das verbaute Magnetometer ist in der Lage, Magnetfelder zu messen.

Weitere Daten über die aktuelle Umgebung sammeln die Temperatur-, Druck- und Luftfeuchtigkeitssensoren.

Zusammen mit einem Raspberry Pi wurde dieser HAT 2015 zur Internationalen Raumstation ISS geschickt und sammelt dort nun Daten.

Diese Erweiterung ist aber auch für junge Forscher und Interessierte hier auf der Erde interessant, man kann den Sense HAT einfach kaufen. Eine Einbindung in Python-Programme ist über eine eigene Bibliothek möglich.

6.5.4 Remote Pi

Dieser HAT dient dazu, den Raspberry Pi um einen Power-Button und einen Infrarot-Empfänger zu erweitern.

Abb. 6.36 Remote Pi HAT auf einem Raspberry Pi 1 Modell B

Dieser HAT ist besonders für den Einsatz in Mediencentern gedacht, da er eine sinnvolle Möglichkeit hinzufügt, den Pi herunterzufahren.

Da hier ein Infrarotempfänger verbaut ist, kann er mit einer normalen Fernsehfernbedienung gesteuert werden.

Der Infrarotempfänger kann je nach Version auch über ein Kabel verlängert bzw. herausgeführt werden, damit er besser positioniert werden kann. So wird die Steuerung durch eine Fernbedienung erleichtert.

6.5.5 Display HATs

Da für viele Einsatzzwecke kein vollwertiger Monitor benötigt wird, gibt es eine große Zahl an HATs, die den Raspberry Pi um ein Display erweitern.

Dabei gibt es von primitiven 8-Segment-Anzeigen bis hin zu hochaufgelösten Farbdisplays mit Touch-Bedienung eigentlich alle denkbaren Displayvarianten zu kaufen.

6.5.6 Heimautomation HATs

Der Raspberry Pi ist geradezu prädestiniert zur Heimautomation. Er ist klein, braucht wenig Strom und hat mehr als genug Rechenpower, um auch eine größere Anzahl an Sensoren zu verarbeiten und mittels passender Software zu entscheiden, ob dieZustände der angeschlossenen Geräte geändert werden müssen.

In seiner Rohform ist der Pi dafür aber nur begrenzt ausgestattet. Schon wenn ein Benutzer eine simple Lampe steuern will, muss der Raspberry Pi passen, denn ohne weitere Bauteile kann er keine normale Netzspannung verarbeiten.

Natürlich kann man jetzt eigene Schaltungen entwerfen, die über Relais in der Lage sind, auch hohe Spannungen zu schalten, das wird aber schnell unübersichtlich.

Einfacher geht es mit passenden HATs, die ein oder mehrere Relais und Anschlüsse für Sensoren enthalten. In Kombination mit der passenden Software ist so das Smart-Home schnell umgesetzt.

6.5.7 Eingabe-HATs

Nicht nur die Ausgabe von Daten, auch die Eingabe von Befehlen ist eine Fähigkeit, die der Pi nicht ohne Hilfe leisten kann. Im Einsatz als Desktop-Ersatz wird dies mit Maus und Tastatur gemacht, soll der Raspberry Pi aber in einem kompakten Gehäuse betrieben werden und es eventuell auch nur einen sehr kleinen Satz an Eingabeoptionen geben, sind die klassischen Geräte in der Regel zu sperrig.

Abhilfe schaffen hier HATs, die eine oder mehrere Eingabemöglichkeiten mitbringen und mit deren Hilfe sich genau die Interaktionsmöglichkeiten realisieren lassen, die gebraucht werden.

Dabei geht die Spanne der Möglichkeiten von einfachen Knöpfen über Joysticks und Touchpads bis hin zu Geräten zur berührungslosen Erkennung von Gesten.

Alternativ gibt es auch HATs, die gegenüber dem Pi als Eingabegerät auftreten, aber vom Benutzer selbst mit Knöpfen, Tasten etc. ausgestattet werden können. So lassen sich sehr individuelle Lösungen zur Eingabe von Befehlen entwickeln.

6.5.8 Audio HATs

Eine sehr große Auswahl findet sich im Bereich der Audio-HATs. Da der Raspberry Pi selbst keinen wirklich guten Audioausgang bietet, bieten viele Hersteller für diesen Zweck ein Addon an.

Dabei werden über einen HAT entweder einer oder mehrere Audio-Ausgänge hinzugefügt, die eine deutlich bessere Audioqualität bieten als die Optionen, die der Pi selbst mitbringt.

Dabei gibt es nicht nur Geräte, die klassische analoge Audiosignale ausgeben, es gibt auch HATs mit digitalen/optischen Ausgängen.

Alle Programmcodes aus diesem Buch sind als PDF zum Download verfügbar. Dadurch müssen Sie sie nicht abtippen: https://bmu-verlag.de/raspberry-pi-kompendium/

Außerdem erhalten Sie die eBook Ausgabe zum Buch im PDF Format kostenlos auf unserer Website:

https://bmu-verlag.de/raspberry-pi-kompendium/
Downloadcode: siehe Kapitel 20

Kapitel 7

Anzeigeelemente, Displays, LEDs

Wir können nicht in allen Projekten immer davon ausgehen, dass es ein vollwertiges Display gibt. Deswegen stellen wir nun einige Bauteile vor, mit denen wir auf mehr oder weniger komplexe Art und Weise Daten oder Statusmeldungen ausgeben können.

Hier geht es in erster Linie um optische Elemente, wie zum Beispiel LEDs oder verschiedene, mehr oder weniger komplexe Displays.

7.1 Leuchtdioden

Heutzutage sind Leuchtdioden, kurz LEDs, aus dem Alltag nicht mehr wegzudenken. Seit in den 1960er Jahren die ersten Exemplare auf den Markt kamen, hat sich ihre Leuchtkraft und Energieeffizienz immer weiter verbessert.

Abb. 7.1 Verschiedene LEDs

Grundsätzlich haben sie in einer Schaltung die gleichen Eigenschaften wie nicht-leuchtende Dioden, sie unterscheiden sich nur im verwendeten Halbleitermaterial. Je nach gewähltem Material leuchten sie in verschiedenen Farben.

Beim Aufbau einer Schaltung muss man zwingend beachten, dass die Spannung, die an einer Leuchtdiode anliegt, auf den für dieses Exemplar geeigneten Bereich eingestellt wird.

In der Regel liegt dieser Bereich zwischen 1,5 und 4,0 Volt. Zumeist kann dieser Wert dem zugehörigen Datenblatt entnommen werden, für die gängigsten LEDs gelten die folgenden Richtwerte:

- Infrarot-LED: 1,5 Volt
- rote LED: 1,6 Volt
- gelbe LED: 2,2 Volt
- grüne LED: 2,1 Volt
- blaue LED: 2,9 Volt
- weiße LED: 4 Volt

Um die LED entsprechend anzuschließen, wird ein Vorwiderstand benötigt. Dessen Widerstandswert berechnen wir mit der Formel:

$$R_V = \frac{U_R}{I}.$$

Der Wert des Vorwiderstands $R_V$ist abhängig von der Spannung U_R, die dort anliegt und dem Strom I der LED. U_R ist dabei die Gesamtspannung abzüglich des Spannungswerts der LED.

Den Strom der LED kann man ebenfalls dem Datenblatt entnehmen.

Wollen wir beispielsweise eine grüne LED mit einer Spannung von 2,1 Volt und einem Strom von 30 mA an einer 3,3 Volt Stromquelle betreiben – also zum Beispiel an einem GPIO Pin –, dann berechnen wir den Vorwiderstand wie folgt:

$$U_R = 3{,}3\ \text{V} - 2{,}1\ \text{V} = 0{,}2\ \text{V}$$

$$R_V = \frac{0{,}2\ \mathrm{V}}{0{,}03\ \mathrm{A}} = 6{,}66\ \mathrm{Ohm}$$

Der verwendete Widerstand sollte also 6,66 Ohm haben. Ergibt die Rechnung einen Wert, der nicht in den Widerstandsreihen zu finden ist, kann der nächsthöhere Wert verwendet werden. Dabei ist es egal, ob der Widerstand mit dem positiven Leiter (Anode[1]) oder dem negativen Leiter (Kathode) verbunden wird, solange er in Serie mit der LED ist.

Wird ein zu niedriger Widerstandswert verwendet, besteht die Gefahr, dass die LED wegen der dann zu hohen Spannung durchbrennt. Bei einem zu hohen Widerstandswert wird sie nicht mehr so hell leuchten, weil nicht genug Spannung ankommt.

Abb. 7.2 RGB LED Module mit eingebautem Vorwiderstand und IC zur Ansteuerung

[1] Anode und Kathode sind die beiden Elektroden der LED, in diesem Fall ihre Anschlüsse. Die Kathode ist in der Regel der negative Pol bzw. der Minuspol, durch den die Elektronen aufgenommen und zum positiven Pol bzw. Pluspol, der Anode weitergeleitet werden. Auf den ersten Blick klingt das, als ob die Flußrichtung hier wieder entgegen der Bezeichnung läuft, wir müssen aber beachten, dass hier die physikalische Flußrichtung gemeint ist, die entgegengesetzt zur technischen ist.

Fertige RGB-LEDs haben unter Umständen den notwendigen Vorwiderstand bereits eingebaut. Häufig enthalten sie auch einen kleinen IC, der die Ansteuerung vereinfacht.

Auf ein Schaltungsbeispiel verzichten wir in diesem Fall, denn ein Beispiel zur Ansteuerung einer LED haben wir ja bereits gezeigt.

7.2 Segmentanzeigen

Segmentanzeigen sind in der Regel einzelne Ziffern, die aus mehreren Segmenten bestehen – daher der Name. Das gängigste Format ist die 7-Segment-Anzeige für die Darstellung von Zahlen.

Dieses Bauteil gibt es in verschiedenen Ausführungen, die entweder eine gemeinsame Anode oder eine gemeinsame Kathode haben. Auf der Rückseite haben diese Elemente zehn Pins, zwei davon für die gemeinsame Anode/Kathode, je eines für jedes Segment der Anzeige und eventuell einen weiteren für einen Dezimalpunkt.

Abb. 7.3 Verschiedene 7-Segment-Anzeigen mit Dezimalpunkt

Wie auch bei einzelnen LEDs muss hier darauf geachtet werden, dass Spannung und Strom über einen Vorwiderstand angepasst werden. Die dafür notwendigen Werte können dem Datenblatt der Bauteile entnommen werden.

Gerade bei größeren Segmentanzeigen gelten dabei eventuell andere Werte für den Dezimalpunkt, da dieser deutlich kleiner ist als die übrigen Segmente.

Im Beispiel in Abbildung 7.4 haben wir ein Bauteil mit gemeinsamer Kathode, diese ist auf einen Masse-Pin verbunden. Die Anoden der einzelnen Segmente sind jeweils auf einem GPIO-Pin angelegt. Welche man hier verwendet, spielt aber keine Rolle.

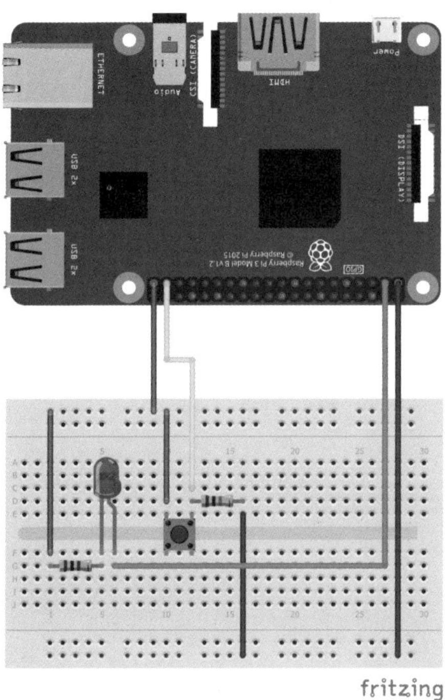

Abb. 7.4 Breadboard Aufbau zur Ansteuerung einer Segmentanzeige

Mit dem folgenden Code werden alle Zahlen von 0 bis 9 einmal angezeigt, mit einer Pause von 0,5 Sekunden zwischen jedem Wechsel.

```
import RPi.GPIO as GPIO
import time
```

```

GPIO.setmode(GPIO.BCM)
GPIO.setup(23, GPIO.OUT) # or
GPIO.setup(24, GPIO.OUT) # om
GPIO.setup(25, GPIO.OUT) # ol
GPIO.setup(12, GPIO.OUT) # mm
GPIO.setup(16, GPIO.OUT) # ur
GPIO.setup(20, GPIO.OUT) # um
GPIO.setup(21, GPIO.OUT) # ul

z_0 = [1, 1, 1, 0, 1, 1, 1]
z_1 = [1, 0, 0, 0, 1, 0, 0]
z_2 = [1, 1, 0, 1, 0, 1, 1]
z_3 = [1, 1, 0, 1, 1, 1, 0]
z_4 = [1, 0, 1, 1, 1, 0, 0]
z_5 = [0, 1, 1, 1, 1, 1, 0]
z_6 = [0, 1, 1, 1, 1, 1, 1]
z_7 = [1, 1, 0, 0, 1, 0, 0]
z_8 = [1, 1, 1, 1, 1, 1, 1]
z_9 = [1, 1, 1, 1, 1, 0, 0]

zahlen = [z_0, z_1, z_2, z_3, z_4, z_5, z_6, z_7, z_8, z_9]

def setze_segmente(s_or, s_om, s_ol, s_mm, s_ur, s_um, s_ul):
    GPIO.output(23, GPIO.HIGH if s_or == 1 else GPIO.LOW)
    GPIO.output(24, GPIO.HIGH if s_om == 1 else GPIO.LOW)
    GPIO.output(25, GPIO.HIGH if s_ol == 1 else GPIO.LOW)
    GPIO.output(12, GPIO.HIGH if s_mm == 1 else GPIO.LOW)
    GPIO.output(16, GPIO.HIGH if s_ur == 1 else GPIO.LOW)
    GPIO.output(20, GPIO.HIGH if s_um == 1 else GPIO.LOW)
    GPIO.output(21, GPIO.HIGH if s_ul == 1 else GPIO.LOW)

for zahl in zahlen:
    setze_segmente(*zahl)
    time.sleep(0.5)

GPIO.cleanup()
```

Zur besseren Übersicht haben wir den Dezimalpunkt nicht mit eingebunden.

Kernstück des Programms ist die Funktion `setze_segmente()`, die sieben Argumente übernimmt und die Segmente an den oben definierten GPIOs entsprechend schaltet.

Die Listen `z_0` bis `z_9` beinhalten für jede Zahl die Information, welche Segmente ein- und welche ausgeschaltet sind. In der Liste `zahlen` werden diese dann alle zusammengefasst, damit wir sie in einer Schleife durchgehen können.

Ein Hinweis noch zum Aufruf `setze.segmente(*zahl)` in der Schleife. Durch das Sternchen wird das darauf folgende Argument quasi „ausgepackt". Dadurch bekommt die Funktion keine Liste als einzelnes Argument, sondern die darin enthaltenen Elemente als einzelne Werte.

Abb. 7.5 Leuchtende Segmentanzeige

Nach dem Schleifendurchlauf werden die GPIO-Pins mit `GPIO.cleanup()` wieder freigegeben.

7.3 Punkt-Matrix-Elemente

Ähnlich den Segmentanzeigen bestehen Punkt-Matrix-Bausteine aus vielen einzelnen LEDs, die über Pins angesteuert werden.

Abbildung 7.6 zeigt die Rückseite eines solchen Bausteins. Darauf findet man nur zwei Reihen zu je 8 Anschlusspins. Da insgesamt 64 einzelne Leuchtelemente verbaut sind, kann damit bei weitem nicht jedes einzelne separat angesteuert werden. Wie funktioniert das also?

Abb. 7.6 Ein 8x8 Punkt-Matrix Bauelement

Der Trick ist, dass die zwei Pin-Reihen für die Reihen und Spalten der LED-Matrix stehen. Verbinden wir nun den Pin für die zweiten Reihe mit dem positiven Anschluss einer Spannungsquelle und den Pin für die dritte Spalte mit dem negativen Anschluss, dann leuchtet die LED, die sich am Kreuzungspunkt der beiden Linien befindet.

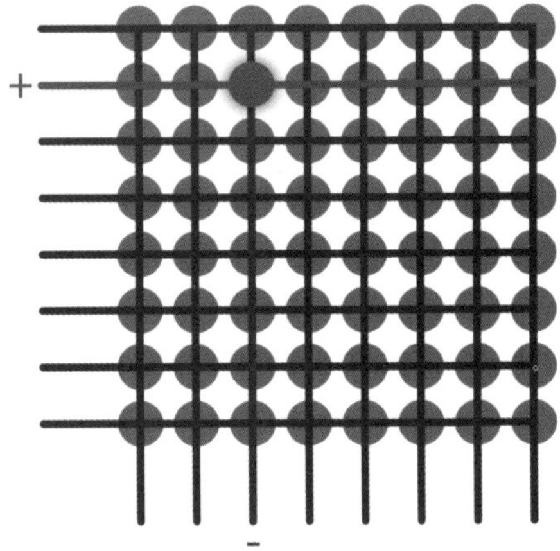

Abb. 7.7 Ansteuerung einer Punkt-Matrix

Da so aber nicht beliebige LEDs gleichzeitig an- oder ausgeschaltet werden können – es leuchten schließlich immer alle Kreuzungspunkte – wird der Aufbau etwas komplexer.

Es wird nun nicht versucht, alle Elemente, die angeschaltet werden sollen, gleichzeitig zu bedienen. Stattdessen wird zeilenweise durchgeschaltet, um wirklich nur die gewünschten Punkte leuchten zu lassen.

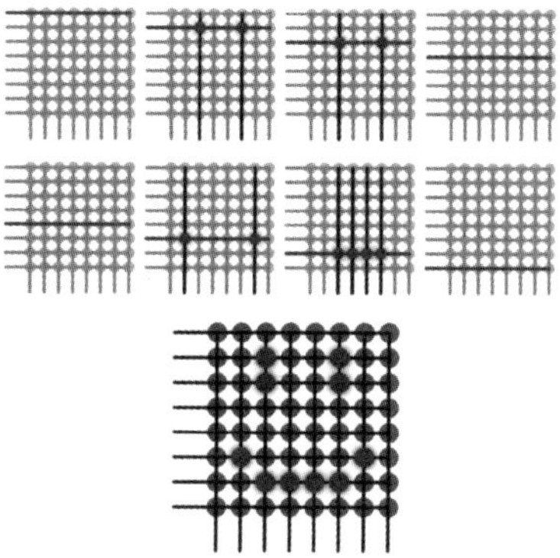

Abb. 7.8 Zeilenweiser Aufbau des Inhalts eines Punkt-Matrix Elements

Umgesetzt werden kann dies mit kleinen ICs, sogenannten Schieberegistern, die vom Raspberry Pi gesteuert werden und einen Eingang zwischen verschiedenen Ausgängen schalten können.

Auch hier gilt wieder Vorsicht mit der Betriebsspannung, da es sich ebenfalls um LEDs handelt. Aber auch hier sollte das Datenblatt die notwendigen Informationen bereitstellen.

Bei einem zeilenweisen Durchgehen sollte jede Reihe einen eigenen Vorwiderstand bekommen, wenn reihenweise vorgegangen wird, dann jede Zeile. Andernfalls würden die LEDs zwar leuchten und – bei richtig gewähltem Vorwiderstand – auch nicht beschädigt werden, sie würden aber dunkler werden, wenn weitere LEDs in der gleichen Zeile bzw. Reihe aktiviert werden.

Um einen Beispielaufbau anzulegen, gibt es nun mehrere Möglichkeiten. Entweder müssen alle Zeilen und Spalten separat angesteuert werden, das würde sehr viele GPIOs belegen und man müsste beachten, dass man diese nicht zu stark belastet, oder man verwendet die bereits erwähnten ICs. Glücklicherweise gibt es mittlerweile auch eine weitere Option, die ebenfalls als integrierter Schaltkreis verfügbar ist: D LED-Treiber „MAX7219“ kann bis zu 64 separate LEDs ansteuern[2].

Außerdem gibt es LED-Matrix-Elemente, die auf einer Platine mit diesem IC fertig aufgebaut sind.

Ein Beispielaufbau könnte so aussehen:

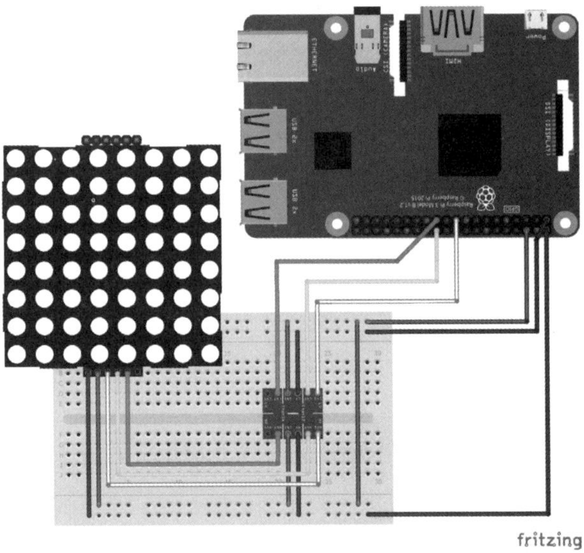

Abb. 7.9 Schaltplanbeispiel zur Ansteuerung einer LED-Matrix Anzeige

In diesem Beispiel wird ein weiteres Bauteil verwendet, über das wir noch nicht gesprochen haben: ein „Logic Level Converter“.

[2] Der MAX7219 kann auch zur Ansteuerung von bis zu acht 7-Segment-Elementen verwendet werden.

Dieser wird benötigt, da die GPIOs des Raspberry Pi mit einer Spannung von maximal 3.3 Volt arbeiten. Der MAX7219 IC erwartet aber eine Signalspannung von 5 Volt. Daher muss die Spannung der Signale angehoben werden. Dafür verwenden wir einen solchen Konverter. Er wird mit 3.3 Volt und 5 Volt versorgt und kann die Signale dann entsprechend von einem „Level" auf den anderen anheben oder senken[3].

Da zusätzlich auch häufig die Reihenfolge der Anschlüsse zu den Matrix-Anzeigen variiert, stellen wir in einer kurzen Tabelle zusammen, welche Anschlüsse wie zu verbinden sind.

Name	GPIO / Pin	Wandler	Matrix Pin
5-V-Spannung	5 V	-	Vcc
Masse	GND	-	GND
Daten	GPIO10 / MOSI	3.3 V zu 5 V	Din
Chip Select	GPIO8 / SPI CE0	3.3 V zu 5 V	CS
Timing	GPIO11 / SPI CLK	3.3 V zu 5 V	CLK

Damit wir den Beispielcode ausführen können, sind noch kleinere Vorbereitungen notwendig.

Zuerst muss das SPI Interface aktiviert werden. Das funktioniert am einfachsten über das Tool „raspi-config", das mit dem gleichnamigen Befehl `sudo raspi-config` auf der Konsole gestartet werden kann.

Dort wählt man dann „5 Interfacing Options" und danach „P4 SPI" aus und bestätitigt die Abfrage mit „Ja". Danach ist das SPI Interface auf den Pins 19, 21, 23, 24 und 26 aktiviert. Will man hinterher dieses Interface wieder deaktivieren, weil man zum Beispiel die Pins für andere Projekte braucht, dann geht das genauso, man muss nur bei der Abfrage mit „Nein" antworten.

Der nächste Schritt ist die Installation der benötigten Python-Bibliotheken. Benötigt werden „spidev" und „Luma.LED_Maxtrix". Wir können diese auf der Konsole wieder über das Paketmanagement installieren:

[3] Beim Kauf von Logic Level Konvertern sollte darauf geachtet werden, dass es diese Bauteile sowohl in uni- als auch bidrektionaler Ausführung gibt!

```
pip install spidev
pip install Luma.LED_Matrix
```

Eventuell ist „spidev" bereits vorhanden, dann werden wir vom Paketmanager entsprechend informiert.

Sind diese Vorbereitungen getroffen, kann mit dem folgenden Code ein einzelner Buchstabe auf der LED-Matrix ausgegeben werden:

```
from luma.core.interface.serial import spi, noop
from luma.core.render import canvas
from luma.led_matrix.device import max7219
from luma.core.legacy import text
from luma.core.legacy.font import proportional, CP437_FONT,\
LCD_FONT

serial = spi(port=0, device=0, gpio=noop())
device = max7219(serial)

with canvas(device) as draw:
    text(draw, (0, 0), "A", fill="white",\
    font=proportional(CP437_FONT))
```

Das Ganze sieht dann so aus:

Abb. 7.10 Anzeige von Buchstaben auf einer LED-Matrix

7.4 Zeichendisplays

Zeichendisplays scheinen auf den ersten Blick ähnlich zu den Segmentanzeigen zu sein. Die einzelnen Zeichen, die in einem solchen Display angezeigt werden können, beruhen häufig auf der gleichen Anordnung der Segmente wie zum Beispiel bei einer 7-Segmentanzeige.

Abb. 7.11 Zwei verschiedene Zeichendisplays, vorne ein I2C-Adapter für diese Displays

Allerdings ist dies eine freiwillig gewählte Gemeinsamkeit, die nicht unbedingt eine technische Grundlage hat. Denn im Gegensatz zu den LED-basierten Elementen sind die meisten Zeichendisplays Flüssigkristall-Anzeigen, sogenannte LCD oder LC-Displays („Liquid Crystal Display").

Sie bestehen aus Flüssigkristallen, die je nach angelegter Spannung ihre Transparenz ändern. Damit dies sichtbar wird, kommt ein Polarisationsfilter zum Einsatz, der nur Licht einer bestimmten Polarisierungsrichtung durchlässt. Werden die Kristalle nun so eingestellt, dass sie eine andere Polarisierung haben, dann erscheinen sie nicht-transparent.

Im Gegensatz zu LEDs sind LCDs nicht in der Lage, von sich aus Licht zu erzeugen. Daher wird häufig eine Hintergrundbeleuchtung auf Basis von Leuchtdioden direkt im Displaymodul verbaut. Dadurch steigen der Kontrast und damit die Ablesbarkeit deutlich.

Bei der Auswahl eines entsprechenden Displays für das eigene Projekt sollte darauf geachtet werden, dass es neben verschiedenen Farben auch unterschiedliche Arten der Anschlüsse gibt.

Es gibt eine Variante mit 16 Pins, hier wird das Display quasi „direkt" gesteuert, und es gibt eine weitere Variante mit einem I2C Adapter, sodass nur noch 4 Pins notwendig sind. Die erste Variante ist in der Regel etwas kostengünstiger und wir verwenden diese auch für unsere Beispielschaltung.

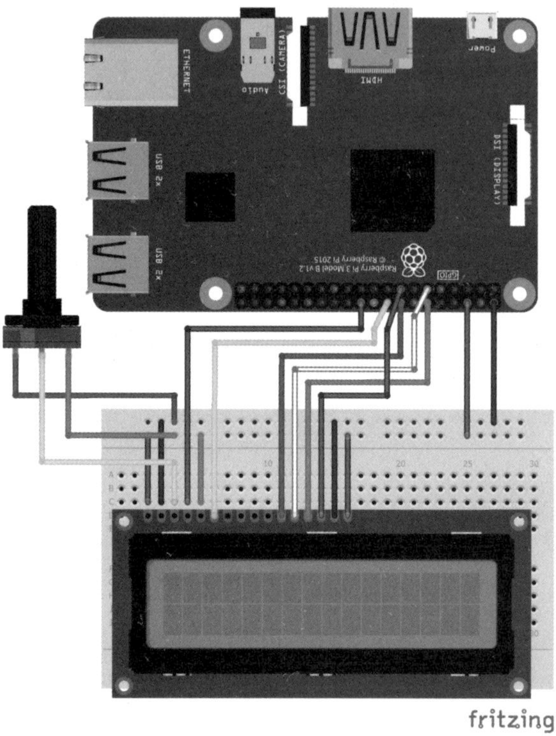

Abb. 7.12 Beispielaufbau zur Ansteuerung eines Zeichendisplays

Zusätzlich zum eigentlichen Display ist auch noch ein 10-Kiloohm-Potentiometer verbaut, mit diesem wird der Kontrast gesteuert.

Da auch diese Schaltung wieder etwas komplexer ist und es wichtig ist, welche Anschlüsse wie verbunden werden, stellen wir die Verbindungen wieder in einer Tabelle zusammen:

Name	**Display Pin**	**GPIO / Pin**
Masse	VSS	GND
Spannung	VDD	5 V
Kontrast	V0	Potentiometer
Register	RS	GPIO25
Read or Write	RW	GND
Enable	E	GPIO24
Datenleitung	D0 – D3	-
Datenleitung	D4	GPIO23
Datenleitung	D5	GPIO17
Datenleitung	D6	GPIO18
Datenleitung	D7	GPIO22
Beleuchtung Anode	A	5 V
Beleuchtung Kathode	K	GND

Das Potentiometer wird so angeschlossen, dass die äußeren Pins an 5 V und `GND` gehen. Der mittlere Pin geht dann an `V0` am Display.

Zur Programmierung muss auch hier wieder eine Bibliothek installiert werden. Zwar ist es auch möglich, das Display ohne diese Hilfe anzusteuern, das erfordert aber einen unnötigen Aufwand, der vermieden werden sollte.

Das benötigte Paket „Adafruit-CharLCD“ installieren wir auf dem üblichen Weg.

```
pip install Adafruit-CharLCD
```

Ist dies erledigt, können wir ein Minimalbeispiel mit dem folgenden Code erzeugen:

```
import time
import Adafruit_CharLCD as LCD
```

```

lcd_rs        = 25
lcd_en        = 24
lcd_d4        = 23
lcd_d5        = 17
lcd_d6        = 18
lcd_d7        = 22
lcd_backlight = 4

lcd_columns = 16
lcd_rows = 2

lcd = LCD.Adafruit_CharLCD(lcd_rs, lcd_en, lcd_d4, lcd_d5,\
lcd_d6, lcd_d7,lcd_columns, lcd_rows, lcd_backlight)

lcd.clear()
lcd.blink(False)
lcd.show_cursor(False)
lcd.message("Hello\nWorld")
```

In Aktion sieht es dann so aus:

Abb. 7.13 Textausgabe auf einem 16x2 Zeichendsiplay

Ist auf dem Display nichts zu sehen, sollte zuerst überprüft werden, ob der Kontrast durch das Potentiometer falsch eingestellt ist.

7.5 Pixeldisplays

Pixeldisplays entsprechen – ganz grob betrachtet – einem Punkt-Matrix-Display mit sehr vielen, sehr kleinen LEDs. Dabei gibt es einfache, monochrome Displays, aber auch komplexere, die Farben darstellen können.

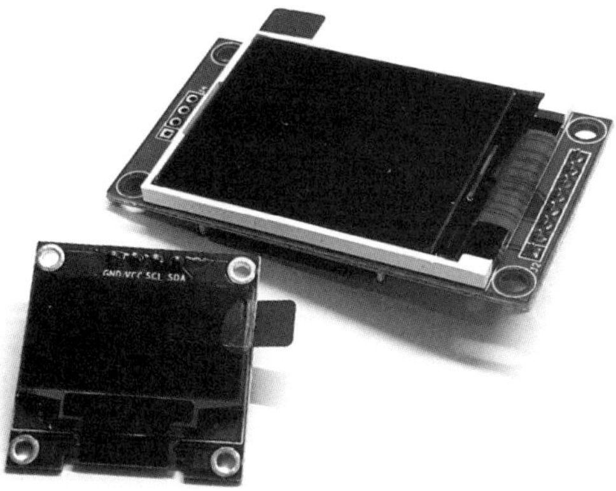

Abb. 7.14 Verschiedene Pixel-Displays. Das vordere mit I2C Anschluss, das hintere mit SPI.

Es gibt diese Bauteile in verschiedenen Varianten, die sich in der Zahl der darstellbaren Farben oder in der möglichen Helligkeit unterscheiden.

Da es bei einer Auflösung (Anzahl an einzelnen Anzeigeelementen) von beispielsweise 160 in der Breite und 128 in der Höhe nicht mehr möglich ist, jeden Punkt einzeln anzusprechen, werden diese Bauteile in der Regel über I2C oder einen seriellen Anschluss wie SPI angesprochen.

Da wir in den vorigen Beispielen bereits eines mit Direktanschluss und eines mit SPI Interface behandelt haben, wollen wir in diesem Fall den I2C Bus vernwenden. Der Aufbau der Schaltung ist dadurch sehr einfach:

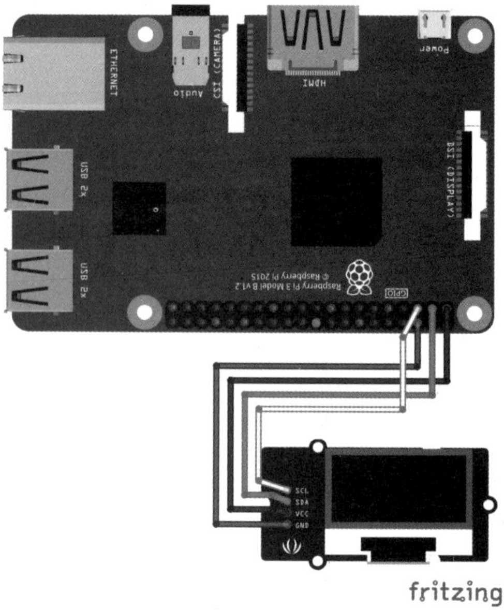

Abb. 7.15 Anschluss eines I2C Displays an den Raspberry Pi.
Die Bauform des Displaymoduls kann abweichen.

Wie auch das SPI Interface muss der I2C Bus zuerst aktiviert werden. Über `sudo raspi-config` rufen wir dazu den Konfigurationsassistenten auf und wählen unter „5 Interfacing Options" den Punkt „P5 I2C" aus.

Die folgende Abfrage bestätigen wir mit „Ja". Auch hier ist das Dekativieren wieder die gleiche Prozedur, nur dass am Ende „Nein" gewählt wird.

Die Bibliothek, die wir dieses Mal benötigen, heißt „Adafruit-SSD1306", der Befehl zu Installation ist:

```
pip install Adafruit-SSD1306
```

Diese Bibliothek ist spezifisch für das verwendete 128x64 Pixel OLED Display, eventuell wird für andere Displayarten eine andere Bibliothek benötigt. Auch der folgende Code ist für diesen Displaytyp geschrieben.

```
import time
import Adafruit_SSD1306
from PIL import Image
```

```
from PIL import ImageDraw
from PIL import ImageFont

RST = None

disp = Adafruit_SSD1306.SSD1306_128_64(rst=RST)
disp.begin()
disp.clear()
disp.display()

image = Image.new('1', (disp.width, disp.height))
draw = ImageDraw.Draw(image)

font = ImageFont.load_default()

draw.rectangle((0,0,
                disp.width, disp.height),
                outline=0,
                fill=0)

draw.text((0, 0),
          "Hello",
          font=font,
          fill=255)

draw.text((0,8),
          "World",
          font=font,
          fill=255)

disp.image(image)
disp.display()
```

Wird der Code ausgeführt, zeigt uns das Display in zwei Zeilen den Text „Hello World". Das kann dann ungefähr so aussehen:

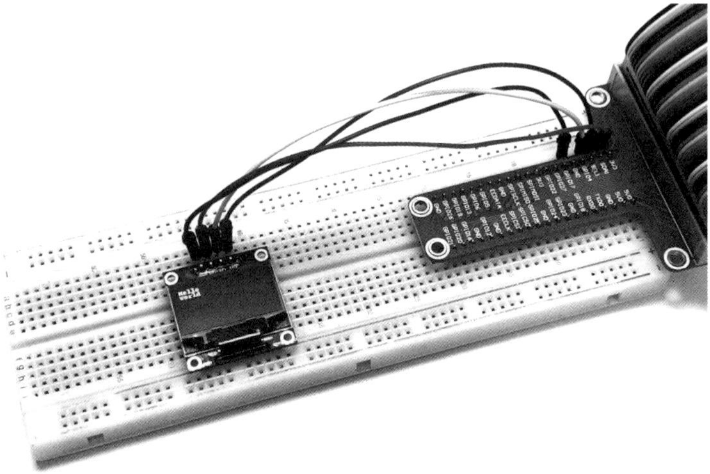

Abb. 7.16 Textanzeige auf dem I2C Display

Alle Programmcodes aus diesem Buch sind als PDF zum Download verfügbar. Dadurch müssen Sie sie nicht abtippen:
https://bmu-verlag.de/raspberry-pi-kompendium/

Außerdem erhalten Sie die eBook Ausgabe zum Buch im PDF Format kostenlos auf unserer Website:

https://bmu-verlag.de/raspberry-pi-kompendium/
Downloadcode: siehe Kapitel 20

Kapitel 8
Sensoren

8.1 Temperaturfühler

Abb. 8.1 Digitaler Temperatursensor als Modul

Temperaturfühler oder -sensoren sind elektrische Bauteile, die abhängig von der Temperatur ein elektrisches Signal liefern. Aus diesem Signal kann die Temperatur dann berechnet werden. Dabei muss das Signal bei gleicher Temperatur auch immer das gleiche sein.

Es gibt hierzu mehrere Verfahren, die unterschiedliche Einsatzgebiete haben. Es sollte immer ein Bauteil gewählt werden, dessen Messbereich und dessen Messpräzision zum Projekt passen.

Die einfachste Möglichkeit zur Temperaturenmessung ist die Verwendung von Materialien, die ihren Widerstandswert proportional zur Temperatur ändern.

Heißleiter verringern ihren Widerstand bei steigender Temperatur, bei Kaltleitern steigt dann der Widerstand.

Aber auch mit Halbleitermaterialien lassen sich Temperaturen messen. Bauteile mit solchen Materialien sind meistens so aufgebaut, dass direkt ein Signal erzeugt wird, zum Beispiel ein Strom oder eine Spannung, die proportional zur Tempertaur sind. Anhand dieses Signals kann die Temperatur abgelesen werden.

Komplexere Bauteile können auch kodierte digitale Signale ausgeben.

Ein Schaltungsbeispiel folgt im nächsten Abschnitt, da häufig Temperatur- und Feuchtigkeitssensoren in einem Modul verbaut werden.

8.2 Feuchtigkeitssensoren

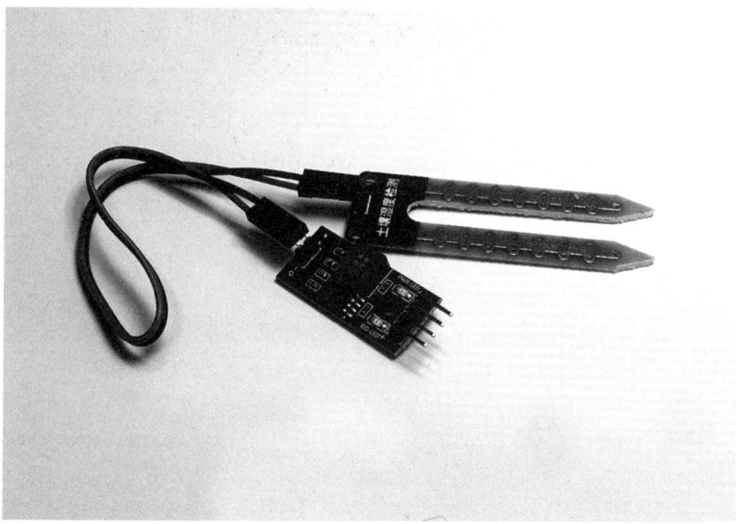

Abb. 8.2 Feuchtigkeitssensor für Bodenfeuchte mit Modul zur Signalinterpretation

Das Messen von Feuchtigkeit kann in zwei Einsatzgebiete unterteilt werden: zum einen die Messung von Luftfeuchtigkeit und zum anderen die Messung der Feuchtigkeit von Materialien beziehungsweise die Feststellung von Bodenfeuchte oder ähnlichem.

Letzteres lässt sich mit zwei leitenden Messspitzen testen, mit denen der Widerstandswert des zu testenden Materials geprüft wird. Hierzu werden die Messspitzen beispielsweise ins Erdreich gesteckt. Der Widerstand ist dann proportional zur enthaltenen Feuchtigkeit.

Zur Umrechnung müssen entsprechende Daten zum Material vorliegen, wie Widerstand und Feuchtigkeit in diesem Fall korrelieren.

In allen anderen Fällen gibt es zwei verschiedene Methoden zur Messung. Beide basieren auf Materialien, die hygroskopische Eigenschaften haben. Das bedeutet, dass sie Wasser aufnehmen und auch abgeben können.

Bei kapazitiven Sensoren wird diese Eigenschaft eingesetzt, um die Kapazität eines Kondensators zu beeinflussen. Hier wird als Dielektrikum zwischen den Platten ein hygroskopisches Material eingesetzt, dessen Eigenschaften sich mit der aufgenommen Feuchtigkeitsmenge ändern. Die Kapazität des Kondensators variiert dann proportional zur Luftfeuchtigkeit.

Anders arbeiten die resistiven oder Impedanzsensoren. Hier kommt ebenfalls ein hygroskopisches Material zum Einsatz, dessen Eigenschaften sich mit der Wasseraufnahme ändern. Anders als bei den kapazitiven Sensoren ändert sich hier jedoch der Widerstandswert. Aus dem gemessenen Widerstandswert lässt sich dann die Luftfeuchtigkeit ableiten.

Die Messung der Feuchtigkeit von Materialien wie zum Beispiel Holz ist genau genommen auch eine resistive Messung.

Für den Beispielaufbau verwenden wir einen kombinierten Luftfeuchte- und Temperatursensor sowie ein Display, um die ausgelesenen Werte anzuzeigen.

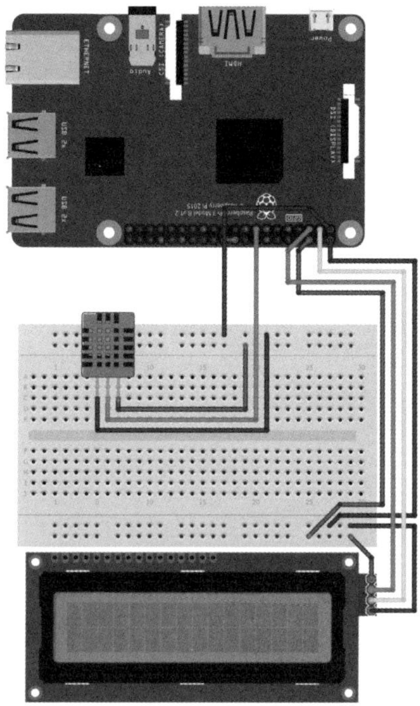

Abb. 8.3 Aufbau zur Anzeige von Temperatur und Luftfeuchtigkeit auf einem LCD

Da wir diesmal ein Zeichendisplay mit I2C ansprechen, benötigen wir eine weitere Bibliothek für das Display und ebenfalls eine neue für den verwendetenn Sensor vom Typ „DHT11“:

```
pip install RPi-GPIO-I2C-LCD
pip install Adafruit-Python-DHT
```

Bevor wir zum eigentlichen Programmcode kommen, noch ein kleiner Hinweis: Der verwendete Sensor ist in zwei Varianten verfügbar, einmal als reiner Sensor mit vier Anschlusspins und einmal als fertiges Modul mit drei Pins. Wenn der reine Sensor verwendet wird, dann muss der zweite Pin mit einem Pull-Up -Widerstand zwischen Masse und dem verwendeten GPIO-Pin angeschlossen werden. Der Widerstandswert sollte zwischen 4,7 und 10 Kiloohm liegen. Wird ein Modul mit drei Pins verbaut, ist dieser Widerstand bereits integriert. Der Anschluss ist dann der folgenden Tabelle zu entnehmen[1].

Name	**Sensor Pin**	**GPIO / Pin**
Spannung	VCC	3.3 V
Daten	DATA	GPIO22
Masse	GND	GND

Damit können wir jetzt ein kleines Beispielprogramm schreiben, das uns die ermittelten Werte auf einem Display anzeigt.

```
from RPi_GPIO_i2c_LCD import lcd
import Adafruit_DHT
from time import sleep

sensor = Adafruit_DHT.DHT11

i2c_address = 0x27
lcdDisplay = lcd.HD44780(i2c_address)

while True:

        humidity, temp = Adafruit_DHT.read_retry(sensor, 22)
        lcdDisplay.set("Temp " + str(temp) + " C",1)
        lcdDisplay.set("Humidity " + str(humidity) + " %",2)
        sleep(1)
GPIO.cleanup()
```

Über I2C können mehrere Geräte gleichzeitig verbunden werden. Daher haben diese Bauteile immer auch eine Adresse. Im vorigen Beispiel zur Ansteuerung eines Displays über I2C war es nicht notwendig diese anzugeben, hier dagegen schon.

Mit `i2c_address = 0x27` haben wir dem Programm mitgeteilt, dass der Sensor, den wir auslesen wollen, die Adresse 27 hat. Welche Adressen belegt sind, kann man mit dem Befehl `i2cdetect -y 1` herausfinden. Oft ist die verwendete Adresse aber auch auf dem Bauteil

[1] Der Sensor mit vier Pins hat einen zusätzlichen Anschluss zwischen Daten und Masse, dieser bleibt frei.

aufgedruckt oder kann dort entweder über Schalter oder Lötbrücken geändert werden.

Abb. 8.4 Auswahl der I2C Adresse über eine Lötverbindung

Ist alles eingestellt und das Programm läuft, dann sieht der erfolgreiche Aufbau so aus:

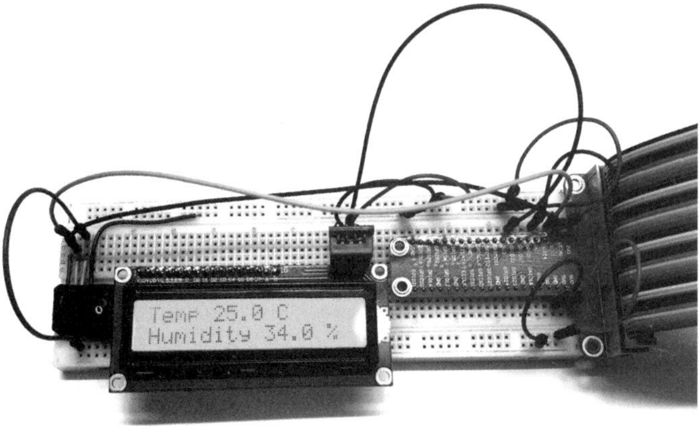

Abb. 8.5 Auslesen und Anzeigen der Temperatur und Luftfeuchtigkeit mit einem DHT11 Sensor

8.3 Schallsensoren

Abb. 8.6 Verschiedene Schallsensoren in Modulform

Obwohl man bei dem Begriff Schallsensor wohl sofort an ein Mikrofon denkt, sind beide Bauteile nicht unbedingt gleichzusetzen. Das Mikrofon dient zur Aufnahme von Schall und Geräuschen, der Sensor dient eigentlich nur zur Feststellung, ob Schall vorhanden ist.

Dabei enthält ein Schallsensor in der Regel ein Mikrofon, zusätzlich aber auch noch weitere Bauteile, die anhand der gemessenen Schallwellen ein Ausgangssignal bereitstellen. Dieses Ausgangssignal kann dann wiederum beispielsweise mit Hilfe eines Displays dargestellt werden. Damit dieser Ablauf auf einem Raspberry Pi funktioniert, ist aber ein weiteres Element notwendig. Denn der Pi hat lediglich digitale Eingänge, die feststellen können, ob ein Signal anliegt (High) oder nicht (Low). Um ein kontinuierliches, also analoges Signal, zu verarbeiten, ist deswegen ein Analog/Digital-Wandler, kurz AD-Wandler, notwendig.

Um unsere Beispielschaltung nicht zu kompliziert zu machen, werden wir uns daher auf den digitalen Ausgang des Schallsensor-Moduls beschränken.

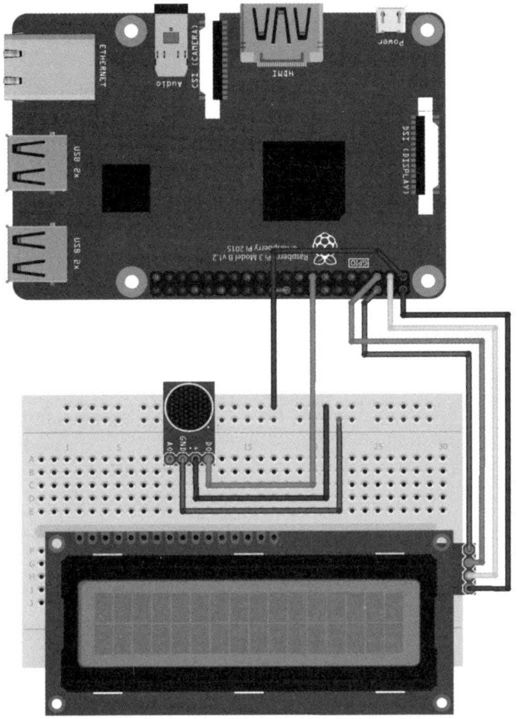

Abb. 8.7 Aufbau mit Display und Sound Sensor

Der Anschluss des Displays erfolgt wie im vorherigen Beispiel beschrieben. Die Pins des Sensors werden nach der folgenden Tabelle verbunden.

Name	Sensor Pin	GPIO / Pin
Digitales Signal	DO	GPIO22
Spannung	+	3.3 V
Masse	GND	GND
Analoges Signal	AO	-

Der verwendete Sensor hat auf seiner Modulplatine noch ein Drehpotentiometer, mit dem die Empfindlichkeit eingestellt werden kann. Anhand einer LED kann abgelesen werden, ob der Sensor gerade ein

Geräusch erkennt, dann leuchtet sie grün auf. Das Potentiometer sollte so eingestellt werden, dass die LED nicht mehr leuchtet, wenn keine Geräusche vorhanden sind, aber noch auf die gewünschte Lautstärke reagiert.

Aus der Sicht des Raspberry Pi ist der Schallsensor nur ein Schalter, der entweder geschlossen oder offen ist. Dementsprechend einfach ist das Beispielprogramm:

```
import RPi.GPIO as GPIO
from RPi_GPIO_i2c_LCD import lcd
from time import sleep

GPIO.setmode(GPIO.BCM)
GPIO.setup(22, GPIO.IN)
i2c_address = 0x27
lcdDisplay = lcd.HD44780(i2c_address)
clapped = 0

while True:

        if GPIO.input(22) == 1:
                clapped += 1
        lcdDisplay.set("Trigger Counter",1)
        lcdDisplay.set(str(clapped),2)
        sleep(0.001)

GPIO.cleanup()
```

Dieser Code zählt während des Ausführens die Anzahl an Schaltvorgängen, die der Sensor erzeugt, also grob die Anzahl der erkannten Geräusche, deren Pegel über der eingestellten Grenze liegen.

Abb. 8.8 Schaltung zur Zählung von Geräuschen

8.4 Ultraschallsensoren

Abb. 8.9 Ultraschallsensor Modul

Der Ultraschallsensor ist eine spezialisierte Form des Schallsensors, der in einem für den Menschen meist nicht hörbaren Bereich funktioniert. Generell sind dies Frequenzen ab ca. 16 kHz. Da die Empfindlichkeit des menschlichen Gehörs mit dem Alter abnimmt, sind es häufig eher Kinder oder Jugendliche, die diese Schallquellen noch wahrnehmen können.

In der Regel ist der Ultraschallsensor ein kombiniertes Bauteil, das auch eine Ultraschallquelle enthält. Diese Bauteile werden auch deutlich häufiger als Ultraschallquelle verwendet, denn mittels Ultraschall lassen sich berührungslos Abstände messen.

Dafür wird ein kurzer Ultraschallimpuls erzeugt, der sich mit Schallgeschwindigkeit[2] ausbreitet. Dieser Impuls wird wie alle Schallimpulse an Oberflächen absorbiert, umgelenkt oder reflektiert.

Der Ultraschallsensor stellt fest, wann dieser Impuls wieder seinen Ursprungspunkt erreicht. Über die Laufzeit des Signals kann nun berechnet werden, welche Strecke zurückgelegt wurde, woraus dann der Abstand zu potentiellen Hindernissen abgeleitet werden kann.

Ultraschallsensoren zur Entfernungsmessung haben zwei große Vorteile: Sie arbeiten berührungslos und sie können eine große Bandbreite an Materialien erkennen.

Lediglich bei Werkstoffen, die Schallwellen absorbieren, stößt ein Ultraschallsensor an seine Grenzen, da in diesem Fall kein Signal zurückkommt. Außerdem ist die Effektivität und Reichweite stark vom Medium abhängig, in dem gemessen wird.

Eine Form der Ultraschallsensorik ist als Sonar auf Schiffen und U-Booten im Einsatz, um dort Gegenstände unter Wasser, aber auch geografische Gegebenheiten zu erkennen.

Das wäre allerdings als Beispiel ein wenig zu komplex. Daher begnügen wir uns bei unserer Beispiel-Schaltung mit der Entfernungsmessung mit einem einfachen Ultraschallsensor, wie er am Anfang des Abschnitts abgebildet ist.

---

[2] In trockener Luft beträgt die Schallgeschwindigkeit 1236 Kilometer pro Stunde. Dieser Wert ändert sich abhängig vom Medium, in dem der Schall sich bewegt..

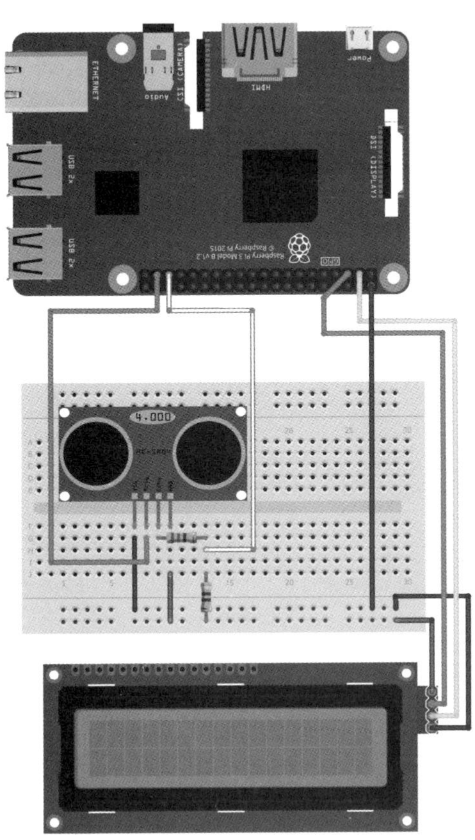

Abb. 8.10 Aufbau zur Entfernungsmessung mit einem Ultraschallsensor Modul

Hier kommt ein 5-Volt-Modul zum Einsatz. Daher verwenden wir einen 330-Ohm-Widerstand, damit das Signal den Raspberry Pi nicht beschädigen kann. Zusätzlich ist ein 470-Ohm-Widerstand als Pull-Down mit Masse und dem gleichen Ausgang verbunden.

Name	Sensor Pin	GPIO / Pin
Masse	Gnd	GND
Signalerkennung	Echo	GPIO19 mit 330 Ohm, GPIO19 mit 470 Ohm auf GND

Signalerzeugung	Trig	GPIO26
Spannung	VCC	5 V

Das Modul erzeugt ein Ultraschallsignal, sobald am Pin „Trig" die Spannung für den Zustand „High" anliegt. Diese Schallwellen bewegen sich nun durch den Raum und werden reflektiert. Wird das Echo erkannt, kann über die Laufzeit bestimmt werden, wie weit die Fläche entfernt ist, die den Schall reflektiert hat. Als Programmcode kann das so ausgeführt werden:

```
import RPi.GPIO as GPIO
from RPi_GPIO_i2c_LCD import lcd
import time

GPIO.setmode(GPIO.BCM)

i2c_address = 0x27
lcdDisplay = lcd.HD44780(i2c_address)

trigger = 26
echo = 19

GPIO.setup(trigger, GPIO.OUT)
GPIO.setup(echo, GPIO.IN)

def distance():
    GPIO.output(trigger, True)
    time.sleep(0.00001)
    GPIO.output(trigger, False)

    start = time.time()
    stop = time.time()

    while GPIO.input(echo) == 0:
        start = time.time()
    while GPIO.input(echo) == 1:
        stop = time.time()

    travelTime = stop - start
    distance = (travelTime * 34300) / 2

    return distance

while True:
```

```
    lcdDisplay.set("Distance",1)
    lcdDisplay.set(str(round(distance(),2)) + " cm        ",2)

    time.sleep(1)
```

Die Methode `distance()` erledigt hier die tatsächliche Messung. Zuerst wird ein Signal erzeugt und die Zeit gespeichert, zu der es erzeugt wurde. Sobald das Echo erkannt wurde, wird dieser Zeitpunkt ebenfalls gespeichert.

Aus der Differenz kann nun die Laufzeit berechnet werden.

Aus der Schallgeschwindigkeit von 34 300 cm/s können wir nun die Entfernung berechnen. Hier müssen wir aber das Ergebnis noch halbieren, denn gemessen wurde der Hin- und Rückweg des Signals.

Die Entfernung wird dann auf dem LCD ausgegeben. Eine Messung erfolgt einmal pro Sekunde.

8.5 Photosensoren

Abb. 8.11 Photowiderstand mit Vorwiderstand als Modul

Die unter dem Begriff Photosensor zusammengefassten Bauteile sind sehr vielseitig. Die einfachsten können lediglich feststellen, ob Licht vorhanden ist oder nicht.

Photozellen zum Beispiel können feststellen, ob Licht einfällt, indem in einem Glaskolben unter Vakuum ein Material Elektronen freisetzt, sobald es beleuchtet wird. Diese Elektronen werden von einer Anode aufgefangen und sind dann an den Anschlüssen messbar.

Andere Bauteile, zum Beispiel sogenannte Photomultiplier, sind in der Lage, auch einzelne Photonen zu erkennen.

Für unsere Einsatzzwecke sind diese beiden Varianten aber nicht unbedingt sinnvoll, wir verwenden eher Phototransitoren oder -widerstände.

Der Phototransistor ist ein normaler Transistor, dessen Basis bei Lichteinfall den Stromfluss vom Kollektor zum Emitter freigibt.

Bei einem Photowiderstand hingegen wird ein Halbleitermaterial eingesetzt, das bei Lichteinfall seine Leitfähigkeit und seinen Widerstand ändert. Diese Bauteile sind im Vergleich zu anderen Messmethoden vergleichsweise träge.

Strenggenommen können aber auch alle Arten von Bildsensoren unter dem Oberbegriff Photosensor beschrieben werden. Dazu gehören zum Beispiel die Sensoren in Foto- oder Videokameras. Hierbei ist eine Vielzahl von einzelnen photosensitiven Elementen in einer Matrix angeordnet, sodass damit ein Bild aufgenommen werden kann. Diese werden dann zeilenweise ausgelesen und aus den Daten kann ein digitales Foto oder ein Videosignal erzeugt werden.

So komplex werden wir unser Beispiel allerdings nicht aufbauen. Stattdessen benutzen wir einen einfachen Photowiderstand, dessen Widerstandswert sinkt, je heller es ist.

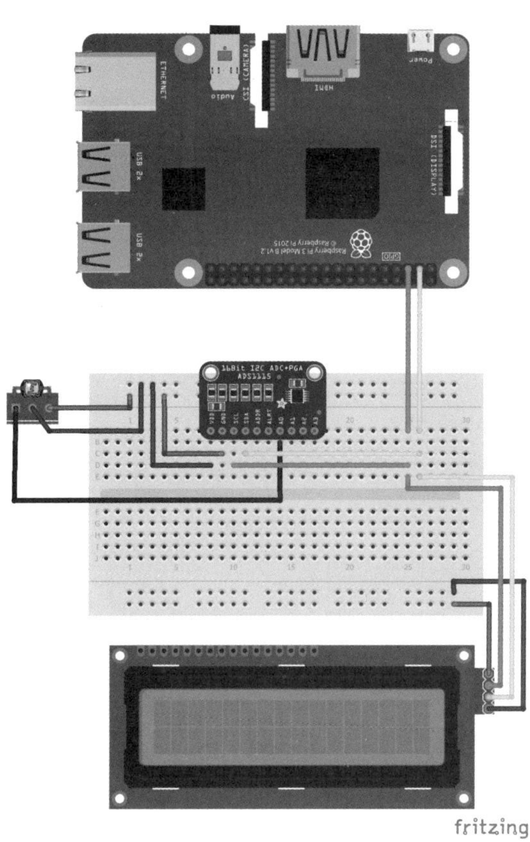

Abb. 8.12 Photowiderstand im Beispielaufbau mit A/D Wandler

Der Aufbau ist wieder etwas komplexer. Wie bereits erwähnt, hat der Raspberry Pi keine analogen Eingänge. Wir benötigen also einen Analog-zu-Digital-Wandler, dessen Einsatz wir damit hier zeigen. Wir verwenden einen ADS1115, der vier Kanäle zur Verfügung stellt und über I2C angebunden wird.

Wir haben zwar bereits ein Display über diesen Bus angesteuert, da wir aber einzelnen Komponenten Adressen zuweisen können, können wir über die gleichen Datenverbindungen bis zu 127 verschiedene Endstellen ansteuern.

In diesem Fall können wir die Standardeinstellung des A/D Wandlers unverändert übernehmen, da er auf eine andere Adresse eingestellt ist als das LCD.

Der Photowiderstand ist als Modul vorhanden und hat drei Anschlusspins: Spannung, Masse und das analoge Signal. Letzteres ist in diesem Fall lediglich eine Spannung zwischen 0 V und der Eingangsspannung. Für welche Bereiche die Bauteile geeignet sind, sollte jeweils dem Datenblatt entnommen werden. Den Signalpin verbinden wir mit dem ersten Kanal des A/D Wandlers.

Um diesen nun auch über Python auslesen zu können, benötigen wir eine weitere Bilbiothek:

```
pip install ADS1115
```

Nach der Installation können wir den folgenden Code ausführen:

```
import ADS1115
from RPi_GPIO_i2c_LCD import lcd
import time

ads = ADS1115.ADS1115()
i2c_address = 0x27
lcdDisplay = lcd.HD44780(i2c_address)

while True:
    volt = ads.readADCSingleEnded()
    lcdDisplay.set("Light Intensity",1)
    lcdDisplay.set(str(int((1 - volt/3300) * 100)) + " %
    ",2)
    time.sleep(0.1)
```

Da der A/D Wandler für jeden Kanal den gemessenen Wert in Milivolt angibt, müssen wir ausrechnen, welchen Anteil der Maximalspannung von 3,3 Volt wir auslesen können. Daraus lässt sich dann ein prozentualer Wert errechnen und ausgeben.

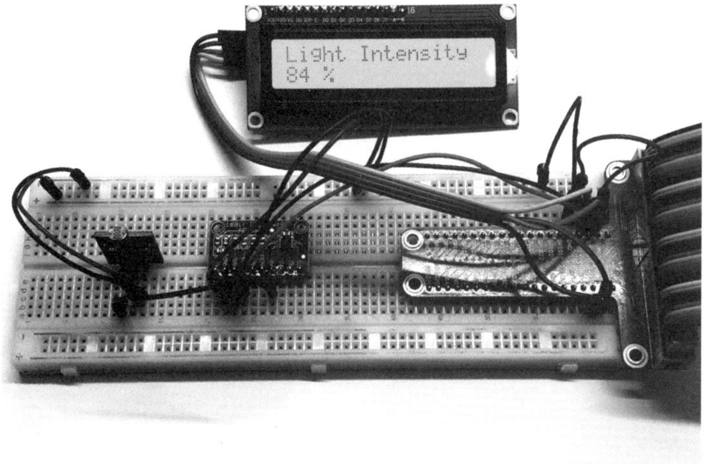

Abb. 8.13 Beispielaufbau zum Auslesen über einen Photowiderstands mit einem Analog/Digital Wandler

8.6 Erschütterungssensoren

Abb. 8.14 Unterschiedliche Bauformen für Erschütterungssensoren als Module

Im Gegensatz zu den komplexen Bewegungs-, Lage-, und Beschleunigungssensoren, auf die wir später eingehen werden, ist der Erschütterungssensor ein eher primitives Bauteil.

Für viele Anwendungsgebiete reicht aber die reine Information aus, ob Erschütterungen eines bestimmten Ausmaßes stattfinden. Dieses Bauteil hat also durchaus eine Daseinsberechtigung. Dazu kommt, dass für einen einfachen Erschütterungssensor keine weitere Logik notwendig ist, da bei Erschütterungen lediglich ein elektrischer Kontakt hergestellt wird.

Für einen Erschütterungssensor werden in der Regel zwei Materialien verwendet, davon ist eines starr und eines flexibel. Beide werden so angeordnet, dass sich das flexible Material bei ausreichend starker Erschütterung so verformt, dass es den Kontakt zum starren Material herstellt und so eine leitende Verbindung zwischen beiden besteht.

Dies kann an den Kontakten des Sensors festgestellt werden, um zum Beispiel weitere Teile der Schaltung zu aktivieren.

Da es sich um einen einfachen Schalter handelt, der entweder offen oder geschlossen ist, ist der Testaufbau auch denkbar simpel.

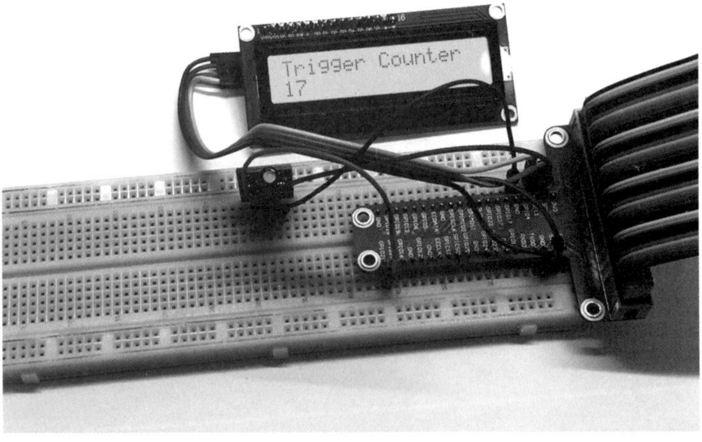

Abb. 8.15 Erschütterungssensor im Beispielaufbau

Der Sensor wird lediglich mit Strom versorgt und sein Signalpin an einen GPIO verbunden. Wir haben den GPIO21 verwendet und den folgenden Code ausgeführt.

```
import RPi.GPIO as GPIO
from RPi_GPIO_i2c_LCD import lcd
from time import sleep

GPIO.setmode(GPIO.BCM)
GPIO.setup(21, GPIO.IN)

i2c_address = 0x27
lcdDisplay = lcd.HD44780(i2c_address)

shock = 0

while True:

        if GPIO.input(21) == 1:
                shock += 1

        lcdDisplay.set("Trigger Counter",1)
        lcdDisplay.set(str(shock),2)
        sleep(0.001)
```


8.7 Hall-Sensoren

Abb. 8.16 Verschiedene Module mit Hall-Sensoren

Man mag auch hier zuerst an einen akustischen Sensor denken, in diesem Fall stammt der Name allerdings von Edwin Hall: Nach ihm wurde der Hall-Effekt benannt, der diesem Sensor zugrunde liegt.

Mit Hall-Sensoren können Magnetfelder festgestelt werden.

Hierfür wird ein dünnes Halbleitermaterial verwendet, an dem in der Regel vier Anschlüsse angebracht werden. Zwischen zwei gegenüberliegenden Anschlüssen fließt ein Strom.

Dann kann an den zwei übrigen Anschlüssen eine Spannung gemessen werden, die als Hall-Spannung bezeichnet wird.

Bewegt sich nun ein Magnetfeld senkrecht zum Sensor, dann ändert sich die gemessene Spannung. Dies kann zum Beispiel zur Positionsbestimmung verwendet werden.

Im Gegensatz zu anderen Methoden zur Messung von Magnetfeldern kann ein Hall-Sensor auch solche Felder erkennen, die statisch sind. Viele andere Sensoren sind nur in der Lage, Änderungen eines Magnetfeldes zu erkennen.

Außerdem kann ein Hall-Sensor komplett ohne magnetische Materialien aufgebaut werden, sodass nicht bereits seine Anwesenheit das zu messende Feld verändert.

Hall-Sensoren werden häufig in Elektromotoren benutzt, um die aktuelle Position zu bestimmen.

Eine Beispielschaltung zeigen wir hier nicht, da der Aufbau analog zum Beispiel des Photosensor (wenn der analoge Wert ausgelesen werden soll) oder analog zum Beispiel des Erschütterungssensor ist. Wenn die gleichen GPIO-Pins verwendet werden, kann auch der Programmcode unverändert übernommen werden.

8.8 Reed-Switches

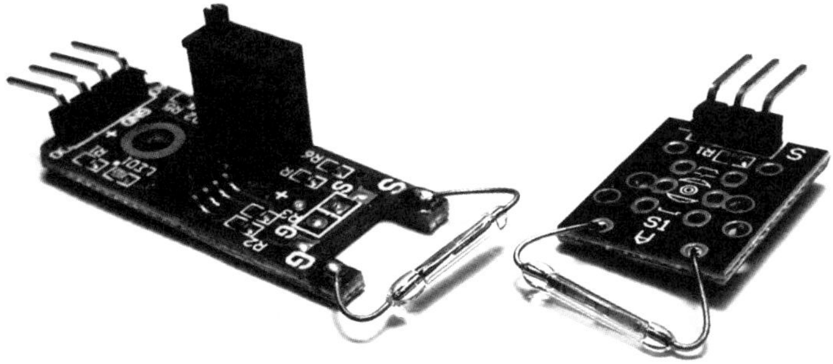

Abb. 8.17 Reed-Switch Module

Reed-Switches oder auch Reed-Kontakte sind kleine Bauteile, die mit einem Magnetfeld eine leitende Verbindung zwischen ihren Anschlüssen herstellen können.

Dazu werden zwei Kontaktpaddel aus einer Eisen-Nickellegierung in ein Glasrohr eingeschmolzen. Im nicht-aktiven Zustand haben die Paddel einen kleinen Abstand zueinander, sodass der Kontakt unterbrochen ist. Das Glasrohr ist entweder mit einem Schutzgas wie Stickstoff oder Wasserstoff gefüllt oder es herrscht in ihm ein Vakuum.

Diese Bauteile haben sehr viele Anwendungsgebiete, auf die man nicht sofort kommt, und einige erstaunliche Eigenschaften.

Da sie in Glas verkapselt sind, sind sie nahezu in allen Umgebungen einsetzbar.

Mit ihnen können sehr hohe Spannungen und auch starke Ströme geschaltet werden, bis zu 1000 Volt sind möglich und auch bei 5 A ist ein zuverlässiger Schaltvorgang noch möglich.

Man möchte vermuten, dass hohe Schaltfrequenzen mit einem Reed-Kontakt eher problematisch sind, da es sich schließlich um ein mechanisch bewegtes Bauteil handelt, aber tatsächlich können bis zu 7 GHz erreicht werden.

Ebenso erstaunlich ist die Schockfestigkeit, die eine bis zur 200-fache Erdbeschleunigung aushält.

Man muss lediglich bei der Verwendung darauf achten, dass keine fremden Magnetfelder die Schaltung beeinflussen können.

Auch hier ist eine Beispielschaltung nicht notwendig, da es sich um ein schaltendes Element handelt. Der Aufbau ist damit vergleichbar zu dem Beispiel des Erschütterungssensors. Auch hier kann der Programmcode übernommen werden.

8.9 Bewegungssensoren

Abb. 8.18 Infrarot-Bewegungssensor als Modul

Bewegungssensoren sollen erkennen, ob sich im Abtastbereich etwas bewegt. Der häufigste Einsatzzweck ist wohl der als Bewegungsmelder zum Einschalten von Lampen.

Ein solcher Bewegungsmelder ist die einfachste Ausführung eines Bewegungssensors. Er basiert auf der Erfassung von Infrarotstrahlung.

Dabei wird in „Ruhestellung" ein Grundniveau an Infraroteinstrahlung gemessen, das als Basis für die Erkennung dient.

Erscheint eine neue Infrarotquelle, zum Beispiel ein Mensch, dessen Körperwärme als Infrarotstrahlung messbar ist, dann löst diese Änderung in der gemessenen Strahlung den Sensor aus.

Diese Sensoren sind passiv und geben keine eigene Strahlung ab, sie messen lediglich in einem definierten Bereich die vorhandene Strahlung.

Der Infrarotsensor ist auch der im Hobbybereich gebräuchlichste Bewegungssensor.

Alternativ kann Bewegung auch durch den Einsatz von Mikrowellen oder Ultraschall festgestellt werden.

Überwachungssysteme setzen auch häufig auf Methoden aus der Bilderkennung, um Bewegungen in Kamerabildern zu erkennen.

Ein exemplarischer Aufbau ist schnell erledigt:

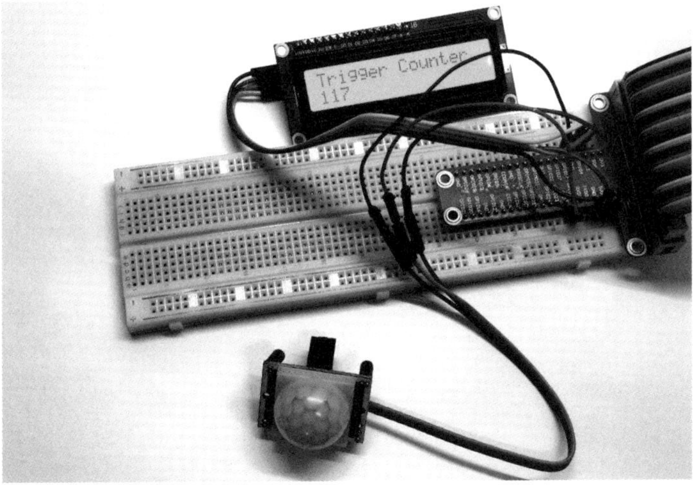

Abb. 8.19 Anschluß eines IR-Sensors an den Raspberry Pi

Gemäß der Beschreibung des Sensors werden Spannung und Masse angeschlossen sowie der Signalausgang an einen GPIO gelegt. Das Display kann wie in den vorherigen Beispielen verbunden werden.

Der Code ist auch hier wieder sehr einfach, wir wollen diesmal aber noch eine weitere Funktionalität einführen.Grundsätzlich besteht die Gefahr, dass wir eventuell in den „Schlafpausen“ unserer Schleife ein Signal verpassen. Dieses Problem umgehen wir in diesem Beispielcode:

```
import RPi.GPIO as GPIO
from RPi_GPIO_i2c_LCD import lcd
import time

ir = 18
i2c_address = 0x27
lcdDisplay = lcd.HD44780(i2c_address)

GPIO.setmode(GPIO.BCM)
GPIO.setup(ir, GPIO.IN)

movement = 0

def senseSignal(c):
    global movement
    movement += 1

GPIO.add_event_detect(ir , GPIO.RISING,/
callback=senseSignal)

while True:
    lcdDisplay.set("Trigger Counter",1)
    lcdDisplay.set(str(movement),2)
    time.sleep(1)
```

Die Zeile `GPIO.add_event_detect(ir, GPIO.RISING, callback=senseSignal)` hilft uns hier. Anstatt endlos zu prüfen, ob ein Signal in diesem Moment aktiv ist, sagen wir der GPIO-Bibliothek, das wir gerne informiert werden möchten, wenn sich das Signal ändert. Dazu übergeben wir, welchen Pin wir „bewachen“ wollen, hier den in der Variable `ir`. Als nächstes teilen wir mit, worauf wir warten. Mit `GPIO.RISING` definieren wir, dass wir wissen möchten, wenn das Signal von „Low“ zu „High“ wechselt. Zuletzt geben wir mit `callback=senseSignal` an, welche Funktion aufgerufen werden soll.

So lassen sich vor allem solche Sensoren gut überwachen, deren Signale nur sehr kurz erscheinen.

8.10 Lagesensoren

Abb. 8.20 Kombinierter Lage- und Bewegungssensor in einem Modul

Die Messung der Orientierung im Raum, also der aktuellen Lage, basiert auf dem Prinzip des Kreiselstabilisators oder auch Gyroskops. Die ersten Kompassmodelle, die auf dieser Technik aufgebauten, gab es bereits Mitte des 19. Jahrhunderts.

Ursprünglich wurde ein schnell rotierender Kreisel verwendet, der in einem beweglich gelagerten Käfig montiert war. Durch die Drehimpulserhaltung versucht der Kreisel, bei einer Änderung der Lage seine ursprüngliche Ausrichtung zu behalten. Da er beweglich aufgehängt ist, kann anhand der Bewegung der Käfigelemente auf die Lageänderung geschlossen werden.

In heutigen kompakten Bauteilen ist von dieser Technik nicht mehr viel zu sehen. Gyroskope sind mittlerweile in ICs zu finden, die nur wenige Millimeter groß sind. Dafür ist diese Technik heutzutage nahezu omnipräsent.

Statt des drehenden Kreisels wird in modernen Lagesensoren ein schwingender Kristall verwendet, an dem nach ähnlichen physikalischen Prinzipien Lageänderungen gemessen werden können.

Lagesensoren werden in Mobiltelefonen, Autos, Flugzeugen und auch in der Raumfahrt eingesetzt.

Einen Beispielaufbau zeigen wir nach dem nächsten Abschnitt.

8.11 Beschleunigungssensoren

Zur Messung der Bewegung in eine oder mehrere Richtungen werden Beschleunigungssensoren verwendet. Sie machen sich das Prinzip der Masseträgheit zu Nutze, um daraus einen Beschleunigungswert abzuleiten.

Ursprünglich wurde dies tatsächlich mit einem Masseblock auf einer gefederten Achse durchgeführt. Dieser Block hat über einen Schleifkontakt einen variablen Widerstand bedient, sodass bei einer Bewegung die Auslenkung anhand des Widerstandswerts messbar wurde.

Diese Systeme haben allerdings immer eine bestimmte Größe und erlauben auch nur eine eingeschränkte Genauigkeit. Sie wurden deswegen bald durch andere Modelle ersetzt, die piezoelektrische[3] Eigenschaften bestimmter Materialien nutzen, um Beschleunigungen zu messen.

Andere Methoden verwenden Quartzkristalle, deren Verformung gemessen werden kann, oder magnetisch stabilisierte Masseblöcke, deren Bewegung durch die veränderten Magnetfelder bestimmt werden kann.

---

[3] Piezoelektrische Materialien erzeugen elektrische Signale bei Druckänderungen wie zum Beispiel biegen oder dehnen.

Die sehr kleinen Systeme, die heute beispielsweise in Smartphones zum Einsatz kommen, basieren auf einem mikroelektromechanischen System.

Hierfür werden aus Silizium mikroskopisch kleine Feder-Masse-Systeme hergestellt, die zusammen mit einer fixierten Elektrode einen Kondensator bilden. Bewegt sich nun die Siliziummasse, ändert sich die Kapazität und anhand der Änderung kann auf die Bewegung entlang dieser Achse geschlossen werden.

Für unser Beispiel verwenden wir ein kombiniertes Modul, das uns auf allen Achsen Beschleunigungs- und Lagedaten ausgeben kann.

Um auf die Daten zugreifen zu können, müssen wir eine weitere Bibliothek installieren.

```
pip install mpu6050-raspberrypi
```


Anschließen können wir den Sensor auch wieder über I2C ansteuern. Zusätzlich wird er mit 3.3 Volt Spannung versorgt.

Abb. 8.21 Ausgabe der Lage- und Beschleunigungsdaten auf einem LCD

Der Code für Ausgabe auf der Abbildung 8.21 lautet:

```
from RPi_GPIO_i2c_LCD import lcd
from mpu6050 import mpu6050
import time

sensor = mpu6050(0x68)
i2c_address = 0x27
lcdDisplay = lcd.HD44780(i2c_address)

while True:
    accel = sensor.get_accel_data()
    ax = format(round(accel['x'],2))
    ay = format(round(accel['y'],2))
    az = format(round(accel['z'],2))
    gyro = sensor.get_gyro_data()
    gx = format(round(gyro['x'],2))
    gy = format(round(gyro['y'],2))
    gz = format(round(gyro['z'],2))
    lcdDisplay.set(gx + " " + gy + " " + gz ,1)
    lcdDisplay.set(ax + " " + ay + " " + az ,2)
    time.sleep(1)
```

Man kann praktisch kontrollieren, ob alles funktioniert, indem man die Beschleunigungsdaten zu der Achse beobachtet, die senkrecht zum Boden steht. Diese sollte in etwa der Erdbeschleunigung entsprechen und im Bereich um 9,81 liegen. Die Einheit der gemessenen Werte ist Meter pro Sekunde zum Quadrat.

8.12 Weitere Sensoren

Abb. 8.22 Weitere Sensormodule

Die hier beschriebenen Sensoren stellen natürlich bei weitem nicht das komplette Spektrum der verfügbaren Messinstrumente dar.

Selbst bei den beschriebenen Sensorentypen haben wir nur einzelne Exemplare betrachtet. Zu nahezu jedem gezeigten Sensor gibt es eine Fülle an Alternativen.

Das betrifft nicht nur die Bauform oder -größe, sondern auch die Messbereiche und -methoden.

Darüber hinaus gibt es noch zahlreiche weitere Sensoren, die wir nicht besprochen haben. In der Abbildung 8.22 sind zum Beispiel ein Feuersensor, ein Linienerkennungsmodul, ein Berührungssensor, ein Hindernis-Vermeidungssensor und ein Infrarotempfänger zu sehen.

Diese Sensoren können als Modul erworben werden, ebenso wie alle anderen, die wir beispielhaft näher betrachtet haben. Das macht es gerade für den Bastler deutlich einfacher diese einzusetzen, denn häufig ist das Bauteil, das für die Messung zuständig ist, alleine nicht gerade intuitiv zu verstehen oder es werden weitere Elemente benötigt, um ein verwertbares Signal zu erhalten. Zum Ausprobieren empfiehlt es sich daher, eines der weit verbreiteten Sensoren-Sets zu nehmen.

Alle Programmcodes aus diesem Buch sind als PDF zum Download verfügbar. Dadurch müssen Sie sie nicht abtippen:
https://bmu-verlag.de/raspberry-pi-kompendium/

Außerdem erhalten Sie die eBook Ausgabe zum Buch im PDF Format kostenlos auf unserer Website:

https://bmu-verlag.de/raspberry-pi-kompendium/
Downloadcode: siehe Kapitel 20

Kapitel 9
Aktoren

9.1 Elektromotoren

Abb. 9.1 Gleichstrom-Elektromotor mit Bürsten

Ein Elektromotor wandelt elektrische Leistung in mechanische Leistung um. Man kann ihn also als elektromagnetischen Wandler beschreiben.

Wie bei Relais beruht auch die Funktion des Elektromotors auf einem grundlegenden physikalischen Sachverhalt: Eine Spule, durch die ein Strom fließt, erzeugt ein Magnetfeld.

Dabei ist die Ausrichtung des Magnetfelds abhängig von der Richtung des Stromflusses. Wird der Strom umgekehrt, dreht sich auch das Magnetfeld.

Ein Elektromotor besteht aus mehreren Teilen. Ein Element ist unbeweglich und magnetisch, dies ist der sogenannte „Stator". Das meist rotierende Elemente wird „Rotor" genannt. Dieser besteht aus einem Eisenkern, um den Drahtwicklungen als Spulen angeordnet sind.

Durch den Rotor soll nun Strom fließen. Um dafür elektrische Verbindungen herzustellen, gibt es den „Kommutator", das sind Anschlüsse mit sogenannten „Bürsten", meistens kleine Blöcke aus einem kohlenstoffhaltigen Material. Der Strom fließt dann in den Spulen, die sich mit dem Rotor drehen. Die Anschlüsse des Kommutators sind so verteilt, dass sich der Stromfluss in den Spulen regelmäßig umkehrt und so die Polarität des Rotor-Magnetfelds immer wechselt. Damit stoßen sich die Magnetfelder von Rotor und Sator immer wieder ab und der Elektromotor dreht sich.

Motoren, die nach diesem Prinzip funktionieren, werden mit Gleichstrom betrieben. Es gibt auch Motoren, die mit Wechselstrom funktionieren, diese sind für den Hobbybereich aber nicht interessant.

Elektromotoren haben sich in vielen Bereichen durchgesetzt, da sie zahlreiche Vorteile gegenüber Verbrennungsmotoren oder anderen Methoden der Kraftentwicklung haben.

Neben einem sehr hohen Wirkungsgrad – nur ein kleiner Teil der investierten Energie geht verloren, der größte Teil wird in Bewegung umgesetzt – haben sie auch eine gleichbleibende Kraftentwicklung über den gesamten Drehzahlbereich, was sie interessant macht für die Automobilindustrie. Damit kann bei elektrisch angetriebenen Fahrzeugen in vielen Fällen auf ein aufwändiges Getriebe verzichtet werden.

Elektromotoren sind auch sehr langlebig, da sie nur wenige Verschleißteile haben. Das liegt an der weitgehend berührungsfreien Funktionsart. Lediglich die Bürsten oder Lager müssen bei sehr langer Betriebsdauer eventuell ausgetauscht werden.

Zudem ist es möglich, über eine geschickte Steuerung der Magnetfelder den Motor elektromagnetisch zu bremsen. Da dies keinerlei Verschleiß hervorruft, ist es beispielsweise Systemen mit Bremsbelägen überlegen, die regelmäßig erneuert werden müssen.

Außerdem ist ein Elektromotor aufgrund seiner bauartbedingten Ähnlichkeit zu einem Generator auch in der Lage, Strom zu erzeugen, um zum Beispiel beim Bremsen Energie zurückzugewinnen.

Im Hobbybereich werden Elektromotoren sehr unterschiedlich eingesetzt. Die häufigste Verwendung ist wohl im Modellbau. Hier ist der Einsatz von Elektromotoren deutlich einfacher als der von miniaturisierten Verbrennungsmotoren.

Möchten wir einen Motor am Raspberry Pi verwenden, sollte dies auf keinen Fall direkt an den GPIO-Pins geschehen, eine Steuerung sollte immer nur indirekt erfolgen. Vor allem wenn der Motor blockiert, steigt der Strom extrem schnell an und würde so auf jeden Fall den Pi beschädigen.

Um einen Gleichstrom-Motor zu verwenden, werden sogenannte Motortreiber benutzt. Diese gibt es entweder als fertiges Modul oder als IC und sie können an eine zusätzliche Stromquelle angeschlossen werden, die dann den Motor versorgt. Vom Raspberry Pi bekommen sie in der Regel ein PWM[1]-Signal, das bestimmt, wie schnell der Motor laufen soll.

Über das PWM-Signal wird die Stromversorgung zum Motor mit einer variablen Frequenz geschaltet, sodass sich die Geschwindigkeit einstellen lässt.

Mit einem PWM-Modul lässt sich dann auch sehr einfach ein Beispiel zusammenstecken. Wir verwenden ein PWM-Modul, das über Transistoren eine hohe Spannung schalten kann, wenn über einen GPIO-Pin ein Signal an den „Trigger"-Pin des Moduls gegeben wird.

1 PWM steht für „Pulsweitenmodulation" und beschreibt Signale, die mit einer bestimmten Frequenz an- und abgeschaltet werden.

Abb. 9.2 Steuerung eines Motors mit einem PWM Modul

Dementsprechend simpel ist auch die Ansteuerung im Code. Hierfür müssen wir lediglich ein PWM-Signal auf GPIO18 starten. Im folgenden Beispiel wird der Motor in mehreren Schritten beschleunigt.

```
import RPi.GPIO as GPIO
import time

GPIO.setmode(GPIO.BCM)
GPIO.setup(18, GPIO.OUT)

pwm = GPIO.PWM(18, 50)
pwm.ChangeDutyCycle(10)
pwm.start(0)
time.sleep(1)
pwm.ChangeDutyCycle(10)
time.sleep(1)
pwm.ChangeDutyCycle(25)
time.sleep(1)
pwm.ChangeDutyCycle(50)
time.sleep(1)
pwm.ChangeDutyCycle(75)
time.sleep(1)
pwm.ChangeDutyCycle(100)
time.sleep(1)
pwm.stop

GPIO.cleanup()
```

Das PWM-Signal wird dabei ausgegeben, bis es mit `stop()` beendet wird.

9.2 Bürstenlose Elektromotoren

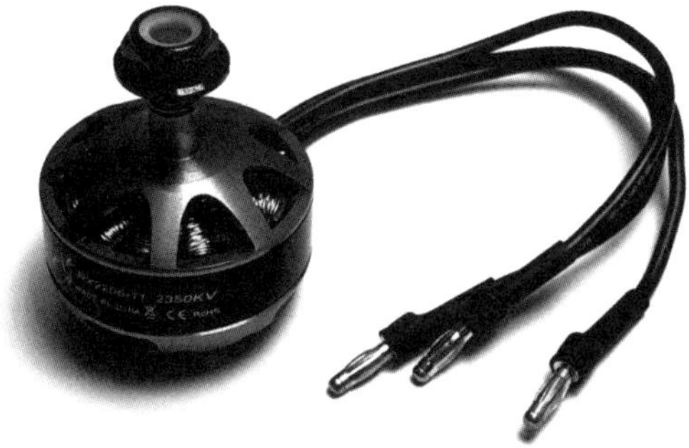

Abb. 9.3 Bürstenloser Motor aus dem Modellbaubereich

Ein normaler Gleichstrommotor mit Kommutator und Kohlebürsten hat trotz seiner vielen Vorteile gegenüber anderen Antriebsarten doch auch einige Nachteile.

Der wohl größte Nachteil liegt in der Verwendung von Bürsten zur Energieübertragung. Da sich der Rotor dreht, kann keine feste Verbindung verwendet werden. Dieses Problem wurde durch den Einsatz von Kohlebürsten gelöst, die auf der Oberfläche entlangschleifen.

Bei sehr hartem Material für die Bürsten würde der Kommutator mit der Zeit leiden. Deswegen werden Materialien verwendet, die weicher sind, sie unterliegen damit aber auch einem gewissen Verschleiß. Das ist in zweierlei Hinsicht unpraktisch. Zum einen müssen die Bürsten nach einer gewissen Betriebszeit instand gesetzt werden, es ist also nicht möglich, solche Motoren an unzugänglichen Orten zu verwenden. Zum anderen ist der Abrieb der Bürsten ein Problem.

Betrachtet man zum Beispiel eine Computerfestplatte, dann wird klar, warum man in deren Inneren keinen Elektromotor mit Bürsten verwenden kann. Ein solcher Motor erzeugt elektrisch leitfähigen Staub, zudem muss er in regelmäßigen Abständen gewartet werden.

Zusätzlich zu den mechanischen Problemen gibt es auch elektrische Nachteile. Durch die schleifende Verbindung der Bürsten zum Kommutator geht eine gewisse Menge an Energie verloren und es gibt einen Spannungsabfall in diesem Bereich.

Darüber hinaus entstehen am Kommutator während der Schaltvorgänge – vor allem bei höherer Belastung – oft Funken, was in manchen Umgebungen ein Sicherheitsrisiko darstellt.

Die Lösung hierfür ist der bürstenlose Gleichstrommotor. Wie der Name schon sagt, kommt er ohne Bürstenkontakte aus und seine Lebensdauer ist so nur noch durch die verwendeten Lager begrenzt.

Erreicht wurde dies, indem die Aufgabe des Kommutators durch intelligente Schaltungen übernommen wird. Ein Sensor misst, welchen Winkel der Rotor hat und schaltet über leistungsfähige Transistoren den Stromfluss so, dass der Motor sich weiter dreht.

Im Gegensatz zum Bürstenmotor sind die Spulen bei einem bürstenlosen Motor statisch und auf dem Rotor befinden sich Permanentmagneten.

Der größte Vorteil der bürstenlosen Elektromotoren ist die höhere Lebensdauer durch eine geringere Zahl an Verschleißteilen. Zudem haben sie eine deutlich höhere Effizienz und der Funkenschlag ist auch kein Problem mehr. Der Nachteil ist allerdings die gestiegene Komplexität mit einer größeren Anzahl an benötigten Bauteilen.

Um einen bürstenlosen Motor anzutreiben, reicht es nicht mehr, eine Spannung anzulegen. Stattdessen wird ein durch einen Mikrocontroller gesteuerter Controller verwendet, ein sogenannter ESC – „Electronic Speed Controller", der die Aufgabe des Kommutators mittels Software übernimmt.

Er steuert die verschiedenen Phasen (Spulenpaare) des Motors so an, dass der Rotor in Bewegung versetzt wird.

Bürstenlose Motoren lösen heute in immer mehr Bereichen ältere Elektromotoren ab. Die verfügbare Steuerungselektronik wird immer günstiger und kompakter, sodass die Vorteile der neueren Motorgenerationen einen Umstieg rechtfertigen.

So finden wir diese Motoren heute nahezu überall, in Spielzeugen, Autos, Küchengeräten und Werkzeugen.

Ein Beispielaufbau zur Ansteuerung eines bürstenlosen Motors kann ungefähr so aussehen:

Abb. 9.4 Anschluss eines bürstenlosen Motors mit ESC an den Raspberry Pi

Eine Warnung vorweg: Bürstenlose Motoren sind sehr kräftig und können sehr hohe Geschwindigkeiten erreichen, dadurch ist eine gewisse Verletzungsgefahr gegeben. Außerdem gibt es je nach eingesetzter Stromquelle auch hier gefährliche Spannungen. Daher sollte bei der Verwendung dieser Motoren immer höchste Vorsicht gelten!

Auf einen schematischen Plan verzichten wir an dieser Stelle, da lediglich zwei Kabel an den Pi angeschlossen werden.

Der ESC wird mit den entsprechend gekennzeichneten Kabeln an den Motor angeschlossen, die Reihenfolge ist hier egal. Sollte der Motor sich nicht in die gewünschte Richtung drehen, reicht es, zwei der drei Kabel zu tauschen.

Die Steuerung des ESC geschieht ebenfalls über drei Kabel. Das sind in der Regel Spannung, Signal und Masse. Spannung und Masse sind fast immer rot und schwarz, das Signalkabel ist häufig weiß oder gelb. Die Spannungsleitung ist nicht zur Versorgung durch den Pi gedacht und darf auch auf keinen Fall angeschlossen werden. Hier liegt eine Spannung an, die vom ESC bereitgestellt wird und die zu hoch für die GPIOs ist. Wir benötigen nur die Masseleitung, die wir an einen der GND-Pins anschließen, und die Signalleitung, die wir an einen GPIO stecken. Da wir ein PWM-Signal verwenden wollen, müssen wir GPIO18 verbinden.

Ist alles angeschlossen und der Motor sicher befestigt, dann kann der folgende Code ausgeführt werden.

```
import time
import RPi.GPIO as GPIO

GPIO.setmode(GPIO.BCM)
GPIO.setup(18, GPIO.OUT)

motor = GPIO.PWM(18, 100)
motor.start(0)
motor.ChangeDutyCycle(10.0)

time.sleep(2)

motor.stop()

GPIO.cleanup()
```

Es kann durchaus sein, dass der Beispielcode nicht mit jeder ESC- und Motorkombination funktioniert. In einem solchen Fall kann die Anleitung des ESC helfen herauszufinden, ob besondere Vorkehrungen oder Werte notwendig sind.

9.3 Schrittmotoren

Abb. 9.5 Schrittmotor in NEMA17 Bauform

Die bisher betrachteten Motorvarianten sind darauf ausgelegt, elektrische Energie in eine rotierende mechanische Bewegung umzuwandeln.

Dabei kann nur schlecht kontrolliert werden, wie schnell und in welchem Winkel die Achse gerade gedreht wird. Dafür ist auch der Aufbau der Motoren nicht geeignet, die Aufteilung der Spulen und Magnete in Stator und Rotor sind nicht fein genug, als dass eine Kontrolle der Rotation in einer ausreichenden Granularität möglich wäre.

Um eine feine, winkelgenaue Rotation zu erreichen, verwenden wir Schrittmotoren, auch Stepper-Motoren genannt. Diese können um genaue Werte rotiert und in definierten Positionen angehalten werden und dort eine gewisse Haltekraft ausüben.

Dies wird erreicht, indem es im Stator eine Reihe von gezahnten Elektromagneten gibt, die einen Rotor umgeben, der an ein Zahnrad erinnert.

Wird einer der Elektromagneten aktiviert, dann zieht er die Zähne des Rotors an. Die Magnete sind so ausgerichtet, dass der jeweils nächste leicht versetzt zu den Zähnen des Rotors steht. Wird dieser nächste Magnet aktiviert und der aktuelle deaktiviert, dann bewegt sich der Rotor um einen definierten Winkel, bis die Zähne wieder zu dem gerade aktiven Magneten ausgerichtet sind. Dieser Winkel entspricht dann genau einem „Schritt" – daher auch der Name Schrittmotor.

Da auch hier eine genaue zeitliche Steuerung der Schaltung der Elektromagnete notwendig ist, wird in der Regel ebenfalls ein sogenannter Treiber verwendet. Dieser Treiber wandelt die Eingangssignale so um, dass der Motor entsprechend dreht.

Wird ein Schrittmotor überlastet, dann kann die Haltekraft der Elektromagnete nicht ausreichen, um die Position der Welle zu halten. Dann werden Schritte übersprungen. In der Regel springt der Rotor dann bis zum nächsten aktiven Elektromagneten im Stator.

Das geht natürlich zu Lasten der Präzision, da dann nicht mehr eindeutig bekannt ist, in welche Position der Motor gerade ist.

Schrittmotoren sind vergleichsweise günstig herzustellen, sodass mit geringem finanziellem Aufwand ein hohes Maß an Präzision erreicht werden kann. Diese Eigenschaft hat zum Beispiel den Durchbruch der 3D-Drucker im Hobbybereich ermöglicht. Neben solchen Druckern können damit zum Beispiel auch kleinerer CNC-Maschinen gebaut werden.

Da die Präzision implizit durch die Betriebsart gegeben ist, kann auch ohne ein Feedbacksystem eine hohe Präzision über einen längeren Zeitraum gehalten werden. Wenn der Startpunkt bekannt ist, können alle weiteren Schritte immer in Relation dazu gesehen werden. Ein solcher Startpunkt kann zum Beispiel bestimmt werden, indem der Motor solange bewegt wird, bis er einen Schalter aktiviert und damit eine bekannte Position erreicht ist.

Trotz der einfachen Bauart sind Schrittmotoren erstaunlich kraftvoll und können diese Kraft auch im Stillstand halten, dies erhöht die Präzision noch einmal deutlich.

Auch bei höherer Rotationsgeschwindigkeit verlieren Schrittmotoren nicht an Präzision.

Ein Beispielaufbau kann ungefähr so aussehen:

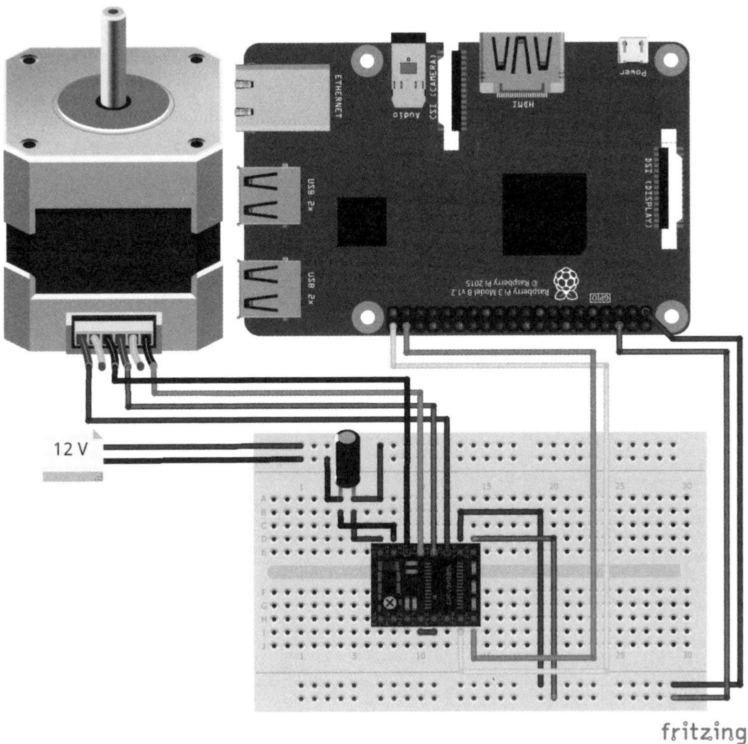

Abb. 9.6 Aufbau zur Ansteuerung eines NEMA17 Stepper-Motors

Die benötigten Bauteile sind der Stepper-Motor selbst – in unserem Beispiel verwenden wir einen NEMA17 Motor – ein Stepper-Treiber, hier eine Variante mit dem Namen A4988, und ein 100-Microfarad-Kondensator, um die Eingangsspannung zu glätten.[2]

[2] Die Kombination der Komponenten sollte immer aufeinander abgestimmt werden. Stepper-Treiber haben jeweils einen definierten Leistungsbereich, dieser sollte zum Motor passen und umgekehrt.

Da der ausgewählte Motor nicht mehr mit der Spannung zu betreiben ist, die der Raspberry Pi zur Verfügung stellt, kommt hier ein zusätzliches 12-Volt-Netzteil zum Einsatz. Auch hier muss man wieder sehr aufpassen, dass diese Spannung niemals an einen der Pins des Raspberry Pi angeschlossen wird, da dieser dadurch kaputt gehen würde.

Der Treiber wird nach dieser Tabelle verdrahtet:

Name	**Treiber Pin**	**GPIO / Pin**
Motor Betriebsspannung	VMOT	12 V +, mit einem 100 Microfarad Kondensator gegen 12 V -
Masse	GND	12 V -
Motoranschluss 1	2B	Zum Motor
Motoranschluss 2	2A	
Motoranschluss 3	1A	
Motoranschluss 4	1B	
Logik Spannung	VDD	3.3 V
Masse	GND	GND
Reset	RST	SLP am Treiber
Sleep	SLP	RST am Treiber
Schritt	STEP	GPIO21
Richtung	DIR	GPIO20

„Reset“ und „Sleep“ des Treibers müssen miteinander verbunden werden. Die Reihenfolge der Motoranschlüsse sollte der Dokumentation des Treibers und des Motors entnommen werden. Beim Einbau des Kondensators auf die richtige Polarität achten!

Wenn alle Teile wie in Abbildung 9.6 zu sehen angeschlossen sind, dann können wir mit dem folgenden Code den Motor betreiben:.

```
from time import sleep
import RPi.GPIO as GPIO

direction = 20
step = 21

```

```
GPIO.setmode(GPIO.BCM)
GPIO.setup(direction, GPIO.OUT)
GPIO.setup(step, GPIO.OUT)
GPIO.output(direction, 1)

step_count = 200
delay = .001

for x in range(step_count):
    GPIO.output(step, GPIO.HIGH)
    sleep(delay)
    GPIO.output(step, GPIO.LOW)
    sleep(delay)

sleep(.5)
GPIO.output(direction, 0)

for x in range(step_count):
    GPIO.output(step, GPIO.HIGH)
    sleep(delay)
    GPIO.output(step, GPIO.LOW)
    sleep(delay)

GPIO.cleanup()
```


Führen wir diesen Code aus, sollte sich der Motor einmal links herum und dann rechts herum drehen. Auch hier kann das Ergebnis je nach eingesetzem Motor variieren. Der verwendete Steppermotor hat 200 Schritte pro Umdrehung, daher wird er sich in jede Richtung einmal komplett drehen.

Wie wir in der Schleife erkennen können, ist jeder Schritt ein Wechsel vom Zustand „High" zum Zustand „Low" an dem GPIO, der mit dem „STEP"-Pin des Treibers verbunden ist. Eigentlich ist das sehr einfach. Über den Zustand des „DIR" wird die Drehrichtung definiert.

Um die Drehbewegung des Stepper-Motors besser sehen zu können, kann ein Klebefähnchen wie in Abbildung 9.7 angebracht werden.

Abb. 9.7 Aufbau zur Ansteuerung eines Stepper-Motors. Von links kommt die 12-Volt-Versorgung.

Bei der Verwendung eines Stepper-Treibers muss darauf geachtet werden, dass dieser nicht unter Last vom Motor getrennt oder verbunden wird, dadurch kann er zerstört werden.

9.4 Servomotoren

Abb. 9.8 Modellbau-Servomotor

Wird ein Feedback über die genaue Position der Motorwelle benötigt, dann kann auch ein Servomotor eingesetzt werden.

Hier wird der Motor kombiniert mit einer Regelelektronik, die das Positionierungssignal auswertet und entsprechend der gemessenen Werte nachreguliert. Gegenüber dem Schrittmotor hat der Servomotor den Vorteil, dass er auch aus einer Fehlstellung heraus wieder in die gewünschte Position zurückgebracht werden kann.

Der Name Servomotor bezeichnet dabei keinen bestimmten Motortyp, sondern nur den genannten Aufbau mit einem Regelkreis. Zusätzlich zum Elektromotor kann auch ein Reduktionsgetriebe verbaut sein, um das erreichbare Drehmoment zu erhöhen.

Aufgrund der Präzision und wegen der Möglichkeit, aus einem Fehlerzustand wieder in die gewünschte Position zu fahren, werden Servomotoren oft zu Steuerung von Maschinen und industriellen Anlagen verwendet. Im Hobbybereich findet der Pi Einsatz, um eine Anzahl von Servomotoren zu steuern, etwa im Bereich der Heim-Automatisierung.

Um einen einfachen kleinen Servomotor anzusteuern, benötigen wir keinerlei zusätzliche Bauteile, wir können ihn direkt an den Raspberry Pi anschließen.

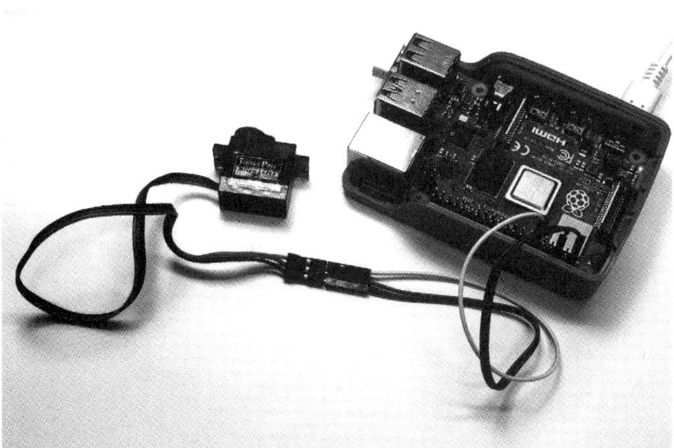

Abb. 9.9 Anschluss eines Modellbau-Servomotor an den Raspberry Pi

Normalerweise hat ein Servomotor zwei Kabel zur Stromversorgung in den Farben Rot und Schwarz. Diese schließen wir an 3.3 Volt und den GND des Raspberry an. Das Signalkabel in Braun, Geld oder Weiß kommt an GPIO18.

Mit dem folgenden Code können wir den Motor hin- und herbewegen.

```
import RPi.GPIO as GPIO
import time

GPIO.setmode(GPIO.BCM)
GPIO.setup(18, GPIO.OUT)

servo = GPIO.PWM(18, 50)
servo.start(7.5)

servo.ChangeDutyCycle(5)
time.sleep(1)
servo.ChangeDutyCycle(10)
time.sleep(1)
servo.ChangeDutyCycle(5)
time.sleep(1)
servo.ChangeDutyCycle(10)
time.sleep(1)
servo.ChangeDutyCycle(5)
time.sleep(1)

GPIO.cleanup()
```

Die verwendeten Werte für die Frequenz des PWM-Signals und die aktive Zeit (Duty-Cycle) können wir dem Datenblatt des Servomotors entnehmen.

Im hier gezeigten Fall hat das gesamte Signal eine Länge von 20 Milisekunden, daraus ergibt sich eine Rate von 50 Hertz. Die Position wird bestimt über die Länge der aktiven Zeit, die in diesem Fall zwischen 1 Milisekunde und 2 Milisekunden für den linken beziehungsweise rechten Anschlag liegen soll. In Prozent umgerechnet ist der erwartete Wertebereich zwischen 5 % und 10 %, die Mittelstellung sollte also bei 7,5 % liegen.

Wird ein Servomotor direkt angeschlossen, sollten wir darauf achten, dass er den Pi nicht beschädigen kann, wenn er zu viel Leistung verlangt. Das kann schnell passieren, wenn der Servomotor blockiert wird, daher sollten keine größeren Servos direkt am Raspberry betrieben werden.

9.5 Solenoide

Abb. 9.10 Solenoid mit 10 mm Arbeitsweg

Bisher haben wir nur Aktoren betrachtet, die elektrische Energie in rotierende mechanische Leistung umwandeln. Dies ist aber nicht die einzige Möglichkeit, die sich uns bietet und wir haben einen anderen Anwendungsfall auch bereits kurz angerissen.

Bei der Betrachtung der Relais als Bauelement haben wir gelernt, dass dort eine Spule, die um einen Kern gewickelt ist, ein Magnetfeld erzeugt, um einen Kontakt zu schließen.

Eine solche Spule wird auch Solenoid genannt. Im normalen Sprachgebrauch hat sich dieser Name aber auch für Bauteile etabliert, die über einen Elektromagneten einen Kern linear bewegen können.

Dies wird häufig zur automatischen Türöffnung eingesetzt oder generell, wenn Elemente sich öffnen und schließen sollen. In Verbindung mit Sensoren, die durch den Raspberry Pi gesteuert werden, gibt es hier einige Einsatzmöglichkeiten.

So können wir beispielsweise mit einem Reed-Sensor einen Türöffner bauen, der auf Magnetfelder reagiert. Da Solenoide in der Regel aber mehr Leistung und auch eine höhere Spannung benötigen, als der Raspberry Pi zur Verfügung stellen kann, benötigen wir hier wieder ein Modul, mit dem wir über den Zustand eines GPIO-Pins eine höhere Last schalten können. Die genauen Werte sollten den jeweiligen Datenblättern entnommen werden. Hierfür könnten wir sowohl mit einem Relais als auch mit einem PWM-Modul arbeiten.

Da wir im Abschnitt zu den Elektromotoren schon mit einem PWM-Modul gearbeitet haben, entscheiden wir uns für diese Variante. Der Aufbau ist also analog zu dem dortigen Beispiel, wir ergänzen es lediglich um einen Reed-Switch, der über einen weiteren GPIO ausgelesen wird. Der fertige Aufbau kann dann etwa so aussehen:

Abb. 9.11 Steuerung eines Solenoides über einen Reed-Switch. Von links kommend die Stromquelle zum Betrieb des Solenoids.

Mit dem folgenden Code kann nun der Solenoid ausgelöst werden, sobald ein Magnet an den Reed-Switch gehalten wird, um diesen zu aktivieren.

```
import RPi.GPIO as GPIO
import time

GPIO.setmode(GPIO.BCM)
GPIO.setup(19, GPIO.IN)
GPIO.setup(26, GPIO.OUT)

def triggerSolenoid(c):
    if GPIO.input(19) == True:
        GPIO.output(26, GPIO.LOW)
    else:
        GPIO.output(26, GPIO.HIGH)

GPIO.add_event_detect(19 , GPIO.BOTH, callback=triggerSolenoid)

while True:
        time.sleep(10)
```

Hier arbeiten wir wieder mit einem Callback. In diesem Fall reagiert dieser aber auf beide Schaltrichtungen eines GPIO-Pins, sowohl wenn dieser von „Low“ zu „High“ wechselt als auch umgekehrt.

Alle Programmcodes aus diesem Buch sind als PDF zum Download verfügbar. Dadurch müssen Sie sie nicht abtippen:
https://bmu-verlag.de/raspberry-pi-kompendium/

Außerdem erhalten Sie die eBook Ausgabe zum Buch im PDF Format kostenlos auf unserer Website:

https://bmu-verlag.de/raspberry-pi-kompendium/
Downloadcode: siehe Kapitel 20

Kapitel 10

Beispiele für erste eigene Projekte

Nachdem wir nun sehr viel über den Raspberry Pi gelesen haben und gelernt haben, wie man ihn einrichtet, wollen wir natürlich auch sehen, was man damit machen kann.

Die Installation eines Betriebssystems sollte für den interessierten Bastler jetzt kein Problem mehr darstellen, ebenso wie die grundlegende Bedienung von Linux, die wir erläutert haben.

Bei der Vorstellung der verschiedenen Bauteile haben wir bereits einige kleinere Aufbaubeispiele eingefügt, um den Leser langsam an den Selbstbau heranzuführen.

Mit dem grundlegenden Verständnis von Soft- und Hardware sowie den frisch erlernten Python-Fähigkeiten sind wir nun bestens vorbereitet, um eigene Projekte umzusetzen.

Damit der Sprung ins kalte Wasser nicht zu abrupt kommt, haben wir auf den folgenden Seiten eine Reihe an kleineren und größeren Projekten zusammengestellt, die mit den neu gewonnenen Kenntnissen umgesetzt werden können.

Dabei haben wir versucht, eine ausgewogene Mischung aus einfachen und komplexeren Beispielen zu finden. Am Ende der Projekte stehen jeweils Anregungen zu möglichen Erweiterungen oder Ergänzungen der Projekte, sodass mit der Fertigstellung der beschriebenen Vorgänge noch lange nicht das Ende der möglichen Basteleien erreicht ist.

Zu Beginn jedes Projekts geben wir eine kurze Übersicht über die notwendigen Bauteile. Hierbei beschränken wir uns aber auf die größeren Komponenten und gehen davon aus, dass grundlegende Dinge wie Kabel, Lötzinn oder andere Kleinteile bereits vorhanden sind.

Alle Programmcodes aus diesem Buch sind als PDF zum Download verfügbar. Dadurch müssen Sie sie nicht abtippen: https://bmu-verlag.de/raspberry-pi-kompendium/

Außerdem erhalten Sie die eBook Ausgabe zum Buch im PDF Format kostenlos auf unserer Website:

https://bmu-verlag.de/raspberry-pi-kompendium/
Downloadcode: siehe Kapitel 20

Kapitel 11

Projekt: Netzwerkspeicher

Teileliste

- Raspberry Pi, am besten Raspberry Pi 4 Modell B
- Zwei Festplatten gleicher Größe
- Zwei USB 3.0 Festplattenadapter

Nicht nur für Hobbyfotografen oder leidenschaftliche Datensammler kommt irgendwann der Punkt, an dem ihnen der Speicherplatz auf dem Computer ausgeht. Möglicherweise möchten sie auch von mehreren Rechnern aus auf die gleichen Daten zugreifen können. In solchen Fällen ist die Einrichtung eines Netzwerkspeichers, eines sogenannten „NAS“ Gerätes sinnvoll.

„NAS“ steht dabei für „Network Attached Storage“ und bezeichnet eine an das Netzwerk angeschlossene Speicherlösung.

Ein solches Projekt können wir mit dem Raspberry Pi selbst realisieren. Der größte Vorteil ist hier vor allem der geringeStromverbrauch. Zwar wäre es denkbar, einen normalen Desktop-Rechner zu verwenden, der müsste für diesen Zweck aber immer angeschaltet bleiben und würde dementsprechend auch immer Strom verbrauchen.

Zwar werden moderne Computerkomponenten immer sparsamer, der Grundverbrauch eines „vollwertigen“ PCs liegt aber dennoch deutlich über dem eines Einplatinencomputers wie dem Raspberry Pi.

Die Nachteile wollen wir allerdings auch nicht verschweigen: Da der Pi durch seine kompakte Größe und den Fokus auf eine kostengünstige Herstellung nicht mit der Leistung eines Desktop-PC oder gar maßgeschneiderter, professioneller Hardware mithalten kann, gibt es Einbußen bei der Übertragungsgeschwindigkeit.

Vor allem die Anbindung an das Netzwerk kann hier einen deutlich spürbaren Flaschenhals erzeugen, denn alle Modelle vor dem Raspberry Pi 3 Modell B+ sind lediglich mit einer 10/100 Mbit/s-Netzwerkschnittstelle ausgerüstet. Das bedeutet, dass bei einer theoretischen Maximalauslastung der 100-Mbit/s-Verbindung nur 12,5 Megabyte Daten pro Sekunde übertragen werden können. Soll nun über diese Verbindung beispielsweise ein Backup eines Rechners mit 200 Gigabyte an Daten erledigt werden, dann dauert der Vorgang mindestens viereinhalb Stunden.

Auf den ersten Blick mag das wie eine unnötige technische Limitierung wirken, denn moderne Festplatten und vor allem Solid State-Laufwerke können schließlich Übertragungsraten im mittleren dreistelligen MB/s-Bereich erreichen, moderne NVMe-Laufwerke sogar bis in den mittleren vierstelligen Bereich. Allerdings sind diese auch über moderne Schnittstellen wie SATA oder PCI Express angebunden. Beide Optionen stehen am Raspberry Pi nicht zur Verfügung. Der Anschluss, der für zusätzliche Festplatten verwendet werden kann, ist hier lediglich USB, und dort liegt dann auch die Erklärung, warum eine schnellere Netzwerkverbindung nur bedingt sinnvoll ist: Die meisten Pi-Modelle – alle Geräte vor dem Raspberry Pi 4 Modell B – haben lediglich USB 2.0-Schnittstellen. Diese haben eine theoretische maximale Übertragungsrate von bis zu 480 Mbit/s, das entspricht bis zu 60 Megabyte pro Sekunde. Die real erreichbaren Datenraten liegen dabei eher im Bereich um 30 Megabyte pro Sekunde und sind zudem abhängig von der Leistungsfähigkeit der CPU.

Für den Aufbau eines Netzwerkspeichers empfiehlt es sich also dringend, einen Raspberry Pi 4 Modell B zu nehmen. Dieser hat nicht nur eine Gigabit-Netzwerkschnittstelle, die theoretisch bis zu 125 Megabyte pro Sekunde übertragen kann, sondern auch USB 3.0-Anschlüsse, die diese Datenmenge auch tatsächlich verarbeiten können.

Da der Raspberry Pi wie bereits erwähnt keine klassischen Festplattenschnittstellen hat, verwenden wir USB-Adapter, um normale Festplatten im 3,5-Zoll-Format anschließen zu können.

Wir arbeiten auch hier wieder mit Raspbian, in diesem Fall können wir allerdings auf die grafische Benutzeroberfläche verzichten. Dazu installieren wir entweder eine der Varianten, die ohne eine Desktopumgebung auskommen, oder aber wir schalten sie nachträglich ab.

Der Befehl dazu ist:

```
systemctl set-default multi-user.target
```

Nach dem nächsten Start landen wir so direkt in einer Kommandozeile und es wird keine grafische Umgebung mehr geladen. Dadurch kann ein wenig Rechenzeit gespart werden.

Wollen wir an irgendeinem Punkt den Desktop wieder als Standardziel im Bootvorgang einstellen, dann können wir das mit diesem Befehl:

```
systemctl set-default graphical.target
```

Nach einem weiteren Neustart werden wir wieder von der gewohnten Desktopumgebung begrüßt.

Als nächstes geben wir unserem System einen Namen, mit dem wir es leicht im Netzwerk identifizieren können. Dazu starten wir das Konfigurationsprogamm:


```
sudo raspi-config
```

Dortstellen wir unter dem Punkt „2 Network Options“ und dem Unterpunkt „N1 Hostname“ einen Namen ein. Bevor wir einen Bezeichner vergeben können, erscheint ein Hinweis, dass Namen nur aus Buchstaben, Zahlen und Bindestrichen zusammengesetzt werden dürfen, nicht mit einem Bindestrich beginnen können und dass Groß- und Kleinschreibung nicht beachtet wird.

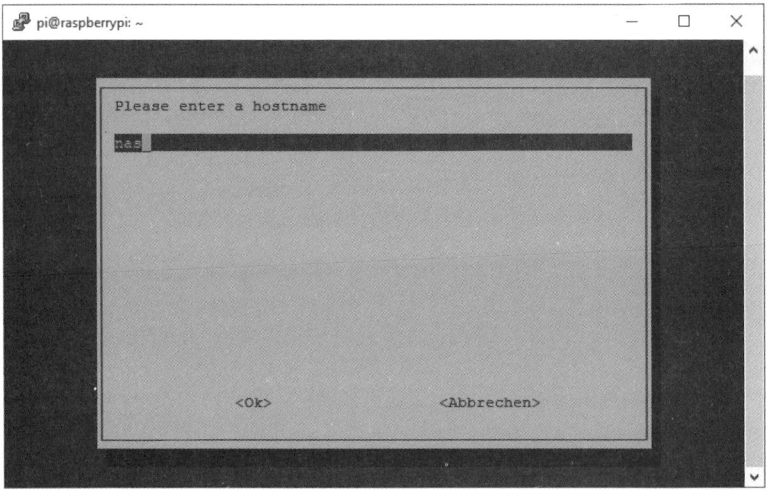

Abb. 11.1 Vergabe eines Namens für das System

Mit Enter bestätigen wir unsere Wahl, wir haben uns hier für den Namen „nas“ entschieden.

Wir bleiben noch kurz im Konfigurationsdialog und aktivieren die SSH-Verbindung, damit wir auch später noch auf den Rechner zugreifen können.

Nun fahren wir den Rechner herunter, damit beim nächsten Start alle Änderungen aktiviert werden und wir die Festplatten anschließen können.

```
sudo shutdown -h now
```

Wenn der Raspberry Pi ausgeschaltet ist, können wir die Festplatten mit den USB-Adaptern anschließen.

Abb. 11.2 SATA Festplatte mit USB Adapter

Dabei sollten wir darauf achten, dass die Festplatten auch tatsächlich mit den USB 3.0-Anschlüssen verbunden werden, diese befinden sich mittig am Raspberry Pi und sind blau gekennzeichnet.

Nach dem Neustart können wir uns nun auf der Konsole oder über eine SSH-Verbindung die angeschlossenen Datenträger anzeigen lassen.

```
1  lsblk
```

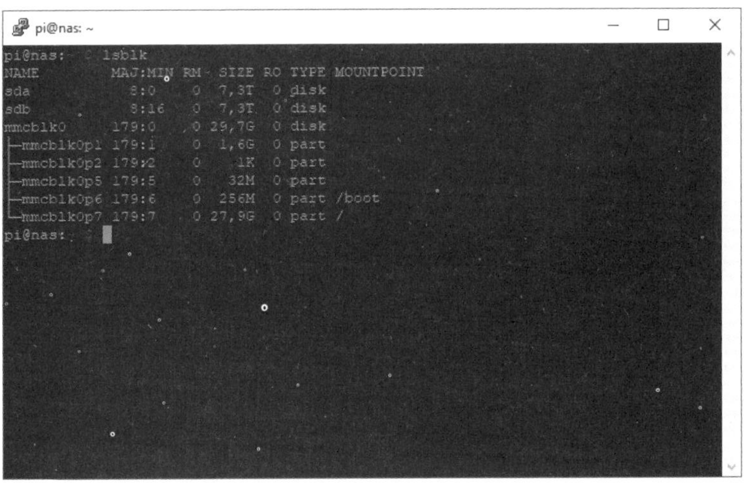

Abb. 11.3 Auflistung der angeschlossenen Datenträger

Die interessanten Einträge sind `sda` und `sdb`, da diese Kürzel für angeschlossene Festplatten sind. Weitere Datenträger wären dann als `sdc`, `sdd` und so weiter.

Da wir neue Festplatten verwenden, müssen wir sie vorbereiten. Dazu verwenden wir das Tool `fdisk`.

```
sudo fdisk /dev/sda
```

Dieser Befehl startet den Vorgang. Die Einrichtung ist dann ziemlich einfach:

- Zuerst geben wir als Befehl „g" ein, damit wird eine neue GPT-Partitionierungstabelle angelegt.
- Mit „n" legen wir eine neue Partition an und bestätigen alle Rückfragen mit Enter, um die voreingestellten Werte zu übernehmen.
- Abschließend schreiben wir mit „w" die Daten auf die Festplatte.

Das gleiche wiederholen wir dann mit der zweiten Festplatte und dem Befehl:

`sudo fdisk /dev/sdb`

Der Vorgang ist für beide Platten identisch und sollte ungefähr so aussehen wie hier abgebildet.

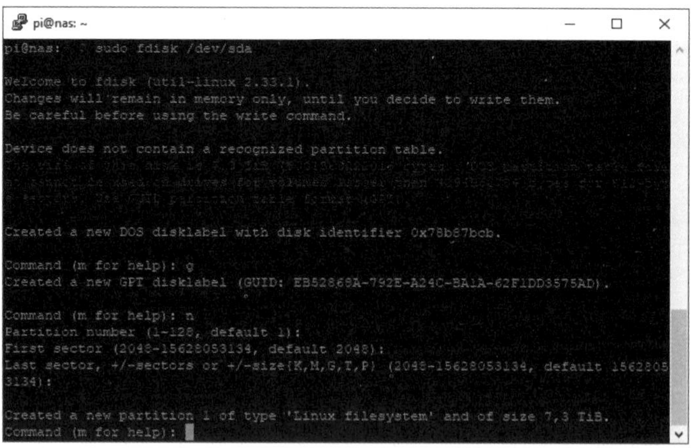

Abb. 11.4 Initialisierung und Einrichtung der Festplatte

Wir haben in unserem Projekt zwei gleiche Festplatten gewählt, da wir im nächsten Schritt einen RAID[1]-Verbund einrichten wollen. Mit diesem Schritt gewinnt man zusätzliche Sicherheit, da die Daten redundant auf mehrere Festplatten gleichzeitig geschrieben werden.

Wir haben uns für ein RAID Level 1 entschieden, was bedeutet, dass alle Daten auf beiden Festplatten vorhanden sind – es entsteht also kein Datenverlust, wenn eine der Platten kaputt geht. Andere RAID Level ermöglichen es, die Daten auf verschiedene Arten auf mehrere Festplatten zu verteilen und zusätzliche Wiederherstellungsinformationen zu speichern. Die Ausfallsicherheit variiert dabei von Level zu Level. Für den Hausgebrauch ist Level 1 vollkommen ausreichend, da die Wahrscheinlichkeit, dass beide Festplatten gleichzeitig kaputt gehen, relativ gering ist.

Wichtig ist dennoch der Hinweis:

Raid ist kein Backup!

Wichtige Daten sollten immer mehrfach gesichert werden. Die parallele Datenhaltung im Raidverbund ist keine sichere Backupmethode.

Um diesen Raidverbund anzulegen, installieren wir das Tool `mdadm`.

```
sudo apt install mdadmi
```

Danach starten wir die Einrichtung mit:

```
sudo mdadm --create --verbose /dev/md0 --level=mirror --raid-
2devices=2 /dev/sda1 /dev/sdb1
```

Es folgt eine kurzen Rückfrage, ob mit der Erzeugung fortgefahren werden soll, die wir mit „Y" bestätigen. Dann läuft die Einrichtung in wenigen Sekunden durch.

[1] RAID steht für „redundant array of independent disks", übersetzt etwa „Redundante Gruppe unabhängiger Festplatten". Es kann entweder durch eine Softwarelösung bereitgestellt werden, so wie im Projekt beschrieben, oder als Hardwarelösung.

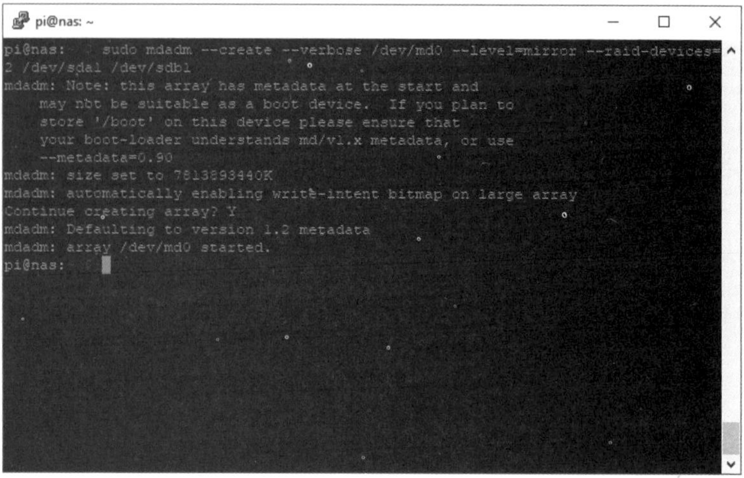

Abb. 11.5 Anlegen des Raidverbund

Der Abbildung 11.5 können wir entnehmen, dass unser Verbund unter der Bezeichnung `/dev/md0` angelegt ist.

Das stellt aber erstmal nur eine theoretische Brücke dar, unter der wir beide Festplatten als ein Gerät ansprechen können. Damit wir dort auch Daten ablegen können, müssen wir nun wieder eine Partition anlegen und diese mit einem Dateisystem ausstatten.

Dazu arbeiten wir diese Schritte ab:

- Anlegen eines Verzeichnisses beziehungsweise „Mount-Point", unter dem der Raidverbund erreichbar sein soll.
  `sudo mkdir -p /mnt/raid1`
- Anlegen eines Dateisystems.
  `sudo mkfs.ext4 /dev/md0`
  Rückfragen bestätigen wir mit "y".
- Einhängen des Dateisystems unter dem oben angelegten Verzeichnis.
  `sudo mount /dev/md0 /mnt/raid1/`

Nun können wir schnell prüfen, ob das auch geklappt hat, indem wir uns den Inhalt des Verzeichnisses anzeigen lassen:

```
ls -l /mnt/raid1
```

Die Ausgabe ist eher unspektakulät:

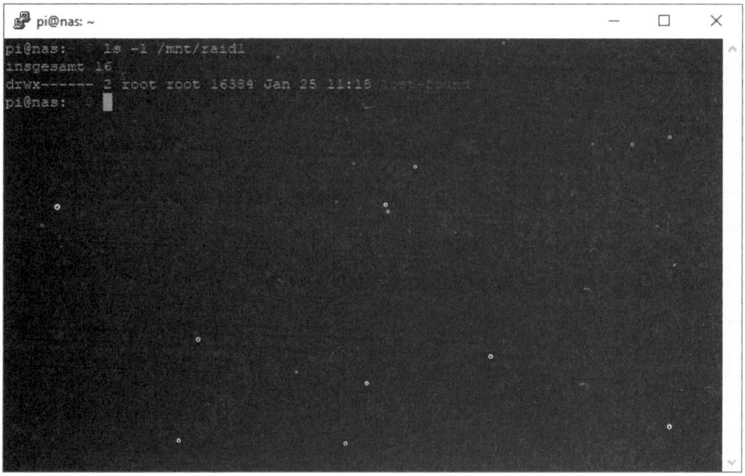

Abb. 11.6 Unser noch leeres Raid-Verzeichnis

Das wir keine Fehlermeldung bekommen, hat alles soweit funktioniert.

Wenn wir den Pi nun neu starten, würde uns sofort auffallen, dass unser neu angelegter Raidverbund nicht mehr da ist. Daher müssen wir noch ein paar Kleinigkeiten erledigen, damit alles beim Booten genau so wieder hergestellt wird, wie wir es angelegt haben.

Zuerst bearbeiten wir die Tabelle der Dateisysteme:

```
sudo nano /etc/fstab
```

Dannfügen wir die folgende Zeile am Ende an:

```
/dev/md0 /mnt/raid1/ ext4 defaults,noatime 0 1
```

Als nächstes müssen wir dafür sorgen, dass auch das Tool zur Verwaltung des Raidverbundes passend konfiguriert ist:

```
sudo mdadm --detail --scan | sudo tee -a /etc/mdadm/mdadm.conf
```

Damit erzeugen wir eine Konfigurationsdatei aus den aktuellen Einstellungen unseres Raidverbundes und schreiben diese direkt in die passende Datei.

Bisher haben wir unsere Einrichtung auf die lokale Bereitstellung der Festplatten konzentriert. Im nächsten Schritt wollen wir diese nun über das Netzwerk zugänglich machen.

Zuerst installieren wir die notwendigen Pakete für die Netzwerkfreigabe:

```
sudo apt install samba samba-common-bin
```

Alle Rückfragen bestätigen wir durch Auswahl der Vorgabe mit Enter.

Nun legen wir ein Verzeichnis an, das wir über das Netzwerk freigeben wollen und setzen die entsprechenden Berechtigungen:

```
sudo mkdir /,mt/raid1/shared
sudo chmod -R 777 /mnt/raid1/shared
```

Damit der Freigabedienst SAMBA dieses Verzeichnis verwalten kann, bearbeiten wir die Konfigurationsdatei `/etc/samba/smb.conf` mit root-Rechten und fügen dies am Ende an:

```
[shared]
path=/mnt/raid1/shared
writeable=Yes
create mask=0777
directory mask=0777
public=no
```

Damit erzeugen wir eine beschreibbare Netzwerkfreigabe, die aber nicht öffentlich zugänglich ist, es werden also Zugangsdaten benötigt.

Damit die Änderungen eingelesen werden, starten wir den SAMBA Dienst neu:

```
sudo systemctl restart smbd
```

Da wir angegeben haben, dass ein Passwort notwendig ist, müssen wir für die Freigabe für jeden Benutzer auch ein SAMBA Passwort vergeben. Für den Benutzer „pi" geht das beispielsweise so:

```
sudo smbpasswd -a pi
```

Damit ist die Einrichtung abgeschlossen und wir sollten unseren neuen Netzwerkspeicher von anderen Rechnern aus erreichen und darauf zugreifen können. Unter Windows geht das entweder im Explorer über die Netzwerkumgebung, oder indem man die Adresse direkt eintippt. In unserem Fall wäre das „\\nas“.

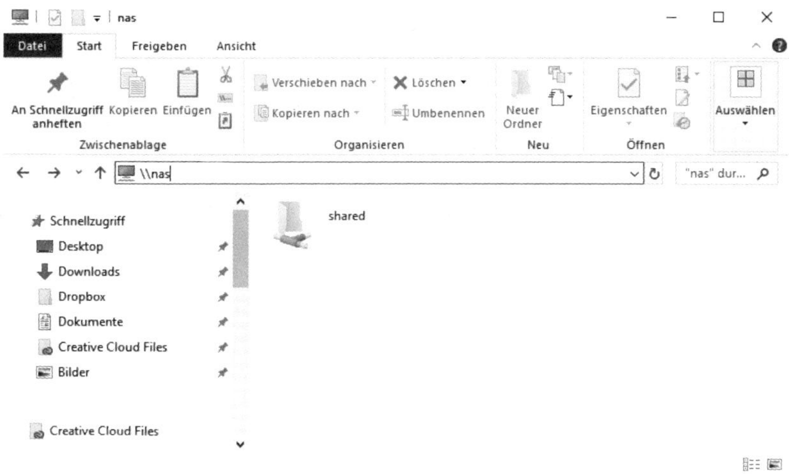

Abb. 11.7 Zugriff auf den Netzwerkspeicher von einem Windows 10 Rechner

Auf manchen Rechnern kann es vorkommen, dass der Zugriff nicht direkt möglich ist oder der Raspberry Pi nicht als Gerät in der Netzwerkumgebung angezeigt wird. Lösungen für die häufigeren Probleme haben wir hier noch kurz zusammengefasst:

Das Gerät „nas“ ist sichtbar, aber bei dem Versuch darauf zuzugreifen, erscheint der Fehler „security policies block unauthenticated guest access“.

1. Windowstaste + R drücken, um das „Ausführen“-Fenster zu öffnen.
2. `gpedit.msc` eingeben und mit Enter starten.
3. Den folgenden Punkten folgen:
   Computer Konfiguration
   Administrative Vorlagen
   Netzwerk
   Name Workstation
   Unsichere Gastmeldung Aktivieren

4. Den letzten Punkt mit einem Rechtklick anklicken und auf Bearbeiten gehen.
5. Dort auf „enabled“ setzen.

Ab jetzt sollte der Zugriff möglich sein.

Das Gerät „nas“ ist in der Netzwerkumgebung nicht sichtbar.

1. Systemsteuerung aufrufen.
2. Den Punkt „Programme“ aufrufen.
3. Den Punkt „Windows-Features aktivieren oder deaktivieren“ aufrufen.
4. Den Eintrag „Unterstützung für die SMB 1.0/CIFS-Dateifreigabe“ ausklappen.
5. Den Unterpunkt „SMB 1.0/CIFS automatisch entfernen“ deaktivieren.
6. Den Unterpunkt „SMB 1.0/CIFS-Client“ aktivieren.
7. Den Rechner neu starten.

Jetzt sollte das Gerät in der Netzwerkumgebung zu sehen und ein Zugriff erlaubt sein.

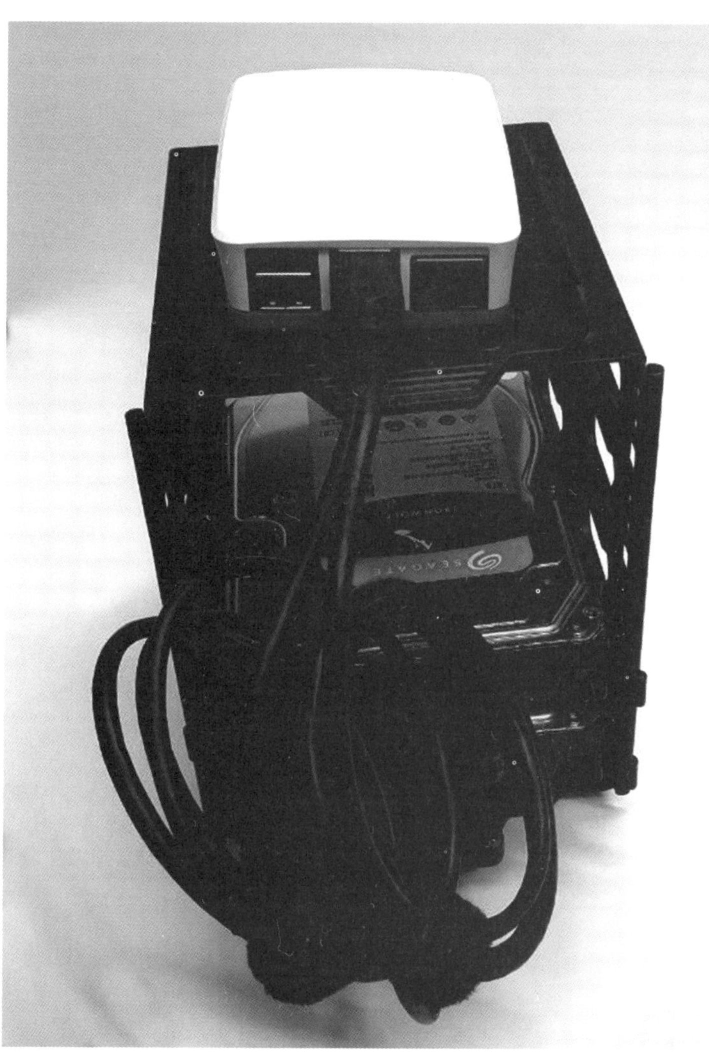

Abb. 11.8 Unser Raspberry Pi Netzwerkspeicher. Eingebaut in einen Festplattenkäfig.

Alle Programmcodes aus diesem Buch sind als PDF zum Download verfügbar. Dadurch müssen Sie sie nicht abtippen:
https://bmu-verlag.de/raspberry-pi-kompendium/

Außerdem erhalten Sie die eBook Ausgabe zum Buch im PDF Format kostenlos auf unserer Website:

https://bmu-verlag.de/raspberry-pi-kompendium/
Downloadcode: siehe Kapitel 20

Kapitel 12

Projekt: Media-Center

Teileliste

- Raspberry Pi
- Infrarotempfänger Typ 1838B
- Widerstände: 10 Kiloohm, 47 Ohm

Ein sehr häufiger Einsatz für den Raspberry Pi ist der Dienst als Mediencenter. Der Pi ist ein sehr kleines Gerät mit der Möglichkeit, Full-HD-Videosignale auszugeben. Damit ist er hervorragend geeignet, einen Fernseher oder Monitor um „Smart"-Funktionen zu erweitern und zum Beispiel Musik oder Videos von einem Medienserver oder Netzwerkspeicher wiederzugeben.

Es gibt auch einige Betriebssysteme, die exakt auf diesen Einsatzzweck zugeschnitten sind. Darauf haben wir in der Übersicht der Betriebssysteme bereits hingewiesen. Wir möchten für dieses kleine Projekt „LibreELEC" verwenden.

LibreELEC kann über den Noobs Installer heruntergeladen werden, außerdem kann ein Installationstool auch direkt vom Hersteller herunterladen[1]. Wir wählen dort die Variante für Windows.

[1] https://bmu-verlag.de/rk22

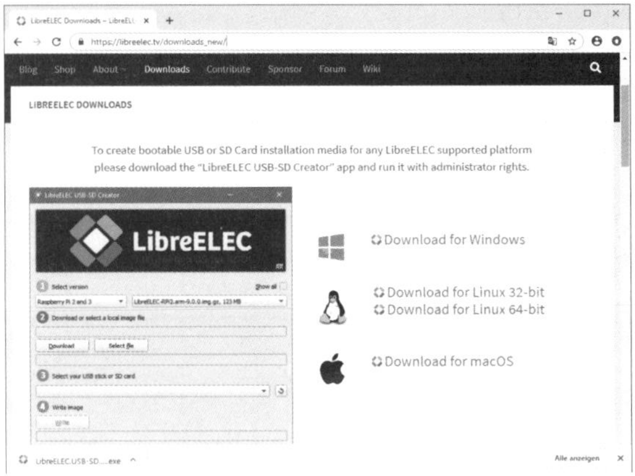

Abb. 12.1 Downloadseite für LibreELEC

Mit der Datei, die dort heruntergeladen wird, können wir nun eine SD-Karte vorbereiten.

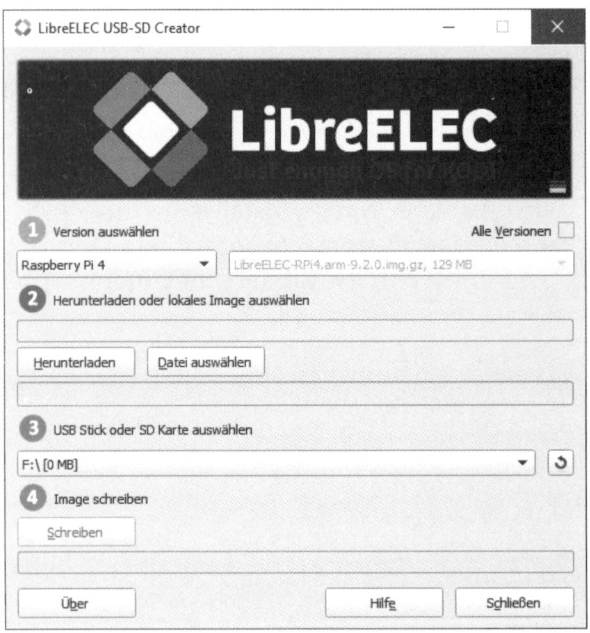

Abb. 12.2 Das Vorbereitungstool für LibreELEC

Auf der Download-Seite wählen wir zuerst das Modell des Raspberry Pi aus, das wir verwenden wollen und lassen die Versionsauswahl auf dem voreingestellten Wert.

Klicken wir nun auf „Herunterladen“, öffnet sich ein Fenster, in dem wir den Zielort für die Image-Datei angeben. An dem ausgesuchten Ort muss lediglich genügend Speicherplatz vorhanden sein. Nach dem Download ist der richtige Pfad dann schon eingetragen.

Bevor wir auf „Schreiben“ drücken, müssen wir dringend prüfen, ob die Auswahl für die SD-Karte korrekt ist. Ist hier das falsche Laufwerk angewählt, werden alle Daten gelöscht, die dort vorhanden sind. Hier lohnt sich also mehr als ein Blick zur Sicherheit.

Ist alles eingestellt, können wir mit dem Knopf „Schreiben“ den Vorgang beginnen. Die folgende Sicherheitsabfrage beantworten wir mit „Ja“, da wir alle Einstellungen vorher geprüft haben.

Wenn der Schreibvorgang abgeschlossen ist, können wir das Werkzeug über den Knopf „Schließen“ beenden. Die SD-Karte kann jetzt in den Raspberry Pi eingesetzt werden.

Der Installationsassistent startet automatisch und wir können den kurzen Einrichtungsvorgang durchlaufen. 12

Um die Einrichtung zu vereinfachen, stellen wir zuerst die Sprache passend ein.

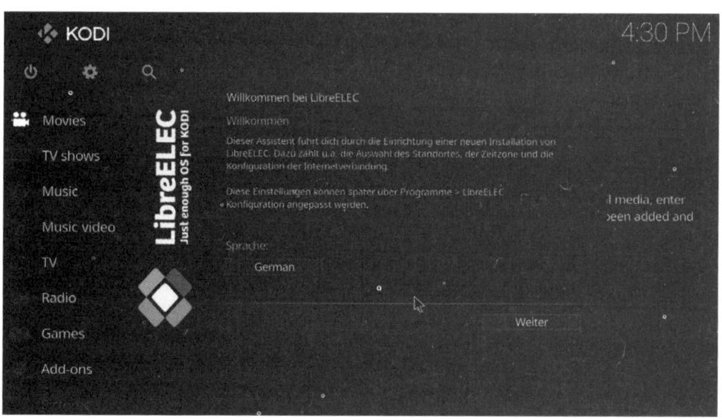

Abb. 12.3 Begrüßungsbildschirm mit Sprachauswahl

Im nächsten Schritt vergeben wir einen Gerätenamen, unter dem der Pi künftig im Netzwerk sichtbar sein soll.

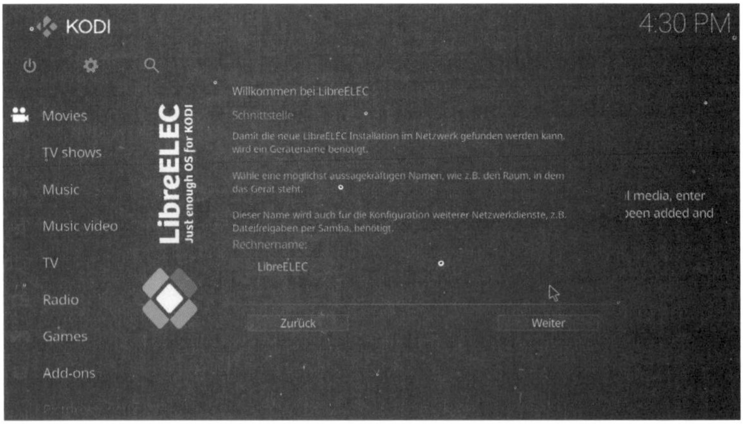

Abb. 12.4 Auswahl des Gerätenamens

Sollte das gewählte Raspberry Pi-Modell über kabelloses Netzwerk verfügen, kann in diesem Schritt die Verbindung eingerichtet werden. Kabelgebundene Netzwerkverbindungen werden automatisch eingerichtet.

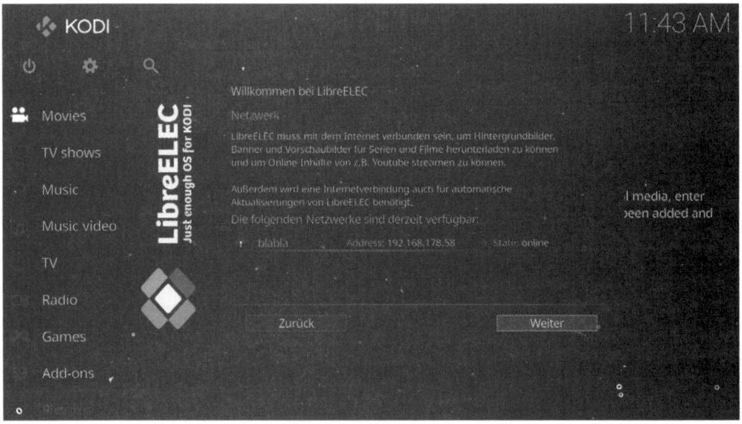

Abb. 12.5 Verbindungsdialog für kabellose Netzwerke

Im nächsten Schritt können wir den Fernzugriff über SSH ermöglichen. Wenn wir nur das Mediencenter einrichten wollen, können wir die Option für SSH deaktiviert lassen. Da wir im Anschluss aber auch die Bedienung mit einer Fernbedienung einrichten wollen, aktivieren wir die Option.

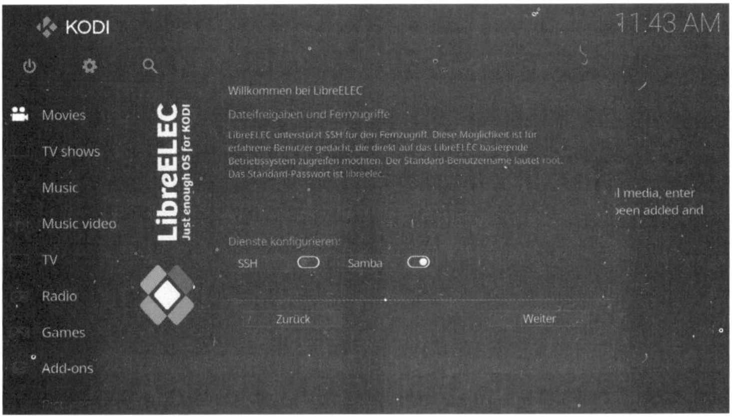

Abb. 12.6 Aktivierung zusätzlicher Dienste

Da auch hier nach der Installation zunächst nur ein Standardpasswort gesetzt ist, bekommen wir einen Hinweis, dass wir aus Sicherheitsgründen das Passwort ändern sollten. Das sollten wir nun tun.

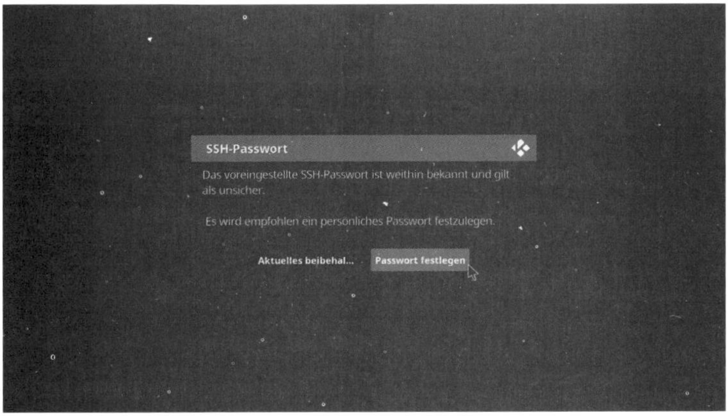

Abb. 12.7 Hinweis auf ein nicht sicheres SSH-Passwort

Damit ist die Installation abgeschlossen und wir können unser Media-center benutzen.

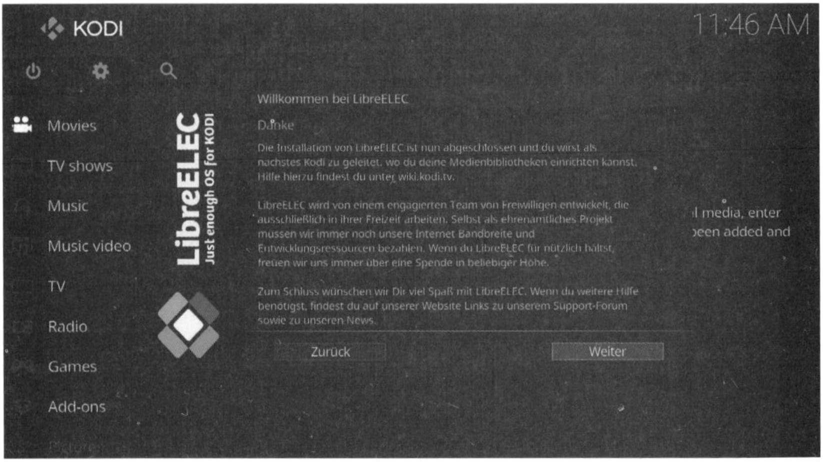

Abb. 12.8 Der Abschluss der Installation mit einem Hinweis auf die Dokumentation zur Einrichtung unter https://bmu-verlag.de/rk23

Es gibt nun vielfältige Möglichkeiten, wie wir über das Gerät Medien konsumieren können. Wir zeigen nun noch, wie man zum Beispiel einen Medienserver hinzufügen kann, um von dort Musik abzuspielen.

Dafür wählen wir zuerst den Punkt „Music“ aus dem Menü.

Dann gehen wir auf „Files“ und wählen den Punkt „Add Music“ aus. Hier können wir nun über Browse verschiedene Netzwerkquellen auswählen.

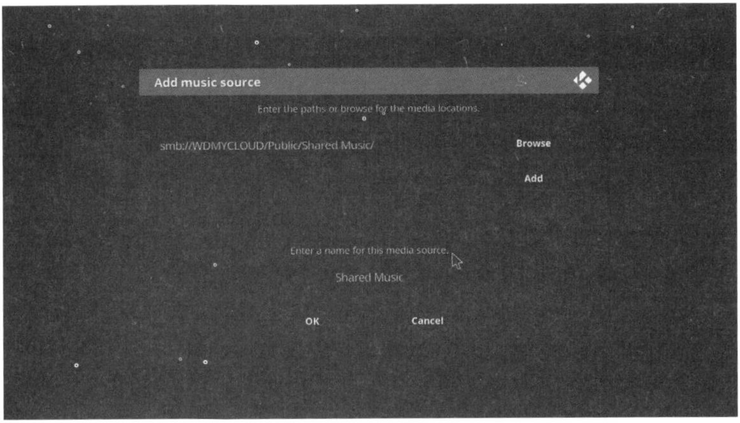

Abb. 12.9 Hinzufügen einer Netzwerkquelle in LibreELEC

Haben wir eine Quelle angegeben, wird nachgefragt, ob die Medien in die Bibliothek aufgenommen werden sollen. Das bestätigen wir mit „Ja". Danach können wir die Musik aufrufen. Sie ist nach verschiedenen Kriterien sortiert.

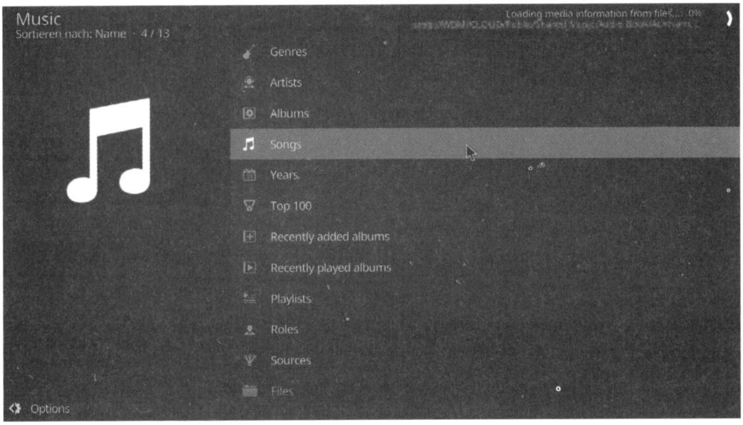

Abb. 12.10 Musikauswahl in LibreELEC

Bisher haben wir das Mediacenter ausschließlich mit Maus und Tastatur bedient. Es gibt aber noch zwei weitere Varianten..

Die erste Methode ist die Nutzung einer Smartphone App. Als Beispiel verwenden wir die offizielle App der Entwickler mit dem Namen „Kore“, die aus dem Google Playstore für Android heruntergeladen werden kann. (Für Apple-Geräte gibt es alternative Softwarepakete, wie zum Beispiel die „Official Kodi Remote“ im App Store.)

Wenn „Kore“ zum ersten Mal gestartet wird, sucht es automatisch kompatible Mediacenter-Geräte im Netzwerk. Man kann dann aus einer Liste wählen, mit welchem man sich verbinden möchte.

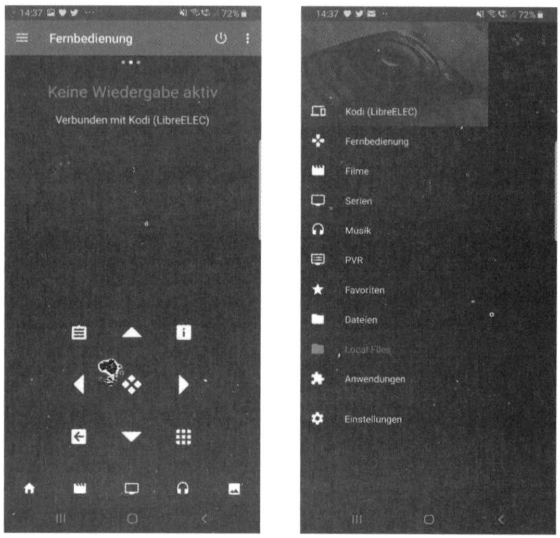

Abb. 12.11 Oberfläche von „Kore“

Wenn die Verbindung steht, kann das Mediacenter bequem vom Handy aus bedient werden.

Eine weitere Möglichkeit ist, eine vorhandene Fernbedienung als Eingabegerät zu verwenden. Hierfür benutzen wir einen kleinen Infrarotempfänger, den wir direkt an die GPIO-Pins des Raspberry Pi anschließen können.

Abb. 12.12 Infrarotempfänger vom Typ 1838B

Der Anschluss an den Raspberry Pi ist dabei sehr einfach und kann der Zeichnung in Abbildung 242 entnommen werden.

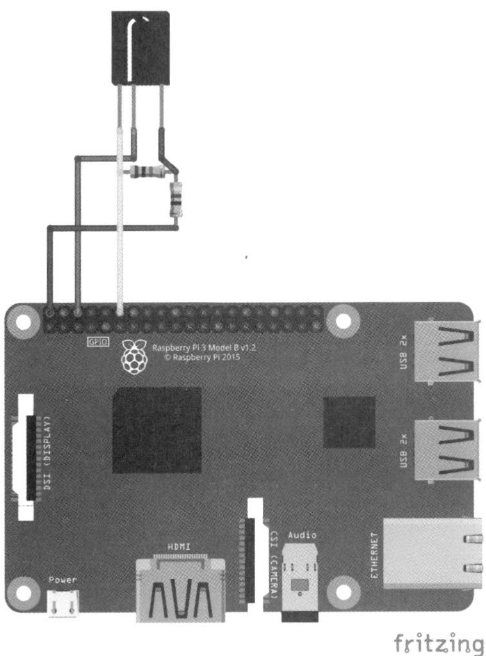

Abb. 12.13 Anschluss des 1838B Infrarotempfänger. Der Anschluss erfolgt an GPIO18, 5 Volt und Masse.

Hierbei ist die richtige Pinbelegung vorher zu prüfen. Aus der Frontansicht – dort wo das Metall-X beziehungsweise die gewölbte Linse zu sehen ist –ist die Belegung von links nach rechts in der Regel wie folgt: Signal, Masse, Spannung. Ist das korrekt, dann werden Signal- und Spannungsleitung über einen 10-Kiloohm-Widerstand verbunden und die Spannungsleitung von dort mit einem 47-Ohm-Widerstand an 5 Volt verbunden.

Als nächstes verbinden wir uns über SSH mit dem Raspberry Pi. Der Benutzer ist hier nicht „pi", sondern „root". Zuerst müssen wir den Schreibschutz aufheben, sodass wir Dateien bearbeiten können. Das machen wir mit dem Befehl:

```
mount -o remount,rw /flash
```

Dann bearbeiten wir die Datei `/flash/config.txt`. Dort fügen wir die folgende Zeile am Ende ein:

```
dtoverlay=gpio-ir
```

Wenn nicht wie abgebildet der GPIO18 verwendet wird, muss der Pin zusätzlich angegeben werden:

```
dtoverlay=gpio-ir,gpio_pin=5
```

Hier wird beispielsweise der GPIO5 verwendet.

Ist der Eintrag gespeichert, kann der Raspberry Pi neu gestartet werden.

Nach dem nächsten Bootvorgang wird mit einem kleinen Popup angezeigt, dass der Infrarotempfänger jetzt eingerichtet ist.

Um zu testen, ob er auch wirklich funktioniert, verbinden wir uns erneut über SSH und geben den folgenden Befehl ein:

```
ir-ctl -r
```

Drücken wir nun auf einer Fernbedienung ein paar Tasten, sollten wir verschiedene Kombinationen von `pulse`, `space` und `timeout`-Ausgaben bekommen.

Abb. 12.14 Ausgabe der Infrarotbefehle die durch die Fernebedienung gesendet werden

Als nächstes müssen wir dem System mitteilen, auf welche Art und Weise die Daten von der Fernbedienung zu interpretieren sind. Dazu werden sogenannte „Keymaps“ verwendet. Diese weisen einem Infrarotsignal einen Befehl zu, der dann vom Mediencenter interpretiert wird.

Es gibt eine ganze Reihe an vorgefertigten Zuweisungstabellen, die im Ordner `/usr/lib/udev/rc_keymaps` liegen.

Hier können wir nach der passenden Datei für die ausgesuchte Fernbedienung suchen. Diese Datei markieren wir für die dauerhafte Verwendung, indem wir sie in die Datei `/storage/.config/rc_maps.cfg` eintragen. Wenn diese Datei noch nicht existiert, können wir sie einfach anlegen. Haben wir beispielsweise eine Fernbedienung der Marke Samsung, sollte die Datei den folgenden Inhalt haben:

```
* * samsung
```

Danach muss die Datei noch eingelesen werden. Das machen wir mit diesem Befehl:

```
ir-keytable -a /storage/.config/rc_maps.cfg
```

Nun können wir das System nach dem nächsten Neustart mit der Fernbedienung steuern.

Sollten während dieser Prozedur Fehler auftreten oder es keine passende Keymap geben, empfehlen wir den offiziellen Leitfaden zur Einrichtung eigener Ferbedienungen zu Rate zu ziehen[2]. Eine detaillierte Ausführung der möglichen Lösungswege würde den Rahmen dieser Projektbeschreibung leider deutlich sprengen.

[2] https://bmu-verlag.de/rk24

Alle Programmcodes aus diesem Buch sind als PDF zum Download verfügbar. Dadurch müssen Sie sie nicht abtippen:
https://bmu-verlag.de/raspberry-pi-kompendium/

Außerdem erhalten Sie die eBook Ausgabe zum Buch im PDF Format kostenlos auf unserer Website:

https://bmu-verlag.de/raspberry-pi-kompendium/
Downloadcode: siehe Kapitel 20

Kapitel 13

Projekt: MP3-Player mit Audio HAT

Teileliste

- Raspberry Pi Zero W oder WH, wer selbst löten möchte, kann die Version W ohne Pinheader nehmen.
- Raspiaudio Audio+ Audio HAT
- Vier Buttons
- Vier Pull-Down-Widerstände mit 10 Kiloohm
- 2,5-mm-Abstandshalter und Schrauben für den Zusammenbau

Ein weiteres Projekt, das sich leicht mit dem Raspberry Pi umsetzen lässt, ist ein portabler MP3-Player. Allerdings gibt es hier ein kleines Problem: Die „großen" Pis haben zwar einen 3,5-mm-Klinkenausgang, sind aber vergleichsweise groß und sperrig. Das gilt zumindest im direkten Vergleich mit dem Raspberry Pi Zero.

Die kleinen Zero-Modelle haben aber leider keinen dedizierten Audio Ausgang. Man kann sich einen solchen Ausgang mit einigen Elektronikbauteilen selbst bauen, dazu findet man eine Reihe von Anleitungen. Einfacher geht es allerdings, wenn wir stattdessen einen entsprechenden HAT verwenden.

Abb. 13.1 Raspiaudio HAT

Wir haben uns für den HAT von „Raspiaudio" entschieden, da dieser besonders einfach in der Installation und Handhabung ist. Er wird einfach auf den Pi Zero aufgesteckt und mit wenigen Befehlen eingerichtet.

Voraussetzung dafür ist allerdings, dass der Raspberry auch über eine Pin-Header-Leiste verfügt. Bei dem Modell „Raspberry Pi Zero WH" ist dieser Verbinder bereits installiert, ansonsten kann die Leiste auch selbst aufgelötet werden.

Abb. 13.2 Raspberry Pi Zero mit 40-Pin Header

Für das System verwenden wir ein Raspbian Lite, um möglichst wenig Ballast zu haben.

Nach der Installation des Betriebssystems booten wir nun, bis eine Eingabeaufforderung erscheint. Um den Audio HAT einzurichten, gibt es zwei Möglichkeiten. Vorraussetzung ist natürlich, dass er aufgesteckt ist.

Wenn der Pi selbst eine Verbindung zum Internet hat, muss lediglich die folgende Zeile ausgezuführt werden:

```
sudo wget -O - script.raspiaudio.com | bash
```

Ansonsten kann die notwendige Scriptdatei auch auf einem anderen Rechner von der Webseite[1] heruntergeladen und dann auf anderem Wege an den Pi übertragen werden, zum Beispiel über einen USB-Stick mit Micro-USB Anschluss.

Die Rückfragen des Scripts sollten beide mit „Y" beantwortet werden, danach wird der Raspberry Pi einmal neu gestartet.

Nach dem Neustart kann die Audio-Ausgabe getestet werden. Dazu gibt man den folgenden Befehl ein:

```
Sudo speaker -test -l5 -c -t wav
```

Nun sollte über den Ausgang des Audio HAT mit einem Kopfhörer oder mit Lautsprechern ein Testton zu hören sein, der jeweils den Audioausgang ansagt.

Damit wir die Audioausgabe auch ohne einen Bildschirm bedienen können, fügen wir unserem kompakten MP3-Player noch vier Buttons hinzu.

[1] https://bmu-verlag.de/rk25, dort ist das Scirpt unter den Installationsanweisungen verlinkt.

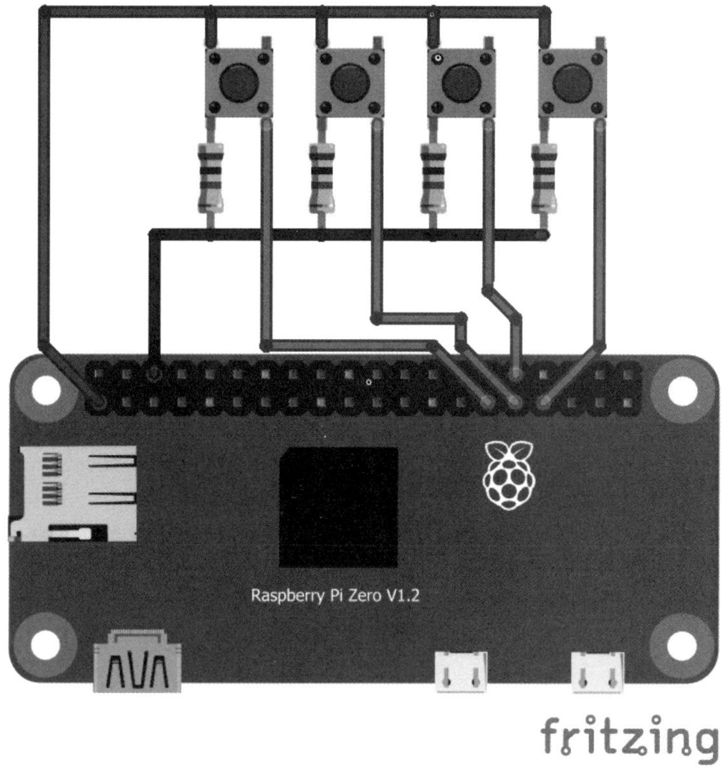

Abb. 13.3 Anschlussschema für die Buttons

Allerdings steckt ja nun der HAT auf dem Raspberry Pi und damit sind alle Pins abdeckt. Glücklicherweise haben die Hersteller mitgedacht: Alle Pins, die für den HAT nicht benötigt werden, können über separate Lötstellen verbunden werden. Wir verwenden GPIO5, GPIO6, GPIO12 und GPIO13.

Abb. 13.4 Nicht durch den Audio HAT genutzte Pins sind durch separate Lötverbindungen erreichbar

Damit wir nun Musik hören können, fehlt nur noch ein wenig Programmcode.

```
import os
import glob
import subprocess
from time import sleep
import RPi.GPIO as GPIO
import pygame

# A
os.chdir('/home/pi/Music')

GPIO.setmode(GPIO.BCM)
# B
GPIO.setup(5, GPIO.IN)    # PREVIOUS
GPIO.setup(6, GPIO.IN)    # PLAY/PAUSE/ENTER
GPIO.setup(12, GPIO.IN)   # NEXT
GPIO.setup(13, GPIO.IN)   # STOP

# C
pygame.mixer.init()
pygame.mixer.music.set_volume(1.0)

# D
```

```
files = glob.glob('*.mp3')
if len(files) <= 0 :
  print("NO MUSIC FILES FOUND")
  exit()
files.sort()

fileCount = len(files)
currentIdx = 0

# E
prevDown = False
playDown = False
nextDown = False
stopDown = False

# F
paused = False

def play():
  # G
  global files
  global currentIdx
  global paused
  pygame.mixer.music.load(files[currentIdx])
  pygame.mixer.music.play()
  paused = False

def pause():
  global paused
  if(paused):
    pygame.mixer.music.unpause()
    paused = False
  else:
    pygame.mixer.music.pause()
    paused = True

def prevTrack():
  global currentIdx
  global fileCount
  if(pygame.mixer.music.get_busy() == True):
    pygame.mixer.music.stop()
  # H
  currentIdx = (currentIdx - 1 + fileCount) % fileCount
  play()

def nextTrack():
  global currentIdx
  global fileCount
```

```
  if(pygame.mixer.music.get_busy() == True):
    pygame.mixer.music.stop()
  currentIdx = (currentIdx + 1) % fileCount
  play()

if(fileCount > 0):
    play()

while True:
  if(GPIO.input(5) == 1):
    # I
    if(not prevDown):
      prevDown = True
      prevTrack()
  else:
    prevDown = False

  if(GPIO.input(6) == 1):
    if(not playDown):
      playDown = True
      if(pygame.mixer.music.get_busy() == True):
        pause()
      else:
        play()
  else:
      playDown = False

  if(GPIO.input(12) == 1):
    if(not nextDown):
      nextDown = True
      nextTrack()
  else:
    nextDown = False

  if(GPIO.input(13) == 1):
    if(not stopDown):
      stopDown = True
      if(pygame.mixer.music.get_busy() == True):
        pygame.mixer.music.stop()
  else:
    stopDown = False

  # J
  if(not pygame.mixer.music.get_busy()):
    nextTrack()

  # K
  sleep(1/60)
```

Erklärungen zu den Buchstaben in den Kommentaren:

A: Hier definieren wir ein Verzeichnis, in dem die MP3-Dateien liegen. Dieses Verzeichnis ist als absoluter Pfad angegeben, dadurch ist es egal, von wo das Script gestartet wird.

B: Die GPIO-Pins für die Buttons. Wir haben diese so gewählt, dass sie nicht mit den durch den Audio HAT genutzten Pins kollidieren.

C: Wir verwenden den `mixer` aus der `pygame`-Bibliothek, da sich damit sehr einfach Audiodateien abspielen lassen.

D: Hier wird bestimmt was passiert, wenn keine Dateien gefunden werden. In einem solchen Fall bricht das Script hier ab.

E: Hier wird gespeichert, ob ein Button gedrückt ist. Ein Button wird ja in der Regel etwas länger gedrückt. Durch diesen Befehl wird verhindert, dass der Befehl „Button gedrückt" in dieser Zeit immer wieder ausgeführt wird. Erst wenn der Button wieder losgelassen wurde, ist ein erneuter Befehl möglich.

F: Da es Auswirkungen auf alle Programmteile hat, müssen wir global speichern, ob gerade ein Musikstück pausiert wurde.

G: Aufgrund der Zugriffsrechte auf Variablen muss hier angegeben werden, dass es sich um globale Variablen handelt, diese also nicht innerhalb der Funktion deklariert wurden.

H: Bei der Berechnung der Position in der Trackliste wird mit Modulo gearbeitet, dadurch wird automatisch verhindert, dass eine Position aufgerufen wird, die außerhalb der verfügbaren Positionen liegt.

I: Hier wird die Mechanik zur Vermeidung von Befehlswiederholungen eingebaut.

J: Wenn kein Track mehr gespielt wird, wird automatisch der nächste aufgerufen, das passiert zum Beispiel am Ende der Liste.

K: Die Abfrage nach Eingaben und deren Verarbeitung wird 60 Mal pro Sekunde ausgeführt. Dies hat auf die Ausgabe der Musik keinen Einfluss, da dies in einem separaten Thread passiert.

Damit wir den MP3-Player ohne Bildschirm und SSH-Zugriff verwenden können, müssen wir dem System noch mitteilen, dass unser Script automatisch bei jedem Start geladen werden soll.

Das machen wir am einfachsten, indem wir die Datei `/etc/rc.local` mit root-Rechten bearbeiten und vor dem Eintrag `exit 0` die folgende Zeile einfügen:

```
python /home/pi/mp3player.py
```

Hier tragen wir natürlich den von uns vergebenen Dateinamen ein. Nach einem Neustart startet nun auch jedesmal unser Musik-Script.

Abb. 13.5 Der „fertige“ MP3 Player. Ein passendes Gehäuse sollte noch gefunden werden.

An dieser Stelle ist das Projekt bereits sehr funktional. Denkbar sind aber noch ein paar Erweiterungen: Es wäre beispielsweise sehr schön, auch sehen zu können, welcher Track gerade gespielt wird. Gut wäre auch die Option, in der Ordnerstruktur navigieren zu können. Diese zusätzlichen Funktionalitäten sollten aber für den Leser jetzt keine Hürde mehr darstellen und können in Eigenregie erarbeitet werden.

Alle Programmcodes aus diesem Buch sind als PDF zum Download verfügbar. Dadurch müssen Sie sie nicht abtippen:
https://bmu-verlag.de/raspberry-pi-kompendium/

Außerdem erhalten Sie die eBook Ausgabe zum Buch im PDF Format kostenlos auf unserer Website:

https://bmu-verlag.de/raspberry-pi-kompendium/
Downloadcode: siehe Kapitel 20

Kapitel 14
Projekt: Roboter

Teileliste

- Raspberry Pi
- Zwei Gleichstrommotoren mit Getriebe
- Zwei Räder
- Ein kleines Schlepprad
- Motortreiber für zwei Motoren
- Zwei Liniensensoren
- Stromversorgungsmodul mit passenden Akkus

Die Überschrift mag zuerst etwas abschreckend wirken, denn unter dem Wort Roboter verstehen wir in der Regel große und komplexe Maschinen. Entweder haben wir Industrieroboter im Kopf, die mit großer Präzision selbst schwerste Arbeiten unermüdlich ausführen, oder aber wir denken an die ersten humanoiden Exemplare.

Der Ursprung des Wortes „Roboter" wird im tschechischen Wort „robota" gesehen, was mit „Zwangsarbeit" oder „Frondienst" übersetzt wird. Über Umwege wurde daraus die Bezeichnung für Maschinen, die dem Menschen anstrengende und wiederkehrende Arbeiten abnehmen sollen. Heute ist der Begriff etwas weiter gefasst und schließt immer komplexere Geräte ein, deren Leistungsvermögen deutlich über dem Ausführen niederer Hilfsdienste liegt.

Dafür reicht ein Blick auf den sogenannten „Robocup", einen jährlichen Wettkampf für Teams, die Roboter entwickeln und sich dort in unterschiedlichen Disziplinen messen können.

Dabei gibt es zum einen spielerische Turniere wie zum Beispiel den Roboterfußball. Auch hier kann man erahnen, wie komplex Aufbau und Programmierung der teilnehmenden Maschinen sein müssen. Darüber hinaus gibt es andere Disziplinen wie beispielsweise „Rescue". Hier werden Roboter für die Unterstützung in Krisensituationen konstruiert, die zum Beispiel Trümmerfelder absuchen können oder in anderen Gebieten eingesetzt werden, die für Menschen zu gefährlich sind.

Bei der „@Home"-Meisterschaft geht es darum, Roboter als Unterstützung für alte, kranke oder schwache Menschen zu entwickeln, die dann im Alltag eingesetzt werden können.

Die Roboter aus diesen Beispielen sind zweifelsohne hochkomplexe Maschinen, die von großen Teams in jahrelanger Arbeit aufgebaut werden. Man darf dabei aber nicht vergessen, dass alle diese Projekte an irgendeinem Punkt „klein" angefangen haben. Das ist in der Regel ein Roboter, der aus nicht mehr besteht als einem Antrieb – beziehungsweise einer Form der Fortbewegung – und verschiedenen Sensoren. Auch die hochtechnischen humanoiden Roboter sind im Grunde nicht viel mehr als das – hin und wieder kommt lediglich noch eine Reihe an Aktoren zur Manipulation der Umwelt hinzu.

Was Roboter tatsächlich ausmacht, ist die „Intelligenz", die aus den Bewegungsmöglichkeiten und den Sensordaten ein Verhalten erzeugt, mit dem der Roboter Aufgaben erfüllen kann.

Ein Roboter besteht also aus drei Kernkomponenten:

- Die Möglichkeit zur Fortbewegung
- Sensoren zur „Wahrnehmung" der Umgebung
- Eine Möglichkeit, die erfassten Daten zu verarbeiten und daraus ein „Verhalten" abzuleiten

Widmen wir uns zuerst der Fortbewegung. Es ist leider außerhalb des Rahmens dieser Projektbeispiele, einen laufenden oder fliegenden Roboter zu bauen, daher müssen wir uns mit einer simpleren Fortbewegungsmethode begnügen. Wir bauen also einen fahrenden Roboter.

Da Räder deutlich einfach umzusetzen sind als beispielsweise ein Kettenantrieb, ist das unsere erste Wahl.

Wir benötigen also Räder und einen Antrieb. Die Verwendung eines Elektromotors liegt auf der Hand. Da sowohl bürstenlose als auch Schrittmotoren weitere Bauteile erforderlich machen würden, möchten wir hier eine simplere Möglichkeit finden. Normale Gleichstrommotoren sind günstig, einfach zu bekommen und ebenso einfach anzusteuern.

Abb. 14.1 Eine Antriebseinheit mit einem Gleichstrommotor. Vorne ist das geöffnete Getriebe zu sehen.

Diese Motoren sind nicht gut darin, langsam und kontrolliert zu laufen. Wir müssen deswegen auf ein Getriebe zurückgreifen, das die Drehzahl des Motors reduziert und dann erst auf die Räder überträgt. Solche Kombinationen aus Motor und Getriebe gibt es bereits fertig im Handel. In Abbildung 14.1 ist auch die geöffnete Getriebeschale mit den Zahnrädern zu sehen. Damit haben wir eine Möglichkeit, Räder gezielt und kontrolliert vorwärts und rückwärts zu drehen.

Der Richtungswechsel ist nicht ganz einfach. Eine Lenkung, wie man sie aus dem Automobilbereich kennt, ist sehr komplex im Aufbau und würde deutlich mehr Bauteile erfordern.

Wir wählen eine einfache Lösung, die auch Kettenfahrzeugen verwenden: Eine Seite des Fahrwerks dreht die Räder entgegengesetzt zur anderen Seite. Dadurch dreht sich das komplette Gefährt. Da dies mit einem vierrädrigen Chassis eher holprig wirkt, verwenden wir nur zwei Räder an der „Hinterachse“ und nutzen „vorne“ nur ein einzelnes, freidrehendes Rad.

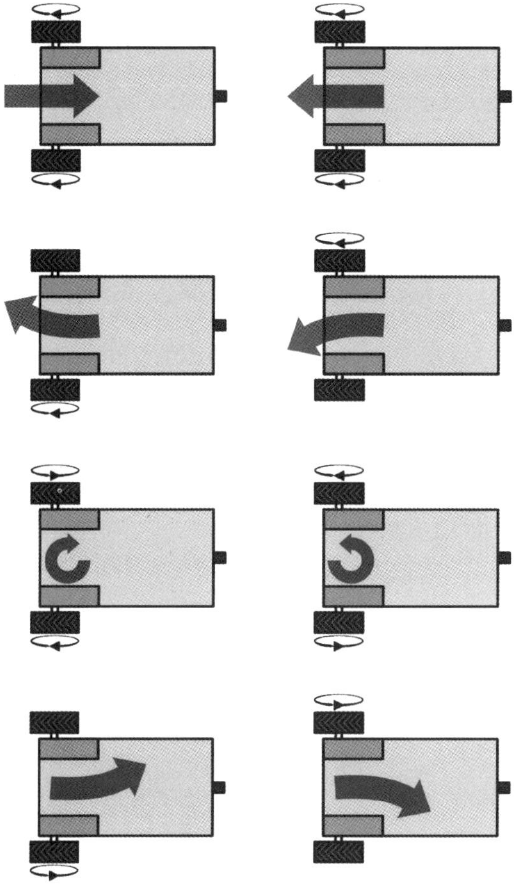

Abb. 14.2 Bewegungsmöglichkeiten einer zweirädrigen Konstruktion, abhängig von den Drehrichtungen der Räder

Die verwendeten Motoren können mit einer Spannung von 5 Volt betrieben werden. Das ist natürlich sehr praktisch, da es auch die Betriebsspannung des Raspberry Pi ist. Wie wir im Kapitel zu den Elektromotoren ab Seite 367 festgestellt haben, können wir diese Motoren aber nicht direkt mit den 5-Volt-Pins des Raspberry Pi bedienen, der Strom wäre zu hoch und würde den Pi beschädigen.

Stattdessen benötigen wir einen sogenannten Motor-Treiber. Wie dieser funktioniert und vom Pi aus gesteuert wird, haben wir ebenfalls im Kapitel zu Elektromotoren besprochen.

Abb. 14.3 Ein Motorcontroller, der entweder einen Schrittmotor oder zwei Gleichstrommotoren ansteuern kann

Das Modul in Abbildung 14.3 ist besonders praktisch, da es vielseitig eingesetzt werden kann. Es kann sowohl zur Steuerung eines Schrittmotors als auch für zwei Gleichstrommotoren verwendet werden. Außerdem bietet es getrennte Eingänge für Betriebs- und Logikspannung. Erstere wird nur an die Motoren durchgeleitet, mit der zweiten werden die aktiven Komponenten der Steuerung selbst versorgt.

Für die Motoren benötigen wir nun noch eine Stromversorgung. Wenn wir dazu ein Kabel verwenden würden, wäre unser Roboter in der Bewegungsfreiheit limitiert. Wir brauchen daher eine mobile Stromversorgung. Wir haben uns hier für ein Modul entschieden, das zwei Lithium-Batterien vom Typ 18650 aufnimmt.

Abb. 14.4 Akkumodul mit zwei 18650 Lithium Akkus

Der Vorteil dieses in Abbildung 14.4 gezeigten Moduls ist die Fülle an Anschlussmöglichkeiten:

- Ein Micro USB-Anschluss, um die eingelegten Batterien aufzuladen
- Ein normaler USB-Anschluss zur Versorgung angeschlossener Geräte
- Ein USB-C Anschluss für Geräte
- Fünf Lötanschlüsse für 5 Volt Spannung
- Fünf Lötanschlüsse für 3 Volt Spannung

Außerdem können die Akkus direkt im Modul über den Micro USB-Anschluss geladen werden. Das erspart die Anschaffung eines zusätzlichen Ladegeräts.

Da die verwendeten Motoren einen sehr weiten Spannungsbereich unterstützen, können wir sie problemlos mit einem der 5-Volt-Ausgänge des Moduls betreiben.

Mit diesem Bauteil haben wir die Fortbewegung unseres Roboters vollständig aufgebaut. Wir widmen und nun dem nächsten Punkt, der Wahrnehmung.

Wie wir in den Kapiteln über Sensoren bereits feststellen konnten, sind die meisten dieser Elemente nicht in der Lage, komplexere Umgebungseindrücke zu vermitteln. In der Regel geben sie ein binäres Signal aus, das vermittelt, ob ein Zustand wahrgenommen wurde oder nicht. So kann ein Erschütterungssensor in der Regel nur feststellen, dass eine Erschütterung stattgefunden hat, nicht aber, woher sie kam oder wie stark sie war.

Es gibt zwar auch komplexere Sensoren, die Signale in einem gewissen Messbereich zurückgeben, wie zum Beispiel Temperatursensoren oder Beschleunigungssensoren. Diese geben aber auch nur einen Zahlenwert aus, die Interpretation der Daten muss später durch eine Form der Datenverarbeitung mit einer Verhaltenslogik erfolgen.

Für unser Beispiel haben wir uns für einen Sensortyp entschieden, der mit geringem Aufwand bereits sehr schöne Ergebnisse erzielen kann.

Abb. 14.5 Ein Liniensensor-Modul. Gut zu sehen ist das Potentiometer zur Einstellunge der Empfindlichkeit.

Wir verwenden für dieses Projekt zwei Liniensensoren. Der Name ist zuerst irreführend, da der Sensor nicht in der Lage ist, eine Linie zu identifizieren, sondern nur zwischen hellen und dunklen Untergründen zu unterscheiden.

Abb. 14.6 Infrarotdiode und Empfänger auf dem Sensormodul

Dazu wird eine LED verwendet, die im Infrarotbereich leuchtet, und ein Sensor, der diesen Bereich wahrnehmen kann. Wichtig ist, dass die sendende Diode nicht in den Empfänger strahlt, sondern dieser nur die Reflektion aufnimmt.

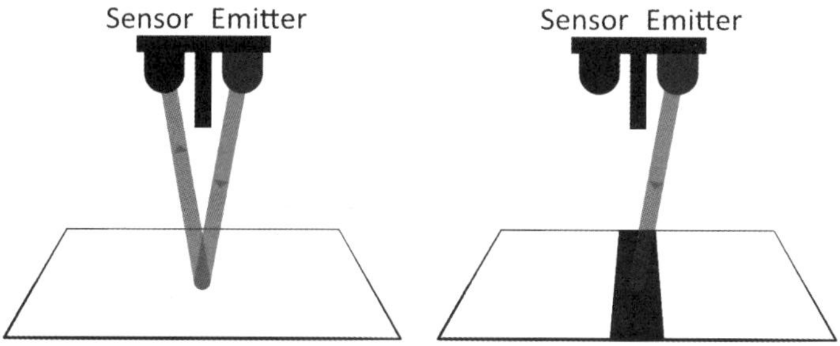

Abb. 14.7 Schematische Darstellung der Funktionsweise des Liniensensors

In der Abbildung 14.7 ist die Funktionsweise des Sensors schematisch dargestellt. Gut zu sehen ist hier die optische Trennung zwischen Emitter und Sensor.

Helle Oberflächen reflektieren Lichteinstrahlung sehr gut, auch das hier eingesetzte Licht im Infrarotbereich. Dunkle Flächen absorbieren das Licht. Der Sensor ist so konstruiert, dass er besonders gut auf die Wellenlänge reagiert, die der Emitter ausgibt. Der Sensor kann also entscheiden, ob er über einer dunklen Fläche ist oder nicht. Da dies abhängig ist von der Umgebungshelligkeit, gibt es auf dem Sensor einen einstellbaren Widerstand, mit dem die Empfindlichkeit korrigiert werden kann.

Der Sensor an sich ist „dumm". Er kann nicht sagen, ob er über einer Linie ist oder ob diese sich links oder rechts von ihm befindet, er kann nur bestimmen, ob der Untergrund hell ist oder dunkel.

Wir erklären gleich, wie wir nun die Steuerung bauen. Zunächst wollen wir einen Blick auf das letzte Bauteil unseres Roboters werfen.

Für die Datenverarbeitung verwenden wir natürlich einen Raspberry Pi. Gegenüber einfachen Mikrocontrollern hat er den Vorteil, dass er auch mehrere Sensoren mit komplexer Logik auswerten und parallel mehrere Aufgaben gleichzeitig erledigen kann. Damit ist er der perfekte Ausgangspunkt, um das Projekt in Eigenregie zu erweitern, ohne an die Grenzen der Hardware zu stoßen.

Wir müssen nun alle Bauteile zusammenbringen. Dafür haben wir uns dieses Mal für eine möglichst simple Methode entschieden, die jeder auch ohne viel Werkzeug herstellen kann. Auf einer Sperrholzplatte können alle Bauteile bequem montiert werden. Wir empfehlen, die einzelnen Komponenten mit Abstandshaltern zu befestigen, so bleibt alles modular und kann schnell montiert und demontiert, ergänzt oder umgebaut werden.

Ein paar Worte zur Positionierung der Sensoren: Wir haben bisher davon gesprochen, dass wir zwei Liniensensoren verwenden, ohne zu erklären, warum nicht auch einer ausreichend ist.

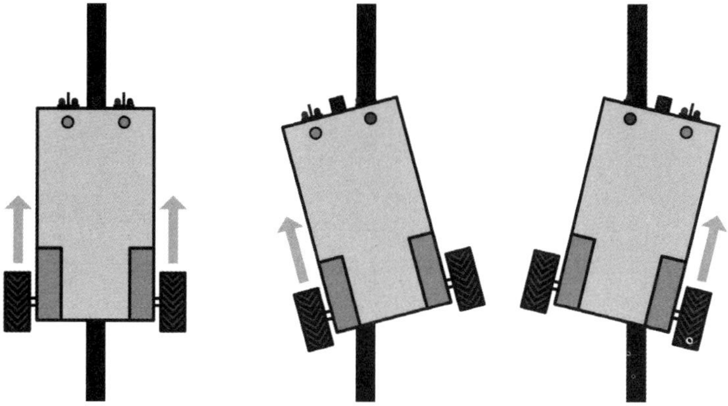

Abb. 14.8 Linienverfolgung mit zwei Sensoren

Das Prinzip der Steuerung ist in der Abbildung 14.8 zu erkennen. Wir positionieren die Sensoren jeweils links und rechts der zentralen Achse. Solange beide Sensoren einen hellen Untergrund erkennen, laufen beide Motoren. Erkennt einer der Sensoren einen dunklen Boden, wird der Motor auf dieser Seite gestoppt. Dadurch wird das gesamte Chassis gedreht, sodass beide Sensoren wieder hellen Untergrund melden.

Die Sensoren sollten dazu im vorderen Bereich angebracht sein. Sind sie zu nah an der Hinterachse und damit am Drehpunkt, sind die Korrekturen schwierig. Liegen sie sogar hinter der Hinterachse, dann kann es passieren, dass der Roboter in einer Kurve mit beiden Rädern über die Linie fährt und dann nicht wieder zurücksteuern kann, da er dafür beide Sensoren über die Linie ziehen müsste.

Für die Verkabelung können wir uns nach dem Diagramm in Abbildung 14.9 richten:

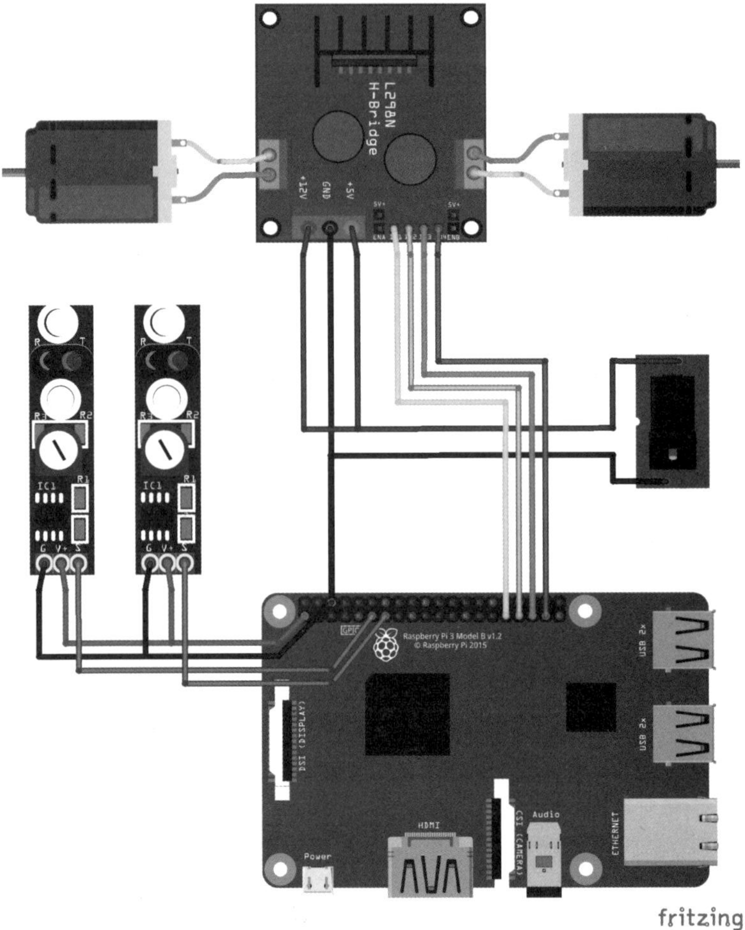

Abb. 14.9 Anschlussdiagramm für den Aufbau des Roboters

An der eingezeichneten Buchse liegen 5 Volt Spannung an. Wenn mehr als 5 Volt verwendet werden sollen, dann muss die Logikspannung von 5 Volt vom Raspberry Pi verwendet werden.

Die Verkabelung erfolgt nach den folgenden Tabellen:

Linker Sensor:

Name	Sensor Pin	GPIO/Pin
Masse	GND	GND
Spannung	VCC	3,3V
Signal	OUT	GPIO17

Rechter Sensor:

Name	Sensor Pin	GPIO/Pin
Masse	GND	GND
Spannung	VCC	3,3V
Signal	OUT	GPIO27

Motorcontroller:

Name	Controller Pin	GPIO/Pin
Betriebsspannung	+12V	5 V von Extern
Masse	GND	Masse von Extern
Logikspannung	+5V	5 V
Eingang 1	IN1	GPIO6
Eingang 2	IN2	GPIO13
Eingang 3	IN3	GPIO19
Eingang 4	IN4	GPIO26
Ausgang 1	OUT1	Motor 1
Ausgang 2	OUT2	Motor 1
Ausgang 3	OUT3	Motor 2
Ausgang 4	OUT4	Motor 2

Wenn die Motoren in die falsche Richtung drehen, müssen die Anschlusskabel des jeweiligen Motors vertauscht werden.

Ist alles montiert, können wir uns der Programmierung widmen.

```
import time
# A
from gpiozero import Motor, LineSensor

# B
```

```
leftSensor = LineSensor(27)
rightSensor = LineSensor(17)

# C
rightMotor = Motor(forward = 13,backward = 6)
leftMotor = Motor(forward = 19, backward = 26)

while True:
  # D
  if leftSensor.value == 0:
    leftMotor.forward()
  else:
    leftMotor.stop()

  if rightSensor.value==0:
    rightMotor.forward()
  else:
    rightMotor.stop()

  time.sleep(0.1)
```

Auf den ersten Blick ist dieser Code erschreckend kurz, aber die Bewegungslogik ist auch sehr rudimentär:

- Beide Motoren laufen, solange beide Sensoren einen hellen Untergrund melden, das entspricht hier dem Wert 0.
- Erkennt einer der Sensoren einen dunklen Untergrund, liefert also den Wert 1, dann wird der Motor auf dieser Seite gestoppt. Dadurch dreht sich der Roboter wieder auf die Linie

Hier noch die Erklärungen zu den Buchstaben in den Kommentaren:

A: Die Bilbiothek `gpiozero` stellt die Module Motor und LineSensor bereit, mit denen wir diese Geräte bequem ansteuern können.

B: Hier werden die GPIOs der beiden Sensoren angegeben, man muss man lediglich darauf achten, dass man sie nicht seitenverkehrt anlegt.

C: Für jeden der Motoren wird ein Pin für vorwärts und einer für rückwärts angegeben.

D: Hier steckt die gesamte Logik: Solange der Sensor einer Seite keinen dunklen Untergrund meldet, läuft der Motor, andernfalls stoppt er.

Damit haben wir eine Basisplattform für einen kleinen Roboter aufgebaut, die eine gute Grundlage für weitere Modifikationen ist.

Abb. 14.10 Unser fertiger Linienfolge-Roboter

Es sind etliche Erweiterungen dieses Projekts denkbar. Wir geben hier noch ein paar Beispiele als Anregung:

- Ein Roboter, der über die SSH-Verbindung von einem anderen Rechner aus ferngesteuert werden kann.
- Statt der Liniensensoren verwendet der Roboter Ultraschallsensoren, um wie ein Staubsaugerroboter durch Räume fahren zu können. Hier ergeben sich etliche Möglichkeiten für eine effiziente Routenführung.
- Mit mehreren Geräuschsensoren wird die Richtung der lautesten Geräuschquelle ermittelt und der Roboter fährt entweder darauf zu oder davon weg.
- Mittels Photowiderständen sucht der Roboter entweder helle oder schattige Orte auf.

Der Kreativität sind hier nur wenige Granzen gesetzt.

Alle Programmcodes aus diesem Buch sind als PDF zum Download verfügbar. Dadurch müssen Sie sie nicht abtippen: https://bmu-verlag.de/raspberry-pi-kompendium/

Außerdem erhalten Sie die eBook Ausgabe zum Buch im PDF Format kostenlos auf unserer Website:

https://bmu-verlag.de/raspberry-pi-kompendium/
Downloadcode: siehe Kapitel 20

Kapitel 15
Projekt: Smart Mirror

Teileliste

- Raspberry Pi
- Ein Display mit Stromversorgung, zum Beispiel ein alter Monitor
- Ein Bilderrahmen mit Glasscheibe
- Spiegelfolie
- Schwarzes Tonpapier

Ein Smart Mirror ist zwar eher als dekoratives Element gedacht, kann über die Auswahl der angezeigten Informationen aber durchaus auch einen funktionalen Mehrwert bieten.

Doch zuerst die grundlegende Frage: Was ist eigentlich ein Smart Mirror?

Optisch handelt es sich dabei auf den ersten Blick um einen simplen Spiegel. Ist das Gerät eingeschaltet, werden weitere Informationen im Sichtbereich eingeblendet, zum Beispiel Datum und Uhrzeit oder auch die neuesten Schlagzeigen.

Dies funktioniert natürlich nicht mit einem handelsüblichen Spiegel, diese sind nämlich leider von der Rückseite her nicht lichtdurchlässig.

Stattdessen wird eine normale Glasscheibe verwendet, auf die eine Spiegelfolie aufgebracht wird. Diese Folien gibt es in unterschiedlichen Varianten, die verschiedene Mengen an Licht durchlassen. Gängig sind Folien, die noch ungefähr 20 Prozent des einfallenden Lichts durchlassen. 80 Prozent werden also reflektiert. Dadurch entsteht von einer Seite der Eindruck eines Spiegels. Im Unkehrschluss bedeutet es aber auch, dass von der anderen Seite Licht durchdringen kann.

Und genau diese Eigenschaft nutzt man bei einem Smart Mirror. Solange keine Informationen angezeigt werden, ist es „hinter" dem Spiegel dunkel und er wirkt wie ein ganz normaler Spiegel. Sobald aber auf dem Display Bildinhalte gezeigt werden, können diese durch den Spiegel durchscheinen.

So eignet sich ein Smart Mirror zum Beispiel für den Einsatz als Badezimmerspiegel: Man kann dann bei der morgendlichen Vorbereitung beispielsweise direkt die aktuellen Nachrichten lesen.

Um nun selbst einen Smart Mirror aufzubauen, benötigt man gar nicht viele Komponenten. Ein Raspberry Pi gibt auf einem Display die Daten aus. Dieses Display wird dann hinter einer verspiegelten Glasscheibe montiert. Damit es etwas hübscher aussieht, kann man einen passenden Bilderrahmen verwenden.

Hierbei sollte man aber auf solche Rahmen verzichten, die mit einer Kunststoffscheibe ausgeliefert werden oder diese zumindest durch eine Glasscheibe ersetzen. Kunststoff hat deutlich schlechtere optische Eigenschaften als Glas, die Informationen des Smart Mirrors wären deutlich schlechter zu sehen.

Abb. 15.1 Der ausgesuchte Rahmen mit Glasscheibe. Auf der Glasscheibe wurde die Spiegelfolie bereits aufgebracht.

Wir haben einen alten Flachbildmonitor verwendet und einen genau dazu passenden einfachen Bilderrahmen. Die Stromversorgung wird über zwei getrennte Netzteile hergestellt, da der Monitor eine Versorgungsspannung von 12 Volt hat.

Wir verzichten hier absichtlich auf eine Änderung an der Netzverkabelung, da die Arbeit mit 220 Volt Wechselstrom lebensgefährlich sein kann und nur von Fachpersonal vorgenommen werden sollte. Vor allem da der Monitor zerlegt werden soll, empfehlen wir, ein Gerät mit externer Versorgung zu verwenden, sodass keine Gefahr besteht, mit Netzspannung in Kontakt zu kommen.

Der Rahmen sollte groß genug sein, damit der Aufbau seine Funktion als Spiegel erfüllen kann, und genug Platz bieten, damit der Monitor dahinter passt.

Da wir hier einen alten 15-Zoll-Flachbildschirm verwenden, brauchen wir einen entsprechen großen Rahmen.

Der halbdurchlässige Spiegel kann entweder fertig im Handel bezogen werden oder aber mit ein wenig Geschick selbst angefertigt werden.

Die dazu notwendige Spiegelfolie ist in verschiedenen „Stärken" verfügbar, wir haben uns für eine Variante mit 30 % Lichtdurchlass entschieden.

Die Folie wird nach der mitgelieferten Anleitung angebracht, eine allgemeine Vorgehensweise können wir dazu leider nicht nennen, das ist von Hersteller zu Hersteller unterschiedlich.

Nach dem handwerklichen Teil des Projektes können wir uns der Programmierung widmen. Hier gibt es zwar fertige, oft auch professionelle Lösungen, die einfach zu installieren sind. Wir möchten hier aber gerne zeigen, dass eine einfache Lösung auch mit einer überschaubaren Menge an Python-Code möglich ist.

Statt wie viele andere Projekte in diesem Bereich auf Webtechniken zu setzen, möchten wir unser Projekt mit PyQT umsetzen. Wir können uns bei den Vorbereitungen am Kapitel Grafische Ein- und Ausgabe ab Seite 252 orientieren.

Das Script mit den Funktionalitäten ist dank der Verwendung verschiedener hilfreicher Bibliotheken nicht allzu furchteinflößend.

```
import sys
import random
import requests

# A
from PyQt5.QtWidgets import QApplication, QLabel, QWidget
from PyQt5.QtCore import Qt, QTimer
from PyQt5.QtGui import QPalette, QColor, QFont

# B
from datetime import datetime

# C
import xml.etree.ElementTree as ET

class MyWidget(QWidget):
  def __init__(self):
    QWidget.__init__(self)

    self.infoTitle = []
    self.infoDesc = []

    # D
    self.time = QLabel("00:00:00",self)
    self.time.setFont(QFont(‚Lato Black', 30))
    self.time.resize(768, 30)
    self.time.move(10,10)

    self.news = QLabel("Headline",self)
    self.news.setFont(QFont(‚Lato Black', 20))
    self.news.setWordWrap(True)
    self.news.resize(768, 60)
    self.news.move(10,50)

    self.desc = QLabel("Description",self)
    self.desc.setFont(QFont(‚Lato Black', 12))
    self.desc.setWordWrap(True)
    self.desc.resize(768, 600)
    self.desc.move(10,100)

    # E
    self.updateTime()
    self.clockTimer = QTimer()
    self.clockTimer.setInterval(1000) #every second
```

```
        self.clockTimer.timeout.connect(self.updateTime)
        self.clockTimer.start()

        self.updateNews()
        self.newsTimer = QTimer()
        self.newsTimer.setInterval(600000) #every 10 minutes
        self.newsTimer.timeout.connect(self.updateNews)
        self.newsTimer.start()

        self.newsDisplay()
        self.newsDisplayTimer = QTimer()
        self.newsDisplayTimer.setInterval(10000) #every 10 seconds
        self.newsDisplayTimer.timeout.connect(self.newsDisplay)
        self.newsDisplayTimer.start()

    def updateTime(self):
        now = datetime.now()
        # F
        self.time.setText(now.strftime("%H:%M:%S"))

    def updateNews(self):
        self.infoTitle = []
        self.infoDesc = []
        # G
        r = requests.get(‚https://abc.test.def/rss/aktuell')
        root = ET.fromstring(r.text)

        # H
        for item in root[0].iter(‚item'):
            self.infoTitle.append(item[0].text)
            self.infoDesc.append(item[1].text)

    # I
    def newsDisplay(self):
        index = random.randint(0,len(self.infoTitle)-1)
        self.news.setText(self.infoTitle[index])
        self.desc.setText(self.infoDesc[index])

if __name__ == "__main__":
    app = QApplication(sys.argv)

    # J
    dark_palette = QPalette()
    dark_palette.setColor(QPalette.Window, QColor(0, 0, 0))
    dark_palette.setColor(QPalette.WindowText, Qt.white)
    app.setPalette(dark_palette)

    # K
```

```
    widget = MyWidget()
    widget.setCursor(Qt.BlankCursor)
    widget.showFullScreen()

    sys.exit(app.exec_())
```

Erklärungen zu den Buchstaben in den Kommentaren:

A: Da wir auch hier wieder mit Qt als Grundlage arbeiten, benötigen wir eine ganze Reihe an Modulen für die einzelnen Komponenten, die wir anzeigen möchten.

B: Damit wir mit Zeitangaben arbeiten können, müssen wir das Modul `datetime` importieren.

C: Wir wollen unsere Nachrichteninhalte als RSS-Feed[1] holen. Da dies ein XML Format[2] ist, müssen wir ein Modul importieren, mit dem wir XML-Daten verarbeiten können.

D: Die verschiedenen Anzeigeelemente werden hier nacheinander definiert. Positionen und Schriftgrößen sollten den eigenen Vorlieben und natürlich dem verwendeten Monitor angepasst werden.

E: Hier verwenden wir die in Qt integrierten Timer, um in regelmäßigen Abständen die unterschiedlichen Daten oder Anzeigeelemente zu aktualisieren.

F: Hier definieren wir, wie die Ausgabe der Zeit aussehen soll, dies geschieht über ein standardisiertes Format, das in der Dokumentation nachgelesen werden kann[3].

---

[1] RSS-Feeds sind Dateiformate, mit denen Webseiten Änderungen zusammengefasst veröffentlichen können. Viele Nachrichtenseiten nutzen dieses Format, um ihre neuesten Meldungen schnell zu verbreiten. Als Benutzer kann man diese Feeds „abonieren", um schnell über neue Inhalte informiert zu werden.

[2] XML steht für „Extensive Markup Language", etwa „erweiterbare Auszeichnungssprache" und ist eine Methode, um Inhalte strukturiert in einem einheitlichen Format zu speichern.

[3] https://docs.python.org/3/library/datetime.html

G: Die Nachrichteninhalte werden hier von einer vordefinierten Webadresse geholt. Im Beispielcode steht natürlich nur eine Dummy-Adresse. Fast alle großen Nachrichtenportale bieten einen RSS-Feed an.

H: Da die Inhalte im XML-Format vorliegen, können die Titel und Inhaltstexte leicht in Listen gespeichert werden.

I: Im vordefinierten Intervall wird aus der Liste der Nachrichten zufällig ein Eintrag ausgewählt und angezeigt.

J: Damit wir auf dem Smart Mirror etwas erkennen können, sollten nur reines Weiß und Schwarz als Farben verwendet werden. Daher stellen wir hier schwarz als Hintergrundfarbe und weiß als Schriftfarbe ein.

K: Hier legen wir unsere Desktopanwendung an, verstecken den Mauscursor und schalten in den Vollbildmodus.

Damit der Bildschirm nicht in den Standby geht, wenn er länger nicht bedient wird, bearbeiten wir die Konfigrationsdatei `lightdm.conf`:

```
sudo nano /etc/lightdm/lightdm.conf
```

Dann erweitern wir den Punkt `[Seat:*]` um die folgenden Zeilen:

```
# disable screensaving
xserver-command=X -s 0 dpms
```

Damit unser Script beim Start automatisch geladen wird, fügen wir es zum Autostart der Desktopumgebung hinzu. Die dafür zuständige Einstellungsdatei bearbeiten wir mit:

```
sudo nano /etc/xdg/lxsession/LXDE-pi/autostart
```

Und fügen vor dem Eintrag:

```
@xscreensaver
```

die folgende Zeile ein:

```
@sudo/usr/bin/python3 /home/pi/imageDisplay.py
```

Nun sind alle Einstellungen vorgenommen und wir können den Spiegel an seinem geplanten Einsatzort aufhängen.

15

Abb. 15.2 Der Smart-Mirror mit einer Dummy-Ausgabe eines Newsbeitrags

In der Abbildung 15.2 haben wir einen Beispieltext als News-Eintrag angezeigt Leider ist es schwierig, den Smart Mirror im Betrieb zu fotografieren, schließlich handelt es sich um einen Spiegel. Um sowohl die Anzeige erkennen zu können als auch einen vernünftigen Spiegeleffekt zu bekommen, sollte alles außer dem Anzeigebereich mit schwarzem Tonpapier verkleidet werden. Helle Teile, wie beispielsweise der Rahmen des Monitors, würden sonst durchscheinen.

Die angezeigten Nachrichtenfeeds können natürlich an Geschmack und Interessen der Nutzer angepasst werden.

Die Anzeige könnte beispielsweise um Wetterdaten oder die eigenen Termine erweitert werde.

Alle Programmcodes aus diesem Buch sind als PDF zum Download verfügbar. Dadurch müssen Sie sie nicht abtippen:
https://bmu-verlag.de/raspberry-pi-kompendium/

Außerdem erhalten Sie die eBook Ausgabe zum Buch im PDF Format kostenlos auf unserer Website:

https://bmu-verlag.de/raspberry-pi-kompendium/
Downloadcode: siehe Kapitel 20

Kapitel 16
Projekt: Game Streaming

Teileliste

- Raspberry Pi
- PC mit NVIDIA-Grafikkarte, die Streaming unterstützt
- Optional: Eingabegeräte, Spielecontroller

Da wir die spielerische Seite der Computerwelt nicht vernachlässigen wollen, besprechen wir noch ein Projekt, das das Spielen nach Feierabend etwas bequemer machen kann.

Gerade Fans von PC-Spielen sitzen in der Regel am Schreibtisch vor dem PC, während sie spielen. Wäre es nicht viel bequemer, wenn man vor dem Fernseher spielen könnte, so wie es mit einer Spielekonsole möglich ist?

Glücklicherweise bieten hier die aktuelleren Raspberry Pi-Modelle genügend Rechenpower für eine solche Alternative. Zwar reicht die Leistung bei weitem nicht aus, um die Spiele auf dem Pi selbst auszuführen, aber es sind mehr als genug Reserven vorhanden, um die Spieleinhalte von einem Computer zu streamen, der sich im gleichen Netzwerk befindet. Die eigentliche Rechenarbeit findet also auf dem Computer statt, der dann lediglich das Bild überträgt und über die Netzwerkverbindung die Steuerbefehle entgegennimmt.

Diese Idee ist nicht innovativ und neu, mehrere Hersteller haben hier bereits professionelle Produkte auf den Markt gebracht. Das vermutlich prominenteste Exemplar ist der „Steam Link“ von Valve, der in erster Linie für die Verwendung mit Spielen aus der firmeneigenen Verkaufsplattform ausgelegt ist.

Darüber hinaus haben auch die Hersteller von Grafikkarten erkannt, dass die Option, die Bildinhalte zu streamen durchaus interessant ist und sind ebenfalls auf diesen Zug mit aufgesprungen. In unserem Projekt möchten wir uns auf die Lösung mit Produkten der Firma NVIDIA konzentrieren.

Mit NVIDIA-Grafikkarten der letzten Generationen kann man in Verbindung mit Produkten aus der „NVIDIA Shield"-Familie Spiele von einem PC zu einem solchen Endgerät streamen. Unser Ziel ist es jetzt, das Endgerät durch einen Raspberry Pi zu ersetzen.

Modifikationen der Hardware sind dazu nicht notwendig. Die einzigen Vorraussetzungen sind die Installation einiger Programmpakete und ein schnelles Netzwerk, über das die Verbindung laufen soll.

Das Programm, das wir verwenden wollen, ist der „Moonlight – Open Source NVIDIA Gamestream Client"[1]. Um diesen installieren zu können, müssen wir zuerst dem Raspbian-Betriebssystem auf unserem Raspberry Pi mitteilen, wo es die zusätzlichen Pakete findet.

Dazu öffnen wir die Datei `/etc/apt/sources.list` mit root-Rechten:

```
sudo nano /etc/apt/sources.list
```

und fügen die folgende Zeile ein:

```
deb http://archive.itimmer.nl/raspbian/moonlight buster main
```

Dann müssen wir dem Betriebssystem noch mitteilen, dass die Pakete aus dieser Quelle verwendet werden dürfen. Dazu installieren wir einen Key, mit dem sichergestellt werden kann, dass die Pakete in Ordnung sind.

```
wget http://archive.itimmer.nl/itimmer.gpg
sudo apt-key add itimmer.gpg
```

Nun müssen wir der Paketverwaltung mitteilen, dass es neue Paketquellen gibt und können danach das Moonlight-Paket installieren:

```
sudo apt-get update
sudo apt-get install moonlight-embedded
```

[1] https://bmu-verlag.de/rk26

Damit sind auf der Seite des Raspberry Pi bereits alle Vorbereitungen getroffen. Nun müssen wir herausfinden, welche IP-Adresse der Computer hat, von dem aus wir streamen wollen. Dazu können wir auf einem Windows-PC entweder im Netzwerkstatus nachsehen:

Abb. 16.1 Netzwerkeigenschaften unter Windows 10. Hervorgehoben ist die IPv4 Adresse.

Oder wir verwenden in der Eingabeaufforderung den Befehl `ipconfig`:

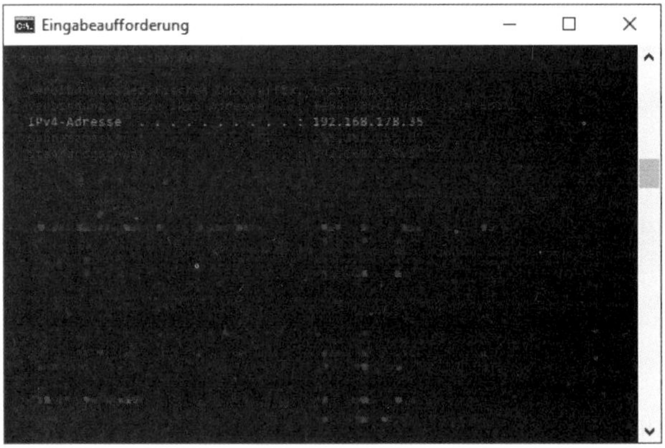

Abb. 16.2 Ausgabe durch ipconfig in der Eingabeaufforderung. Hier ist ebenfalls die IPv4 Adresse hervorgehoben.

Bevor wir nun den Raspberry Pi mit dem Computer verbinden können, muss auf dem Computer das Programm „Geforce Experience“ ausgeführt werden und dort in den Einstellungen das Streaming aktiviert werden.

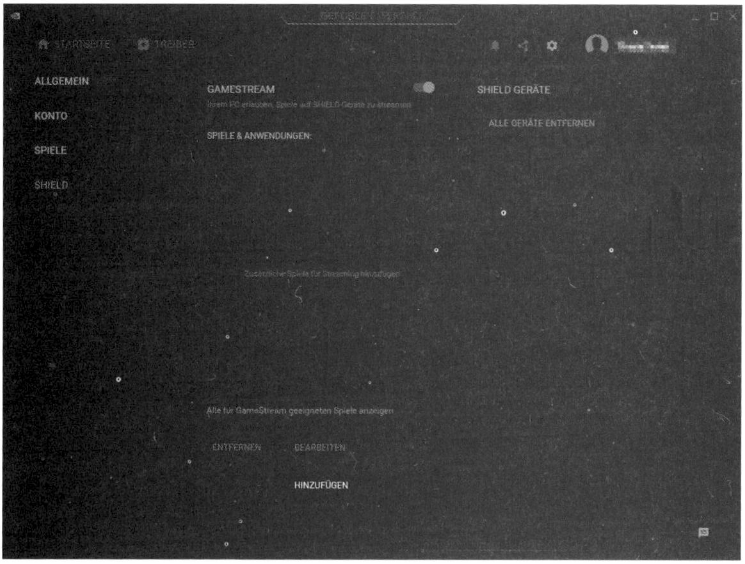

Abb. 16.3 Einstellungen des Programms „Geforce Experience“. Mittig oben kann das Streaming erlaubt werden.

Nun führen wir den folgenden Befehl aus:

```
sudo moonlight pair 192.168.178.35
```

Die IP-Adresse muss natürlich an die tatsächliche Adresse angepasst werden. Die hier verwendete Adresse ist nur ein Beispiel.

Es kann vorkommen, dass es während des Aufbaus der Verbindung zu einem „SSL Certificate Error“ kommt. In diesem Fall müssen wir die Datei `/etc/ssl/openssl.cnf` mit root-Rechten bearbeiten und in der letzten Zeile den Wert der Einstellung `DEFAULT@SECLEVEL` von 2 auf 0 ändern.

Kann die Anfrage verarbeitet werden, erscheint auf dem Bildschirm des Computers ein kleines Fenster. Dort geben wir den Freischaltcode ein, der uns von Moonlight auf der Konsole angegeben wird.

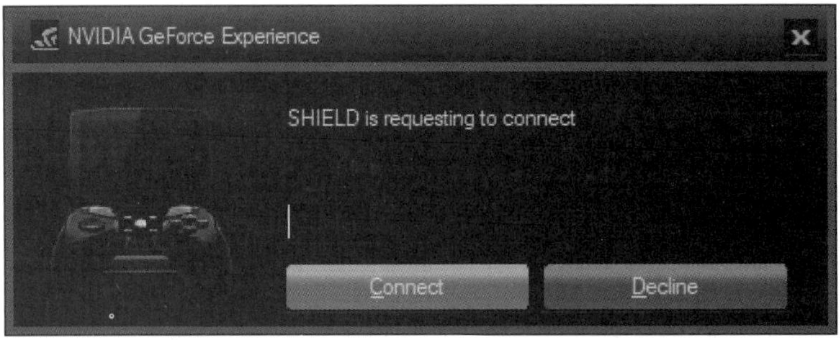

Abb. 16.4 Pin-Eingabe zur Freischaltung des Streamings

Die erfolgreiche Verbindung wird ebenfalls über die Konsole bestätigt.

Danach kann das Streaming ganz einfach gestartet werden.

```
sudo moonlight stream 192.168.178.35
```

Damit wird einfach der aktuelle Bildschirminhalt des Zielrechners übertragen und er lässt sich nun so bedienen, als säße man davor.

Mit der Tastenkombination Steuerung + Shift + Alt + q kann man die Übertragung abbrechen. Wenn man einen Controller angeschlossen hat, kann man stattdessen die beiden oberen Schultertasten und die beiden Buttons in der Mitte des Controllers (meist Menü und Home) gleichzeitig drücken. Diese Kombinationen sind absichtlich so kompliziert gewählt, damit man nicht aus Versehen mitten in einem Spiel die Verbindung unterbricht.

Um ein bestimmtes Spiel zu starten, muss dieses Spiel in der Liste der Geforce Experience aufgeführt sein.

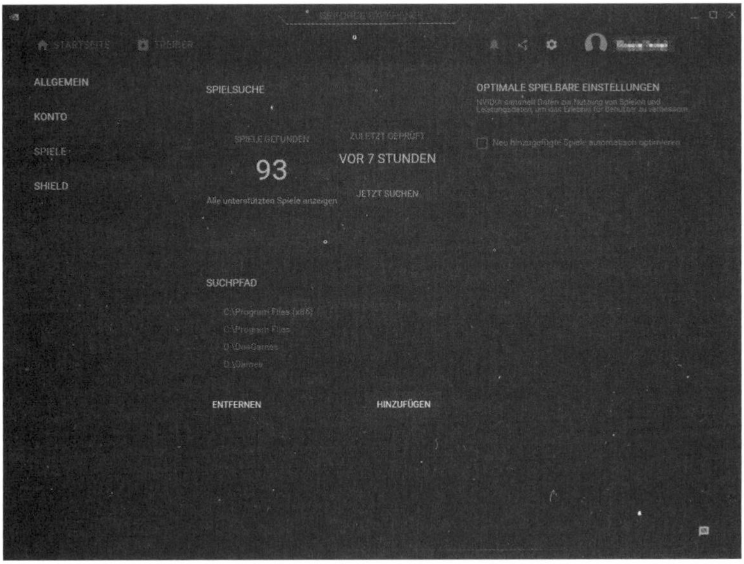

Abb. 16.5 Einstellungen des Programms Geforce Experience

Ist ein Spiel nicht aufgeführt, dann sollte man in den Einstellungen prüfen, ob der passende Pfad von der Suche eingeschlossen wird.

Über diesen Befehl

```
sudo moonlight list
```

kann man sich anzeigen lassen, welche Spiele dem System bekannt sind. Direkt starten kann man es dann mit dem Namen, der in der Auflistung angegeben wurde. Enthält dieser Leerzeichen, empfiehlt es sich, ihn in Anführungszeichen zu setzen.


```
sudo moonlight stream -app "Name Des Spiels"
```

Damit lassen sich jetzt fast alle Spiele streamen und mit einem Controller an einem Fernseher oder an einem anderen Gerät spielen, ohne dass man einen störenden, lauten Computer dort stehen haben muss.

Besonders hinweisen möchten wir noch auf die Möglichkeit, das Programm „Steam" zu streamen. Damit ist es nämlich möglich, alle Spiele zu übertragen, die in der eigenen Bibliothek sind.

Steam sollte allerdings noch nicht laufen, bevor man den Stream startet. Außerdem sollte man in den Einstellungen des Programms den sogenannten „Big Picture Modus“ einstellen, dieser verbessert die Lesbarkeit und Bedienung auf großen Bildschirmen und Fernsehern.

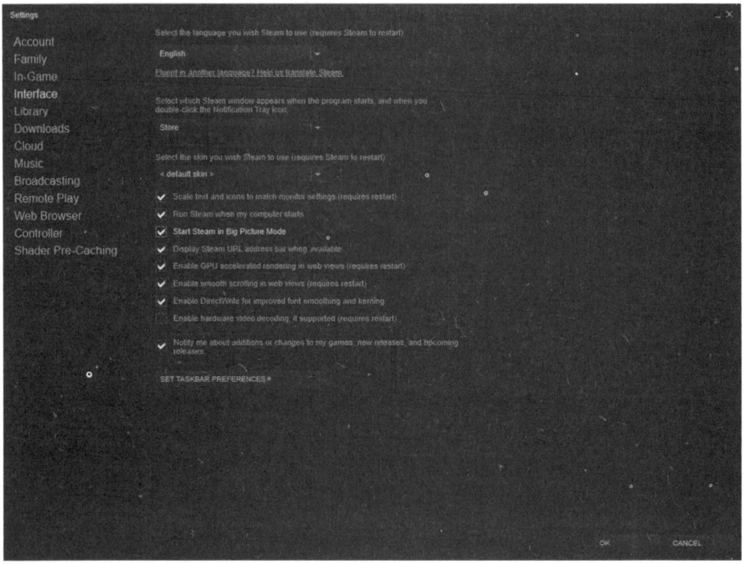

Abb. 16.6 Option zum Start des „Big Picture Modus“ in der Steam Software

Das `moonlight` Tool verfügt noch über eine ganze Menge an optionalen Einstellmöglichkeiten. Diese können angesehen werden, indem man das Programm ohne weitere Parameter startet.

Alle Programmcodes aus diesem Buch sind als PDF zum Download verfügbar. Dadurch müssen Sie sie nicht abtippen:
https://bmu-verlag.de/raspberry-pi-kompendium/

Außerdem erhalten Sie die eBook Ausgabe zum Buch im PDF Format kostenlos auf unserer Website:

https://bmu-verlag.de/raspberry-pi-kompendium/
Downloadcode: siehe Kapitel 20

Kapitel 17

Projekt: Distanzsensor mit Display

Teileliste

- Raspberry Pi Zero
- 5-Volt / 4-Ampere-Netzteil
- JST-Stecker und Buchsen
- Geeignete Crimpzange
- 2 Widerstände mit 470 Ohm und 330 Ohm
- 5 PL9823 RGB-LED mit Controller
- Lochrasterplatinen in unterschiedlichen Größen

Ein überschaubares Projekt, um einen einfachen Sensor mit einem optischen Ausgabemodul zu kombinieren, ist der Aufbau eines Abstandswarners. Ein solcher Warner kann dann zum Beispiel in der Garage angebracht werden.

Mit einem Ultraschallsensor möchten wir dabei feststellen, wie weit ein Gegenstand – zum Beispiel ein Auto – noch entfernt ist.

Ein Zeichendisplay wäre in der Entfernung, die der Fahrer des Autos normalerweise zur Wand haben sollte, nicht mehr gut abzulesen. Wir ersetzen daher die schriftliche Angabe der Entfernung durch eine Reihe von LEDs, die den verbleibenden Abstand farblich kodiert ausgeben.

Um den Aufwand bei der Verkabelung möglichst gering zu halten und auch um die Programmierung zu vereinfachen, verwenden wir hier statt einzelner LEDs in verschiedenen Farben kombinierte RGB-Leuchtdioden.

Diese haben zusätzlich den Vorteil, dass sie mit einem kleinen integrierten Schaltkreis ausgestattet sind. Dies ermöglicht es, jede LED in einer Reihe exakt anzusteuern und einen separaten Farb- und Helligkeitswert einzustellen.

Wir haben uns für das Modell PL9823 entschieden. Dies sind 8-mm-LEDs mit einem Controller, der kompatibel zu dem sehr weit verbreiteten WS2812-Chip ist. Dieser Chip wird von vielen Bastlern in unzähligen DIY-Projekten verwendet. Durch seine Popularität ist gewährleistet, dass es softwareseitig wenig Probleme geben wird, da die notwendigen Bibliotheken schon seit Jahren vielfach eingesetzt und dadurch gut getestet werden.

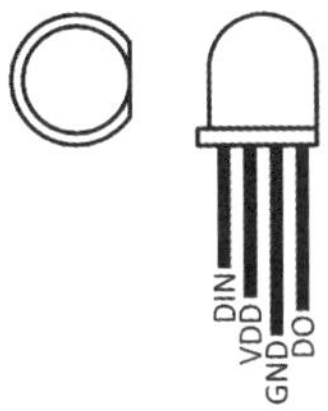

Abb. 17.1 Pin belegung einer PL9823. Über VDD wird die LED mit 5 Volt Spannung versorgt. Die abgeflachte Seite dient zu Orientierung.

Im Gegensatz zu den meisten LEDs, die wir bisher verwendet haben, haben diese nicht zwei Anschlusspins, sondern vier. Hier muss man ein wenig aufpassen, denn allein mit der Anzahl der Anschlussmöglichkeiten können normale RGB-LEDs nicht von solchen mit eingebautem Controller unterschieden werden.

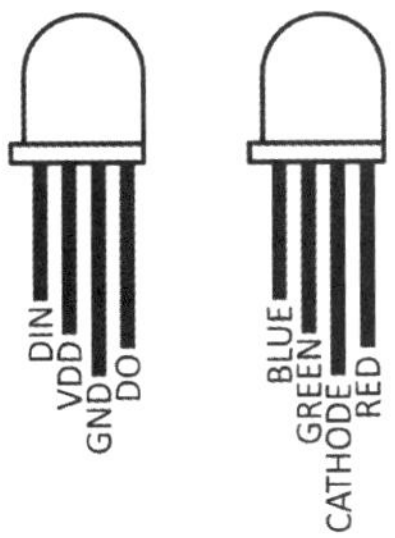

Abb. 17.2 Vergleich einer PL9823 mit einer RGB-LED ohne Controller; die Bauform kann sehr ähnlich sein, die Pinbelegung ist aber vollkommen verschieden

LEDs ohne integrierten Controller haben ebenfalls vier Beine, diese sind jedoch anders belegt. Hier gibt es für jede Farbe einen Pin sowie eine gemeinsame Anode oder Kathode, die genauen Details kann man jeweils dem Datenblatt entnehmen. Durch diesen Aufbau werden sie ähnlich verwendet wie drei einzelne farbiger Leuchtdioden und müssen zum Beispiel auch entsprechende Vorwiderstände bekommen.

Wie wir oben in der Abbildung 17.2 gesehen haben, sieht es bei den hier ausgewählten LEDs anders aus. Zusätzlich zur Spannungsversorgung, die hier mit 5 Volt erfolgt, und den Pins `VDD` und `GND` gibt es zwei weitere Anschlüsse, nämlich `DIN` und `DO`.

Diese beiden Pins sind zur Datenübertragung gedacht. Über `DIN` werden Daten entgegengenommen und über `DO` werden diese ausgegeben. Dadurch können viele dieser Bauteile hintereinander geschaltet und über einen einzigen GPIO gesteuert werden.

Entsprechend einfach gestaltet sich der Aufbau des Projekts.

Abb. 17.3 Große LEDs als gut sichtbares Anzeigeelement

Zuerst bauen wir das Anzeigeelement. Dafür verwenden wir eine passende Lochrasterplatine, wir haben uns für eine Prototypenplatine wie in Abbildung 17.3 dargestellt entschieden. Die LEDs können nun so verlötet werden, dass die Spannungsversorgung durchgehend verbunden werden kann und die `DIN`-Pins jeweils an den `DO`-Pin der folgenden LED gehen.

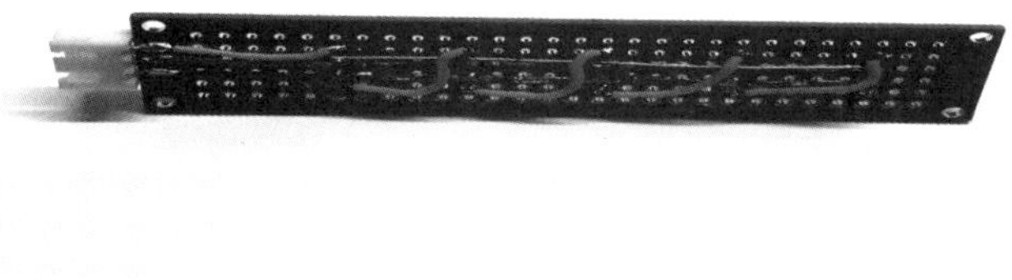

Abb. 17.4 Verkabelung der LEDs. Die gelbe Leitung transportiert das Datensignal von Diode zu Diode.

Um eine möglichst flexible Verbindung zu erreichen, verwenden wir kleine Buchsen und Stecker. Damit können wir auch später noch entscheiden, wie wir das „Anzeigemodul" positionieren und gegebenenfalls ein längeres oder kürzeres Kabel verwenden.

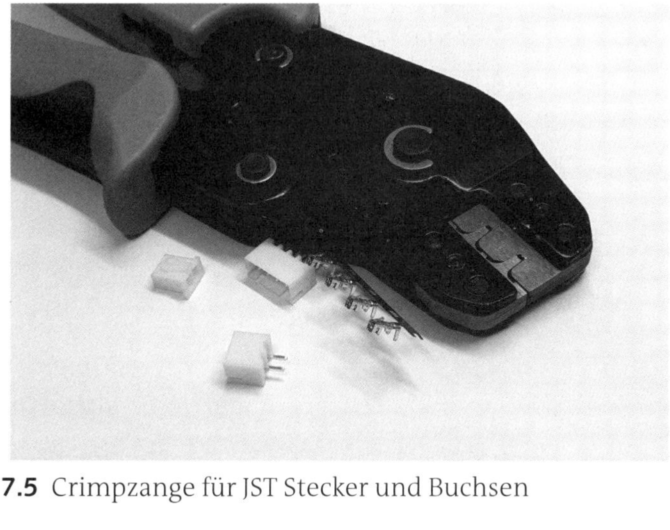

Abb. 17.5 Crimpzange für JST Stecker und Buchsen

Da das Ultraschallmodul bereits einen vierpoligen Anschluss hat, können wir auch hier einfach ein Kabel anfertigen und aufstecken. Hierbei müssen wir aber darauf achten, dass wir den Anschluss nicht falsch herum aufstecken. Farbige Einzelkabel erlauben hier eine bessere Identifizierung. Noch besser ist es, eine Kabelbuchse anzulöten.

Da wir für den Anschluss des Ultraschallsensors zwei Widerstände benötigen – entsprechend dem Beispiel im Kapitel zu Ultraschallsensoren ab Seite 345 – integrieren wir diese einfach in das Kabel und schützen sie mit etwas Schrumpfschlauch. Wir müssen hier darauf achten, dass es keinen Kurzschluss geben kann.

Abb. 17.6 Ultraschallmodul mit Kabel. Gut zu sehen sind die in das Kabel integrierten Widerstände.

Um nun alles mit dem Raspberry Pi zu verbinden, nehmen wir eine weitere kleine Lochrasterplatine und bringen dort passende Buchsen für die angefertigten Kabel an. Alternativ könnten wir die Kabel auch direkt an die GPIO-Pins anlöten, dann geht aber die Modularität verloren.

Außerdem haben die verwendeten PL9823-LEDs einen maximalen Strom von 100 mA pro Stück und sollten daher nicht mehr über die 5-Volt-Pins des Pi betrieben werden. Stattdessen verwenden wir ein externes Netzteil und verbinden dieses einmal mit dem 5 Volt und GND-Pin am Raspberry und mit dem Anschluss für die Stromversorgung des LED-Modul.

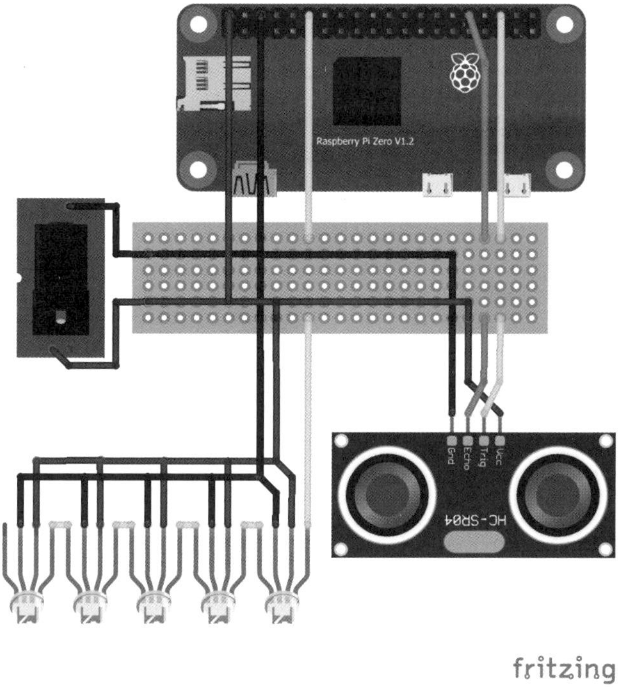

Abb. 17.7 Schematischer Aufbau des Distanzanzeigers. Die Lochrasterplatine wird am besten mit einem Steckverbinder mit dem Pi verbunden.

Ist alles entsprechend zusammengesteckt, können wir uns dem Programmcode widmen.

Zuerst installieren wir die Bibliotheken, die wir für die Ansteuerung der PL9823 Controller benötigen[1].

```
sudo pip3 install adafruit-blinka
```

[1] Da diese Bibliotheken mit root-Rechten ausgeführt werden müssen, installieren wir sie hier explizit mit sudo und für Python 3.

```
sudo pip3 install rpi_ws281x adafruit-circuitpython-neopixel
```

Danach können wir den Programmcode schreiben.

```
import RPi.GPIO as GPIO
import time
import board
import neopixel

# Die Minimaldistanz in cm.
MIN_DIST = 10

# Die Maximaldistanz bis zu der die Anzeige etwas anzeigt.
MAX_DIST = 300

GPIO.setmode(GPIO.BCM)

trigger = 12
echo = 16
led = board.D18

GPIO.setup(trigger, GPIO.OUT)
GPIO.setup(echo, GPIO.IN)

# Die Anzahl der LEDs.
anzLEDs = 5
# A
pixels = neopixel.NeoPixel(led, anzLEDs, brightness=1.0, \
auto_write=False, pixel_order=neopixel.RGB)

# B
def distance():
  GPIO.output(trigger, GPIO.HIGH)
  time.sleep(0.00001)
  GPIO.output(trigger, GPIO.LOW)

  start = time.time()
  stop = time.time()

  while GPIO.input(echo) == 0:
    start = time.time()

  while GPIO.input(echo) == 1:
    stop = time.time()

  travelTime = stop - start
  distance = (travelTime * 34300) / 2

```

```
  return distance

if __name__ == '__main__':
  while True:
    try:
      dist = distance()

      time.sleep(0.1)
      if dist < MAX_DIST:
        # C
        reldist = (dist-MIN_DIST) / (MAX_DIST-MIN_DIST)
        if reldist < 0:
          reldist = 0
        pixels.fill((int((1-reldist)*255),int(reldist*255),0))
      else:
        pixels.fill((0,0,0))
      # D
      pixels.show()

    # E
    except KeyboardInterrupt:
      print("Abbruch durch den Benutzer")
      GPIO.cleanup()
```

Dieses Skript muss mit Root-Rechten, also mit einem vorangestellten `sudo`, ausgeführt werden, dies ist bei der `neopixel`-Bibliothek notwendig. Außerdem muss hier explizit `python3` verwendet werden.

Erklärungen zu den Buchstaben in den Kommentaren:

A: Hier legen wir die Datenstruktur für die `neopixel`-Bibliothek an. Dieser teilen wir mit, an welchem Pin die LEDs angeschlossen sind, wieviele es sind und in welcher Leuchtstärke sie leuchten sollen. Der Wert `auto_update` definiert, wann alle Leuchtelemente aktualisiert werden. Zur Verfügung stehen die Optionen 1. automatisch (dann wird er auf `True` gesetzt), 2. wann immer die entsprechenden Werte geändert werden, 3. manuell `(False)`, immer dann wenn `show()` aufgerufen wird. Zumeist ist es ein schönerer Effekt, wenn man die manuelle Aktualisierung verwendet.

B: Diese Methode ist direkt aus dem Beispiel zur Verwendung des Ultraschallsensors übernommen.

C: Die gemessene Distanz wird in einen relativen Wert umgerechnet. Dieser Wert ist gleich 0, wenn der Abstand gleich dem minimalen Wert oder darunter ist und steigt bis 1 an, wenn der Abstand größer wird. Der maximale Wert entspricht dann genau 1. Über diesen Wert wird auch die Interpolation zwischen roter und grüner Farbe gesteuert. Bei 1 ist die Farbe komplett grün und bei 0 ist sie komplett rot.

D: Hier werden die Farbwerte an die einzelnen LEDs übertragen.

E: Dieser kleine Codeschnipsel ermöglicht es, das Programm über die Tastenkombination Steuerung und C abzubrechen und dennoch „aufzuräumen".

Damit wir nun nicht mehr tun müssen, als das System mit Strom zu versorgen, müssen wir das Skript noch bei einem Systemstart automatisch laden lassen. Dazu bearbeiten wir die Datei `rc.local` mit root-Rechten

```
sudo nano /etc/rc.local
```

und fügen dort vor der Zeile `exit 0` noch diese Zeile ein:

```
python3 /home/pi/distance.py
```

Nun startet das Skript nach dem Booten automatisch. Bei einem Eintrag in der `rc.local` muss kein **sudo** angegeben werden, diese starten automatisch mit root-Rechten.

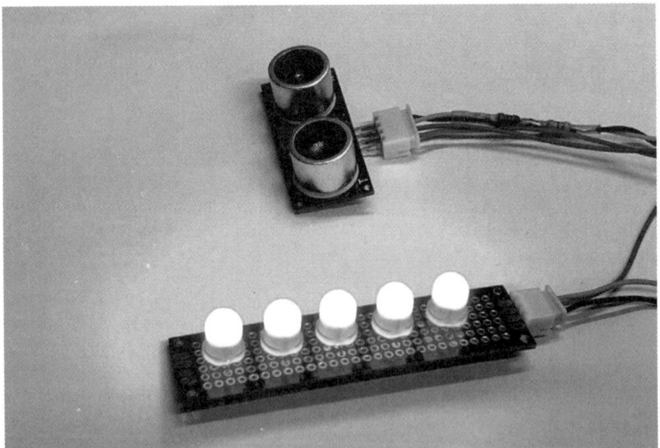

Abb. 17.8 Anzeige der Distanz zum nächsten Hindernis über die Farben Grün bis Rot

Ist alles eingerichtet, kann ein passender Platz für den Aufbau gesucht werden. Davon abhängig können dann auch Gehäuse für die einzelnen Komponenten ausgewählt werden.

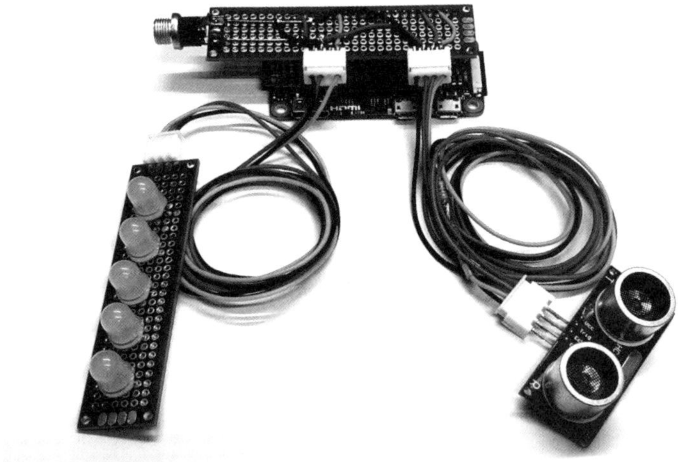

Abb. 17.9 Pi, Verteilerplatine und beide Module. Zur Versorgung reicht es ein 5 Volt Netzteil anzuschließen. Hier ohne Gehäuse.

Man sollte daran denken, dass die Komponenten nicht wetterfest sind. Eine geschlossene Garage ist daher ein guter Einsatzort, ein offener Carport eher nicht.

Alle Programmcodes aus diesem Buch sind als PDF zum Download verfügbar. Dadurch müssen Sie sie nicht abtippen: https://bmu-verlag.de/raspberry-pi-kompendium/

Außerdem erhalten Sie die eBook Ausgabe zum Buch im PDF Format kostenlos auf unserer Website:

https://bmu-verlag.de/raspberry-pi-kompendium/
Downloadcode: siehe Kapitel 20

Kapitel 18

Projekt: Digitaler Bilderrahmen

Teileliste

- Raspberry Pi
- Alter Monitor, alternativ ein kleiner Bildschirm
- Bilderrahmen
- Einige Buttons zur Steuerung

Wer noch einen alten Bildschirm zu Hause hat, kann zusammen mit einem Raspberry Pi ohne viel Aufwand einen digitalen Bilderrahmen bauen.

Einen alten Röhrenmonitor empfehlen wir dafür nicht, aber vor allem kleinere Flachbildschirme eignen sich sehr gut. Sie sind zumeist zu klein, als dass sie noch im heimischen Büro eingesetzt werden, aber solange sie noch funktionieren, wäre es schade, sie einfach weg zu werfen.

Da allerdings der Look eines unter Umständen schon sehr alten Bildschirms nicht unbedingt in jedes Wohnzimmer passt, müssen wir uns überlegen, wie wir das Aussehen verbessern können.

Da wir im nächsten Schritt den Monitor zerlegen, möchten wir hier darauf hinweisen, dass Arbeiten an Netzspannung lebensgefährlich sein können. Wir empfehlen, für dieses Projekt Geräte zu verwenden, die nicht mit Netzspannung betrieben werden, um die Verletzungsgefahr zu reduzieren. Der verwendete Monitor hat ein externes 12-Volt-Netzteil.

Wenn wir statt des alten Monitors einen kleinen neuen Bildschirm verwenden wollen, sollte direkt ein Modell beschafft werden, das kein Kunststoffgehäuse hat. Dann sparen wir uns das Zerlegen.

Ein betagter Monitor ist leider noch in seinem Kunststoffgehäuse gefangen, aus dem wir ihn zuerst befreien müssen.

Abb. 18.1 Ein alter, gebrauchter Flachbildschirm. Das Gehäuse haben wir bereits entfernt.

Wenn der Monitor sicherlich nicht mehr in seine Ursprungsform zurückgeführt werden soll, dann können die alten Gehäuseteile fachgerecht entsorgt werden.

Wir verschaffen uns zunächst einen Überblick, wie viel Platz für das Innenleben des Bildschirms notwendig ist. Der nächste Schritt ist die Suche nach einem Rahmen, mit dem wir den Bildschirm dekorativ verkleiden können.

Hierzu kann natürlich ein Bilderrahmen verwendet werden. Mit etwas Glück findet sich ein alter, gebrauchter Rahmen, der die richtigen Abmaße hat. Ansonsten kann man im Möbelhaus oder auch im Baumarkt sicherlich etwas Passendes erstehen.

Wir hatten Glück und konnten einen Rahmen mit passendem Passepartout finden. Wer gar nichts in der richtigen Größe auftreiben kann, kann im Baumarkt Profilholz besorgen und damit einen Rahmen selbst bauen. In diesem Fall muss nur noch eine passende Glasscheibe besorgt werden.

Abb. 18.2 Günstiger Bilderrahmen als Gehäuse für den digitalen Rahmen

Unser Rahmen passt glücklicherweise sehr gut, lediglich das Passepartout ist etwas kleiner als der Bildausschnitt. Da uns der Gesamtlook des Rahmens gefällt, werden wir es so verwenden und den Bildausschnitt softwareseitig anpassen.

Um etwas Kontrolle über die Bildschirmanzeige zu haben, schließen wir drei Buttons an. Diese verstecken wir im Rahmen.

Abb. 18.3 Gut versteckte Buttons im Holz des Rahmens

Der Aufbau ist sehr einfach, wie auch an der Schaltung in Abbildung 18.4 zu sehen ist.

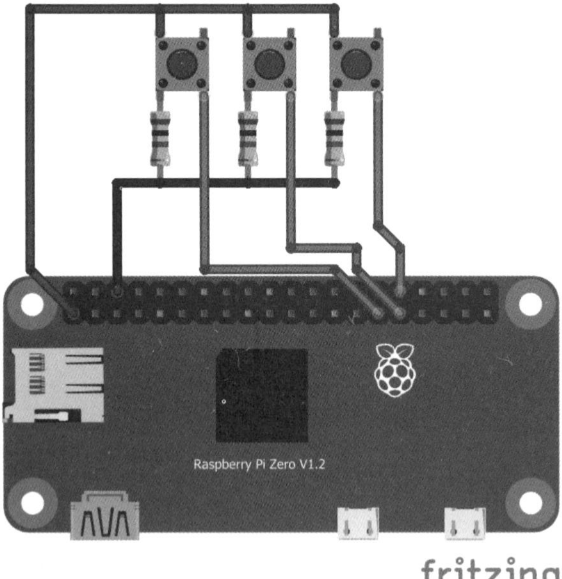

Abb. 18.4 Anschluss der Buttons

Als Grundlage verwenden wir hier ein normales Raspbian-System. Wie benötigen hier allerdings auf jeden Fall eine Installation mit einer grafischen Oberfläche, da unser Programm mit `PyQT` als Desktopanwendung laufen soll.

Die Einrichtung erfolgt so, wie es bereits mehrfach beschrieben wurde, daher gehen wir hier nicht noch einmal darauf ein. Ein paar Kleinigkeiten, die hier beachtet werden müssen, erläutern wir nach der Vorstellung des Programmcodes.

Der Code, den wir für unseren digitalen Bilderrahmen schreiben müssen, ist eher einfach gehalten.

```
import sys
import os
import glob
import time
import RPi.GPIO as GPIO

# A
from PyQt5.QtWidgets import QApplication, QLabel, QWidget
from PyQt5.QtCore import Qt, QTimer
from PyQt5.QtGui import QPixmap, QImage, QColor, QPalette

# B
IMAGE_DIR = ,/usr/share/rpd-wallpaper'

# C
IMAGEWIDTH = 924
IMAGEHEIGHT = 668
OFFSETX = 50
OFFSETY = 50

GPIO.setmode(GPIO.BCM)
GPIO.setup(17, GPIO.IN)  # Previous
GPIO.setup(27, GPIO.IN)  # Next
GPIO.setup(22, GPIO.IN)  # Autoplay On/Off

# D
NEXTBTN_DOWN = False
PREVBTN_DOWN = False
PAUSEBTN_DOWN = False

class MyWidget(QWidget):
  def __init__(self):
    global IMAGEWIDTH
```

```
    global IMAGEHEIGHT
    global OFFSETX
    global OFFSETY
    QWidget.__init__(self)

    # E
    self.imageList = glob.glob(,*.jpg')
    while len(self-imageList) <= 0:
      time.sleep(5)
      self.imageList = glob.glob(,*.jpg')

    self.imgIdx = - 1

    # F
    self.pixmap = QPixmap(self.imageList[0])
    self.label = QLabel(self)
    self.label.setGeometry(OFFSETX, OFFSETY, IMAGEWIDTH, \
IMAGEHEIGHT)

    self.autoplay = True

    # G
    self.nextTimer = QTimer()
    self.nextTimer.setInterval(20000)  # alle 20 Sekunden
    self.nextTimer.timeout.connect(self.nextImage)
    self.nextTimer.start()

    self.inputTimer = QTimer()
    self.inputTimer.setInterval(10)  # alle 10 Millisekunden
    self.inputTimer.timeout.connect(self.checkInput)
    self.inputTimer.start()

  # H
  def checkInput(self):
    global PREVBTN_DOWN
    global PAUSEBTN_DOWN
    global NEXTBTN_DOWN
    if(GPIO.input(17) == 1):
      if(not PREVBTN_DOWN):
        PREVBTN_DOWN = True
        self.prevImage()
    else:
      PREVBTN_DOWN = False

    if(GPIO.input(27) == 1):
      if(not NEXTBTN_DOWN):
        NEXTBTN_DOWN = True
```

```
        self.nextImage()
    else:
      NEXTBTN_DOWN = False

    if(GPIO.input(22) == 1):
      if(not PAUSEBTN_DOWN):
        PAUSEBTN_DOWN = True
        self.autoplay = not self.autoplay
        if self.autoplay:
          self.nextTimer.start()
        else:
          self.nextTimer.stop()
    else:
      PAUSEBTN_DOWN = False

  def __exit__(self):
    GPIO.cleanup()

  def loadImage(self):
    # I
    self.pixmap.load(self.imageList[self.imgIdx])
    self.pixmap = self.pixmap.scaled(self.label.width(), \
self.label.height(), Qt.KeepAspectRatio)
    self.label.setPixmap(self.pixmap)

  def nextImage(self):
    self.imgIdx = (self.imgIdx + 1) % len(self.imageList)
    self.loadImage()

  def prevImage(self):
    self.imgIdx = (self.imgIdx + len(self.imageList) - 1)% \
len(self.imageList)
    self.loadImage()

if __name__ == "__main__":

  # J
  os.chdir(IMAGE_DIR)
  app = QApplication(sys.argv)
  widget = MyWidget()

  # K
  p = widget.palette()
  p.setColor(widget.backgroundRole(), Qt.black)
  widget.setPalette(p)

  # L
```

```
    widget.setCursor(Qt.BlankCursor)

    # M
    widget.showFullScreen()
    widget.nextImage()
    sys.exit(app.exec_())
```

Erklärungen zu den Buchstaben in den Kommentaren:

A: Da wir `PyQT` verwenden, benötigen wir die dazu passenden Module. Diesmal verwenden wir ein paar zusätzliche Module wie zum Beispiel den Timer oder die Farbpalette.

B: In dem hier angegebenen Pfad wird nach Bildern gesucht. Der Pfad im Beispiel zeigt auf den Ordner mit den vorinstallierten Hintergrundbildern.

C: Falls der sichtbare Bildausschnitt nicht mit der Größe des Monitors übereinstimmt, kann das Bild hier so eingestellt werden, dass die Bilder nur im sichtbaren Bereich angezeigt werden. Dazu wird der Abstand in Pixeln zur linken, oberen Ecke angegeben und die Breite und Höhe der sichtbaren Fläche, ebenfalls in Bildpunkten.

D: Die Befehle der Knöpfe sollen nicht kontiniuierlich ausgeführt werden, wenn ein Knof etwas länger gedrückt gehalten wird. Dazu wird hier ein Wert gesetzt, wenn die Funktion des Buttons zum ersten Mal ausgeführt wurde. Dieser Wert wird erst dann zurückgesetzt, wenn der Knopf losgelassen wird. Dadurch wird die Funktion immer nur einmal ausgeführt.

E: Hier werden die Bilder aus dem angegebenen Pfad geladen. Werden keine gefunden, wird alle fünf Sekunden erneut versucht, Bilder zu finden.

F: Um die Bilder anzuzeigen, verwenden wir eine „Pixmap", das ist ein Element, das Pixeldaten enthalten kann.

G: Anstelle der Systemfunktion `time.sleep()` nutzen wir diesmal die in `Qt` eingebauten Timer, um die Intervalle zum Bildwechsel und zur Abfrage der Bedienelemente zu steuern. Der Vorteil ist, dass hier mehrere Timer parallel laufen können und nicht der gesamte Programmablauf angehalten wird.

H: Da wir die `Qt`-Timer verwenden, können wir die Abfrage der Buttons in eine eigene Funktion auslagern.

I: Die Pixmap wird mit Daten aus den geladenen Bildern gefüllt und dann dem Label zugewiesen.

J: Beim Programmstart wechseln wir zuerst in das Verzeichnis, das die Bilder enthält.

K: Als nächstes erzeugen wir ein Objekt, mit dem wir die Hintergrundfarbe ändern können und setzen diese auf Schwarz.

L: Dann verstecken wir den Mauszeiger, indem wir ihn durch einen leeren Zeiger ersetzen.

M: Als letztes starten wir unsere Bildanzeige.

Wenn alles funktioniert, müssen wir uns jetzt noch um ein paar Einstellungen kümmern, die notwendig sind, um aus dem System einen vernünftigen digitalen Bilderrahmen zu machen.

Als erstes muss verhindert werden, dass der Bildschirm nach einer gewissen Zeit abgeschaltet wird. Normalerweise ist das eine sinnvolle Einstellung, um Energie zu sparen. Für einen Bilderrahmen ist das aber nicht praktikabel.

Hierzu müssen wir die Einstellungen der Dekstopumgebung verändern. Für die Standard-Desktopumgebung unter Raspbian, LXDE, editieren wir dazu diese Konfigurationsdatei:

```
sudo nano /etc/lightdm/lightdm.conf
```

Dort fügen wir die folgenden Zeilen zum Abschnitt `[Seat:*]` hinzu:

```
# disable screensaving
xserver-command=X -s 0 dpms
```

Nach dem nächsten Neustart sollte der Bildschirm nicht mehr in den Standbymodus wechseln.

Das einzige, was jetzt noch fehlt, ist der automatische Aufruf des Scripts beim Laden der Desktopumgebung.

Aber auch das erfordert lediglich einen kleinen Eintrag in einer Einstellungsdatei:

```
sudo nano /etc/xdg/lxsession/LXDE-pi/autostart
```

Dort suchen wir den folgenden Eintrag:

```
@xscreensaver
```

Und fügen davor diese Zeile ein:

```
@sudo/usr/bin/python3 /home/pi/imageDisplay.py
```

Damit ist alles soweit eingerichtet, dass wir den Bilderrahmen zum Einsatz bringen können.

Abb. 18.5 Der fertige digitale Bilderrahmen. Das verwendete Testbild ist der Standard Raspbian Hintergrund.

Auch in diesem Projekt gibt es natürlich vielseitige Erweiterungsmöglichkeiten. So könnte man beispielsweise eine Ordnerfreigabe ergänzen, um das Hinzufügen neuer Bilddateien einfacher zu machen. Darüber hinaus könnte man auch die Option zur Wiedergabe von Videos einbauen.

Um die Bedienung intuitiver zu gestalten, wäre das Einblenden von Informationen bei der Verwendung der Buttons hilfreich.

Alle Programmcodes aus diesem Buch sind als PDF zum Download verfügbar. Dadurch müssen Sie sie nicht abtippen: https://bmu-verlag.de/raspberry-pi-kompendium/

Außerdem erhalten Sie die eBook Ausgabe zum Buch im PDF Format kostenlos auf unserer Website:

https://bmu-verlag.de/raspberry-pi-kompendium/
Downloadcode: siehe Kapitel 20

Kapitel 19

Projekt: Wetterstation mit Webinterface

Teileliste

- Raspberry Pi
- Luftdruck- und Temperatursensor

An einen Raspberry Pi können auf einfache Art und Weise die verschiedensten Sensoren angeschlossen werden. Dies macht den Raspberry Pi zu einer perfekten Grundlage für Projekte, die verschiedene Sensordaten sammeln und bereitstellen.

Ein Beispiel hierfür ist eine Wetterstation, mit der verschiedene Umgebungsdaten überwacht und angezeigt werden können. Sensoren für Temperatur und Luftdruck sind einfach zu bekommen und als Modul sehr kompakt.

Abb. 19.1 BMP180 Modul mit kombiniertem Luftdruck- und Temperatursensor

Häufig gibt es auch kombinierte Sensoren, wie zum Beispiel der bereits betrachtete Temperatur- und Luftfeuchtigkeitssensor, der auf Seite 336 vorgestellt wurde.

In diesem Projekt wollen wir eine Wetterstation aufbauen, die Sensordaten sammelt und über ein Webinterface zugänglich macht, sodass auch aus der Ferne die Messwerte eingesehen werden können.

Als Beispielsensor verwenden wir dazu den in Abbildung 19.1 gezeigten Temperatur- und Luftdrucksensor. Da dieser ein I2C-Gerät ist, können wir uns bei der Verkabelung an einem beliebigen Beispiel zur Verbindung eines I2C-Moduls orientieren. Dabei sollte darauf geachtet werden, dass der I2C Bus eventuell erst im Konfigurationstool `raspi-config` aktiviert werden muss.

Da wir im späteren Verlauf weitere Bilbiotheken installieren, die nur in Python 3 funktionieren, installieren wir auch die für den Sensor notwendigen Module entsprechend:

```
pip3 install Adafruit-BMP
```

Wir können nun mit wenigen Zeilen Code den Sensor auslesen.

```
import Adafruit_BMP.BMP085 as BMP085
import os

sensor = BMP085.BMP085()

temp = sensor.read_temperature()
psea = sensor.read_sealevel_pressure()
ploc = sensor.read_pressure()
altd = sensor.read_altitude()

print('Temp = {0:0.2f} *C'.format(temp))
print('Pressure = {0:0.2f} Pa'.format(ploc))
print('Altitude = {0:0.2f} m'.format(altd))
print('Sealevel Pressure = {0:0.2f} Pa'.format(psea))
```


Der Code ist sehr übersichtlich, da das Modul für den Sensor uns bequemerweise Funktionen bereitstellt, mit denen alle Werte direkt ausgelesen werden können. Wir geben im Anschluss die Werte mit zwei Nachkommastellen aus.

Neben dem aktuellen lokalen Luftdruck und der Temperatur, bekommen wir auch einen Wert für die Höhe und den Luftdruck auf Höhe des Meeresspiegels.

Bei Wetterdaten geht es eigentlich immer um eine längere Entwicklung, die aktuellen Daten interessieren nur bedingt. Deswegen benötigen wir eine Methode, mit der wir die Daten hinterlegen. Am besten sollte dies natürlich mit einer gewissen Frequenz geschehen, sodass zum Beispiel im Abstand von einer Viertelstunde jeweils ein Messwert hinterlegt wird.

Damit aber auch hier auf Dauer nicht Massen an Daten auflaufen, bietet sich die Verwendung einer sogenannten „Round Robin"-Datenbank an.

Das Funktionsprinzip ist schnell erklärt:

1. Daten werden in einem bestimmten Intervall für einen frei definierbaren Zeitraum hinterlegt.
2. Nach Ablauf dieses definierten Zeitraums werden die ältesten Daten für einen größeren Zeitraum zusammengefasst und nur noch die Minimal-, Maximal- und Durchschnittswerte gespeichert.
3. Diese reduzierten Daten werden ebenfalls für einen definierten Zeitraum aufbewahrt.

Betrachten wir das am konkreten Beispiel unserer Messwerte und berechnen, wie viele Messwerte wir mit der Zeit speichern werden:

1. Wir erfassen alle 15 Minuten einen Messwert. Das sind 96 Einträge pro Tag. Diese Frequenz wird 10 Tage lang wiederholt, insgesamt laufen dadurch 960 Samples auf.
2. Wird ein weiterer Tag angefangen, dann wird der älteste Tag reduziert auf einen Minimal-, Maximal- und Durchschnittswert. Für diese reduzierten Daten beträgt die Aufbewahrungszeit 10 Jahre. Mit einem Datensatz pro Tag kommen wir also auf 3650 Einträge.

Unsere Datenbank muss bei diesem Vorgehen also 4560 Einträge speichern können.

Die Verwendung einer solchen Datenbank ist schnell ermöglicht, wir benötigen lediglich das „RRDTool".

```
pip3 install rrdtool
```

Gibt es hierbei Fehler, können wir das Tool auch über die Paketverwaltung des Betriebssystems installieren.

```
sudo apt-get install rrdtool python3-rrdtool
```

Die Rückfragen während der Installation bestätigen wir mit „Y" und warten, bis der Vorgang durchgelaufen ist.

Um unsere Datenbank mit den eben definierten Vorgaben zu erstellen, führen wir diesen Befehl in einer Zeile aus:

```
rrdtool create weather.rrd --step 900 DS:temp:GAUGE:1200:-40:80
DS:psea:GAUGE:1200:900:1200 DS:ploc:GAUGE:1200:900:1200
RRA:AVERAGE:0.5:1:960 RRA:MIN:0.5:96:3600 RRA:MAX:0.5:96:3600
RRA:AVERAGE:0.5:96:3600
```

Das mag auf den ersten Blick etwas kompliziert aussehen, betrachten wir es daher Schritt für Schritt:

- `rrdtool create weather.rrd`

  Wir legen eine RRD-Datenbank in der Datei weather.rdd an.

- `--step 900`
- Gibt an, in welchem Intervall die Daten im feinsten Schritt gesammelt werden. 900 Sekunden entsprechen 15 Minuten, also genau einer Viertelstunde.

- `DS:temp:GAUGE:1200:-40:80`

  `Mit DS` wird eine Datenquelle (DataSource) definiert. Darauf folgt der Name, hier „temp", und der Datentyp. Wir definieren diesen hier als „GAUGE", das ist vorgesehen für zählbare Werte. Der nächste Wert ist der „Heartbeat", also Herzschlag. Damit wird definiert, nach welchem Intervall dieser Wert als unbekannt eingetragen wird, sofern kein neuer Datensatz eintrifft. Die letzten beiden Werte stellen die Minimal- und Maximalwerte dar, die diese Quelle annehmen kann.

Die folgenden Datenquellen sind analog zu verstehen.

- `RRA:AVERAGE:0.5:1:960`

  Mit RRA wird ein „Round Robin Archive" angelegt. Dies sind die Mittelwerte, die wir bereits angesprochen haben. Mit dem Schlüsselwort „AVERAGE" geben wir an, dass wir einen Mittelwert möchten. Die nächste Zahl bestimmt, welcher Teil des Intervalls aus unbekannten Werten bestehen kann, bevor auch dieser Mittelwert als unbekannt eingetragen wird. 0.5 bedeutet, dass die Hälfte unbekannt sein kann. Um festzulegen, wie viele Werte dieses Archiv bilden, wird der nächste Wert verwendet, hier 1. Der letzte Wert gibt an, wie viele Werte zur Berechnung des Mittelwerts herangezogen werden.

  Die weiteren Archiveinträge definieren Minimal- und Maximalwerte.

Ist der Befehl ausgeführt, sollten wir im aktuellen Verzeichnis eine Datei mit dem Namen weather.rrd vorfinden. Den Höhenwert speichern wir nicht in unserer Datenbank.

Erweitern wir nun unseren Code, können wir die Messwerte immer direkt auch in die Datenbank speichern:

```
import Adafruit_BMP.BMP085 as BMP085
import os, rrdtool

sensor = BMP085.BMP085()

temp = sensor.read_temperature()
psea = sensor.read_sealevel_pressure()
ploc = sensor.read_pressure()
altd = sensor.read_altitude()

print('Temp = {0:0.2f} *C'.format(temp))
print('Pressure = {0:0.2f} Pa'.format(ploc))
print('Altitude = {0:0.2f} m'.format(altd))
print('Sealevel Pressure = {0:0.2f} Pa'.format(psea))

data = "N:%.2f:%.2f:%.2f" % (temp,psea/100,ploc/100)
rrdtool.update("%s/weather.rrd" % \
(os.path.dirname(os.path.abspath(__file__))), data)
```

Die einzigen Änderungen sind der Import von `rrdtool` und die letzte Zeile, mit der die Daten in die eben angelegte Datenbank gespeichert werden.

Wollen wir uns den zuletzt gespeicherten Eintrag ansehen, geht das mit diesem Befehl:

```
rrdtool lastupdate weather.rrd
```

Das minimale Intervall, in dem Daten gespeichert werden, beträgt 15 Minuten. Werden Daten in kürzeren Intervallen hinzugefügt, wird daraus ein Durchschnittswert gebildet.

Das machen wir uns zunutze und legen einen Crontab-Eintrag an, der alle 5 Minuten einmal ausgeführt wird.

Dazu orientieren wir uns am Kapitel Systemstart und Cron-Jobs ab Seite 134 und fügen der Cron-Tabelle diese Zeile hinzu:

```
*/5 * * * * python3 /home/pi/weather.py
```

Nun werden alle 5 Minuten einmal die Messwerte abgefragt und in die Datenbank gespeichert.

Im nächsten Schritt lassen wir so nun über einen längeren Zeitraum die Daten sammeln. Möchte man zwischendurch einen Einblick, kann man sich zum Beispiel einen wöchentlichen Durchschnitt anzeigen lassen mit:

```
rrdtool fetch weather.rrd AVERAGE -s 'now - 1 week'
```

Da es aber eher mühsam ist, immer auf der Kommandozeile nach dem richtigen Befehl für die Datenkontrolle zu suchen, wollen wir im nächsten Schritt einen Webserver installieren, sodass wir einfach über einen beliebigen Browser Einblick nehmen können.

Dazu installieren wir `lighttpd`, einen kompakten Webserver.

```
sudo apt-get install lighttpd
```

Auch hier bestätigen wir alle Rückfragen während der Installation mit der Standardantwort, indem wir Enter drücken.

```
sudo lighty-enable-mod userdir
```

Jetzt müssen wir nur noch den Webserver neu starten:

```
sudo /etc/init.d/lighttpd restart
```

Nun legen wir im Verzeichnis `/home/pi/public_html` eine Datei mit dem Namen `index.html` an und geben ihr diesen Inhalt:

```
<html>
<head>
</head>
<body>
<h1>MEINE WETTERSTATION</h1>
</body>
</html>
```

Rufen wir nun die folgende URL in einem Browser auf (und setzen natürlich die richtige IP des Raspberry Pi ein), dann können wir schon etwas sehen.

```
http://192.168.178.58/~pi/index.html
```

Das hier sollten wir nun sehen können:

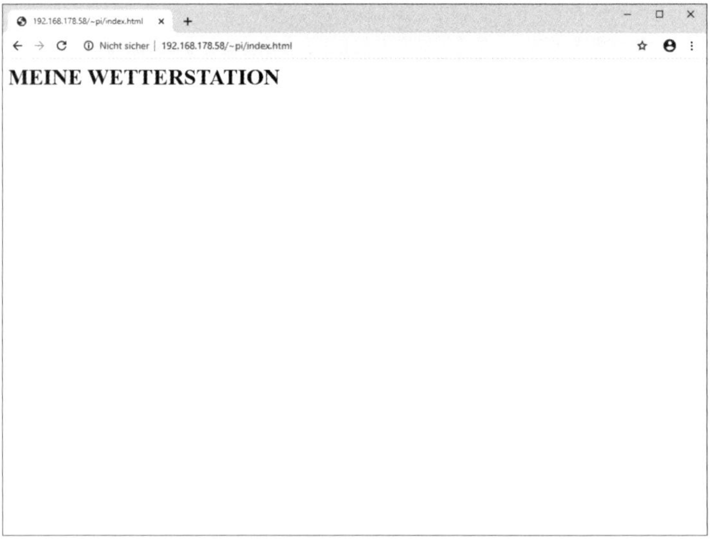

Abb. 19.2 Die rudimentäre Webseite die wir gerade erzeugt haben

Im nächsten Schritt müssen wir nun einen Weg finden, mit dem wir eine grafische Ausgabe unserer Datenbankdaten erzeugen können.

Zum Glück bietet uns das `rrdtool` einen praktischen Weg, um Grafiken zu erzeugen.

Mit einem Aufruf wie diesem hier können wir beispielsweise eine PNG-Datei mit den Temperaturdaten erzeugen.

```
rrdtool graph ./test.png --imgformat PNG --end now
--start end-3600s --width 1024 --height 256 --upper-
limit 40 --lower-limit 0 DEF:temp=/home/pi/weather.
rrd:temp:AVERAGE LINE1:temp#0000FF:"Temperature"
```

Eine einfache Möglichkeit wäre es jetzt, diesen Aufruf über die Cron-Tabelle in regelmäßigen Abständen aufzurufen. Allerdings wäre es ein wenig eleganter, wenn wir den doch sehr sperrigen Aufruf noch etwas kompakter gestalten könnten. Glücklicherweise gibt es das `rrdtool` auch als Modul für Python und die `graph`-Funktionalität ist dort ebenfalls verfügbar.

Wir wollen also ein Script schreiben, mit dem wir alle gesammelten Daten separat in Grafiken ausgeben können.

```
import sys
import rrdtool

# A
if len(sys.argv) < 6:
        exit

# B
filename = "/home/pi/public_html/tmp/graph_" + sys.argv[1] +
".png"

# C
graphic = rrdtool.graph(filename,
        "--end", "now",
        "--start", "end-" + sys.argv[5],
        "--width", "1024",
        "--height", "256",
        "--upper-limit", sys.argv[4],
        "--lower-limit", sys.argv[3],
        "DEF:"+sys.argv[1]+"=/home/pi/weather.rrd:"+ \ sys.
```

```
argv[1]+":AVERAGE",
        "LINE1:"+sys.argv[1]+"#0000FF:\"" + sys.argv[2] + "\"")
```

Erklärung der Buchstaben in den Kommentaren:

A: Wir möchten unser Script gerne über die Kommandzeile aufrufen können, sodass es für jeden Wert, den wir in der Datenbank verfolgen, eine eigene Grafik anlegen kann. Dafür verwenden wir Aufrufparameter und möchten natürlich verhindern, dass es mit den falschen Werten gestartet wird. Wir prüfen hier zwar nur die Anzahl der Parameter, theoretisch wäre aber auch eine genauere Prüfung möglich, sodass auch nur die erwarteten Wertebereiche eingegeben werden können. Da wir fünf Parameter erwarten, müssen wir prüfen, ob weniger als sechs angegeben wurden, denn wie wir bereits gelernt haben, wird der erste automatisch mit dem Namen des Scripts gefüllt.

B: Hier wird der erste Aufrufparameter verwendet. Dieser enthält den Namen der Datenreihe in der Datenbank und wird unter anderem dafür verwendet, die erzeugte Bilddatei zu benennen.

C: Der Aufruf, der letztendlich die Grafik erzeugt, ist dabei dem Kommandozeilenaufruf sehr ähnlich – zumindest, was die verwendeten Parameter betrifft. Grundsätzlich sieht der Aufruf so aus:

```
rrdtool.graph(filename, arguments)
```

Der Parameter `arguments` besteht dabei aus aufeinanderfolgenden Paaren aus dem Namen des Parameters und dem Wert. Im Einzelnen:

- `"--end", "now"`

  Hiermit bestimmen wir, bis zu welchem Zeitpunk die Grafik Daten enthalten soll. In diesem Fall entscheiden wir uns, alles bis zum aktuellen Zeitpunkt der Ausführung zu integrieren.

- `"--start", "end-" + sys.argv[5]`

  Zusätzlich müssen wir angeben, wie weit zurück wir gehen möchten. Dieser Wert wird in Sekunden angegeben.

- `"--width", "1024"`

  Die Breite der Grafik in Pixeln.

- `"--height", "256"`

  Die Höhe der Grafik.

- `"--upper-limit", sys.argv[4]`

  Da wir Daten in unterschiedlichen Wertebereichen anzeigen wollen, müssen wir hier die Obergrenze der zu erwartenden Daten angeben.

- `"--lower-limit", sys.argv[3]`

  Auch ein unteres Limit des Wertebereichs kann angeben werden.

- `"DEF:"+sys.argv[1]+"=/home/pi/weather.rrd:"+\`

  `sys.argv[1]+":AVERAGE"`

  Hier geben wir an, welche Daten wir verwenden wollen. Die Zeile wird klarer, wenn wir im Folgenden die genauen Aufrufe betrachten. Dieser Parameter besteht übrigens nicht aus einer Kombination aus Name und Wert, sondern nur aus einer einzelnen Zeichenkette.

- `"LINE1:"+sys.argv[1]+"#0000FF:\"" + sys.argv [2] +"\"")`

  Dieser letzte Parameter definiert die Beschriftung der Grafik. Auch dieser Wert wird als einzelne Zeichenkette angegeben.

Betrachten wir nun einen konkreten Aufruf:

```
python3 createGraph.py temp Temperature 0 30 3600
```

Dann ergibt sich diese Bedeutung der Aufrufparameter:

- `temp`

  Der Name der Datenreihe, die wir anzeigen wollen.

- `Temperature`

  Die Beschriftung, die auf der Grafik verwendet wird.

- `0`

  Der Minimalwert, der in der Grafik verwendet werden soll.

- `30`

  Der Maximalwert, der in der Grafik verwendet werden soll.

- `3600`

  Der Zeitraum, für den die Daten angezeigt werden, in diesem Fall 3600 Sekunden.

Die Grafik, die daraus entsteht, sieht so aus:

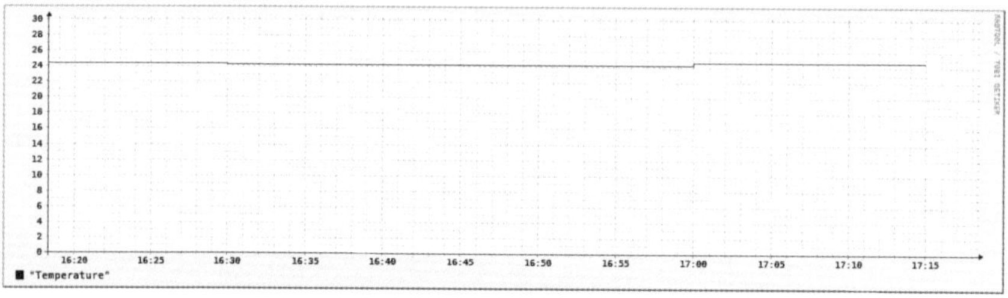

Abb. 19.3 Eine Beispielgrafik zur Ausgabe der Temperaturdaten

Der Aufruf zur Ausgabe der Luftdruckdaten ist dann analog zu verstehen:

```
python3 createGraph.py ploc Pressure 900 1000 3600
```

Zu beachten ist hier natürlich die Auswahl einer anderen Datenreihe und der geänderte Wertebereich.

Im nächsten Schritt automatisieren wir die Erzeugung der Grafiken, indem wir die Aufrufe durch die Cron-Tabelle in regelmäßigen Abständen wiederholen lassen. Dazu ergänzen wir die folgenden Einträge:

```
*/5 * * * * python3 /home/pi/createGraph.py ploc Pressure 900 1000 3600
*/5 * * * * python3 /home/pi/createGraph.py temp Temperature 0 30 3600
```

Natürlich sind die Einträge jeweils einzeilig vorzunehmen!

Die Anzeige der Daten in der HTML-Datei besteht dann nur noch aus ein paar Zeilen zusätzlichem Code, die vollständige Datei sieht so aus:

```
<html>
```

```
<head>
</head>
<body>
<h1>MEINE WETTERSTATION</h1>
<h2>Temperature</h2>
<img src="tmp/graph_temp.png">
<h2>Pressure</h2>
<img src="tmp/graph_ploc.png">
</body>
</html>
```

Und die Webseite, die daraus entsteht, ist dann schon recht ansehnlich und informativ.

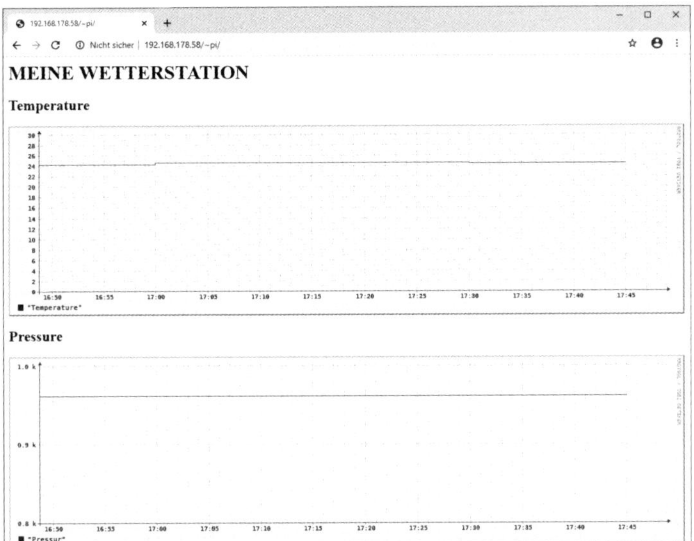

Abb. 19.4 Anzeige der Sensordaten auf einer Webseite. Die Daten und Grafiken werden vom System automatisch aktualisiert.

Auch bei diesem Projekt gibt es wieder etliche Möglichkeiten, wie man den Funktionsumfang erweitern kann. Die einfachste Variante ist das Hinzufügen weiterer Sensoren, um mehr Daten zur Verfügung stellen zu können.

Außerdem könnte man die Scripte so erweitern, dass Variablen wie beispielsweise der Zeitraum aus dem Browser heraus angepasst werden können.

Alternativ kann auch ein Knopf auf der Webseite integriert werden, mit dem auf Wunsch des Users die Grafiken mit den aktuellsten Daten neu generiert werden.

Da es sich um eine Webseite handelt, die in einem Browser angezeigt wird, gibt es auch immer die Option, das optische Erscheinungsbild zu verbessern. Hier stehen dem Benutzer alle Türen offen.

Alle Programmcodes aus diesem Buch sind als PDF zum Download verfügbar. Dadurch müssen Sie sie nicht abtippen:
https://bmu-verlag.de/raspberry-pi-kompendium/

Außerdem erhalten Sie die eBook Ausgabe zum Buch im PDF Format kostenlos auf unserer Website:

https://bmu-verlag.de/raspberry-pi-kompendium/
Downloadcode: siehe Kapitel 20

Kapitel 20

Projekt: RGB Matrix Display

20.1 Teileliste

- Raspberry Pi
- Eine große Anzahl WS2812B RGB LEDs
- Unlackierte Kupferdrähte
- Ein Einsatz, um die LEDs im Pixelraster anzuordnen
- Ein Rahmen
- Eine Milchglasscheibe

Die „ernsthaften" Projekte, die wir bisher betrachtet haben, brachten alle einen gewissen Nutzwert mit sich. Daneben möchten wir aber auch die künstlerische Seite nicht außer Acht lassen.

Dieses Projekt ist als rein dekoratives Element angelegt und richtet sich in seiner Ästhetik vor allem an solche Bastler, die sich auch für alte Computerspiele begeistern können.

Stark vereinfach ausgedrückt möchten wir ein Display herstellen. Dieses Display ist aber nicht vergleichbar mit einem modernen Monitor und den Auflösungen, die heute erreicht werden können.

Anstatt durch Millionen von Bildpunkten ein möglichst feines Bild zu erzeugen, reduzieren wir die Anzahl der Pixel deutlich. Unsere Matrix soll am Ende aus zehn Pixeln in der Breite und zehn Pixeln in der Höhe bestehen. Diese Zahl haben wir bewusst gewählt, da die grafischen Elemente vieler alter Spiele in einer Größe von ungefähr acht Pixeln in der Höhe und Breite angelegt wurden.

Damit noch ein kleiner Spielraum als Rand bleibt, erweitern wir diesen Bereich rundherum um einen Pixel und kommen damit auf insgesamt einhundert Bildpunkte.

Jeder einzelne dieser Punkte wird dabei durch eine RGB-LED repräsentiert, sodass wir auch bunte Bilder anzeigen können.

Zum Einsatz kommen hier wieder Leuchtdioden mit einem integrierten Controller, die wir einfach in Serie hintereinanderschalten und über ein Kabel mit Daten versorgen können.

Warum verwenden wir für dieses Projekt keine fertigen Komponenten, beispielsweise eine fertige RGB-Matrix oder auch mehrere LED-Streifen? Die Antwort ist einfach: Wir wollen mehr Flexibilität in der Anordnung der einzelnen Bildpunkte.

Die Verwendung fertiger Bauteile würde den Aufbau natürlich deutlich vereinfachen, aber wir haben uns für eine Pixel-„Breite" von 30 Millimetern entschieden, das gibt es nicht als fertiges Element.

Also beginnen wir den Aufbau mit den Vorbereitungen für die Verkabelung. Die einzelnen LED-Elemente werden zu Pixelreihen von je 10 Leuchtpunkten verbunden. Dazu eignet sich Kupferdraht mit einem Durchmesser zwischen 0,5 und 1 Millimeter hervorragend.

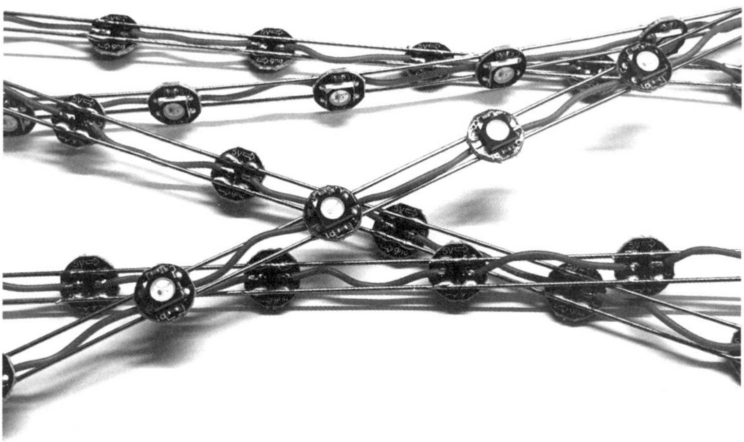

Abb. 20.1 WS2812b RGB LED Module in Serie zu je 10 LEDs

Die meisten Kupferdrähte, die online erhältlich sind, sind mit einer Isolierschicht überzogen. Diese lassen sich dann nicht verlöten, ohne dass der Lack vorher entfernt wurde. Daher sollte man unlackierten Kupferdraht besorgen. Eine gute Möglichkeit ist die Verwendung von Kupfer-Elektroden, die zum Schweißen verwendet werden, denn diese sind unlackiert. Es gibt sie sowohl als Stäbe als auch auf Rollen in unterschiedlichen Stärken.

Da die Stromversorgung der LEDs durchverbunden werden kann, können jeweils mehrere Module wie in Abbildung 20.1 gezeigt auf zwei Kupferdrähten aufgelötet werden, die die Stromversorgung für alle Leuchtdioden bereitstellen.

Abb. 20.2 Die verwendeten WS2812B RGB-LEDs. Gut zu erkennen sind die einzelnen Anschlüsse mit Beschriftung.

Die Datenleitung wird jeweils vom Anschluss `DOUT` oder `DO` zum Anschluss `DIN` oder `DI` der nächsten Leuchtdiode verbunden. Sie kann leider nicht durchverbunden werden, sodass hier ein wenig Fleißarbeit nötig ist.

Die einzelnen „Reihen" müssen dann nur noch untereinander verbunden werden, auch hier wieder `DOUT` der letzten Diode mit `DIN` der ersten aus der nächsten Reihe.

Bei diesem Projekt ist es sehr wichtig, die Stromversorgung nicht über die 5-Volt-Pins des Raspberry Pi zu machen, sondern ein externes Netzteil zu verwenden. Eine der verwendeten RGB-LEDs ist mit 0,3 Watt als Spitzenverbrauch angegeben. Rechnen wir das nun hoch für die 100 LEDs, die wir in der Matrix verbaut haben, dann kommen wir auf insgesamt 30 Watt. Der Pi müsste also in der Lage sein, 6 Ampere liefern zu können, das übersteigt deutlich das, was wir aus den 5-Volt-Pins ziehen dürfen.

Damit wir nicht nur ein Raster aus leuchtenden Punkten bekommen, benötigen wir zwei weitere Bauteile: eine matte Scheibe, die das Licht der LEDs etwas streut, und einen Einsatz, der für jede Leuchtdiode ein quadratisches Fach hat.

Diesen Einsatz kann man aus unterschiedlichen Materialien herstellen, zum Beispiel aus Holz, Pappe oder Kunststoff. Wer Zugang zu einem 3D-Drucker hat, kann einen entsprechenden Einsatz auch selbst herstellen. Für diese Option haben wir uns bei unserer Matrix entschieden.

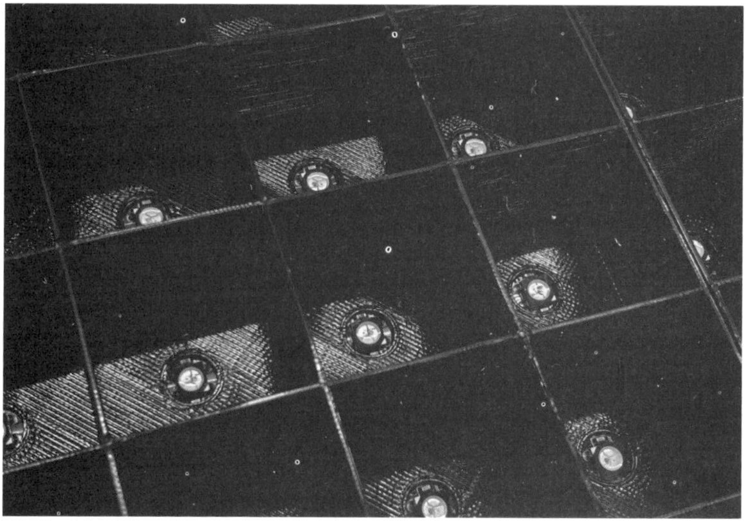

Abb. 20.3 3D-gedruckter Kunststoffeinsatz zur optischen Trennung der Pixel

Jedes der 100 Fächer hat auf der Rückseite ein Loch, durch das die LED leuchten kann. Das vereinfacht auch die Montage etwas, da die LEDs in Position auf der Rückseite aufgebracht werden können. Zusätzlich haben wir die Stromversorgung so aufgebaut, dass wir auf einer Seite alle 5-Volt-Leitungen verbinden können und auf der gegenüberliegenden Seite alle Masseverbindungen.

Fertig aufgebaut sieht das Modul von der Rückseite ungefähr so aus:

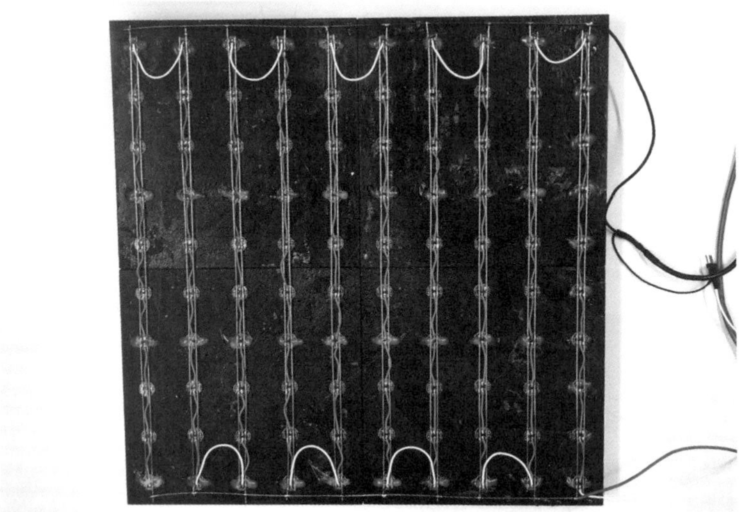

Abb. 20.4 Rückseite der aufgebauten RGB Matrix

Gut zu sehen sind die weißen Verbindungen zwischen den einzelnen Pixelreihen, die alle einhundert LEDs zu einem langen Leuchtstreifen zusammen schalten. Die Masseleitungen sind alle an der Oberseite mit einem quer liegenden Kupferleiter verbunden. Das gleiche haben wir an der Unterseite mit den 5-Volt-Anschlüssen gemacht. Die Stromversorgung erfolgt über die Kabel auf der rechten Seite.

Etwas übersichtlicher wird es in der schematischen Ansicht:

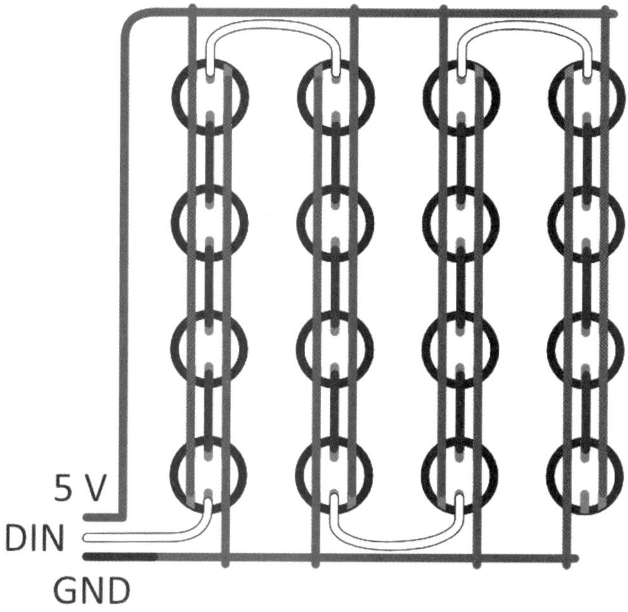

Abb. 20.5 Schematischer Aufbau der Matrix, reduziert auf 16 Elemente. Beachtenswert ist die alternierende Richtung der Stromversorgung.

Die Spannungsversorgung ist so angelegt, dass der Raspberry Pi über die 5-Volt-Pins mit Strom versorgt werden kann und kein zusätzliches USB-Netzteil notwendig ist. In dieser Konfiguration werden am Pi selbst nur Spannung, Masse und der PWM-Pin GPIO18 angeschlossen.

Alternativ kann der Raspberry auch separat mit Strom versorgt werden, in diesem Fall muss die Masseleitung der Spannungsversorgung für die LEDs an einen der GND-Pins des Pi angeschlossen werden.

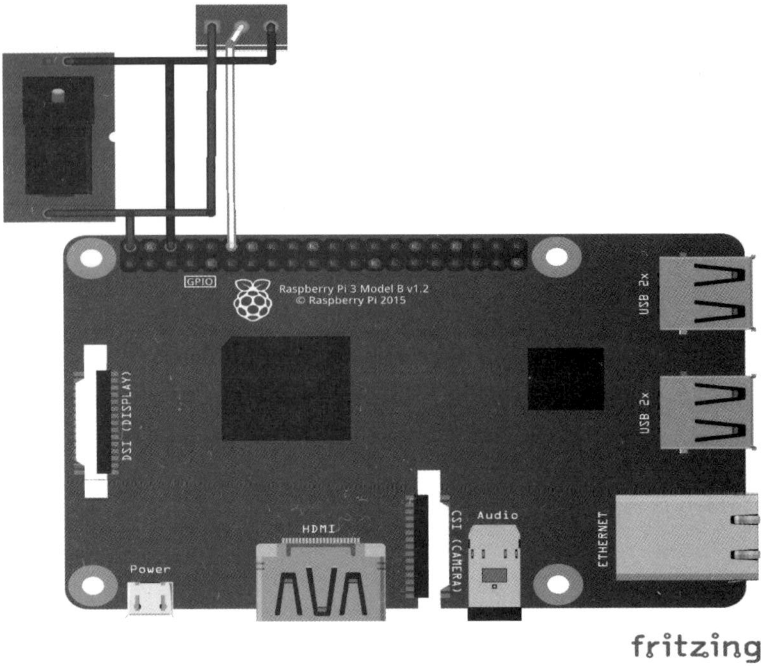

Abb. 20.6 Anschluss der Matrix an den Pi

Wird der Pi mit einem eigenen Netzteil betrieben, dann fällt die rote 5-Volt-Leitung aus der vorherigen Skizze weg. Der dreipolige Anschluss in der Zeichnung ist die Verbindung zur Matrix und entspricht den farblichen Markierungen aus dem Schema in Abbildung 20.5 auf Seite 499.

Auch bei diesem Projekt werden wieder spezielle Bilbiotheken installiert, die mit root-Rechten für Python 3 eingerichtet werden müssen:

```
sudo pip3 install adafruit-blinka
sudo pip3 install rpi_ws281x adafruit-circuitpython-neopixel
sudo pip3 install imageio
```

Die letzte Zeile installiert eine Bibliothek, die Bilddateien laden und verarbeiten kann.

```
import time
import board
import neopixel
```

```
import imageio
import glob

# A
NUM_PIXELS = 100
ROWS = 10
COLS = 10

# B
ORDER = neopixel.GRB
pixels =  neopixel.NeoPixel(board.D18, NUM_PIXELS, \
brightness=1.0, auto_write = True, pixel_order=ORDER)

# C
pixels.fill((0,0,0))

# D
image_list=glob.glob('/home/pi/matrix_images/*')
while len(image_list) <= 0:
  time.sleep(5)
  image_list=glob.glob('/home/pi/matrix_images/*')
image_list.sort()

image_idx=0

while True:
    current_image = imageio.imread(image_list[image_idx])

    # E
    for col in range(COLS):
        for row in range(ROWS):
            if(col%2 == 0):
                pixels[col*COLS+row] = \
current_image[col][row][:3]
            else:
                pixels[col*COLS+row] = \
current_image[col][ROWS-1 row][:3]

    # F
    time.sleep(5)
    # G
    image_idx = (image_idx + 1) % len(image_list)
```

Erklärungen zu den Buchstaben in den Kommentaren:

A: Hier definieren wir die Anzahl der LEDs in unserer Matrix und die Anzahl der Zeilen und Spalten.

B: Manche RGB-LEDs haben eine andere Farbreihenfolge, das müssen wir in diesem Fall bei der Einrichtung beachten. Die Reihenfolge bei unseren Leuchtdioden ist Grün, Rot, Blau. Bei der Initialisierung setzen wir `auto_write` auf `True`. Das bedeutet, dass jeder Pixel sofort die Farbe erhält, die eingetragen wird.

C: Da wir `auto_write` aktiviert haben, werden sofort alle Pixel auf schwarz beziehungsweise „Aus“ gesetzt. Hätten wir `auto_write` deaktiviert, dann müssten wir ein `pixels.show()` anhängen, um die Farbwerte zu übertragen.

D: Hier werden die Bilder aus einem fest angegebenen Ordner geladen. Werden keine Bilder gefunden, wird solange weiter versucht Bilder zu laden, bis welche vorhanden sind.

E: Da die Reihenfolge der LEDs immer alterniert, muss die Indexierung hier so angepasst werden, dass sie diesem Muster folgt. Ansonsten wäre jede zweite Zeile falsch herum.

F: Dieser Timer bestimmt, wieviel Zeit zwischen den Bildwechseln vergeht.

G: Auch hier wird der Wechsel zum nächsten Element der Liste durch ein Modulo unterstützt, dadurch ist immer garantiert, dass der Bildindex auch vorhanden ist.

Damit das Script automatisch startet, tragen wir es noch in die `rc.local ein.`

```
sudo nano /etc/rc.local
```

Dort fügen wir vor dem Befehl exit 0 diese Zeile ein:

```
python3 /home/pi/matrix.py
```

Dabei passen wir den Pfad natürlich an den tatsächlichen Speicherort der Datei an.

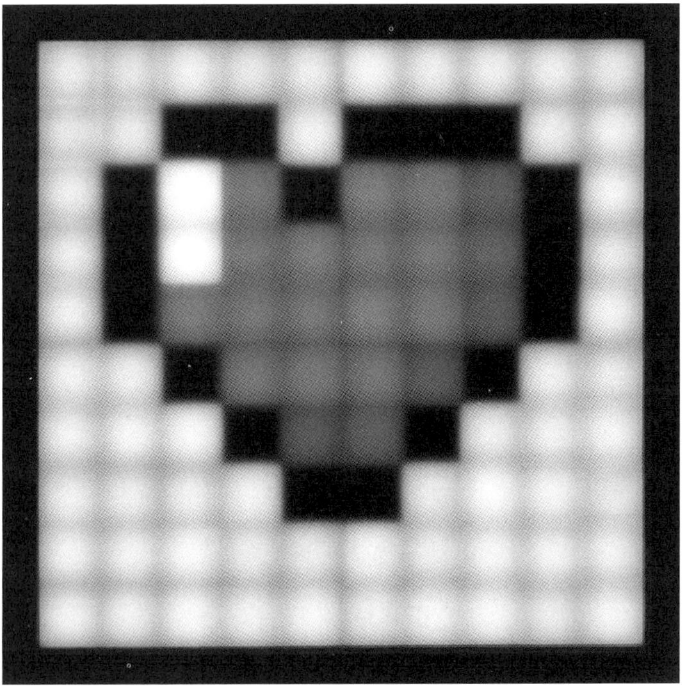

Abb. 20.7 Im Dunkeln kommt die Matrix besonders gut zur Geltung. Die leichte Unschärfe entsteht durch das verwendete Milchglas.

Wer kein Milchglas zur Hand hat, kann auch ein transparentes Material nehmen und eine Schicht Papier als Diffusor verwenden. Dadurch werden die einzelnen Pixel sogar noch deutlicher dargestellt.

Ist der Rahmen groß genug gewählt, können alle Bauteile darin untergebracht werden und es muss nur das Netzteilkabel zur Matrix geführt werden.

Wer möchte, kann das Projekt jetzt noch erweitern, um beispielsweise kleine Animationen abzuspielen.

https://bmu-verlag.de/raspberry-pi-kompendium/
Downloadcode: nnr15dvmv

Schlussbemerkung

Liebe Leserin, lieber Leser, wenn Sie dieses Kapitel erreicht haben, dann haben Sie nicht nur einen guten Überblick über die Entwicklung des Raspberry Pi und ein fundiertes Basiswissen über elektronische Bauteile erhalten, sondern auch bereits grundlegende Erfahrungen im Umgang mit Linux gesammelt. Sie wissen nun, wie Sie mit Python programmieren und verschiedene Sensoren und Aktoren im Zusammenspiel mit dem Raspberry Pi verwenden können. Ein paar der Beispielprojekte haben Sie vielleicht auch bereits umgesetzt.

Auch, wenn Ich Ihnen im Rahmen dieses Buches zu den verschiedenen Bereichen nur Grundlagen zeigen konnte, hoffe ich, Sie trotzdem gut vorbereitet zu haben für den nächsten Schritt: Ihre eigenen Ideen! Wahrscheinlich haben Sie schon jetzt mehr als ein Projekt im Kopf, das Sie gerne umsetzen wollen, und ich kann Ihnen nur sagen: Machen Sie sich ans Werk!

Hier gilt nämlich – noch deutlicher als in vielen anderen Bereichen: „Learning by doing.". Je mehr Sie sich damit beschäftigen, umso mehr lernen sie dazu. Und aus eigener Erfahrung kann ich nur sagen, dass es mit jedem neuen Projekt interessanter wird.

Scheuen Sie sich auch nicht, andere um Hilfe oder um Rat zu fragen. Die Bastler-Community ist sehr hilfsbereit und immer an neuen Projekten interessiert – alle haben mal klein angefangen! Schauen Sie sich einfach ein wenig im Netz nach Blogs, Foren oder vielleicht sogar Vereinen in Ihrer Nähe um.

Mir bleibt an dieser Stelle nur noch, Ihnen viel Erfolg mit Ihren weiteren Projekten zu wünschen und mich für Ihr Interesse an diesem Buch zu bedanken!

Ihr Sebastian Pohl

Anhang: Bildquellen

- Abbildung 2.3: Raspberry Pi 1 Modell A
  Quelle: https://commons.wikimedia.org/wiki/Category:Raspberry_Pi_Model_A?uselang=de#/media/File:Raspberry_Pi_-_Model_A_(14672157611).png
  Urheber: Gareth Halfacree
- Abbildung 2.4: Raspberry Pi 1 Modell B+
  Quelle: https://commons.wikimedia.org/wiki/Category:Raspberry_Pi_Model_B%2B?uselang=de#/media/File:Raspberry_Pi_-_Model_B+_(14675350635).png
  Urheber: Gareth Halfacree
- Abbildung 2.5: Raspberry Pi Modell A+
  Quelle:
  https://de.wikipedia.org/wiki/Raspberry_Pi#/media/Datei:Raspberry_Pi_A+.jpg
  Urheber: Florian Frankenberger
- Abbildung 2.8: Raspberry Pi 3 Modell B
  Quelle: https://de.wikipedia.org/wiki/Raspberry_Pi#/media/Datei:Rasperry_pi_3_model_b_v1.3_bot.jpg
  Urheber: Make Magazin
- Abbildung 2.12: Raspberry Pi 3 A+
  Quelle: https://commons.wikimedia.org/wiki/Category:Raspberry_Pi_3_Model_A%2B?uselang=de#/media/File:Raspberry_Pi_3_A+_(45979104224).jpg
  Urheber: SparkFun Electronics
- Abbildung 2.14: Compute Module 1
  Quelle: https://commons.wikimedia.org/wiki/Category:Raspberry_Pi_Compute_Modules?uselang=de#/media/File:Raspberry_Pi_Compute_Module.png
  Urheber: Raspberry Pi Foundation
- Abbildung 2.15: Compute Module 3
  Quelle: https://commons.wikimedia.org/wiki/Category:Raspberry_Pi_Compute_Modules?uselang=de#/media/File:Raspberry_Pi_Compute_Module_3.jpg
  Urheber: Raspberry Pi Foundation

- Abbildung 4.2: Linus Torvalds 2002
  Quelle: https://commons.wikimedia.org/wiki/File:Linus_Torvalds.jpeg
- Abbildung 4.3: Tux, das offizielle Linux-Maskottchen
  Quelle: https://commons.wikimedia.org/wiki/Tux#/media/File:Tux.svg
  Urheber: lewing@isc.tamu.edu Larry Ewing
  and The GIMP
- Abbildung 3.24: GNOME 3.32 Desktop
  Quelle:
  https://de.wikipedia.org/wiki/Gnome#/media/Datei:GNOME_Desktop_3.32.png
  Urheber: Diaspomod
- Abbildung 3.25: Plasma 5 Technologievorschau
  Quelle:
  https://de.wikipedia.org/wiki/KDE_Plasma_5#/media/Datei:KDE_Plasma_5.16.png
  Urheber: KDE
- Abbildung 3.27: Xfce4.12 Screenshot
  Quelle:
  https://de.wikipedia.org/wiki/Xfce#/media/Datei:XFCE-4.12-Desktop-standard.png
  Urheber: Martin Wagner

Index

Autorenprofil

Für Sebastian Pohl was es schon immer besonders interessant, Elektrogeräte nicht einfach wegzuwerfen, wenn sie nicht mehr funktionierten, sondern sie zu reparieren oder sogar zu verbessern. Aus dem gelegentlichen Austausch durchgebrannter Sicherungen oder defekter Bauteile ist eine Leidenschaft für Do-it-yourself Projekte im Elektronikbereich geworden. Während seines Informatikstudiums wurden die Projekte immer komplexer, sodass die Einführung des Raspberry Pi ein großes Ereignis war: Endlich war es möglich, auch kompakte Prototypen mit vergleichsweise starker Rechenpower auszurüsten. Diese Begeisterung wurde von ihm dann auch ins Berufsleben als Soft- und Hardwareentwickler übernommen, wo er regelmäßig im Kundenauftrag Machbarkeitsversuche oder Einzelstücke für den Einsatz in vielen Bereichen anfertigt, von digital Signage bis hin zur Veranstaltungstechnik.

Arduino-Kompendium: Elektronik, Programmierung und Projekte (572 Seiten)

Die Arduino-Plattform bietet Bastlern die Möglichkeit auch ohne umfassende Elektronik- und Programmiervorkenntnisse eigene intelligente Mikrocontrollerprojekte umzusetzen. Mit diesem Buch lernen Sie praxisnah die notwendigen Grundlagen im Bereich des Programmierens und der Elektronik, um bald eigene spannende Projekte mit dem Arduino basteln zu können. Neben allen relevanten Zubehörteilen wie Sensoren, Aktoren, Displays und Shields werden auch fortgeschrittene Themen wie moderne MQTT Smart Home Systeme, Arduino-Roboter und die Datenverarbeitung und Steuerung über Processing-Programme am PC behandelt. So können Sie die Möglichkeiten des Arduino voll ausnutzen!

Inhalte des Buchs

- Grundlagen der Elektronik verständlich erklärt
- Alle wichtigen Sensoren, Aktoren, Displays, Shields und Zubehörteile umfassend vorgestellt
- Arduino-Programmierung über die Arduino IDE
- Datenverarbeitung und Steuerung über Processing-Programme am PC
- Arduino mit dem Internet verbinden, MQTT-Internetanwendungen
- Erstellung eigener Platinen, um Projekte für den professionellen Einsatz zu entwickeln
- Effizientes Debugging, um Fehler schnell zu beheben

Vorteile dieses Buchs

- Solides Hintergrundwissen für eigene Projekte durch Erläuterung aller Elektronik-und Programmiergrundlagen
- Einfache, praxisnahe Erklärungen tragen zum schnellen Verständnis bei
- Einsatzbeispiele helfen, das Gelernte anzuwenden und sichern den nachhaltigen Lernerfolg
- Umfangreiche Praxisprojekte wie Arduino-Roboter, Smart Home Anwendungen und Arduino-Wecker dienen als Vorlagen für eigene Projekte
- Alle Schaltpläne und Quellcodes kostenfrei zum Download verfügbar

Hier informieren: https://bmu-verlag.de/arduino-kompendium/

Python 3 Programmieren für Einsteiger: Der leichte Weg zum Python-Experten (310 Seiten)

Python ist eine weit verbreitete, universell einsetzbare und leicht zu erlernende Programmiersprache und eignet sich daher bestens zum Programmieren lernen!

In diesem Buch wird das Programmieren in Python beginnend mit den Grundlagen leicht und verständlich erklärt, ohne dass dabei Vorkenntnisse vorausgesetzt werden. Ein besonderer Fokus wird dabei auf die Objektorientiere Programmierung (OOP) und das Erstellen von grafischen Oberflächen gelegt.

Jedes Kapitel beinhaltet Übungsaufgaben, durch die man das Gelernte direkt anwenden kann. Nach dem Durcharbeiten des Buches kann der Leser eigene komplexere Python Anwendungen inklusive grafischer Oberfläche programmieren.

2. Auflage: aktualisiert und erweitert

Hier informieren: http://bmu-verlag.de/python/

C++ Programmieren für Einsteiger: Der leichte Weg zum C++-Experten (278 Seiten)

Beginnend mit den Grundlagen der Programmierung wird die Programmiersprache C++ vermittelt, ohne, dass dabei Vorkenntnisse vorausgesetzt werden. Besonderer Fokus liegt dabei auf Objektorientierter Programmierung und dem Erstellen grafischer Oberflächen mit Hilfe von MFC. Auch auf C++ Besonderheiten, wie die Arbeit mit Zeigern und Referenzen, wird ausführlich eingegangen. Jedes Kapitel beinhaltet Übungsaufgaben, durch die man das Gelernte direkt anwenden kann. Nach dem Durcharbeiten des Buches kann der Leser eigene komplexe C++ Anwendungen inklusive grafischer Oberflächen erstellen.

2. Auflage: aktualisiert und erweitert

Hier informieren: http://bmu-verlag.de/cpp_programmieren/

Java Programmieren für Einsteiger: Der leichte Weg zum Java-Experten (357 Seiten)

Java ist eine der beliebtesten Programmiersprachen der Welt, und das nicht ohne Grund: Java ist besonders leicht zu erlernen, vielfältig einsetzbar und läuft auf so gut wie allen Systemen. Egal ob du Apps für das Smartphone, Computerspiele oder Serveranwendungen schreiben willst, mit dieser Programmiersprache kannst du all diese Projekte umsetzen.

Dieses Buch wird dich dabei unterstützen. Beginnend mit den Grundlagen wird die Programmierung in Java leicht und verständlich erklärt. Besonderer Fokus wird dabei auf die Objektorientierte Programmierung und das Erstellen von grafischen Oberflächen mit Hilfe von JavaFX gelegt. Jedes Kapitel beinhaltet Übungsaufgaben, durch die man das Gelernte direkt anwenden kann. Nach dem Durcharbeiten des Buches kann der Leser eigene komplexere Java Anwendungen inklusive grafischer Oberfläche programmieren.

2. Auflage: komplett neu verfasst

Hier informieren: https://bmu-verlag.de/java-programmieren